Marco Wehr

Komplexe
neue Welt

Marco Wehr

Komplexe
neue Welt

und wie
wir lernen,
damit
klarzukommen

Galiani Berlin

Für Ina

Inhalt

Komplexitätsfallen

Gefangen in einem Netz aus 1000 Fäden

O du Ausgeburt der Hölle!
Soll das ganze Haus ersaufen?
Seh ich über jede Schwelle
doch schon Wasserströme laufen.
Ein verruchter Besen,
der nicht hören will!
Stock, der du gewesen,
steh doch wieder still!

Johann Wolfgang von Goethe,
Der Zauberlehrling

Wenn mein Wuppertaler Großvater vor 40 Jahren mit seinem Bierseidel in der Hand und einer Zigarre im Mund behaglich vor dem Fernseher saß und das Bild plötzlich zu flimmern begann, dann fing er zuerst an, missmutig zu brummen. Löste sich das Problem nicht von alleine, wuchtete er sich aus seinem Sessel und schlurfte mit bösem Blick zur Flimmerkiste. Er holte aus und schlug mit der flachen Hand von oben einmal kräftig auf den Apparat. Dabei stieß er einen Fluch aus. Tat sich nichts, drehte er sich zu meiner Oma um und sagte mit Ernst in der Stimme: »Lilli, ich glaube, da muss ein Fachmann ran. Ruf morgen mal den Halbach an!«

Am kommenden Tag griff die Großmutter zum Telefon. Der Fachmann nahm den Hörer persönlich von der Gabel. Nach einer Minute war ein Termin vereinbart. Zwei Tage später stand der Spezialist vor der Tür. Nach kurzer Zeit war der Schaden behoben. Opa nestelte seine lederne Brieftasche aus dem Jackett und fingerte ein paar Scheine heraus. Der Fachmann bedankte sich artig. Ein großzügiges Trinkgeld galt meinem Großvater als Selbstverständlichkeit.

Das waren andere Zeiten. Heute strapaziert schon der Versuch, mit einem Fachmann Kontakt aufzunehmen, die Nerven. Menschliche Expertise ist zu einem raren Gut geworden. Deshalb werden die Spezialisten von Telefonrobotern abgeschirmt. Diese sollen die Wünsche der Anrufer kanalisieren. Doch nur zu oft stehlen sie den Kunden die Zeit und geben Antworten auf nicht gestellte Fragen. Ist dann endlich ein echter Mensch aus Fleisch und Blut am Apparat, erklärt sich dieser häufig für nicht zuständig. Leider sieht sich der Nichtzuständige auch außerstande, den Anrufer mit dem Zuständigen zu verbinden. Diesen direkten Kommunikationsweg verbietet das innerbetriebliche Prozessmanagement. Dieses Abstraktum ist für Außenstehende ein unergründliches Mysterium, dessen Wirkungsmacht der Kunde widerspruchslos zur Kenntnis zu nehmen hat. »Das ist im System nicht vorgesehen« hat etwas von einem letztinstanzlichen Urteil. Natürlich kommt nach dem Gespräch auch kein Fachmann zum Kunden, um sich etwa den kaputten Computer anzuschauen.

Stattdessen ist das defekte Gerät an einen vom Prozessmanagement vorgesehenen Ort zu verschicken. Wird der Computer dann repariert und zurückgesendet, braucht man ein wenig Glück, damit er seinen Bestimmungsort findet. Es kann ziemlichen Ärger nach sich ziehen, wenn man ausgerechnet in dem Moment, in welchem der Paketbote klingelt, nicht zu Hause ist. Glaubt man einer in eiligem Duktus geschriebenen Karte im Briefkasten, soll das teure Stück nun im Geschäft eines Servicepartners zur Abholung bereitliegen. Die genannte »Abholstation« entpuppt sich am nächsten Tag als ein mit Krempel gefüllter Schreibwarenladen, vor dem sich die Wartenden in einer langen Schlange die Füße platt stehen. Endlich an der Reihe stellt sich die Information auf der Karte als falsch heraus. Ein hektischer Mitarbeiter irrt zwischen mannshohen Pakettürmen umher, die den halben Laden einnehmen. Mit unruhigem

Blick bemüht er sich, das richtige Paket zu finden. Vergeblich. Deshalb erhält man einen weiteren Zettel. Man möge bitte die folgende Nummer wählen, dann würde einem geholfen. Wieder zu Hause nimmt man den Kampf mit einem neuen Telefonroboter auf. Nach fünf Warteschleifen stellt sich heraus, dass der Computer seit Tagen im Auto des Boten liegt. Der hatte zwar den Zettel in den Briefkasten geworfen, aber versäumt, das Paket der Abholstation auszuhändigen. Wenn der Rechner dann doch noch seinen Bestimmungsort findet, sollte man beten, dass er keinen Transportschaden hat. Andernfalls geht die Odyssee von vorne los.

Widrigkeiten des Alltags – nur Pleiten, Pech und Pannen?

Solche oder ähnliche Geschichten weiß heute jeder zu erzählen. Wer Lust hat, seine persönlichen Belastungsgrenzen auszutesten, kann versuchen, den für ihn optimalen Mobilfunkvertrag auszuwählen. Noch schlimmer wird es, wenn man irgendwann versucht, einen solchen zu kündigen. Auch eine längere Reise mit der Deutschen Bahn kann ein eindrückliches Erlebnis sein, das man nicht vergisst.

Da stellt sich die Frage, weshalb in unserer Zeit einfache Dinge so kompliziert sind. Das Chaos scheint so etwas wie die Signatur des Alltäglichen geworden zu sein. Bisweilen bekommt man den Eindruck, als würde der Alltag von kleinen bösartigen Dämonen choreografiert, die sich beständig bemühen, unsere Nerven zu strapazieren. Sind das einfach lauter dumme Zufälle, die sich beständig aufsummieren? Oder verbirgt sich hinter dieser Akkumulation von Pleiten, Pech und Pannen ein verstecktes Prinzip?

Tatsächlich hat der »blöde Zufall« zumindest *in einigen Fällen* tieferliegende Ursachen. Dann ist er sinnfälliger Ausdruck eines rätselhaften Phänomens, das in diesem Buch als *Komplexitätsfalle* bezeichnet wird (Wehr 2012). Solche Komplexitätsfallen beeinflussen unser Leben in vielfältiger Weise. Aber was sind Komplexitätsfallen?

Es wird sich zeigen, dass sie unterschiedliche Gesichter haben. Außerdem begegnen wir ihnen in ganz verschiedenen Zusammenhängen. Doch hinter der Vielfalt der Erscheinungen verbirgt sich ein einigendes Prinzip. Im Kern geht es immer um eine fundamentale Asymmetrie! Es gibt ein Übermaß an Information, mit dem der Mensch in unterschiedlichsten Situationen konfrontiert wird. Dieses Übermaß an Information führt zur Überforderung. Es sprengt die Verarbeitungsgrenzen, lässt sich weder kognitiv noch durch den Einsatz leistungsfähiger Computer bewältigen.

Deshalb ist es in solchen Situationen nicht mehr möglich, nach rationalen Kriterien zu entscheiden. Es soll schon hier betont werden, dass diese Überforderung grundlegend ist. Sie unterscheidet sich etwa von dem misslichen Gefühl, einer Mathematikklausur nicht gewachsen zu sein.

Ein Übermaß an Information kann sich zum Beispiel in undurchsichtigen Wechselwirkungsgeflechten verbergen. Möchte man ein anschauliches Beispiel gebrauchen, dann ist es ein bisschen wie mit den Pilzen im Wald. Ins Auge stechen die sichtbaren Fruchtkörper, die wir auf dem Waldboden erblicken. Aber wann durchstoßen sie den Boden? Und wo? Und warum? Um diese Fragen beantworten zu können, müsste man das Gesamtsystem in den Blick nehmen. Die sichtbaren Pilze sind schließlich nur Teile eines viel umfassenderen Organismus, eines weitverzweigten Myzels, das verborgen unter der Oberfläche liegt und den Waldboden mit Millionen Hyphen durchspannt. Dieses filigrane Netz, das zu allem Überfluss noch mit der Umgebung in einem komplizierten Zusammenhang steht, kann gewaltige Ausmaße haben. Die Informationen, die man kennen müsste, um zu wissen, was an welcher Stelle passiert, sprengen den Rahmen. Pilze sind übrigens die größten Lebewesen unseres Planeten. In Oregon gibt es einen dunklen Hallimasch, dessen Myzel eine Ausdehnung von zehn Millionen Quadratmetern hat!

Unabhängig von diesem anschaulichen Beispiel haben wir es als Menschen mit Wechselwirkungsgeflechten zu tun, die noch deutlich komplizierter sind. Meistens ist uns das nicht bewusst. Solche Wechselwirkungsgeflechte können, auch wenn das unglaublich scheint, *das gesamte Universum* umfassen. Da sich deren Webart unserer Kenntnis entzieht, sie aber trotzdem unser Leben in undurchsichtiger Weise beeinflussen, werden sie hier als *Komplexitätsfallen erster Art* oder auch als *Komplexitätsfallen der Wirkung* bezeichnet.

Solche Komplexitätsfallen erster Art entstehen häufig, wenn sich ein extrem komplexes natürliches Geschehen, etwa das wechselwendige Wetter, mit menschlichem Schicksal verbandelt. Man denke nur an die Schlüsselszene in den *Buddenbrooks* von Thomas Mann! Das Leben der großbürgerlichen Lübecker Familie wendet sich genau in dem Moment zum Schlechten, als die Ernte »auf dem Halm« steht und dann durch heftigen Hagelschlag völlig vernichtet wird.

In anderen Zusammenhängen entstehen Komplexitätsfallen durch eine überbordende Fülle, die uns mit verzwickten *Auswahl- und Entscheidungsproblemen* konfrontiert, für die sich im Resultat keine optimale Lösung finden lässt. Diese werden in diesem Buch *Komplexitätsfallen zweiter Art* oder *Komplexitätsfallen der Wahl* genannt.[1]

Schlüpfen wir zur Veranschaulichung dieser besonderen Fallen in die Haut eines jungen Mannes, der gerade sein Abitur bestanden hat! Er möchte jetzt seinen Lebensweg planen, entschließt sich zu studieren. Dann kann er allein in Deutschland zwischen 20 000 Studiengängen wählen! Jeder der 20 000 Studiengänge ist im Internet ausführlich dokumentiert. Der zu erkundende Möglichkeitsraum ist schwindelerregend groß. Wenn man berücksichtigt, dass es auch denkbar ist, Studienfächer zu kombinieren, kommt man nach den Regeln der Kombinatorik auf Zigmillionen Wahlmöglichkeiten! Wie soll der junge Mann in einer solchen Situation strategisch vorgehen? Braucht er die dargebotenen Informationen nur zu lesen, um sie dann gegeneinander abzuwägen und schließlich so zu kombinieren, dass er sein Ziel mit Sicherheit erreicht? Diese Vorgehensweise ist illusorisch. Dem Übermaß an Informationen steht schließlich ein Mensch gegenüber, der in mannigfacher Weise überfordert ist.

Das fängt bereits mit dem ersten Schritt eines rationalen Prozesses an: der Vorgabe des Ziels. Was soll man als junger Mensch nur wollen?

Das ist erst mal ein bekanntes Problem: Ist es ratsam, einfach die Fächer zu wählen, in denen man in der Schule gute Noten hatte? Oder soll man stur seinen Interessen folgen, selbst wenn es das Studium des Altaramäischen wäre? Oder wählt man das Studienfach so, dass die Wahrscheinlichkeit, eine sichere Stelle beim Staat zu bekommen, besonders groß ist? Oder entscheidet man sich für ein Leben im Luxus und liebäugelt mit der Zahnmedizin? Vielleicht ist aber auch Freiheit ein wichtiger Wert, und es wäre besser, ein Fach zu wählen, das einen qualifiziert, sich selbstständig zu machen. Und noch komplizierter würde es, wollte man sowohl seinen Interessen nachgehen als auch viel Geld verdienen und dabei zusätzlich noch die maximale persönliche Freiheit genießen.

Die Beantwortung so grundlegender Fragen ist für junge Menschen eigentlich ein Widerspruch in sich. Ein suchender Mensch müsste schon seine Bestimmung gefunden haben und sicher wissen, was er werden und wie er leben will.

Deshalb ist es nicht erstaunlich, dass die Wirklichkeit anders aussieht. Die Ziele, die man sich in qualvollen Stunden am Schreibtisch abringt, sind meist wolkig und mit Unsicherheiten behaftet. Wenn sich überhaupt welche aus dem Dunst schälen. Von den seltenen Kindern, die schon in der Grundschule wissen, dass sie Feuerwehrmann, Erfinderin oder Arzt werden wollen, sehen wir ab. Diese brauchen schließlich nicht zu wählen.

Mit einer diffusen Vorstellung vom künftigen Leben im Kopf, wird es im nächsten Schritt noch verwirrender. Möchte man wie aus dem Lehrbuch vernunftbasiert entscheiden, müssten zuerst alle potenziellen Wahlmöglichkeiten und mitunter auch deren Kombinationen gemäß ihres unterstellten Nutzens gewertet werden, um dann zu ermitteln, welche Wahl den Suchenden mit größtmöglicher Wahrscheinlichkeit zum anvisierten Ziel bringt (Gigerenzer 2016, 149). Völlig unabhängig davon, dass sich solche Informationen gar nicht beibringen lassen, übersteigt gerade in unserer Zeit das gesamte Procedere die mentalen Kapazitäten des Suchenden. Das ist typisch für Komplexitätsfallen der Wahl. Das Ideal der rationalen Entscheidung erweist sich als Hirngespinst (Wehr 2007, 41).

Der Psychologe und Nobelpreisträger Daniel Kahneman hat übrigens in einer viel beachteten Arbeit bewiesen, dass Menschen schon verlässlich an Problemen scheitern, die weit weniger anspruchsvoll sind, als seine persönliche Bildungskarriere am grünen Tisch zu planen (Kahneman 2012, 411).

Halten wir fest: Bei den bisher nur mit flüchtigem Strich skizzierten Komplexitätsfallen springen zwei Dinge ins Auge: Da ist an erster Stelle das angesprochene Phänomen der Fülle oder des Übermaßes. In einem abstrakteren Kontext kann »Fülle« bedeuten, extrem viele Informationen greifbar haben zu müssen, um plausible Aussagen über die zukünftige Entwicklung komplexer Systeme machen zu können. In anderen Kontexten beinhaltet Fülle die Möglichkeit, manchmal aber auch die Aufforderung, aus einem *extrem großen Angebot* wählen zu müssen.

In beiden Zusammenhängen begegnen wir einer *ontologischen Komplexität*. Flapsig gesprochen könnte man von einer »Vielfalt da draußen« sprechen, die scheinbar unabhängig vom Beobachter existiert.

Im Gegensatz zu der »Vielfalt da draußen« muss man sich, wenn man den Komplexitätsfallen auf die Schliche kommen möchte, auch mit der »Beschränktheit da drinnen« auseinandersetzen. Hier geht es um die inhärenten und auch *fundamentalen Grenzen* von Beobachtern. Unsere Gehirne sind nicht dafür geschaffen, extrem viele Dinge gleichzeitig im Kopf zu bearbeiten. Außerdem »rechnen« sie zu langsam, und der Raum für erinnerte Erfahrungen, das Langzeitgedächtnis, ist zu beschränkt. Im Resultat ist das kognitive Vermögen dem zu lösenden Problem oft nicht gewachsen. Es wird unmöglich, fundierte Entscheidungen zu treffen. Das gilt vor allen Dingen, wenn man ein *optimales Resultat* anstrebt. In diesem Zusammenhang wird dann von *epistemischer Komplexität* geredet.

Jetzt kann man die Frage stellen, ob der Mensch mit seinen bescheidenen sensorischen und kognitiven Grenzen überhaupt noch maßgeblich ist. Wir nehmen die Welt doch heute nicht mehr nur mit unseren eigenen Sinnen wahr. Extrem empfindliche Messinstrumente helfen uns, die Welt des Allerkleinsten mit der gleichen Selbstverständlichkeit zu ergründen wie die Tiefen des Weltalls. Und aufwendige Berechnungen erledigen wir nicht mehr im Kopf oder mit Bleistift und Papier. Sie werden von Supercomputern vollzogen, die in bestimmten Bereichen *billionenmal* schneller rechnen als unser Gehirn. Das ist korrekt. Wir werden aber sehen, wenn wir den Beobachterbegriff präzisieren, dass selbst diese Wundermaschinen fundamentale Grenzen haben. Deshalb sind auch sie dem Komplexen oft genug nicht gewachsen.

Hier am Anfang reicht es, sich eine wichtige Sache zu merken: *Die Vielfalt der Erscheinungen und die prinzipielle Beschränktheit der Beobachter stehen in einem diametralen Spannungsverhältnis zueinander.*

Wie die Welt zu einem Buch mit sieben Siegeln wird

Was bringt es, sich mit Komplexitätsfallen zu beschäftigen? Ist das mehr als ein gelehrtes Glasperlenspiel?

Im Universum der Telefontarife die Orientierung zu verlieren mag lästig sein, und es ist mühsam, sich optimal zu entscheiden. Aber das sind harmlose Seiten der Vielfalt. Verzweifelte junge Menschen, denen verschachtelte Möglichkeitsräume zu undurchsteigbaren Labyrinthen werden, scheinen schon ein dringlicheres Problem zu haben. Aber ist das alles? Definitiv nicht. Bisher bewegen wir uns nur an der Oberfläche eines tiefgründigen Phänomens, und die angeführten Beispiele sind nicht repräsentativ. Sie wurden aus Gründen ihrer Anschaulichkeit an den Anfang gestellt.

Andere Komplexitätsfallen bergen tiefere Abgründe. Und dort lauern mitunter tödliche Gefahren, die nicht nur den Einzelnen betreffen können. Es sind auch Szenarien denkbar, in denen Millionen

Menschen zu Opfern werden. Vor diesem Hintergrund ist es ein Gebot der Vernunft, sich intensiv mit Komplexitätsfallen auseinanderzusetzen.

Weiten wir deshalb die Perspektive! Nicht nur der chaotische Alltag zehrt an den Nerven. Die Allgegenwärtigkeit von Nachrichten aller Art erinnert uns auch daran, dass wir als Individuen in übergeordnete Kausalzusammenhänge eingewoben sind, die unser Schicksal maßgeblich beeinflussen. Komplexitätsfallen, wohin das Auge blickt.

So machen uns der bedrohliche Klimawandel, das globale Wirtschaftssystem mit seinen sorgsamst choreografierten weltumspannenden Lieferketten, das von Megacomputern getriebene internationale Finanzsystem, in dem Aktiengeschäfte im Mikrosekundentakt getätigt werden, und das verworrene Rechtssystem der Europäischen Union, bestehend aus von gewöhnlichen Sterblichen nicht mehr zu dechiffrierenden Gesetzeswerken, zu unscheinbaren Rädchen in einem Getriebe, dessen Mechanik wir nicht mehr wirklich verstehen, in dem zu leben wir aber gezwungen sind.

Zu allem Überfluss entfaltet eine hyperkomplexe Informationsinfrastruktur, die Milliarden Menschen in einen instantanen Kommunikations- und Kausalzusammenhang bringt, eine mit dem Verstand kaum mehr zu fassende Dynamik. So wird uns die Welt zu einem Buch mit sieben Siegeln. Wir können nicht nachvollziehen, wie sich eine ohnehin schon schwer zu verstehende natürliche Umwelt mit dem vom Menschen geschaffenen Gewirr kultureller Errungenschaften verschachtelt.

Wie kann man das ändern? Wie soll man das illustre Spektrum verschiedener Komplexitätsfallen kategorisieren, um es fassbar zu machen? Dazu bieten sich in einem ersten Anlauf *Natur* und *Kultur* als dichotome Begriffe an.

Natürliche Komplexitätsfallen, das sind die altbekannten Schreckensgesichter, die auch heute wenig von ihrer Furcht einflößenden Wirkung verloren haben: Vulkanausbrüche, Erdbeben, Tsunamis, Sturmfluten, Seuchen, Dürren und Überschwemmungen.

Diese haben seit jeher in schicksalshafter Weise die Geschicke der Menschheit beeinflusst. Sie sind durch moderne Technik auch nur in Teilen vorhersehbarer geworden.

Doch unabhängig von der historischen Vertrautheit mit dem Unberechenbaren, zu der schon immer vorhandenen Rätselhaftigkeit der natürlichen Lebenswelt gesellt sich eine neue Form vom *Menschen erschaffener Komplexität*.

Diese zeigt eine verstörende Doppelgesichtigkeit. Auf der einen Seite ist sie in wichtigen Teilen Grundlage eines historisch gesehenen unvergleichlichen Wohlstands, den viele Menschen zumindest in den Industrie- und Schwellenländern genießen dürfen (Pinker 2018/Rosling 2019). Ohne den weltweiten Warenverkehr ist etwa das üppige Angebot verschiedenster Lebensmittel in unseren Supermärkten nicht denkbar.

Auf der anderen Seite machen wir unsere Lebenswelt jedoch zu einem prekären Ort. Wir graben tiefe Gruben, in die wir selbst zu stürzen drohen. Da kommt einem Goethes Zauberlehrling in den Sinn: »Herr, die Not ist groß! Die ich rief, die Geister werd ich nun nicht los!« Dieser Hilferuf ist prophetisch. Und er ist für unsere Zeit paradigmatisch. Schließlich bergen die komplexen globalen Strukturen ein gehöriges Gefahrenpotenzial. Vor diesem Hintergrund sind wir aufgefordert, die Vor- und Nachteile dieser forcierten Entwicklung zu erörtern und gegeneinander abzuwägen. Der alte Meister, der in Goethes Ballade mit geballter Zauberkraft den Spuk beendet, ist leider eine literarische Gestalt. In der Realität gibt es ihn nicht. Die Verantwortung für selbst geschaffene komplexe Systeme, die sich irgendwann nicht mehr beherrschen lassen, liegt deshalb einzig und alleine bei uns selbst.

Mit der Erörterung natürlicher und künstlicher Komplexitätsfallen ist dem Thema allerdings noch nicht Genüge getan. Diese existieren nämlich nicht in getrennten Sphären. Das Natürliche und das Künstliche sind kausal verschlungen. Und durch diese Verschlingungen entstehen *hybride Komplexitätsfallen*, die sich in ungünstigen Fällen zu echten *Komplexitätsmonstern* auswachsen können.[2]

Zu solchen Monstern gehören Seuchen wie die Spanische Grippe (1918–1920) oder die gerade durchlittene Corona-Pandemie. Komplexitätsmonster können aber auch ein völlig anderes Gesicht haben. Man male sich einmal aus, was passieren würde, wenn heute ein Supervulkan explodierte. Wie würde der Aktienmarkt reagieren? Vorausgesetzt, er könnte noch reagieren, da die komplexe Kommunikationsinfrastruktur keinen Schaden genommen hätte. Was wäre mit dem weltweiten Handel, wenn Häfen zerstört und Schifffahrtsrouten gesperrt wären und der Luftverkehr für Monate eingestellt werden müsste? Und welche Konsequenzen hätte es, wenn in einer Welt, in der sich für Jahre der Himmel verfinsterte, eine Energieversorgung, die vorrangig Sonne und Wind nutzt, nicht mehr zuverlässig funktionieren würde? Würde in einem solchen Szenario noch genügend Strom geliefert? Oder drohte dann ein umfassender Blackout mit kaum vorstellbaren Konsequenzen?

Komplexitätsmonster sind Ereignisse, vor denen wir uns fürchten müssen. Und sie sind, das muss betont werden, keine Ausgeburten einer ängstlich fiebernden Fantasie. Sie sind realistisch. Es wird sie geben. Die Frage ist nur, wann. Verdrängen dürfen wir sie nicht (Taleb 2008, 2013). Es gibt nämlich Nachrichten, die uns nachdenklich stimmen müssen. Zu diesen gehört eine ausführliche wissenschaftliche Untersuchung international renommierter Paläovulkanologen: Ausbrüche von Supervulkanen, die das Potenzial haben, unser Wetter über Jahre zu verändern, sind wesentlich wahrscheinlicher, als man bisher angenommen hat (Sigl u. a. 2022).

Was sollen wir tun? Der erste Schritt besteht darin, die Existenz solcher Gefahren zur Kenntnis zu nehmen. Im nächsten Schritt gilt es, die »Anatomie« der Komplexitätsfallen genauer zu studieren. Das soll in diesem Buch versucht werden. Dabei wird sich herausstellen, dass viele der bedrohlichen Komplexitätsfallen ziemlich verwickelte Knäuel verschiedener Ursache-Wirkungs-Beziehungen sind. Einige dieser Knäuel wollen wir unter die Lupe zu nehmen, um offenzulegen, von welcher Art Fäden sie gebildet werden. So lässt sich ihr kompliziertes Wechselspiel wenigstens *qualitativ* verstehen.

Darüber hinaus werden wir erkennen, dass zumindest natürliche Komplexitätsfallen typische *Signaturen* haben. Sie alle zeichnen sich dadurch aus, dass sich nach einem kritischen Zeitpunkt keine verlässlichen Aussagen mehr über die zukünftige Entwicklung machen lassen. Aber dieser erkenntnistheoretische Kipppunkt ist von Komplexitätsfalle zu Komplexitätsfalle verschieden, sodass unser prognostisches Unvermögen nicht schrankenlos ist. Auf diese Weise bekommt das Unberechenbare wenigstens eine Kontur. Es gibt Inseln der Regelhaftigkeit in einem Meer aus Chaos.

Zum Schluss werden wir uns mit dem Problem beschäftigen, wie man mit dem Unberechenbaren umgehen soll. Dazu müssen vorher aber einige Fragen beantwortet werden: Welche Formen von Komplexität sind unvermeidlich, liegen also in der Natur der Sache, sodass wir gar keine andere Wahl haben, als diese zur Kenntnis zu nehmen und uns mit ihnen zu arrangieren, indem wir uns gewissenhaft vorbereiten? Wann sind wir selbst die Konstrukteure des Chaos und gehen uns selbst auf den Leim, da wir vieles immer komplizierter machen? Und sind die Risiken, die so entstehen, es wert, eingegangen zu werden? Welche Möglichkeiten hätten wir, sie zu vermeiden? Als Individuum, als Land, als globale Gemeinschaft? Und nicht zuletzt: Wie ist es möglich, in dieser verschachtelten Welt ein zufriedeneres, weniger gehetztes Leben zu führen?

Um jetzt tiefer in die Welt der Komplexitätsfallen einzusteigen, möchte ich auf den folgenden Seiten einen etwas unorthodoxen Weg wählen. Gewöhnlich verfasst man an dieser Stelle einen gerafften Ausblick. Dazu werden kurze Zusammenfassungen der Kapitel linear wie auf einer Perlenschnur aufgereiht. Ich glaube aber, dass ein anderer Zugang dem Thema angemessener ist. Das Netz, nicht die Schnur, ist die Insigne des Komplexen. Deshalb folgt eine *Kollage des Komplexen.*

Sie besteht aus verschiedenen Streiflichtern, die zuerst in chronologischer Reihenfolge wichtige Umbrüche beleuchten. Diese dürfen im weiteren Verlauf des Buchs aber nicht als isolierte Ereignisse betrachtet werden. Sie stehen in mannigfacher Weise miteinander in Beziehung und müssen deshalb in einen übergeordneten Zusammenhang gedacht werden. So ergibt sich ein vielschichtiges Bild. Dieses kann uns helfen, die fordernde Gegenwart besser zu verstehen. Davon abgesehen werden uns die dargebotenen Episoden im Verlauf des Buches als Positionslichter dienen, um in anspruchsvollem Terrain nicht die Orientierung zu verlieren.

Menetekel

Leuchtspuren des Unfassbaren

»Kein Pfad mehr! Abgrund rings und Totenstille!«
So wolltest du's! Vom Pfade wich dein Wille!
Nun Wandrer, gilt's! Nun blicke kalt und klar!
verloren bist du, glaubst du – an Gefahr.

Friedrich Nietzsche, Der Wandrer

1. November 1755 – der grausame Gott

Die Kirchen waren bis auf den letzten Platz gefüllt, als das Inferno begann. Die Erde bebte und riss auf. Wohnhäuser, Paläste und Kirchen taumelten wie sterbende Riesen, bevor sie mit lautem Getöse zusammenbrachen und die schreienden Menschen unter sich begruben. Wenig später stand die Stadt in Flammen. Verzweifelte flüchteten in panischem Schrecken zum Fluss. Doch auch dort lauerte der Tod. Das Wasser hatte sich in gespenstischer Weise zurückgezogen. Ankernde Schiffe lagen wie große tote Tiere im Schlick. Dann schoss der Tsunami vom Meer heran und begrub alles unter seinen Fluten.

Das Erdbeben von Lissabon am 1. November 1755 hat das europäische Denken nachhaltig verändert. Es waren nicht die Sünder von Sodom, die ausgerechnet an Allerheiligen von den einstürzenden Gesteinsmassen zerquetscht wurden. Es waren gerade die Gottgefälligen, die betend und singend in den Kirchen starben, während gleichzeitig Verbrecher raubten und mordeten, da sie aus den Gefängnissen flüchten konnten.

Konnte ein christlicher Gott so grausam und ungerecht sein? Es schlug die Stunde der Aufklärer. Voltaire verhöhnte den gläubigen Leibniz und machte sich über dessen Theodizee lustig. Eine solch himmelschreiende Ungerechtigkeit sollte die von Gott geschaffene, bestmögliche aller Welten sein?

1. April 1815 – ein Schatten legt sich um die Welt

Als der Vulkan Tambora im April des Jahres 1815 auf der indonesischen Insel Sumbawa ausbrach, gab es infernalische Detonationen, die über Tausende Kilometer zu hören waren. Milliarden Tonnen Gestein wurden als Asche und Geröll in die Atmosphäre geschleudert. Der ehemals 4300 Meter hohe Berg war mit einem Schlag 1600 Meter niedriger, gekrönt von einem zackigen Kraterrand, der oberen Grenze einer kilometertiefen Caldera, die bis heute wegen der lebensfeindlichen Bedingungen auf ihrem Boden und des gefährlichen Abstiegs so gut wie unerforscht ist. In der unmittelbaren Umgebung des Vulkans starben Zehntausende Menschen in den pyroklastischen Strömen. An entfernteren Küsten kamen viele Menschen durch einen Tsunami ums Leben. Ein Jahr später legte sich ein dunkler Schatten um die Welt. Bei der gewaltigen Eruption waren feinste Aschepartikel bis hoch in die Stratosphäre geschleudert worden und verteilten sich nun durch die Höhenwinde über den Globus. Das »Jahr ohne Sommer« veränderte die Geschichte.

4. September 1837 – geschwind wie das Licht

Im Vorlesungssaal der Universität von New York überraschte der Erfinder Samuel Morse die Zuschauer mit einer kryptischen Zackenlinie, die eine von ihm erfundene Maschine auf einen Papierstreifen geschrieben hatte. Er erklärte den Umstehenden, dass diese Linie eigentlich einem Zahlencode entspräche, nämlich: »214 – 36 – 2 – 58 – 112 – 04 – 01837«. Und dieser ließ sich mit einem Codebuch in einen gewöhnlichen Satz übersetzen:

»Gelungener Versuch mit Telegraf September 4. 1837«. Diese noch recht umständliche Verschlüsselung wurde von Morse bald verbessert. Und endlich, fast sieben Jahre später, nachdem der rastlose Erfinder lange vergeblich nach Sponsoren Ausschau gehalten hatte, bewilligte der US-Kongress die Errichtung einer etwa 60 Kilometer langen Verbindung zwischen Washington und Baltimore. »What hath God wrought?« (»Was hat Gott bewirkt?«) waren am 24. Mai 1844 die ersten Worte, die der Erfinder durch die Leitung morste. Mit Lichtgeschwindigkeit (Gleick 2011, 143)!

23. September 1846 – vergessene Seher

Das Grab von Urbain Le Verrier liegt heute vergessen auf dem Cimetière Montparnasse. Ungepflegte Grabstätten sind typisch für einstmals gefeierte Wissenschaftler. Diesen wird selten von der Nachwelt gehuldigt. Das Grab von Jim Morrison – dem Sänger der Popgruppe *The Doors* – ist bis heute eine Pilgerstätte, und auf dem Grab des Dichtes Charles Baudelaire deponieren verzweifelt Verliebte Gedichte, die in Plastikfolien eingeschweißt sind, und streuen Rosen.

Eine Blume und etwas Kleingeld fürs Jenseits auf den Gräbern von Henri Poincaré, Ludwig Boltzmann oder eben Urbain Le Verrier? Das gibt es nicht, auch wenn die Gedankenpioniere mit ihren Forschungen die Welt aus den Angeln hoben.

Dabei gebührt Le Verrier das Verdienst, die seherische Macht der Newton'schen Physik allen Menschen offenbart zu haben. Nur mit Bleistift und Papier bewaffnet berechnete der Franzose aus den Störungen der Umlaufbahn des Planeten Uranus die Bahn eines bis zu diesem Moment *unbekannten* Himmelskörpers – die des Neptuns. Der gewagten theoretischen Voraussage folgte am 23. September 1846 die spektakuläre Bestätigung. Als der junge deutsche Astronom Johann Gottfried Galle das 22-Zentimeter-Teleskop des Berliner Fraunhofer Instituts auf die Stelle richtete, die ihm Le Verrier mitgeteilt hatte, fand er dort das besagte Himmelsobjekt. Europa war elektrisiert. War die Welt ein Tanz der Teilchen, völlig berechenbar, vorausgesetzt, man kennt Anfangsbedingungen und Bewegungsgesetze?

2. September 1859 – Ionensturm

Es war Neumond. Eigentlich hätte die tropische Nacht schwarz wie Tinte sein müssen. Stattdessen huschten ephemere Lichtnebel über den kubanischen Himmel, so leuchtend hell, dass man am Strand die Zeitung lesen konnte. Im selben Moment begannen in den nord-amerikanischen Telegrafenstuben die papiernen Übertragungs-streifen in den Telegrafen zu brennen, und die Kompassnadeln der Schiffe im Nordmeer vollführten einen ekstatischen Tanz.

Nur ein einziger Mensch auf dem gesamten Erdball war in diesem Moment dem Spuk auf der Spur. Der britische Astronom Richard Christopher Carrington hatte mit seinem Teleskop in London die Aktivität der Sonnenflecken beobachtet. Zu seinem Erstaunen be-obachtete er zwei gleißende Lichtblitze, die 20 Stunden später auf der Erde einen Ionensturm verursachten, wie ihn die moderne Welt noch nicht gesehen hatte.

12. März 1989 – das Wissensnetz

Ein gigantisches Röhrensystem. Das CERN. Tausende von Wissen-schaftlern, die wissen wollen, was die Welt im Innersten zusam-menhält. Aber wer weiß was? Und wessen Wissen könnte wem von Nutzen sein? Diese Fragen beschäftigten den Briten Tim Berners-Lee, als er im Jahre 1989 ein Kommunikationssystem ersann, das Forschern den Austausch von Informationen erleichterte. In seinen Grundzügen bestimmt es bis heute die Architektur des World Wide Web.

11. September 2001 – menschlicher Wahnsinn

Das Bild des »Falling Man« erschüttert jeden Betrachter. Bei dem Mann auf dem Bild des Fotografen Richard Drew handelt es sich mit großer Wahrscheinlichkeit um den Toningenieur Jonathan Biley. Er arbeitete im obersten Stockwerk des World Trade Centers und stürzte sich kopfüber in die Tiefe, um der Gluthölle zu entkommen, die die explodierenden Passagiermaschinen verursacht hatten, die von Terroristen in die New Yorker Twin Towers gesteuert worden waren.

Mittels der bekannten Fallgesetze lässt sich nüchtern berechnen, mit welcher Geschwindigkeit der Mann auf dem Boden aufschlug. Welche Art von Wahnsinn die Selbstmordattentäter aber dazu trieb, zwei Flugzeuge in die Hochhäuser zu bohren, und welche Verwick-lungen dieser von Osama Bin Laden geplante »mediale Coup« in den folgenden Jahrzehnten auslösen würde, verschließt sich jeder Form der Berechenbarkeit. Das deckt sich mit Newtons persönlicher Einschätzung. Dieser sagte resigniert, dass er den Lauf der Planeten zu berechnen wüsste, aber nicht den menschlichen Wahnsinn.

15. September 2008 – gefallene Himmelsstürmer

Ein weiteres Bild aus New York, das sich in das kollektive Bewusstsein gebrannt hat: das der geprügelten Banker, die nach dem Zusammenbruch von Lehmann Brothers mit gesenkten Köpfen ihre Habseligkeiten in Pappkartons aus dem Haus trugen. Überhebliche Himmelsstürmer, die hart auf dem Boden der Tatsachen aufgeschlagen waren und auf einmal aussahen wie die Obdachlosen von New York, die ihren persönlichen Besitz in einem Einkaufswagen vor sich herschieben und nachts hinter beleuchteten Scheiben Menschen betrachten, die das Leben feiern und mit denen es das Schicksal offensichtlich anders gemeint hat. Was war passiert? Man fühlte sich an das Gestammel von Ex-Fußballbundestrainer Berti Vogts erinnert, als eine desolate deutsche Nationalelf von den Bulgaren 1994 bei der WM in den USA zwei zu eins geschlagen worden war: »Und dann war da irgendwie keine Ordnung mehr da ...!«

Ja, irgendwie hatten sich auch die Finanzspezialisten dieser Erde verrechnet, und dann war irgendwie keine Ordnung mehr da! Es folgte ein Börsenbeben, das schlimmste nach dem Katastrophenjahr 1929, und die Weltwirtschaft ging rasant auf Talfahrt. Die kleinen Sparer sanierten schließlich die kollabierenden Finanzinstitute der eingebildeten Überflieger. Die Folgen spüren wir bis heute.

6. April 2009 – falsche Verdächtige

Diese Nacht war anders. Rachel Grant tastete mit dem zitternden Lichtfinger der Taschenlampe das seichte Ufer des Lago di San Ruffino ab. Nichts. Auch in den Tümpeln direkt am See – nichts. Gar nichts. Seit Jahren kam die englische Biologin jedes Frühjahr zu diesem See in den italienischen Abruzzen, um das Paarungsverhalten der Erdkröten zu untersuchen. Aber in dieser Nacht war kein einziges Tier zu sehen. Schon in der letzten waren es auffallend wenig gewesen. Was war los?

Einen Tag später, am 6. April 2009, kam es 80 Kilometer vom Lago di San Ruffino entfernt zur Katastrophe. Ein gewaltiges Erdbeben verwüstete das pittoreske Städtchen L'Aquila, und auch einige der umliegenden Dörfer wurden fast völlig zerstört.

Verheerende Erdbeben sind in Italien allerdings keine Seltenheit. Es gab sie in der Vergangenheit, und es wird sie auch in der Zukunft geben. Was das Beben von L'Aquila bemerkenswert macht – unabhängig vom dramatischen Schicksal der Betroffenen –, ist ein Gerichtsurteil. Einige der renommiertesten Seismologen Italiens wurden zu Haftstrafen verurteilt, weil sie vor dem Erdbeben nicht gewarnt hatten, obwohl diese nach einhelliger Meinung nicht vorhersehbar sind. Zwar gab es vor der Schicksalsnacht Vorbeben, aber das ist nichts Besonderes in dieser seismisch aktiven Gegend. Nur selten folgt auf diese der große Schlag, in den meisten Fällen passiert nichts. Soll man jedes Mal, wenn die Erde wackelt, sämtliche Häuser evakuieren? Die Grenzen der Prognostik scheinen erreicht. Nur die Kröten wussten es offensichtlich besser. Nachdem sie in der Schreckensnacht beim Liebesspiel eine Pause gemacht hatten, nahmen sie es in den folgenden Tagen, als die menschlichen Opfer unter Wehklagen zu Grabe getragen wurden, wieder auf – so als wenn nichts gewesen wäre. Die Wissenschaftlerin Rachel Grant wundert sich bis zum heutigen Tag.

2. Dezember 2019 – Tote aus dem Irgendwo

War es die Fledermaus? Oder doch das Gürteltier? Oder der Waschbär? Oder entschwand das Corona-Virus aus einem verschwiegenen Laboratorium? Und wer war Patient null? Obwohl solche Fragen bis heute nicht beantwortet sind, steht fest, dass die Corona-Pandemie die Welt an die Belastungsgrenze brachte. Unvergessen die Bilder aus Bergamo, als die Leichen auf Lastwagen geworfen wurden. Auf ein Ereignis solcher Tragweite war die Welt nicht vorbereitet. Millionen von Toten. Und wer wusste, was zu tun war? Eine Kakofonie verschiedenster Interpretationen des Geschehens, die es unmöglich machte, das Wesentliche vom Unwesentlichen zu scheiden.

30. November 2022 – digitale Plappermäuler

Hölderlin:

> Herr! was bist du, was Menschenkinder?
> Jehova du, wir schwache Sünder,
> Und Engel sinds die, Herr, dir dienen.
> Wo ewger Lohn, wo Seeligkeiten krönen.
>
> Wir aber sind es, die gefallen,
> die sträflich Deiner Güte Straalen,
> in Grim verwandelt, Heil verscherzet
> Durch das der Hölle Todt nicht schmerzet.

Friedrich Hölderlin M. G.

ChatGPT:

> Prompt: Herr! was bist du, was Menschenkinder?
> Jehova du, wir schwache Sünder,
> Und Engel sinds die, Herr, dir dienen.
> Wo ewger Lohn, wo Seeligkeiten krönen.
>
> Ihr Throne, ihr Sitzestühle,
> Erzengel, Gabriel, Uriel,
> Herr, wir bauen dir die Wolken.
> Sind deine Tempel, dein Reich, dein Stützen.
> Stirbt alles auf, bleibst du ewiglich Leben.

Stumme Katastrophen verändern die Welt

1755 – 1815 – 1837 – 1848 – 1859 – 2001 – 2008 – 2009 – 2019 – 2022. Das sind Zäsuren, keine Frage. Doch chronologisch aufgereiht, haftet der Aufzählung dieser Ereignisse etwas Willkürliches an. Man erkennt keinen rechten Sinn. Was hat der Ausbruch des Tambora mit der Erfindung des Internets zu tun oder dem Anschlag von al-Quaida auf das World Trade Center? Was die Finanzkrise mit der

Erfindung des Telegrafen und der Veröffentlichung einer Sprach-software wie ChatGPT?

Doch wenn man die Ereignisse anders anordnet und dann miteinander in Beziehung denkt, ändert sich das Bild. Obwohl sich die angeführten Geschehnisse einer persönlichen Auswahl verdanken und durch weitere ergänzt werden könnten, wollte man ein vollständigeres Bild erhalten, lässt sich aus ihnen ein Netz offensichtlicher, aber auch verborgener Ursache-Wirkungs-Beziehungen weben, das es erlaubt, wichtige Teile unserer Lebenswirklichkeit im 21. Jahrhundert einzufangen.

1815 – 1837 – 1859 – 1989 – 2001: Verknüpfen wir in einem ersten Anlauf den Ausbruch des Tambora, die Erfindung des Telegrafen, das Carrington-Ereignis, das World Wide Web und 9/11 miteinander.

Bis zur Erfindung des Telegrafen diffundierten Informationen, sieht man von wenigen Ausnahmen ab, mehr oder weniger mit Schrittgeschwindigkeit um die Erde. Noch in den ersten Jahrzehnten des 19. Jahrhunderts benötigte ein Brief, der in New York aufgegeben wurde, drei bis vier Monate, bis er seinen Empfänger in San Francisco erreichte! Das Segelschiff, welches die Post transportierte, musste vor der Fertigstellung des Panama-Kanals im Jahr 1889 die gesamte Ostküste von Nord- und Südamerika hinuntersegeln. Dann ging es durch die Magellanstraße oder am stürmischen Kap Horn vorbei, um endlich die Pazifikküste des amerikanischen Kontinents wieder hochzusegeln und endlich in San Francisco zu landen. Der Autor der handgeschriebenen Zeilen war also gezwungen, sechs bis acht Monate auf eine Antwort zu warten. Natürlich brauchten Zeitungsmeldungen dieselbe Zeit.

Man vergleiche diesen zähen Fluss der Zeit mit der rasanten Geschwindigkeit, mit der die ersten Morsesignale am 24. Mai 1844 von Baltimore nach Washington durch die Leitung jagten. Man versteht, dass moderne Kommunikationssysteme tiefgreifend anders sind. Signale in elektrischen Leitungen, aber auch Funksignale verbreiten sich nahezu mit Lichtgeschwindigkeit. Sie sind über den Daumen gepeilt etwa *100 Millionen Mal* schneller als fast alle der damals bekannten Kommunikationssysteme! Das hat radikale Konsequenzen. Blieben den Menschen, die vor der Erfindung des Telegrafen brieflich im Austausch standen, Wochen, Monate, gar Jahre, um nachzudenken und dann zu antworten, erreicht die Nachricht heute, per Mobiltelefon oder Mail geschickt, ihren Adressaten an fast jeder Stelle des Globus im Bruchteil einer Sekunde. Schon vor mehr als 30 Jahren sprach der Zeitforscher Fraser in diesem Zusammenhang deshalb vom *zeitkompakten Globus* (Fraser 1988, 380). Er meinte, dass durch Übertragung von Information mit Lichtgeschwindigkeit eine *omnipräsente Gegenwart* geschaffen werde, die Länder aller Kontinente miteinander verbände. Wir werden noch feststellen, dass die Zeitkompaktheit durch die globale *Kausalkompaktheit* ergänzt werden muss. Die Allgegenwärtigkeit von Kommunikation schafft neue Ursache-Wirkungs-Beziehungen zwischen Natur und Kultur, die in dieser Form bisher unbekannt waren. Natur und Kultur sind in einem Konnex vereint, den man als *superponierendes weltumspannendes Wechselwirkungsgeflecht* bezeichnen könnte.

Werfen wir einen ersten Blick auf den Ausbruch des Tambora!

Der Einfluss dieser Naturkatastrophe war für einen großen Teil der Menschen auf unserem Planeten verheerend – *ohne dass sie es wussten*. Bei der Eruption wurden so viele Schwefelverbindungen in die Stratosphäre eingetragen, dass sich das Wetter in der folgenden Zeit massiv veränderte. Als nach etwa zwölf Monaten, im Jahr 1816, das berüchtigte »Jahr ohne Sommer« anbrach, die Ernten auf der Nordhalbkugel verfaulten, viele Menschen verhungerten oder in ihrer Verzweiflung auf der Suche nach Nahrung zu neuen Ufern aufbrachen, Maler wie William Turner oder Caspar David Friedrich sich über die überirdisch dramatischen Sonnenuntergänge wunderten, war niemand in der Lage, ein kausales Netz zu spannen, das diese getrennt wirkenden Phänomene miteinander in Verbindung brachte. Die verschiedenen Effekte, die alle mit dem Ausbruch in einem direkten Zusammenhang standen, blieben separate Phänomene, die augenscheinlich nichts miteinander zu tun hatten.

Das ist heute unvorstellbar. Eine so gewaltige Explosion würde in kürzester Zeit *Schockwellen aus Information* um den Globus jagen, die über das World Wide Web augenblicklich *Milliarden* Kommunikationsteilnehmer erreichen und bewegen würden. In jedem Wohnzimmer wären Bilder und O-Töne der Katastrophe präsent. Man erinnere sich an 9/11 und den Zusammenbruch der Twin Towers! Der gigantische Vulkanausbruch würde rund um die Uhr von verschiedensten Experten kommentiert werden, bemüht, eine realistische Einschätzung der Lage zu geben. Das hätte Folgen, die wir nicht abschätzen können. Es ist schon vermessen, die direkten Auswirkungen des Ausbruchs vorhersagen zu wollen: Was würde es etwa für die globale Wirtschaft bedeuten, wenn der Flugverkehr monate- oder gar jahrelang aussetzen müsste, da sich die gewaltigen Aschewolken nicht ohne Absturzgefahr durchfliegen ließen? Einen Vorgeschmack auf dieses Szenario gab der Ausbruch des isländischen Eyjafjallajökull im April 2010, bei dem allerdings tausendmal weniger Asche in die Atmosphäre geworfen wurde als durch den indonesischen Vulkan Tambora. Doch schon diese geringe Menge reichte, um den Flugverkehr in Europa für Wochen lahmzulegen. Was hätte die nach Monaten einsetzende Erkaltung der Atmosphäre, die mit starken, lang andauernden Niederschlägen verbunden wäre, für die Ernährung einer mittlerweile acht Milliarden Menschen zählenden Weltbevölkerung für Konsequenzen? Und was würde die Dunkelzeit für eine Energieversorgung bedeuten, die allein auf Sonne und Wind angewiesen ist?

Noch unkalkulierbarer wären die Konsequenzen im globalen Kommunikationsraum. Niemand könnte verlässlich voraussagen, was es in unserer vernetzten Welt hieße, wenn der Aktienmarkt einen gewaltigen Crash erlebte. Welche Art von Panik hätte welche Folgen? Und würde sich der kollabierte Aktienmarkt nach einer Weile wieder erholen? Oder wäre eine Große Depression wie im Jahr 1929 die Folge, mit Massenarbeitslosigkeit und Massenarmut?

Vor diesem Hintergrund wird offensichtlich, dass der Jahrhundertausbruch des Tambora im Jahr 1815 in einer wichtigen Beziehung anders war: Es handelte sich noch um eine *stumme Katastrophe!* Unabhängig von den Schäden, die unmittelbar durch die Eruptionen und die Tsunamis entstanden, sickerten die Nachrichten aus

Indonesien im Zeitlupentempo in die Köpfe interessierter Zeitungsleser. Von einer globalen Panikreaktion keine Spur!

Heute würden sich beim Ausbruch eines Supervulkans natürliche und künstliche Komplexitätsfallen verzahnen. Ohne Zweifel hätten wir es im Ergebnis mit einem Komplexitätsmonster zu tun (Ferguson 2021,121). Und trotzdem wäre der Ausbruch eines großen Vulkans oder ein verheerendes Erdbeben nicht das schlimmste Unglück, das sich denken ließe.

Zumindest blieben im globalen Maßstab Kommunikationsnetzwerke und deren Infrastruktur *intakt!* Das wäre bei einem neuerlichen Carrington-Ereignis nicht mit Sicherheit gewährleistet. Sollte die Erde im 21. Jahrhundert von einem vergleichbar starken Ionengewitter getroffen werden wie im Jahre 1859, das durch gewaltige Sonnenprotuberanzen zustande käme, dann wäre zumindest in der Nordhemisphäre der Erde nicht auszuschließen, dass es zu einem beispiellosen Blackout käme. Es bestünde darüber hinaus die Gefahr, dass die Kommunikationsarchitektur des Internets, aber auch die Stromversorgung schwerste Schäden davontragen würden. Das wäre fatal. Diese ließen sich nicht in kurzer Zeit beheben! Es wären eben nicht nur Schäden der Software zu beklagen. Auch die Hardware würde betroffen sein. So könnten etwa Transformatoren und Schaltanlagen in Umspannwerken durchbrennen, wobei es Monate, vielleicht auch Jahre dauern würde, diese zu reparieren.

Ich möchte betonen, dass es hier nicht darum geht, Ängste zu schüren.

Aber ein Ereignis dieser Größenordnung wird nach den Regeln der Wahrscheinlichkeit eintreten. Offen ist die Frage, ob eine solche Katastrophe schon in den nächsten Jahrzehnten zu erwarten ist oder noch Jahrhunderte vergehen werden. In diesem Sinne müssen wir die irisierenden Nordlichter in der Karibik als warnende Himmelszeichen betrachten. Diese Menetekel sind als Aufforderungen zu lesen, sich mit globalen Problem dieser Art auseinanderzusetzen und klug vorzusorgen.

1815 – 1837 – 1859 – 1989 – 2001. Der Zusammenklang dieser Episoden vermittelt einen Eindruck von der erdrückenden Vielfalt, der wir Menschen heute ausgesetzt sind. Das sind unberechenbare natürliche Phänomene, die sich nicht nur mit dem globalen Wirtschaftssystem verflechten, sondern auch mit einer die Welt umspannenden Kommunikationsarchitektur. Diese verkettet Milliarden Menschen miteinander, deren Interaktionen in letzter Konsequenz unergründlich sind. Aber das ist noch nicht alles.

Es wurde betont, dass sich alle Komplexitätsfallen durch eine fundamentale Asymmetrie auszeichnen. Ein Übermaß an Information trifft auf einen in seinen Möglichkeiten beschränkten Beobachter, dem es trotz größter Mühe und unter Anwendung raffiniertester Erkenntniswerkzeuge nicht gelingt, eine verlässliche Ordnung in den Wust aus Daten hineinzuinterpretieren. Um diesen Aspekt der Komplexitätsfallen in den Blick zu nehmen, wollen wir weitere Episoden miteinander in Beziehung setzen.

Das neue Denken erhebt sich aus den Ruinen

1755 – 1846 – 2008 – 2009 – 2019 – 2023. Im Gegensatz zum Ausbruch des Tambora war das Erdbeben von Lissabon im Jahre 1755 kein »stummes Desaster«. Im Gegenteil. Es war in gewissem Sinne die erste moderne Katastrophe.

Diese hatte nicht nur ein physikalisch zerstörerisches Momentum. Auch die Welt der Gelehrsamkeit wurde durch die Schockwellen erschüttert. Es kam zu erbittertem Streit. Voltaire verhöhnte in seinem *Gedicht über die Katastrophe von Lissabon oder Prüfung jenes Grundsatzes »Alles ist gut«* vor allen Dingen den Briten Alexander Pope, der in seinem berühmten Gedicht *An Essay on Man* betonte, dass Gott alles zum Besten eingerichtet hätte (Breidert 1994, 58). Rousseau wiederum arbeitete sich in einem 20-seitigen Brief an Voltaire ab, in dem er ihm vorwarf, mit seinen düsteren Zeilen seine Stimmung zu verderben.

Die Gläubigen sahen sich mit einem Mal einem extremen Rechtfertigungsdruck ausgesetzt. Wie konnte Gott eine solche Katastrophe zulassen? Warum war er so grausam und ungerecht? In einem verzweifelten Rückzugsgefecht stellten sie sogar ernsthaft zur Diskussion, ob es nicht ein Zeichen göttlicher Weitsicht sei, dass die Leichen der Zerquetschten den Würmern als Fraß dienten. Schließlich hätte der Herr die Verantwortung für das Wohl *aller Lebewesen* zu tragen.

Nüchterne Charaktere wie Immanuel Kant verstanden die Katastrophe eher als Aufruf, das Problem mit den Augen eines Naturforschers zu betrachten. Der Philosoph war von dem Desaster auf schaurige Weise fasziniert, las die gesamte damals verfügbare Literatur über Erdbeben und dachte nach. Schließlich wagte er es, *natürliche Ursachen* für die Katastrophe zu postulieren, machte gigantische unterirdische Gasblasen für die Entstehung des Bebens verantwortlich. Damit legte er Feuer an die Lunte. Es folgte ein intellektueller Flächenbrand: Stürme, Erdbeben, Vulkanausbrüche, Überschwemmungen, Hungersnöte und Seuchen, das ganze Waffenarsenal eines strafenden Gottes, wurde dem Allmächtigen von aufgeklärten Forschern Stück für Stück entrissen, die irgendwann nicht mehr an den *Furor Domini* glauben wollten und wissenschaftliche Erklärungen bevorzugten. Der Herr im Himmel – ein müde werdender Titan. Doch nicht nur Gott wurde gedemütigt. Seinem Hofstaat auf Erden erging es nicht besser. Bis dato oblag es Priestern und Propheten, die Zukunft zu deuten. Jetzt wurden sie von wissenschaftlichen Prognostikern verdrängt, den neuen Sehern, die mittels mathematischer Modelle Künftiges vorauszusagen suchten.

Aber der Kurswechsel zum aufgeklärten Denken verlief nicht geradlinig. Selbst in den Köpfen der besten Wissenschaftler rangen alte und neue Welt noch lange um die Vorherrschaft. Tief empfundener Glaube und modernes Wissenschaftsverständnis verschmolzen zu einem brüchigen Gedankenamalgam, dem Stringenz und Bündigkeit fehlten. Obwohl Kopernikus die Erde aus dem Zentrum des Kosmos in die Peripherie befördert hatte, mochten selbst Genies wie Isaac Newton und Gottfried Wilhelm Leibniz vom christlichen Gott nicht lassen. Leibniz versuchte tapfer, die widerstrebenden Pole im eigenen Kopf zu vereinen. So machte er seinen Gott zu einem Mathematiker, der ein allumfassendes Optimierungsproblem zu lösen hatte, galt es doch, sämtliche Parameter des Universums bis in die kleinsten Feinheiten genau so auszutarieren, dass die beste aller nur denkbaren Welten die Folge war. Doch diese groß angelegte Gedankenübung zerbrach an der Macht des Faktischen. Die betenden Gläubigen, die von den einstürzenden Wänden der Kirchen zermalmt worden waren, machten Leibniz' Theodizee zu einer Gedankenblase eines Schreibtischtäters, die der bissige Voltaire, der neben Pope auch Leibniz ins Visier nahm, mit wohlgesetzten Stichen zum Platzen brachte. Damit öffnete das Erdbeben von Lissabon die Türen für den Geist der Aufklärung und den gerade im 19. Jahrhundert folgenden kometenhaften Aufstieg der Naturwissenschaften. Und in diesem Zusammenhang stellten sich elementare Fragen, die bis heute nichts von ihrer Aktualität verloren haben: Was können wir wissen? Was sind die Möglichkeiten, aber auch die Grenzen wissenschaftlicher Modellbildung? Oder, auf das Thema dieses Buchs bezogen: Was sind die ontologischen und was die epistemischen Seiten der Komplexität, und wie verhalten sie sich zueinander?

Besonders die Anfänge der Aufklärung waren noch von einem kühnen Optimismus beseelt. Vor allen Dingen die französischen Analytiker berauschten sich an der prognostischen Kraft ihrer neu entwickelten mathematischen Werkzeuge, und die Wagemutigsten unter ihnen stießen Gott schließlich vom Thron. Als Pierre Simon de Laplace von Napoleon Bonaparte gefragt wurde, wo in seinem System denn eigentlich Gott vorkommen würde, beschied er dem Kaiser, dass diese Hypothese in seinem Gedankengebäude überflüssig sei.

Die Euphorie, die mittels der Mathematik die Welt vorhersehbar zu machen suchte, erreichte mit der von Le Verrier nur mit Papier und Bleistift errechneten Prognose im Jahr 1846 ihren Höhepunkt. Welche Macht musste den magisch anmutenden Gleichungen innewohnen, wenn man nicht nur die Existenz eines Himmelskörpers vorhersagen konnte, sondern auch noch die genaue Stelle im Raum, an der dieser zu finden sein würde? Damit wurden Mathematiker und Physiker zu den neuen Hohepriestern ihrer Zeit, und der Glaube in die Macht der eigenen Methode wuchs ins Grenzenlose. Einige meinten schon, dass die physikalische Theorie im Begriff sei, sich zur Vollkommenheit zu runden, und deshalb die Gefahr bestünde, dass es für aufstrebende Forscher keine interessanten Fragen mehr zu beantworten gäbe. Legendär ist in diesem Zusammenhang die Einschätzung des Physikers Philipp von Jolly, der ausgerechnet dem kommenden Weltbildzertrümmerer Max Planck vom Studium der theoretischen Physik abriet. Nach der Einschätzung des Professors gab es »wohl noch ein Stäubchen oder Bläschen zu prüfen oder einzuordnen, aber das System als Ganzes stehe ziemlich gesichert da, und die theoretische Physik näherte sich merklich demjenigen Grade der Vollendung, wie ihn etwa die Geometrie schon seit Jahrhunderten besitzt« (Planck 1943).

Es ist eine Ironie der Geschichte, dass ausgerechnet dieser Max Planck mit der Entdeckung des nach ihm benannten Wirkungsquantums die klassische Physik wenig später aus den Angeln hob.

Schaut man allerdings genauer hin, dann wird deutlich, dass sich schon in den Zeiten großer Selbstgewissheit erste Zeichen der Krise zeigten. Im Allgemeinen wird gerade Laplace als naiver Berechenbarkeitsfanatiker gezogen. Ihm wird unterstellt, dass er dem mechanistischen Weltbild, in dem Ursache und Wirkung nach ewig geltenden Regeln das Weltgeschehen diktieren, mit dem Billardkugel-Universum die treffende Gestalt gegeben hat. Fast immer wird der Franzose in diesem Zusammenhang mit der folgenden berühmten Textstelle zitiert:

»Eine Intelligenz, welche für einen gegebenen Augenblick alle in der Natur wirkenden Kräfte, sowie die gegenseitige Lage der sie zusammensetzenden Elemente kennte und überdies umfassend genug wäre, um diese gegebenen Größen der Analysis zu unterwerfen, würde in derselben Formel die Bewegungen der größten Weltkörper, wie des leichtesten Atoms umschließen; nichts würde ihr ungewiss sein und Zukunft wie Vergangenheit würden ihr offen vor Augen liegen. Der menschliche Geist bietet in der Vollendung, die er der Astronomie zu geben verstand, ein schwaches Abbild dieser Intelligenz dar. Seine Entdeckungen auf dem Gebiet der Mechanik wie der Geometrie, verbunden mit der Entdeckung der allgemeinen Gravitation, haben ihn in den Stand gesetzt, in demselben analytischen Ausdruck die vergangenen und zukünftigen Zustände des Weltsystems zu umfassen. Durch Anwendung derselben Methode auf einige andere Gegenstände seines Wissens ist er dahin gelangt, die beobachteten Erscheinungen auf allgemeine Gesetze zurückzuführen und Erscheinungen vorauszusehen, die gegebene Umstände herbeiführen müssen. Alle diese Bemühungen beim Aufsuchen der Wahrheit wirken dahin, ihn unablässig jener Intelligenz näherzubringen, von der wir uns eben einen Begriff gemacht haben, der er aber immer unendlich fernbleiben wird« (Laplace 1932).

Leider wird der letzte Satz häufig unterschlagen, genauso wie die Tatsache, dass dieses Zitat ausgerechnet in der Einführung eines Buches über *Wahrscheinlichkeitsrechnung* steht. Diese damals noch junge mathematische Disziplin wurde von Laplace in stringenter Weise weiterentwickelt, weil er *gerade nicht daran glaubte*, dass ein irdischer Beobachter mit dämonischen Fähigkeiten denkbar sei. Das wird auch offensichtlich, wenn man sein umfangreiches Werk studiert, in welchem der Wissenschaftler betont, dass Phänomene wie das Wetter der mathematischen Analyse *nicht* zugänglich seien (Laplace 1797). Damit entwickelte Laplace schon früh ein Gefühl für ein Phänomen, das dann einige Jahrzehnte später von Henri Poincaré und James Clerk Maxwell in prägnante Worte gefasst wurde:

»Allerkleinste Effekte, die man in der wissenschaftlichen Untersuchung nicht beachtet, können dazu führen, dass sich das in Frage stehende System grundlegend anders entwickelt, als erwartet« (Maxwell 1877, 12).

Mit dieser realistischen Einschätzung legten die beiden die Grundlage für die heute bekannte Chaostheorie.

In völligem Gegensatz zum Optimismus der frühen französischen Analytiker können damit auch deterministische Systeme eine Dynamik entwickeln, die vom Betrachter als erratisch empfunden wird, was die paradox anmutende Bezeichnung des *Deterministischen Indeterminismus* erklärlich macht. Damit werden Fragen aufgeworfen, die in diesem Buch zentral sind: Wie verhält sich die Vielgestaltigkeit der Wirklichkeit zur prinzipiellen Beschränktheit jedes nur denkbaren Beobachters? Welche Wirklichkeitsbereiche lassen sich wissenschaftlich exakt beschreiben? Welche mathematischen Modelle führen also zu gesicherter Erkenntnis, und wo ist ihren Ergebnissen mit einem gerüttelt Maß an Skepsis zu begegnen? Oder ganz allgemein gefragt: Was ist in unserer Welt in den wesentlichen Belangen berechenbar und was nicht?

Der Science-Fiction-Autor Douglas Adams dreht diese zentrale Frage in seinem Bestseller *Per Anhalter durch die Galaxis* ins Absurde und lässt damit auf seine ganz spezielle Weise durchscheinen, was er denkt (Adams 2009). In seinem Buch wird der Supercomputer *Deep Thought* von einer außerirdischen Zivilisation gebaut, um endlich die Antwort auf die Frage aller Fragen zu geben, der »nach dem Leben, dem Universum und dem ganzen Rest«. *Deep Thought* rattert 7,5 Millionen Jahre. Bevor er die Antwort gibt, weist er aber darauf hin, dass den Wartenden die Antwort nicht gefallen wird, und sagt gleichzeitig, dass die Frage nicht gut gestellt worden wäre. Seine Antwort lautet: »42.« Dann schlägt er vor, einen leistungsfähigeren, von ihm kreierten Computer zu bauen, der der Aufgabe gewachsen sei. Leider explodiert dieser kurz vor der Beantwortung der Frage aller Fragen.

Auch wenn die Art und Weise, wie sich Adams in seinem Roman dem Problem der universellen Berechenbarkeit nähert, bizarr und grotesk ist, hat sie etwas Prophetisches. *Sowohl die Frage der universellen Berechenbarkeit als auch das Problem, welche Teilbereiche der Wirklichkeit sich in sinnvoller Weise in geeigneten mathematischen Termini fassen lassen, sind in unserer Zeit zentral.*

Deshalb müssen wir in der Lage sein, Rolle und Bedeutung der Mathematik in unserer Zeit richtig einzuschätzen, denn diese bekommt eine teils gespenstische Macht. Wir werden sehen, dass das Multiversum verschiedenster moderner mathematischer Modelle mit einem Medizinschrank vergleichbar ist, in dem sich neben hochwirksamen Ingredienzien wirkungslose Substrate und tödliche Gifte befinden. Das Wirkungsvolle vom Wirkungslosen, gar dem fatal Falschen zu unterscheiden ist somit zum Heiligen Gral der Wissenschaftskritik geworden.

Macht und Ohnmacht mathematischer Modelle

Was in diesem Zusammenhang schiefgehen kann, erkennt man an zwei Beispielen: der Finanzkrise von 2008 und den ungerechten Verurteilungen der italienischen Erdbebenforscher, die angeblich die Katastrophe von L'Aquila 2009 hätten voraussagen müssen.

In beiden Fällen wurden Möglichkeiten und Grenzen komplexer mathematischer Modelle falsch eingeschätzt. Die Finanzkrise von 2008 verdankte sich in großen Stücken der Hybris ahnungsloser Schöpfer und willfähriger Anwender mathematischer Modelle, die deren Grenzen nicht zur Kenntnis nahmen.

Schon vor der Jahrtausendwende drängten ehrgeizige junge Physiker, die sogenannten *Quants*, an die Wallstreet (Weatherall 2013). Übermütig entrissen diese in der Physik etablierte mathematische Methoden ihrem angestammten Habitat, der unbelebten Natur. Sie verwendeten sie stattdessen in einem neuen Kontext, in dem auch die Unberechenbarkeit der menschlichen Psyche eine wichtige Rolle spielt.

Am Anfang funktionierte das erstaunlich gut. Deshalb verdienten die jungen Herren viel Geld und gefielen sich in der Rolle medial gefeierter Seher. Doch dann kam es zum Sündenfall. Die Ausfallwahrscheinlichkeiten gebündelter Immobilienkredite wurden von Bankern, die mit den Modellen der Quants arbeiteten, völlig falsch eingeschätzt. De facto lag sie um mehr als 20 000 Prozent höher, als man angenommen hatte! Es kam zu einer auch von Panik befeuerten globalen Kettenreaktion, die die Weltwirtschaft in ihren Grundfesten erschütterte. Die Folgen spüren wir bis heute.

Im zeit- und kausalkompakten Globus war also ein abstraktes symbolisches Konstrukt, das der Aufgabe nicht genügte, einen kleinen Ausschnitt der Wirklichkeit angemessen zu beschreiben, *Mitursache* einer weltweiten Krise. In vergleichbarer Weise versagten übrigens auch in der Corona-Krise die mathematischen Modelle, denen es nicht gelang, das tatsächliche Infektionsgeschehen zu beschreiben.

Beim Erdbeben in Italien lag die Sache anders. Hier war nicht den Wissenschaftlern ein Fehler vorzuwerfen, sondern denen, die glaubten, deren Expertise beurteilen zu können, obwohl es ihnen an Wissen mangelte. Wir werden noch sehen, dass es bis heute kein valides mathematisches Modell gibt, das es erlaubt, das Entstehen schwerer seismischer Erschütterungen vorherzusagen.

»Nur Narren, Lügner und Scharlatane prognostizieren Erdbeben«, sagte der Grandseigneur der Seismologie Charles Richter in aller Deutlichkeit. Er wusste, wovon er sprach. Zusammen mit Beno Gutenberg entwickelte er die nach ihm selbst benannte Richterskala. Diese wird verwendet, um die Stärke, die sogenannte *Magnitude*, lokaler Erschütterungen zu messen (Sherden 1998, 259).

Wie soll man dann etwas vorhersagen, das sich nicht vorhersagen lässt?

Beim Konkurs von Lehmann Brothers waren es Wirtschaftsmathematiker und Banker, die versagten, da sie einer wissenschaftlichen Methode huldigten, die die komplexe Wirklichkeit nicht richtig abbildete. Beim Erdbeben von L'Aquila begaben sich Ankläger und Richter auf den Holzweg, da sie die Spezialisten für etwas zur Verantwortung zogen, das diese nicht zu verantworten hatten.

Schon diese beiden aktuellen Beispiele belegen, wie wichtig es ist, sich über den Geltungsbereich mathematischer Modelle den Kopf zu zerbrechen. Das ist heute eine extrem anspruchsvolle Aufgabe. Die Wissenschaft hat sich mit riesigen Schritten weiterentwickelt. Es sind ja nicht mehr nur fallende Kugeln, schwingende Pendel oder planetarische Bahnkurven, deren Dynamiken in elegante Formeln gefasst werden sollen. Der Gegenstand der Beschreibung ist mitunter wesentlich komplexer!

So versagten die mathematischen Modelle in der Weltwirtschaftskrise gerade deshalb, weil sie nicht in der Lage waren, die unergründliche Psyche der Marktteilnehmer richtig zu erfassen. Ein folgenschwerer Fehler. Hätten die Quants nur ihren Newton richtig gelesen, wäre der Welt viel Elend erspart geblieben. Auch dieser geniale Physiker wollte einen Reibach machen und hatte viel Geld in spekulative Geschäfte im Überseehandel investiert. Aber er wurde ein Opfer der legendären *Südseeblase* und verlor sein eingesetztes Kapital. Bitter beklagte der Physiker, die Planetenbahnen auf den Zentimeter genau berechnen zu können, aber nicht die menschlichen Verrücktheiten. Diese Einsicht wollen wir in diesem Buch als *Newtons Diktum* bezeichnen. Es wird uns immer wieder als Warnung dienen. Newton fordert uns auf, genau zu unterscheiden, welche Aspekte der Wirklichkeit modellierbar sind und welche nicht. Man denke noch einmal an das erschütternde Beispiel des »Falling Man«. Dessen Fall ist leicht zu berechnen. Der Wahnsinn eines Mohammed Atta, der die Boeing 767 in den Nordturm des World Trade Centers flog, verschließt sich jedem Kalkül.

Schon diese wenigen Zeilen legen nahe, dass man auch den kompliziertesten volkswirtschaftlichen Modellen mit Skepsis begegnen darf, vor allen Dingen wenn Marktakteure, also Menschen, in ihrer ganzen Vielfalt, einfach normiert werden, damit man »besser rechnen« kann. Vor Modellen, die die Wirklichkeit simplifizieren, muss man auf der Hut sein. Die wichtige Frage, welche Aspekte der Welt sich im Modell einfangen lassen und welche nicht, ist also von einiger Tiefe.

In der Einleitung wurde betont, dass Komplexitätsfallen verwickelte Knäuel verschiedenster Ursache-Wirkungs-Beziehungen sind. Nach der Lektüre der letzten Seiten erhält man eine erste Vorstellung, welche Art von Fäden da miteinander verflochten sind. Natürliche Katastrophen, eine weltumspannende Kommunikationsarchitektur, die mit Lichtgeschwindigkeit funktioniert, irrationale menschliche Gefühle, die in Gier oder Angst kulminieren können, aber auch potente wissenschaftliche Erkenntniswerkzeuge wie mathematische Modelle und unergründliche Algorithmen bilden einen komplizierten Wechselwirkungszusammenhang, den wir nur in Teilen überblicken. Deshalb soll im Folgenden versucht werden herauszuarbeiten, von welcher Art die kausalen Verschlingungen sind.

Es wurde betont, dass sich Komplexitätsfallen durch eine fundamentale Asymmetrie auszeichnen. Ein in seinen Möglichkeiten beschränkter Beobachter scheitert daran, eine überbordende Menge an Informationen zu verarbeiten.

Deshalb rücken wir im nächsten Schritt zuerst den Beobachter in den Fokus. Welche Fähigkeiten hat er? Und welche Grenzen? Warum werden diese in bestimmten Situationen zwangsläufig überschritten? Was hat das für Konsequenzen?

Damit stellt sich die Frage, in welchen Zusammenhängen Voraussagen, die auf Beobachtungsdaten beruhen, funktionieren und in welchen nicht. Um zu Antworten zu gelangen, wird es anschließend notwendig sein, sich in verständlicher Form mit mathematischen Modellen zu beschäftigen, die, wenn es um die Kunst der Prognose geht, der »Goldstandard« sind.

Mit diesem Wissen im Hinterkopf widmen wir uns dann dem Pandämonium der Komplexitätsfallen, den natürlichen und den menschengemachten, endlich sogar den hybriden. Wir werden versuchen, deren klandestine Mechanik zu verstehen, in dem Wunsch, unsere Handlungsmöglichkeiten abschätzen zu können. Wo sind wir in der Lage, die Komplexität zu entschärfen? Wo bleibt uns nichts anderes übrig, als sie stoisch zur Kenntnis zu nehmen und Vorsorge zu treffen? Und zu guter Letzt: Wie könnte es uns gelingen, in dieser komplizierten Welt die Ruhe zu bewahren und ein weniger aufgeregtes, dafür aber zufriedeneres Leben zu führen?

In den folgenden drei Kapiteln möchte ich jetzt den theoretischen Hintergrund der Komplexitätsfallen beleuchten. Sie sind eingeladen, sich im Text wie ein Flaneur zu bewegen. Wenn es Ihnen Freude bereitet, können Sie mit mir in die Tiefe steigen. Oder Sie stöbern erstmal ein bisschen herum und lesen, was Ihnen Spaß macht. Nur das Kapitel über Experimentalkunst sollten Sie nicht auslassen. Galilei lehrt uns in anschaulicher Weise, wie Wissenschaftler ein mathematisches Modell entwickeln. Das ist wichtig, um den zweiten Teil des Buchs zu verstehen.

Beobachtung von Beobachtung

Wie Grenzen unsere Welt erschaffen

Dschuang Dsi ging einst mit Hui Dsi spazieren am Ufer eines Flusses.
Dschuang Dsi sprach: »Wie lustig die Forellen aus dem Wasser
herausspringen! Das ist die Freude der Fische.«
Hui Dsi sprach: »Ihr seid kein Fisch, wie wollt ihr denn die Freude der
Fische kennen?«
Dschuang Dsi sprach: »Ihr seid nicht ich, wie könnt Ihr da wissen,
dass ich die Freude der Fische nicht kenne?«
Hui Dsi: »Ich bin nicht Ihr, so kann ich Euch allerdings nicht erken-
nen. Nun seid Ihr sicher kein Fisch, und so ist klar, dass Ihr nicht die
Freude der Fische kennt.«
Dschuang Dsi sprach: »Bitte lasst uns zum Ausgangspunkt zurück-
kehren. Ihr habt gesagt, wie könnt Ihr die Freude erkennen. Dabei
wusstet ihr ganz gut, dass ich sie kenne, und fragtet mich dennoch.
Ich erkenne die Freude der Fische aus meiner Freude beim Wandern
am Fluss.«

Diese Textstelle aus der weit über 2000 Jahre alten Schrift *Das Buch
vom südlichen Blütenland*, verfasst von dem taoistischen Philosophen
Dschuang Dsi, vermittelt augenzwinkernd, dass die Art und Weise,
wie wir die Welt beobachten und glauben, dies anderen Menschen
mitteilen zu können, eine tiefgründige Angelegenheit ist (Dschuang
Dsi 1996, 192). Das hat sich bis zum heutigen Tage nicht verändert.
Selbst im Rahmen der Physik ist die Frage, was ein Beobachter ist,
bis heute nicht klar beantwortet.

In der klassischen Physik spielt der Beobachter angeblich keine
wichtige Rolle. Es wird unterstellt, dass sich dort ein Szenario unabhängig davon entwickelt, ob es beobachtet wird oder nicht. Wir
werden zeigen, dass diese Einschätzung nicht allgemeingültig ist

(Wehr 1992). Sie mag für den Flug einer Kanonenkugel gelten. Aber sicher nicht für das molekulare Chaos eines Gases.

Im Gegensatz zur klassischen Physik hat nach allgemeinem Verständnis der Beobachter in der Quantenmechanik eine zentrale Bedeutung. Leider führt das nicht dazu, dass in diesem Zusammenhang exakt geklärt wäre, was ein Beobachter wirklich ist. Im Gegenteil. Über dessen Funktion und Wirkung wird seit fast einem Jahrhundert ausdauernd gestritten (Becker 2021). Ohne uns mit diesem Rätsel länger zu beschäftigen, sei nur darauf hingewiesen, dass sich in der mit harten Bandagen geführten Diskussion einige Unstimmigkeiten verstetigt haben. Hier sei nur eine genannt: Physiker, die der von Niels Bohr beeinflussten Kopenhagener Deutung der Quantenmechanik anhängen, sind überzeugt, dass der Beobachter die Welt sinnlich erfahrbarer Gegenstände durch den *Akt der Beobachtung* erst erschafft. Einige Theoretiker versteigen sich sogar zu der Behauptung, dass für diese Form der Welterschaffung die Existenz von Bewusstsein notwendig sei (Becker 2021).

Da stellt sich eine wichtige Frage: Wie konnte in diesem Weltbild ein erster Beobachter auftauchen? Für die Existenz eines Beobachters bräuchte es ja einen Beobachter. Der erste Beobachter müsste also aus dem Nichts zum Vorschein kommen. Das widerspricht aber der Grundannahme dieser Interpretation der Quantenmechanik.

Bliebe zu ergänzen, dass Beobachter auch in den Relativitätstheorien Albert Einsteins eine wichtige Rolle spielen. Aber dort werden sie ebenfalls nicht genauer spezifiziert. Wichtig war für Einstein an erster Stelle, dass sie mit Maßstäben, Uhren und Waagen umzugehen wissen und dann in der Lage sind, ihre Messergebnisse miteinander zu vergleichen.

Bis dato fehlt also eine Art Minimalbeschreibung eines Beobachters. Was zeichnet einen Beobachter wirklich aus? Und wo liegen dessen Grenzen? Eine solche Minimalbeschreibung wollen wir hier skizzieren. Das Ergebnis nenne ich den *Elementarbeobachter*. Dieses »abstrakte Wesen« wird uns helfen, das Phänomen der Komplexitätsfalle besser zu verstehen.

Die Minimalbeschreibung des Elementarbeobachters sollte so allgemeingültig wie möglich sein. Es sind ja nicht nur menschliche Beobachter denkbar. Ein Beobachter wäre natürlich auch ein autonomer Roboter, der Informationen aus seiner Umwelt aufnimmt, verrechnet, um sie dann in Verhalten umzusetzen. Nach meinem Verständnis müssten die allgemeinen Gesetze, die die Fähigkeiten eines Beobachters beschreiben, sogar für fantastische Gedankenkonstrukte gelten. In diesem Zusammenhang kommt einem die *Schwarze Wolke* von Fred Hoyle in den Sinn oder der denkende Ozean auf dem Planeten Solaris, den sich der Schriftsteller Stanislaw Lem ausdachte. Die Schwarze Wolke ist ein bedrohlicher Nebel, der in das Sonnensystem eindringt und die Sonne verfinstert. Eine Taskforce von Wissenschaftlern stellt fest, dass sie es mit einem Lebewesen unbeschreiblicher Intelligenz zu tun hat (Hoyle 1977). In dem Roman von Stanislaw Lem ist der Planet Solaris von einem gallertartigen Ozean bedeckt, der eine merkwürdige Eigendynamik besitzt. Auf dessen Oberfläche bilden sich eigentümliche Formen, die kurz darauf wieder verschwinden (Lem 2021). Auch bei diesem handelt es sich um eine Superintelligenz, die mit den Besatzungsmitgliedern einer Raumstation, die das Rätsel des Ozeans erkunden sollen, sein Unwesen treibt. Diese Superintelligenz besitzt nach Lem eine beeindruckende Eigenschaft. Auf diese kommen wir noch zu sprechen. *Ihr ist es angeblich geglückt, die eigentlich chaotische Bahn des Planeten Solaris, der Teil eines Doppelsternsystems ist, zu stabilisieren.*

Der Mensch mit seinen verschiedenen Messinstrumenten, alle denkbaren Arten autonomer Roboter in mitunter feindlichen Lebenswelten, schwarze Wolken, fast so groß wie ein Sonnensystem, und ein denkender gallertartiger Ozean auf einem fremden Planeten. Was soll all diesen unterschiedlichen Beobachtern gemeinsam sein? Sie haben vergleichbare Grenzen!

Das universelle Wechselwirkungsgeflecht

Menschen haben Sinne, um Informationen aus ihrer Umwelt aufzunehmen, ein Gehirn zum Denken und Muskeln zum Handeln. Man spricht in den Neurowissenschaften meist von *Sensorik, Kognition und Aktorik*.

Wir beginnen mit den Sinnen und konzentrieren uns zu Beginn nur auf das Auge, um die wesentlichen Aspekte herauszuschälen.

Zuerst unterstellen wir, dass Menschen, wie alle anderen denkbaren Beobachter auch, in einen *Gesamtzusammenhang unterschiedlichster Wechselwirkungen* eingebettet sind.[3] Diesen Gesamtzusammenhang nennen wir *Sigma*. Der griechische Buchstabe Sigma (»Σ«) bezeichnet in der Mathematik Summen. Sigma ist in gewisser Weise ein Mysterium. Betrachten wir zur Erläuterung kurz die momentane Situation in der Physik. Eine Weile waren viele theoretische Physiker davon überzeugt, dass die Welt durch vier grundlegende Wechselwirkungen bestimmt wird: die Gravitation, die elektromagnetische, die schwache und die starke Wechselwirkung. Für alle Optimisten, die glaubten, man könne diese vier zu einer *einzigen Kraft* vereinigen, was nach ihrem Verständnis dann die Weltformel ergäbe, war es ein Meilenstein, als es tatsächlich gelang, den Elektromagnetismus und die schwache Kraft zusammenzudenken. Doch jetzt fallen Schatten auf die Theorie der großen Vereinheitlichung. Die Gravitation gebärdet sich nach wie vor störrisch und lässt sich nicht ins Korsett zwingen. Auch die starke Kraft fügt sich nicht geschmeidig ins Ganze. Zu allem Überfluss ist jetzt auch noch die geheimnisvolle Dunkle Energie Gegenstand wissenschaftlicher Debatten. Gibt es noch weitere Kräfte, die bisher keine Berücksichtigung erfuhren? Das ist eine der großen Fragen unserer Zeit. In unserem Zusammenhang ist nur wichtig, dass man aus prinzipiellen Gründen nie wissen kann, ob in einem bestimmten Moment alle Wechselwirkungen beieinander sind, um jedes Phänomen des Weltalls zu erklären. Eine solche Aussage bleibt immer hypothetisch. Sie bezieht sich ja zwangsläufig auf Messergebnisse, die dem augenblicklichen Stand der Technik entsprechen. Verbessern sich die Verfahren, können Überraschungen auftauchen, die sich im Kanon der bekannten Wechselwirkungen nicht erklären lassen. Dann geht das Spiel von vorne los.

Zurück zum Auge. Ein Sinnesorgan wird nur durch eine bestimmte Art von Wechselwirkungen in besonderer Weise angeregt. In diesem Fall sind es elektromagnetische Wellen, zu denen auch das Licht gehört. Ein Auge nimmt weder die Gravitation noch die starke oder die schwache Kraft wahr.

Darüber hinaus ist es nur für einen *winzigen Ausschnitt* des elektromagnetischen Spektrums empfänglich! Es sieht keine Radiowellen und auch keine Röntgenstrahlen. Angeregt wird das menschliche Auge allein durch Lichtstrahlen mit einer Wellenlänge zwischen 400 und 800 Nanometern. Doch die Einschränkungen sind noch weitergehend: Damit eine Wechselwirkung aus Sigma zu einem Stimulus wird, der das Auge reizt, braucht es nicht nur die passende Wellenlänge, sondern auch eine bestimmte *Intensität*. Diese darf weder zu groß noch zu klein sein. Im ersten Fall wird das Auge zerstört, im zweiten der Schwellenwert der Erregung nicht überschritten, das Auge sieht dann nichts. Des Weiteren gibt es eine bestimmte *Expositionszeit*, die nicht unterschritten werden darf. Ist das Signal zu kurz, wird es ebenfalls nicht als Stimulus wahrgenommen. Außerdem existieren *räumliche Grenzen*. Jedes Auge hat eine endliche räumliche Auflösung. Objekte, die unter der Auflösungsgrenze sind, können ebenfalls nicht wahrgenommen werden. Deshalb sehen wir keine Viren.

Die Art und Weise, wie ein Sinnesorgan aufgebaut ist, bestimmt also, was sich in welcher Weise beobachten lässt. Was für das Auge gilt, gilt natürlich auch für alle anderen menschlichen Sinnesorgane. Und nicht nur für diese. Es gilt gleichfalls für alle denkbaren Sinnesorgane aller denkbaren Lebewesen sowie für alle Messfühler jeder nur vorstellbaren Maschine. Die *Spezifität und Bauart* von Sinnesorganen oder Messinstrumenten sorgen dafür, dass wie mit einem Skalpell winzige Teile aus dem Wechselwirkungsgeflecht Sigma »herausgeschnitten« werden. Das, was nicht beobachtet wird, bleibt *unwirklich*. Da unterschiedliche Lebewesen unterschiedliche Sinnesorgane haben, bauen sie sich aus verschiedenen »Wahrnehmungsschnip-seln« ganz unterschiedliche Wirklichkeiten zusammen. Man denke zur Veranschaulichung einmal an Zecken, diese ungeliebten Plage-geister. Sie leben in einer »anderen Welt« als wir.

Diese Spinnentiere orientieren sich fast ausschließlich mittels der *Haller'schen Organe*. Das sind sehr empfindliche *Chemosensoren* in den vorderen Extremitäten, mit denen sie ihre Wirtstiere auch über größere Entfernungen »erschnüffeln« können. Sie sind in der Lage, Moleküle wie Kohlendioxid, Ammoniak, Buttersäure, Benzal-dehyd, Phenole oder Schwefelwasserstoff wahrzunehmen.

Die Wahrnehmungswelt der Zecken besteht deshalb vorrangig aus unterschiedlichen chemischen Verbindungen, die ihre Wirts-tiere atmend und schwitzend ausdünsten. Dabei erinnern die Hal-ler'schen Organe eher an ein Analysegerät aus einem chemischen Laboratorium als an ein uns vertrautes Sinnesorgan. Tasten können die kleinen Biester auch, um sich etwa einen Weg durch die wider-ständige Körperbehaarung zu bahnen. Doch davon abgesehen ist ihre Welt dunkel und still. Zecken sehen schlecht oder gar nicht. Au-ßerdem sind sie taub. So wird nachvollziehbar, dass sich ihre Wirk-lichkeit extrem von der des Menschen unterscheidet. Wenn Hui Dsi sagte: »Ihr seid kein Fisch, wie wollt ihr denn die Freude der Fische kennen?«, dann berührte der Taoist einen wichtigen Punkt.

Möchte man diesen Sachverhalt allgemeiner fassen, ergibt es Sinn, den Terminus der »Beobachtungsraumzeit« (BRZ) einzuführen. Die BRZ_{ZECKE} und die BRZ_{MENSCH} sind ziemlich verschieden. Da ist zuerst die Tatsache, dass sich die Sinnesmodalitäten unterschei-den. Zecken haben Haller'sche Organe, Menschen haben keine. Da-für können Letztere mit den Ohren hören, Zecken nicht. Eine spe-zifische Beobachtungsraumzeit wird also zuerst einmal durch die Summe der zur Verfügung stehenden Sinnesorgane definiert, mit denen ein Organismus Teile der Wirklichkeit wahrnimmt. Beim Menschen wären das Augen, Ohren, Nase, Rezeptoren in der Haut, die zum Beispiel auf Druck reagieren, Geschmackspapillen und noch einige mehr. Bei der Zecke sind es in erster Linie die ange-sprochenen Chemorezeptoren.

Die Beobachtungsraumzeiten verschiedener Organismen werden aber nicht nur durch Sinnesmodalitäten spezifiziert, sondern auch durch deren spezifische *Beobachtungsgrenzen*, wie gerade am Beispiel des Auges erläutert: Wie stark muss eine spezifische Wechselwirkung mindestens sein, um ein Sinnesorgan zu reizen und so zum Stimulus zu werden? Wie lang muss sie mindestens andauern, um wahrgenommen zu werden? Wie klein darf etwas sein, um noch aufgelöst zu werden? Was lässt sich also gerade noch sehen, hören, ertasten, riechen oder schmecken?

Oder auch andersherum gesehen: Wann werden Stimuli so stark, dass sie zerstörerisch werden? Man denke nur an ohrenbetäubenden Lärm, der die Trommelfelle platzen lässt, oder gleißendes Licht, das im schlimmsten Fall zur Blindheit führt.

Jede Sinnesmodalität funktioniert nur im Rahmen gewisser energetischer sowie räumlicher und zeitlicher Grenzen.

Das klingt erst mal nicht überraschend, und man könnte diese Tatsache als Nachteil auffassen, da diese Grenzen unsere Erkenntnismöglichkeiten einzuschränken scheinen. Es sind ja immer nur vergleichsweise kleine Teilmengen einer umfassenderen Wirklichkeit, die wahrnehmbar sind. Alles andere ist im wahrsten Sinne des Wortes unwirklich. Aber dieser Eindruck täuscht. Tatsächlich sind die Wahrnehmungsgrenzen jedes denkbaren Beobachters notwendige Bedingung für die Möglichkeit von Erfahrung! Sie haben nämlich eine *synthetische Qualität* und sind *objektkonstituierend*. Die eingeschränkte Empfindlichkeit ist unabdingbar, um überhaupt *Teile* aus einem Gesamtzusammenhang Sigma »herausschälen« zu können, da diese streng genommen Bestandteile eines allumfassenden Wechselwirkungsgeflechts sind. Man denke nur an Gravitationsfelder, die prinzipiell den gesamten Kosmos durchspannen.

In diesem Licht sind Teile tatsächlich das Ergebnis einer *Teilung*, nämlich der Trennung detektierbarer von nicht detektierbaren Wechselwirkungen durch einen Beobachter. Solche Teile kann man synonym als »Objekte«, »Gegenstände« oder »Dinge« bezeichnet. Ein Objekt, ein Gegenstand, ein Ding oder ein Teil ist in dieser Lesart also nicht beobachterunabhängig, sondern subjektbezogen.

Der Gesamtzusammenhang Sigma und die Grenzen der Beobachtungsraumzeit konstituieren im Ergebnis Objekte, die im Weiteren überhaupt erst zu Gegenständen der Kognition, Verrechnung und letztlich auch der Kommunikation werden können.

Man kann sich diesen Sachverhalt an einem großen Spinnennetz veranschaulichen, das verschiedenen Insekten zur tödlichen Falle geworden ist. Diese sind in seidige Kokons eingesponnen, die ihrerseits mit Fäden des Gesamtnetzes verbunden sind. Man denke nun an ein Auge, dessen räumliche Auflösung es nicht erlaubt, das Gespinst der seidigen Fäden zu erkennen. Diese sind zu fein. Die toten Insekten würden dann nicht mehr als Bestandteile des zusammenhängenden Netzes gesehen, sondern als abgegrenzte, voneinander unabhängige Objekte, die scheinbar isoliert im Raum schweben.

Was gerade über Beobachtungsraumzeiten gesagt wurde, gilt nicht nur für Organismen mit ihren Sinnesorganen. Es gilt auch für jeden denkbaren Detektor. Dabei spielt es keine Rolle, ob ein solcher heute gebaut wird oder in der fernsten Zukunft. Er muss auch nicht das Werk eines Menschen sein. Das Gesagte gilt für Konstrukte hyperintelligenter Aliens in fernen Sonnensystemen genauso wie für die ominöse Schwarze Wolke von Fred Hoyle oder den denkenden Ozean von Stanislav Lem.

Für alle Beobachter gilt, dass sie Teilsysteme eines übergeordneten Gesamtsystems sind. Dabei bringen Sinneskanäle oder Detektoren Innen- und Außenwelt der Beobachter miteinander in Beziehung, wobei sie sich zwangsweise auf Teilmengen aus dem Gesamtzusammenhang aller Wechselwirkungen beschränken müssen. Das macht die Bildung von Objekten möglich, die Gegenstand von Erfahrung werden können.

Das Bild der Welt im Kopf

Bis zu dieser Stelle sind wir davon ausgegangen, dass die Beobachtungsraumzeiten BRZ nur durch die verschiedenen Sinnesorgane, deren Empfindlichkeiten sowie ihre räumlichen und zeitlichen Auflösungen bestimmt werden. Aber das ist nicht alles. Die objektkonstituierenden Funktionen der Wahrnehmungsgrenzen sind nur ein wichtiger Aspekt. Genauso wesentlich sind die Besonderheiten der *Bilder*, die sich Beobachter von der Welt machen. In diesem Zusammenhang müssen wir die Frage stellen, was diese Bilder mit der Welt zu tun haben und welchen Einschränkungen sie unterliegen.

Beginnen wir mit der Tatsache, dass Sensorik und Aktorik miteinander verschaltet sind. Im primitivsten Fall sind sie »fest verdrahtet« (Braitenberg 1984). Das könnte man als *reaktives System* bezeichnen. Ein Sinneseindruck führt *unmittelbar* zu einer Verhaltensantwort. In unserer Lebenswelt wäre das ein primitiver Organismus, der einen Stimulus wahrnimmt und auf diesen unmittelbar reagiert. Man denke an einen Einzeller, der sich mit Geißeln auf eine Futterquelle zu bewegt, die er mit seinen Sensoren erfasst hat. Ein reaktives System wird hier *nicht* als Beobachter bezeichnet.

Ein Beobachter soll sich ein wie auch immer geartetes *Bild* von der Welt machen, auf dessen Grundlage er sein Verhalten modifiziert. Dazu muss die Verschaltung zwischen Sensoren und Aktoren komplizierter sein als bei einem reaktiven System.

Hier wird übrigens von *Bildern* und nicht wie in den Neurowissenschaften üblich von *mentalen Repräsentationen* gesprochen, da die folgenden Überlegungen für Maschinen genauso gelten sollen wie für Lebewesen.

Zuerst ein paar Worte zu der Beziehung von Abbildung, Abbild, und Bild: Eine Abbildung ist wie in der Mathematik eine Zuordnungsvorschrift, die einem Gegenstand der Betrachtung ein Bild zuordnet. In diesem Kontext wäre das *Abbild* in der Menge der Bilder einzigartig, da sich Gegenstand und Abbild in keiner denkbaren

Beziehung unterschieden. Im Rahmen der Mathematik spräche man von *identischer Abbildung*. *In allen anderen Fällen* führt eine Abbildung aber zu einem *Bild*, das den Gegenstand in *einigen Beziehungen* erfasst, in anderen aber nicht. Das bedeutet, dass ein Bild, sieht man vom Spezialfall des Abbilds ab, prinzipiell unvollständig ist. Es kann sogar ziemlich verfälscht sein. Das ist allerdings nicht weiter schlimm. Es geht nämlich nicht darum, »die Wirklichkeit realistisch abzubilden«.

Die Bilder haben allein den Zweck, Grundlage eines Verhaltens zu werden, das einem Organismus einen evolutionären Vorteil bringt. So ist ein Frosch in der Lage, zwei unterschiedlich große primitive Silhouetten zu erkennen. Aber nur, wenn sie sich bewegen. Die kleinere assoziiert er mit einer Fliege und versucht, sie mit seiner klebrigen Katapultzunge zu erhaschen. Der größere Fleck wird als Raubvogel interpretiert und animiert den Frosch zur Flucht. Die sich bewegenden Silhouetten haben weder etwas mit der tatsächlichen Gestalt einer Fliege noch mit einem echten Rotmilan zu tun.

Halten wir in diesem Zusammenhang fest, dass die ohnehin schon beschränkte Sinnesinformation bei der Generierung innerer Bilder noch weiter reduziert wird.

Bleibt auf einen letzten Punkt hinzuweisen. Damit Bilder, egal, ob sie im Gedächtnis oder im Speicher eines Computers festgehalten werden, von Nutzen sind, müssen sie *stabil sein*. Bilder, die im Moment ihres Entstehens schon wieder vergehen, können keine Grundlage für Erfahrungsbildung sein. Ohne Stabilität ergeben weder Gedächtnis noch Speicher irgendeinen Sinn. Man erinnere sich an einen der berühmtesten Patienten der Psychologie, der nur mit dem Kürzel »H. M.« bezeichnet wurde. Dieser war nach einer umfangreichen Operation seines Gehirns, man hoffte, seine Epilepsie zu heilen, nicht mehr in der Lage, bestimmte Erinnerungen auszubilden. Wenn er seinen Therapeuten zum hundertsten Mal traf, konnte er sich bewusst an dessen Aussehen nicht mehr erinnern. Er begrüßte ihn jedes Mal, als wenn er ihn noch nie gesehen hätte.

Wie aber entsteht Stabilität? Indem sich im Inneren Strukturen bilden, die den unmittelbaren Wechselwirkungen, denen sie ausgesetzt sind, *widerstehen*.

Wir verdeutlichen uns diesen Sachverhalt anhand eines anschaulichen Beispiels.

Da sich Informationen in der einfachsten Form als Nullen und Einsen speichern lassen, kann man sich eine solche Struktur in einer groben Analogie als eine Reihe von *robusten Schaltern* vorstellen (Graßmann 2001, 137). Robust werden die Schalter dadurch, dass die Energien, die aufgewendet werden, um Schalterstellungen zu verändern, deutlich höher sind als die Energien, die durch Wechselwirkungen aus dem Umfeld auf diese übertragen werden. Betrachten wir eine Flüssigkeit wie Wasser. Dieses besteht aus Myriaden von Molekülen, die sich wild durcheinanderbewegen und sich laufend stoßen. Alle diese Moleküle besitzen eine bestimmte kinetische Energie. Wären die »Schalter« als Teil des Gedächtnisses so empfindlich, dass sie durch Stöße mit den Flüssigkeitsmolekülen verändert werden könnten, wären sie als Speicher ungeeignet. Sie funktionieren nur, wenn sichergestellt ist, dass sie ihre Position behalten, selbst wenn sie in einem Moment von vielen Molekülen mit hoher Geschwindigkeit gleichzeitig getroffen werden. Das bedeutet aber, dass zuerst *Energie aufgebracht werden* muss, um den Schalter gegen einen Widerstand in der gewünschten Position zu fixieren. Das Betätigen robuster Schalter, die Teile einer stabilen Speicherung sind, benötigt deshalb einen gewissen endlichen Energiebetrag.

Diese Überlegung hat weitreichende Folgen, wenn man sie zum Beispiel auf die klassische Physik anwendet. Dort spielt das Konzept des Massenpunktes eine zentrale Rolle. Man stellt sich die Massen auch großer Körper wie der Sonne in einem einzigen Punkt vereinigt vor, dessen Bahnkurve genau beschrieben werden soll. Ein solcher Punkt hat per Definition keine Ausdehnung und ist im Prinzip örtlich *absolut genau bestimmt!* Die reellen Zahlen, die man bräuchte, um diese Punkte im Raum genau zu beschreiben, hätten dann in fast allen Fällen *unendlich* viele Dezimalstellen.[4] Stellen wir nun in Rechnung, dass für jede Ziffer einer unendlichen Dezimalentwicklung ein endlicher Betrag an Energie notwendig wäre, um sie zu speichern, bräuchte man für die Verarbeitung solcher Zahlen in der Summe unendlich viel Energie! Die Bereitstellung unendlicher Energie in einem endlichen Beobachter ist aber nicht möglich (Hedrich 1990). Daraus folgt, dass schon die scheinbar anschauliche klassische Physik, die ebenfalls auf einen Elementarbeobachter angewiesen ist, aus prinzipiellen Gründen *nicht operationalisierbar* ist und damit wie die Quantenmechanik Abgründe birgt, auch wenn diese von unterschiedlicher Art sind.

Fassen wir zusammen: Ein Elementarbeobachter ist ein umgrenztes Untersystem, das in einen umfassenden Wechselwirkungszusammenhang Sigma eingebettet ist. Allein dieser Sachverhalt hat zur Konsequenz, dass das Gesamtsystem, von dem der Beobachter ein Teil ist, im Beobachter nicht vollständig abgebildet werden kann.

Davon unabhängig ist er verschiedensten Wechselwirkungen ausgesetzt, die so lange unbestimmt bleiben, bis sie sinnlich wahrgenommen oder gemessen werden. In diesem Zusammenhang ist zu beachten, dass ein Sensorium, unabhängig von der Frage, welche Wechselwirkungen von Sigma detektiert werden und welche nicht, immer von eingeschränkter Empfindlichkeit ist. Diese eingeschränkte Empfindlichkeit betrifft vor allen Dingen Reizintensitäten sowie zeitliche und räumliche Auflösungen. Die Konsequenz ist eine reduzierte Sinnesinformation, die die Komplexität der Wirklichkeit nicht vollständig abbildet. Auf der Grundlage dieser Sinnesinformationen formt ein Beobachter in seinem Inneren ein »Bild der Welt«. Es gibt also eine Abbildungsbeziehung wahrgenommener Gegenstände zu innerlich in Raum und Zeit *stabilen Strukturen*. Diese Bilder sind noch weiter reduziert als das Spektrum der primären Sinnesinformationen. Deren *Grenzen* definieren in letzter Konsequenz die spezifische Beobachtungsraumzeit $BRZ_{BEOBACHTER}$. Die Existenz prinzipieller Beobachtungsgrenzen klingt im ersten Moment wie ein Nachteil. Aber das Gegenteil ist richtig. Sie sind notwendige Bedingungen für die Möglichkeit von Erfahrungswissen. Zum einen führen die inhärenten Grenzen der BRZ zur Objektkonstitution, der Ausgrenzung eigentlich vernetzter Strukturen, die auf diese Weise erkenn- und benennbar werden.

Außerdem wird durch die Grenzen der BRZ überhaupt erst eine Kategorisierung möglich. Wegen der beschränkten Empfindlichkeit der Sinnesorgane können ja Objekte als »gleich« erkannt werden, die, würde man genauer hinschauen, eigentlich nicht gleich sind. Diese Form der Kategorisierung ist notwendig, um aus Erfahrung zu lernen: Vergleichbare Umstände können vergleichbare Konsequenzen haben.

Bleibt als letzter Punkt anzumerken, dass neben den besprochenen Limitierungen der BRZ die Ausbildung stabiler Gedächtnis- oder Speicherinhalte zwangsläufig Energie (robuste Schalter) benötigt, die immer nur in eingeschränktem Maße zur Verfügung steht.

Die angeführten Punkte haben zur Konsequenz, dass kein Beobachter die Gesamtheit, von der er selbst ein Teil ist, abbilden kann, ohne sie *radikal* zu vereinfachen! Die für ihn verfügbare Information ist deshalb prinzipiell *unvollständig*. Das ist ein zentraler Punkt, wenn wir uns im Weiteren mit der Anatomie von Komplexitätsfallen beschäftigen werden. In völligem Gegensatz zu vielen aus der Lehrbuchphysik vertrauten Systemen, wie etwa dem freien Fall oder dem einfachen Federpendel, zeichnen sich diese speziellen Szenarien nämlich dadurch aus, dass die notwendigen Informationen, die man bräuchte, um sie exakt zu beschreiben, *aus prinzipiellen Gründen die Verarbeitungskapazitäten jedes denkbaren Beobachters überschreiten*.

Wir werden zeigen, dass diese im wahrsten Sinne des Wortes ALLUMFASSEND sein kann. Unter bestimmten Umständen kann das *gesamte Universum* zum beeinflussenden Grund werden. Dann darf nicht ein einziges Sternstäubchen in der Analyse vergessen werden. Selbst das sprichwörtliche Elektron am äußersten Rand des Universums hat dann noch einen Einfluss, den man nicht vernachlässigen darf.

Es sei ein letztes Mal betont, dass die beschriebenen Beschränkungen für alle nur denkbaren Beobachter gelten. Es spielt in diesem Zusammenhang keine Rolle, wie kompliziert und empfindlich die Sinnesorgane oder zum Einsatz gelangende Messinstrumente sind. Es ist auch unwesentlich, wie gigantisch die Speichersysteme sind, die benutzt werden, um Beobachtungsdaten zu speichern.

Im nächsten Schritt stellt sich die Frage, unter welchen Umständen Beobachter *trotz ihrer inhärenten Beschränkungen* ihre »Stärken ausspielen können« und zu Prognosen in der Lage sind, um anschließend genauer zu verstehen, weshalb sie bei anderen Problemen an ihre Grenzen stoßen, da sie durch die zu verarbeitenden Informationsmengen überfordert werden. Dann erscheint ihnen die Welt zwangsweise erratisch, und es gibt keine Möglichkeit, das Chaos zu eliminieren. Das ist die opake Welt der Komplexitätsfallen erster Art.

Die Inseln der Propheten

Enklaven der Ordnung im Meer des Zufalls

Sein Blick ist vom Vorübergehn der Stäbe
so müd geworden, dass er nichts mehr hält.
Ihm ist, als ob es tausend Stäbe gäbe
und hinter tausend Stäben keine Welt.

Der weiche Gang geschmeidig starker Schritte,
der sich im allerkleinsten Kreise dreht,
ist wie ein Tanz von Kraft um eine Mitte,
in der betäubt ein großer Wille steht.

Nur manchmal schiebt der Vorhang der Pupille
sich lautlos auf – Dann geht ein Bild hinein,
geht durch der Glieder angespannte Stille –
und hört im Herzen auf zu sein

Rainer Maria Rilke, Der Panther

Der Panther – ein poetisches Meisterstück von Rainer Maria Rilke –
skizziert in wohlgesetzten Worten das Drama der Deprivation: Was
helfen scharfe Sinne, wenn die Welt nur noch aus Stäben besteht?
Wozu katzenartige Gewandtheit, wenn sich das Tier den ganzen
Tag im Kreise dreht? Weshalb ein waches Gehirn, wenn es nichts zu
denken gibt?

In der eindringlichen Beschreibung des Mangels wirft das Gedicht ex negativo die Frage auf, welchen Nutzen wache Sinne, ein

leistungsfähiges Gehirn und eine ausgefeilte Motorik unter normalen Lebensumständen eigentlich haben. Die Antwort auf diese Frage liegt nicht auf der Hand. Seine Sinne zu gebrauchen, zu denken und zu handeln ist uns so vertraut und selbstverständlich, dass wir die Trias von Sensorik, Verrechnung und Aktion selten hinterfragen. Das ändert sich oft erst, wenn es zu Problemen kommt. Plötzlich wünscht man nichts mehr als den »Normalzustand« zurück.

Wie einschneidend es ist, sein Augenlicht zu verlieren oder nicht mehr hören zu können, ist noch für jeden nachvollziehbar. Aber auch der Verlust anderer sensorischer Qualitäten kann dramatische Folgen haben. So beschreibt der verstorbene Neurologe Oliver Sacks in seinem Buch *Eine Anthropologin auf dem Mars* das Schicksal einer Frau, die morgens in einem Albtraum erwachte: Sie konnte ihren gesamten Körper von einem Moment auf den anderen nicht mehr spüren (Sacks 1997).

Er war zu einer sie passiv umschließenden fleischlichen Hülle geworden, die nicht mehr zu ihr zu gehören schien. Das bedeutete zumindest zu Beginn, dass sie nicht mehr in der Lage war, sich gezielt zu bewegen. Da sie aus der Körperperipherie keine Rückmeldung mehr bekam, war sie außerstande anzugeben, wo im Raum sich ihre Gliedmaßen befanden. Später lernte sie mit viel Mühe, ihren Körper allein mit den Augen kontrollieren. Das hieß aber, dass sie bei Dunkelheit hilflos war.

Ist nicht die Sensorik, sondern die neuronale Verarbeitung gestört, zum Beispiel wegen eines Schlaganfalls oder eines Hirntumors, kann das bedeuten, dass die selbstverständlichsten Fertigkeiten nicht mehr gelingen wollen: schlucken, gerade in einem Stuhl sitzen, laufen oder sprechen.

Und auch die letzte verbleibende Denkmöglichkeit ist in ihrer Konsequenz dramatisch. Was heißt es, wenn Sinne und Hirn intakt sind, die Muskeln aber nicht mehr funktionieren?

Das ist das Schicksal der sogenannten *Completely-Locked-in-Patienten.*

Die meisten dieser Menschen haben Amyotrophe-Lateralsklerose (ALS) im Endstadium. Bei dieser Krankheit lässt sich die gesamte quergestreifte Muskulatur nicht mehr ansteuern. Deshalb liegen die Patienten paralysiert im Bett. Sie müssen künstlich beatmet und ernährt werden. Ihre Sinne aber funktionieren, sieht man von den Augen ab. Diese erblinden in den meisten Fällen, da sie sich in den Höhlen nicht mehr bewegen können und deshalb vertrocknen. Wie der Gehirnforscher Niels Birbaumer zeigte, sind die Gehirne dieser Menschen zumindest zu Beginn der Krankheit noch wach. Im Normalfall liegen sie stumm und verzweifelt in einem bewegungslosen Körper. Dieser albtraumhafte Zustand ändert sich erst, wenn es gelingt, sie mittels moderner Gehirn-Computer-Schnittstellen »zum Sprechen« zu bringen, und sie so die Möglichkeit erhalten, an der Gemeinschaft wieder aktiv teilnehmen zu können (Birbaumer 2015).

Das Gehirn als Zeitmaschine

Vor diesem Hintergrund kann man eine berechtigte Frage stellen: Welchen Nutzen haben Lebewesen eigentlich von einer dermaßen komplexen Maschinerie? Vor allen Dingen, wenn man in Rechnung stellt, dass Funktionsausfälle zu so gravierenden Problemen führen? Und wie muss die Lebenswelt beschaffen sein, damit sich dieser Nutzen entfalten kann?

Zweifellos besteht *ein* evidenter Vorteil darin, dass Menschen und Tiere mit komplexen Gehirnen besonders effizient aus Erfahrung lernen können. Es ist nämlich von großem Vorteil, auf der Basis von Erfahrungen, die man in der Vergangenheit gemacht hat, in der Zukunft Chancen zu erkennen und gleichzeitig Gefahren zu meiden. Das erhöht in extremer Weise die Anpassungsfähigkeit. Deshalb ist es unter evolutionären Gesichtspunkten von Bedeutung.

Um zu verstehen, was Erfahrungswissen im Kern bedeutet, lohnt es sich, einen kurzen Blick auf die sogenannten SMS-Tripletts zu werfen (Klix 1993).

»S« steht dort für Situation, »M« für Motorik. »SMS« bedeutet also

Situation-Motorik-Situation. Betrachten wir Rilkes Panther und nehmen an, in seinem Käfig befände sich ein Ball. Er sieht den Ball (S), stößt ihn sachte mit der Pfote an (M) und beobachtet, wie der Ball in Stoßrichtung davonrollt (S). Dieses Schema eignet sich, um eine Form des Erfahrungserwerbs zu beschreiben, der durch nicht zielgerichtetes »Rumprobieren« entsteht. Maßgeblich ist in diesem Zusammenhang, dass vergleichbares Verhalten zu vergleichbaren Reaktionen führt. Würde der Ball das eine Mal in Stoßrichtung laufen, das nächste Mal lotrecht zum Impuls und dann wieder in eine ganz andere Richtung, ließe sich *nicht* aus Erfahrung lernen.

Die Umwelt eines Individuums, das aus Erfahrung lernt, muss deshalb in wichtigen Aspekten *regelhaft* sein. Das hört sich selbstverständlich an. Ist es aber nicht.

Im nächsten Schritt wird das Triplett erweitert, indem man vorne und hinten noch ein »Z« hinzufügt. Dann haben wir eine kurz gefasste Beschreibung des *zielgerichteten* Erfahrungslernens. Der Buchstabe »Z« steht hier für zweierlei: die Wahrnehmung des Ziels (Z). Wird das Z mit einem Apostroph versehen, also Z', bedeutet das die Bewertung der Aktion in Bezug auf das Ziel.

Betrachten wir zur Verdeutlichung das Quintupel ZSMSZ' in zwei unterschiedlichen Situationen. Wir beobachten erneut den Panther, der aber diesmal nicht eingepfercht ist, sondern sich ungezwungen in freier Wildbahn bewegt. Wir nehmen an, dass es sich um ein junges und noch unerfahrenes Tier handelt. Den Panther quält der Hunger, und sein Ziel besteht darin, so schnell wie möglich etwas Essbares zu erjagen (Z). In der Dämmerung erblickt er ein Stachelschwein (S), das sich schnaubend und grunzend über den Boden schiebt. Eine scheinbar leichte Beute. Zwei schnelle Sätze, dann ein kraftvoller Sprung, und schon hat er das Tier in den Fängen (M), um es im selben Moment jaulend wieder loszulassen. Ein paar Dutzend Stacheln haben sich durch sein Fell gebohrt (S). Gefressen hat die Raubkatze nichts. Der Hunger nagt noch immer in den Eingeweiden, und es schmerzt, sich der lästigen Stacheln zu entledigen (Z').

Der nächste Angriff auf eine junge Antilope gelingt besser, und der Panther liegt anschließend zufrieden und wohlgenährt auf dem Ast eines hohen Baums.

Damit ist das junge Tier um zwei Erfahrungen reicher: ZSMSZ'STACHELSCHWEIN und ZSMSZ'ANTILOPE. Diese Erfahrungen werden ihm in Zukunft zum Vorteil gereichen. Aber nur, wenn sich, wie betont, seine Welt durch Beständigkeit auszeichnet und sich nicht Antilopen plötzlich in Stachelschweine verwandeln oder umgekehrt.

Eigentlich muss man es noch genauer fassen: Die Fähigkeit, aus Erfahrungen zu lernen, setzt eine bestimmte Form der Regelhaftigkeit voraus, und zwar *in den Bereichen des Lebensraums, die für das Überleben maßgeblich sind.*

Diese allgemein für selbstverständlich gehaltene Regelhaftigkeit der Lebenswelt von Organismen mit komplexen Gehirnen hat noch weitere Facetten. Es geht nicht nur darum, dass Stachelschweine sich nicht plötzlich in Antilopen verwandeln.

Betrachten wir den mächtigen Satz, mit dem der Panther seine Beute schlägt:

Das Ziel wird fixiert, der Körper der Katze spannt sich wie eine Feder, fliegt durch die Luft, um dann das Tier gekonnt zu Fall zu bringen und zu töten. Welche Bedingungen müssen gegeben sein, damit ein solcher Sprung gelingt? Man überlege sich, dass die Katze, nachdem sie sich kraftvoll vom Boden abgedrückt hat, keine Möglichkeit mehr hat, ihre Flugkurve zu korrigieren! Das bedeutet, dass die Berechnung des eingesetzten Krafteinsatzes und des richtigen Absprungwinkels *vor* dem Sprung abgeschlossen sein muss. Diese Berechnung ist also ebenfalls eine *Prognose!* Und sie funktioniert in gewisser Weise wie eine *Zeitmaschine.*

Im Kopf des Tieres »überholt« die geplante motorische Aktion die real noch nicht vollzogene. Die *Simulation* des Sprungs im Hirn des Tieres benötigt eine bestimmte Zeit. Diese heißt Δt_{SIM}. Diese ist von kürzer Dauer als die Echtzeit Δt_{REAL}.

In den Bewegungswissenschaften spricht man von »Antizipieren«. Dieses Wort leitet sich vom lateinischen Wort »anticipare« her, das »vorausnehmen«, aber auch »verkürzen« heißt. Der Schlüssel liegt in dem Wort »verkürzen«!

Dieses Wort bringt uns auf die richtige Fährte, wenn wir jetzt danach fragen, welche Bedingungen eigentlich vorliegen müssen, um eine Handlung, die in der Realität vollzogen werden soll, in der motorischen Simulation im Gehirn zeitlich zu verkürzen und damit vorwegnehmen zu können. Es zeigt sich, dass in diesem Zusammenhang die Begriffe Ordnung und Unordnung eine entscheidende Rolle spielen. Um das zu verstehen, sei an dieser Stelle eine allgemeinere Betrachtung erlaubt.

Zu diesem Zweck vollziehen wir einen Szenenwechsel und machen einen ersten Ausflug in die sogenannte *algorithmische Informationstheorie*. Wir betrachten die folgenden Zahlenreihen:

11111111111111111111111111111111111111111111111111
1000010100010101011101010010101011100010011001010

Der Unterschied ist offensichtlich. Die erste ist eine monotone Auflistung aus 50 Einsen. In der zweiten sind Einsen und Nullen zufällig verteilt. Jetzt verlängern wir die beiden Reihen in ihrer speziellen Machart um den Faktor 1000, um den entscheidenden Punkt herauszupräparieren. Wir haben dann zwei ziemlich lange Reihen.

Die eine besteht aus 50 000 Einsen, in der anderen wechseln sich Nullen und Einsen zufällig ab, da wir diese durch ausdauerndes Werfen einer Münze erhalten haben[5]. Jetzt wollen wir auf einem Computer zwei *möglichst kurze* Programme installieren, welche es erlauben, die Reihen zu *reproduzieren*. Im nächsten Schritt soll dann die notwendige *Länge der Programme* mit *den Längen der Reihen* selbst verglichen werden.

Für die erste Zahlenreihe reicht der simple Auftrag: »Drucke 50 000 Einsen.« Das dazu notwendige Programm ist *deutlich kürzer* als die Reihe selbst. Für die zweite Reihe gibt es eine solch reduzierte Beschreibung aber leider nicht! Genau dieser Umstand wird in der algorithmischen Informationstheorie als Definition des Zufalls verwendet. *Eine Zufallsfolge lässt sich nicht weiter komprimieren!*

Möchte man eine Zufallsfolge reproduzieren, bleibt einem deshalb keine andere Möglichkeit, als sie *Symbol für Symbol zu kopieren*. Das ist ein mühseliges Unterfangen. Das Programm ist damit im Resultat sogar *noch länger* als die Reihe selbst.

War die erste Reihe *reduzibel*, ist die zweite *irreduzibel*. In der Welt des Zufalls gibt es *keine Abkürzungen!* Diese Einsicht muss man im Kopf behalten.

Bringen wir diese nun in Beziehung zum Erfahrungslernen: Aus Erfahrung zu lernen bedeutet, Erlebnisse, die man in der Vergangenheit gemacht hat, für die Zukunft zu nutzen. Das ist aber nur möglich, wenn die Welt, in der Erfahrungen gemacht werden, in wichtigen Belangen regelhaft und damit reduzibel ist. Wäre sie irreduzibel, würde eine Erfahrungsbildung vom Typ ZSMSZ' nicht funktionieren. Die im Gehirn oder auf dem Computer implementierte Simulation des Geschehens muss »verkürzt« sein, um schneller ablaufen zu können als die reale Entwicklung, da sonst eine Prognose, das Kernelement des Erfahrungslernens, nicht möglich wäre.

Damit kommen wir zu den *Inseln der Propheten.* Diese paradiesischen Eilande sind Bereiche der Ordnung in einem Meer des Zufalls! Damit sind die Inseln der Propheten die Habitate komplexer Gehirne! Denn nur dort, wo in größerem Maße Ordnung herrscht, lässt sich die Welt in verkürzten Beschreibungen komprimieren. Gerade diese verkürzten Beschreibungen machen verlässliche Vorhersagen möglich.

Die Möglichkeit, Vorhersagen machen zu können, ist unabdingbar für Erfahrungsbildung. Erfahrungsbildung ist evolutionär bedeutsam, da sie die Anpassungsfähigkeit fördert, was wiederum die Fitness erhöht. Bleibt hinzuzufügen, dass nicht nur die Ordnung der Lebenswelt eine Rolle spielt, damit sich Beobachter entwickeln konnten, die zu Prognosen in der Lage sind. Auch die Abmessungen der Beobachter spielen eine wichtige Rolle!

Im Durcheinander gibt es kein Denken

Es gibt einen Science-Fiction-Klassiker aus dem Jahr 1966 mit dem Titel *Die Phantastische Reise,* in dem eine Crew von Ärzten in einem Mini-U-Boot von der Größe einer Mikrobe durch den menschlichen

Körper reist, um von innen eine lebenswichtige Operation vorzunehmen.[6] Betroffen ist ein aus dem Ostblock übergelaufener tschechischer Wissenschaftler, auf den ein Anschlag verübt worden ist.

Er hat ein lebensgefährliches Blutgerinnsel im Hirn, das schnellstmöglich mit einer Laserkanone entfernt werden soll. Die Menschen in diesem Film sind also so klein, als hätte man die Liliputaner aus dem Roman *Gullivers Reisen* von Jonathan Swift noch einmal extrem geschrumpft. Das U-Boot ist nicht größer als ein Staubkorn, und die Hirne der Insassen sind entsprechend winzig. Glaubt man dem Film, scheint die Schrumpfkur weder die Funktion des U-Boots noch das Denken und Handeln der Insassen zu beeinträchtigen. Die Besatzung spricht miteinander und navigiert das Fahrzeug, das fast immer zu schweben scheint, sicher durch die verwinkelten Labyrinthe des menschlichen Körpers.

Wie realistisch ist eine solche Annahme? Könnten in einer solchen Miniaturwelt tatsächlich Miniaturmenschen mit Miniaturgehirnen existieren?

Das ist aus mehreren Gründen unwahrscheinlich. Als der schottische Arzt und Botaniker Robert Brown 1827 durch sein Mikroskop guckte, glaubte er, seinen Augen nicht zu trauen. Neugierig betrachtete er winzige Pollenkörner der Nachtkerze, die er fein säuberlich auf einen Wassertropfen aufgebracht hatte. Die kleineren Pollenkörner vollführten einen wilden Tanz. Was war der Grund? Was bewegte sie? War es die lange gesuchte Lebenskraft? Doch der Euphorie des Wissenschaftlers folgte die Ernüchterung. Heftige Zitterbewegungen zeigten sich auch, wenn man *anorganische* Mikropartikel auf den Wassertropfen tat. Eine stringente Erklärung des rätselhaften Phänomens lieferte erst Albert Einstein im Jahr 1905 (Einstein 1905). Das heftige Zittern war nicht das Ergebnis einer ominösen Lebenskraft. Es war das Ergebnis seelenloser Mechanik. Einstein erklärte die völlig erratische Bewegung der Pollen durch die Annahme, dass ungezählte Flüssigkeitsmoleküle mit diesen zufällig zusammenprallen. Die Annahmen und Voraussagen, die Einstein gemacht hatte, wurden 1908 von dem Physiker Jean-Baptiste Perrin experimentell bestätigt, wofür er 1926 mit dem Nobelpreis geehrt wurde.

Übertragen wir diese Erkenntnis auf das Mini-U-Boot, wäre der Aufenthalt in einem solchen Vehikel ein Albtraum. Es würde nur zu oft in unvorstellbarer Weise durchgeschüttelt werden. Nehmen wir einmal an, ein Taucher wäre so mutig, das Boot zu verlassen. Jetzt übertragen wir das Szenario kurz in uns vertraute Größenordnungen, um wenigstens eine ungefähre Vorstellung zu bekommen, welche Qualen er erleiden würde. Für den Taucher wäre das so, als würde er binnen kürzester Zeit millionenmal von etwa tennisballgroßen Gegenständen getroffen. Diese wären unfassbar schnell, aber gleichzeitig auch sehr leicht. Außerdem wäre die sogenannte mittlere freie Weglänge extrem kurz. Sie würden vielleicht einen Millimeter fliegen, um sich dann schon wieder zu stoßen. Das Resultat wäre ein hochenergetisches chaotisches Gewimmel, in dem unser Taucher völlig erratisch hin und her geworfen würde. Er wäre nicht im Geringsten in der Lage, dieses Tohuwabohu zu durchschauen, und es wäre wohl auch unmöglich, planvolle Bewegungen zu machen.

In unserem Zusammenhang ist nun entscheidend, dass Regelartigkeiten, wie wir sie aus unserer Welt kennen, in den Mikrodimensionen absolute Raritäten wären! Ein Wesen mit einem komplexen Gehirn, das diese ausnutzen könnte, um damit seine Überlebenswahrscheinlichkeit durch kluge Prognosen zu erhöhen, wäre kaum vorstellbar, völlig unabhängig von der Tatsache, dass sich leistungsfähige Nervennetze, die dieser Aufgabe gewachsen wären, nicht in einem Schädel unterbringen ließen, der noch nicht einmal die Größe eines Bakteriums hätte.

Genau aus diesem Grund ist es kein Zufall, dass wir Menschen uns in einem bestimmten Dimensionsbereich entwickelt haben. Unsere Gehirne und Computer benötigen eine bestimmte Größe, um Berechnungen der Außenwelt möglich zu machen. Gleichzeitig müssen wesentliche Aspekte der Wirklichkeit, die für unser Überleben maßgeblich sind, reduzibel und damit berechenbar sein.

Kommen wir auf die Inseln der Propheten zurück. Diese Eilande haben Küstenlinien, die sich in Abhängigkeiten von unseren Fertigkeiten laufend verändern! In glücklichen Momenten gelingt es, dem Meer des Zufalls Land abzutrotzen und Dinge vorhersehbar zu machen, die man lange für nicht prognostizierbar hielt. Man denke noch einmal an Urbain Le Verrier.

Leider kann aber auch das Gegenteil passieren. Dann wird Land geflutet. Das Erratische gewinnt die Oberhand. Das Paradoxe an dieser Situation besteht darin, dass wir uns bemühen, Ordnung zu schaffen, und diese Bemühungen das Erratische nach sich ziehen, weil wir die Welt noch komplizierter machen. Wir bauen also Deiche, um Land zu gewinnen. Da diese jedoch Konstruktionsfehler besitzen, brechen sie, und das Land wird geflutet.

In den folgenden Kapiteln stellt sich die Frage, wie man diese Beziehung von Ordnung und Zufall genauer fassen kann. Wo liegen die lichten Höhen der Inseln, die uns immer einen klaren Blick auf die Welt gewähren und es den Kundigen erlauben, in die Zukunft zu sehen? Wo hat das Meer des Zufalls seine tiefsten Abgründe? Und welchen Anteil haben wir selbst daran, Stürme und Überflutungen zu entfesseln?

Gesichter des Zufalls

Von den Grenzlinien zwischen Ordnung und Chaos

Ein Wort, ein Satz –: aus Chiffren steigen
erkanntes Leben, jäher Sinn
die Sonne steht, die Sphären schweigen
und alles ballt sich zu ihm hin

Ein Wort – ein Glanz, ein Flug, ein Feuer,
ein Flammenwurf, ein Sternenstrich –
und wieder Dunkel, ungeheuer,
im leeren Raum um Welt und Ich

Gottfried Benn, Ein Wort

Der Mensch ist auf eine geradezu manische Art von der Idee be-
sessen, die Zukunft zu deuten. Dieser Wahn ist der Einsicht in die
eigene Vergänglichkeit geschuldet, die in vielerlei Beziehung mit
tiefgreifenden Ängsten verbunden ist. Das Gefühl, einer Schicksalsmacht ausgeliefert zu sein, die nach Gutdünken handelt, wird
von Menschen als belastend empfunden. Vor diesem Hintergrund
ist es nicht erstaunlich, dass Menschen schon seit Tausenden von
Jahren versuchen, die Zukunft zu deuten und wenn möglich in ihrem Sinne zu beeinflussen.

Die »Methoden«, die sie entwickelt haben, füllen Schrankwände
von Büchern, und den meisten ist gemeinsam, dass sie nicht funktionieren. Einem am Anfang unerklärlichen Walten wird ein wie auch
immer geartetes Deutungsprinzip unterstellt, das die Phänomene

in irgendeiner Weise »erklärt«. Konkrete Vorhersagen sind auf dieser Basis nicht möglich. Und sollte einmal eine zutreffen, dann ist sie ein Produkt des Zufalls. Dieses obskure Denken, das auch heute noch weit verbreitet ist, werden wir kurz anreißen, um dann zu begründen, weshalb wir uns anschließend nur noch mit einer einzigen Methode beschäftigen, den Naturwissenschaften. Nur diese führt zu konkreten und damit überprüfbaren Vorhersagen.

Orakelgekrakel: Propheten, Seher, Haruspexe

»Juwelen gewinnen mehr als Worte des Weibes Gunst«, sinnierte William Shakespeare, und Marlin Monroe trällerte ein paar Hundert Jahre später: »Diamonds are the girls best friends.« Juwelen schlagen viele Menschen in ihren Bann. Eine der weltweit ersten Adressen für außergewöhnliche Edelsteine befindet sich in Rio de Janeiro, genauer in der Rua Garcia d'Ávila 113 im Stadtteil Ipanema. Dort hat Hans Stern, ein deutscher Jude, der mit 17 Jahren in der Reichsprogromnacht nach Brasilien floh, einen Wallfahrtsort der Reichen und Schönen aufgebaut. Stern war ein Pionier.

Als junger Mann ritt er noch auf dem Esel durch den Dschungel, um mit den Edelsteinsuchern direkt zu verhandeln und ihnen die schönsten Steine abzukaufen. Dann beschloss er, sesshaft zu werden. Er kratzte sein gesamtes Geld zusammen und verkaufte sogar sein geliebtes Akkordeon. Das reichte für einen ersten bescheidenen Laden. Aus diesem ist heute ein Hochhaus in bester Lage geworden. Außerdem existieren Hunderte Filialen, verstreut über den gesamten Globus. In besagtem Hochhaus gibt es ein Stockwerk, zu dem gewöhnliche Kunden keinen Zutritt haben. Hier gibt sich die Hautevolee die Klinke in die Hand: Angelina Jolie, Scarlett Johansson, saudische Scheichs, russische Oligarchen, chinesische Milliardäre sind gerne gesehene Gäste, die in zuvorkommender Weise bedient werden. In dem Stockwerk gibt es einige wenige Verkaufsinseln, ringförmige, edel gearbeitete Tresen, in deren Mitte ein Verkäufer oder eine Verkäuferin steht, während die gut betuchte Kundschaft außen am Tresen Platz nehmen kann. Die dort arbeitenden Verkäuferinnen und Verkäufer sind handverlesen. Exzellente Umgangsformen, eine gediegene Allgemeinbildung sowie das Beherrschen mehrerer Fremdsprachen sind Voraussetzung. Die Kundenwünsche werden erörtert, anschließend verschwinden dienstbare Geister, schön anzusehende junge Damen und Herren, als Boten in den Tresorräumen, um die kostbaren Geschmeide zu holen, die dann zur Begutachtung vor den Kunden ausgebreitet werden. Mein Freund A., den ich durch einen Zufall kennenlernte, war einer dieser ausgewählten Verkäufer. Als ich ihn das erste Mal besuchte, wunderte ich mich, dass jedes Zimmer seiner Wohnung mit Licht unterschiedlicher Farbe beleuchtet wurde. Die Erklärung folgte auf dem Fuße: A. behauptete mit tiefem Ernst, dass jeder menschlichen Emotion eine Farbe zugeordnet wäre. Normalerweise schwängen die Emotionen in harmonischem Gleichgewicht, das aber durch eine Stresssituation gestört werden könnte. Diese Dysbalance ließe sich aber durch ein entsprechend dosiertes Farbbad ausgleichen. Kommt ein Gefühl zu kurz, muss man sich der zugeordneten Farbe länger aussetzen.

Das war nur der Anfang. A. belehrte mich, dass wir Menschen unsere Geschicke nicht selbst in der Hand hätten, da wir von Marsianern manipuliert würden, die für unsere Teleskope unsichtbar wären, da sie tief unter der Oberfläche des Roten Planeten lebten. Endlich eröffnete er mir, dass er ehrenamtlich noch als Medium und Seher arbeiten würde. Er lud mich zu einer spiritistischen Sitzung ein. Neugierig willigte ich ein. Die Sitzung fand in einem versteckt gelegenen Hinterhaus mitten in Ipanema statt. Neben etwa 50 Besuchern gab es zehn Meister, gekleidet wie keltische Druiden. Sie trugen an der Hüfte gegürtete weiße Gewänder und kryptische Symbole an massiven Eisenketten.

Zuerst wurde ich Zeuge einer Teufelsaustreibung. Auf dem Stuhl in der Mitte des Raumes saß die Besessene. Man warf ihr ein großes weißes Tuch über den Kopf. Jetzt sah sie aus wie ein Gespenst. Auf ihrem Kopf wurde eine Kerze platziert und angezündet. Nun bildeten die Druiden einen Kreis um sie und hoben ihre Hände wie Merlin der Zauberer. Sie spannten alle ihre Muskeln an und begannen am ganzen Körper zu zittern. Im Inneren des Kreises lief der Großmeister, in der einen Hand ein metallenes Weihrauchgefäß an einer Kette, in der anderen ein Samuraischwert. Dann wurde es laut. Der Mann mit dem Schwert schrie Beschwörungsformeln, die anderen Druiden stießen gutturale, fast ins Ekstatische kippende Laute aus. Als das Ganze zu einem ohrenbetäubenden Crescendo anschwoll, blieb der Großmeister abrupt stehen, hob das Schwert mit verzerrtem Gesicht. Er stieß einen Schrei aus und schlug mit einem kräftigen Hieb die Kerze auf dem Kopf der vom Teufel Besessenen in zwei Teile. Plötzlich Stille. Man nahm behutsam das Tuch von der Frau, die verlegen lächelte, unsicher aufstand und dann als geheilt entlassen wurde.

Mein Freund erklärte mir mit tiefem Ernst das Prinzip: Die initiierten Meister besitzen die außergewöhnliche Gabe, die positive kosmische Energie in sich zu bündeln. Der Kreis dient dazu, diese Energie auf die vom Bösen Besessene zu fokussieren. So schlüpft das Gute von unten durch Scheide und After in die Frau, füllt sie immer mehr auf und drängt endlich das Teuflische aus der Fontanelle nach außen, das zudem noch in der Flamme der Kerze verbrannt wird. Nachdem dann endlich nur noch das Gute in ihr ist, muss man den Resten des Bösen, die von oben in sie zurückströmen könnten, den Weg verbauen. Deshalb wird die Kerze abgeschlagen.

A. muss mir meinen ungläubigen Schreck angesehen haben. Deshalb schlug er mir eine reinigende Auramassage vor. Nur aus Gründen der Höflichkeit willigte ich ein. Ein Meister kam, stellte mich mit dem Kopf gegen die Wand und bemühte sich, meine Aura zu reinigen, indem er meinen Körper mit seinen Händen bestrich. Doch der gut gemeinte Versuch endete im Debakel. Das Medium fing an zu zischen und brach plötzlich zusammen. Es lag dann sich windend und schreiend auf dem Boden. Meinen entsetzten Blick kommentierte A. süffisant. Ich hätte seinen Kollegen mit meiner Rationalität vergiftet. Es würde jetzt eine Weile dauern, bis er wieder in der Lage wäre, die kosmischen Kräfte zu bündeln. Er hätte einen veritablen Schaden erlitten.

Mit dieser eindrücklichen Erfahrung im Hinterkopf verzichtete ich einige Wochen später in Salvador da Bahia, wo ich im Haus einer Candombépriesterin wohnte, die im Hinterzimmer ihren eigenen Schrein besaß, mir die Muscheln werfen zu lassen. Ich wollte aus ihrem Mund nicht erfahren, welches Schicksal mir in Zukunft blühen würde. Ich glaube zwar nicht an okkulte Praktiken, habe aber Respekt vor sich selbst erfüllenden Prophezeiungen.

Auch wenn diese Erlebnisse fantastisch klingen, außergewöhnlich sind sie nicht. Esoterische Praktiken sind nicht nur in Brasilien weit verbreitet. In bestimmten Kreisen der Oberschicht ist es en vogue, dass schwangere Frauen einen Astrologen befragen, um einen Geburtstermin zu wählen, an dem die Sterne besonders günstig stehen. Dann wird der Kreißsaal vorbestellt, um punktgenau mit Kaiserschnitt zu entbinden. Vergessen darf man in diesem Zusammenhang auch nicht, dass beim Sturm auf das Kapitol am 6. Januar 2021 das Bild eines »Schamanen« um die Welt ging, einer halbnackten, tätowierten Gestalt mit Büffelhörnern und Kojotenfell auf dem Kopf, der ein Mitglied der auch in Deutschland populären QAnon-Bewegung war.

Die Adepten dieser Bewegung, die ihre Weisheiten angeblich von der mysteriösen Gestalt Q erhalten, behaupten nicht weniger, als dass es eine linksintellektuelle Weltverschwörung satanischer Machtmenschen gäbe, die sich vom Blut kleiner Kinder ernähren. Treffen tun sich die Satanisten ausgerechnet in einer Pizzeria in Washington, D. C.

Sind das Absurditäten vereinzelter Spinner? Nein. Den Glauben, die Geschicke der Welt würden von fädenspinnenden pädophilen Vampiren bestimmt, teilen Millionen von Menschen. Die »Theorien« und Vorhersagen von Q (»Trust the plan!«) werden auf über 100 000 Youtube-Kanälen diskutiert, und gemäß einer Einschätzung der Zeitung TIME ist Q einer der einflussreichsten Menschen des Planeten.

In seiner liebenswertesten Form war die Verkörperung magischer Vorhersagen der Krake Paul, der alle Spiele der WM 2010 korrekt vorhersagte, bis das Krakenorakel, von der Prophetentätigkeit ermüdet, sanft entschlief. Auch in diesem Fall gab es viele

Menschen, die sich ernstlich Gedanken machten, wie ein Oktopus so schlau sein kann, dass er in die Lage ist, die Zukunft zu schauen.

Bevor man an als Rationalist an der Gegenwart verzweifelt, hilft ein Blick in die Vergangenheit. Die heutigen Absurditäten sind nämlich nur Ausdruck einer seit der Steinzeit den Menschen geläufigen Praxis, die das Ziel verfolgt, mit magischen Techniken das Schicksal bestimmbar zu machen.

Es sei daran erinnert, dass Hochkulturen wie die Sumerer oder auch die Etrusker ausgerechnet die Leber zum Fetisch machten. Sie waren felsenfest davon überzeugt, aus Form und Konsistenz des Organs auf die Zukunft schließen zu können. In den uralten Keilschriften sind 8000 (!) Merkmale beschrieben, die der Kundige zu deuten wissen musste, um zu ergründen, was geschehen wird.

Erinnert sei auch an das legendäre Delphische Orakel. Dieses existierte fast 1000 Jahre. Selbst Geistesgrößen wie Platon waren der festen Überzeugung, dass die Götter durch den Mund des Orakels Pythia zu ihnen sprechen würden.

Die Ratsuchenden reisten Tausende von Kilometern und mussten sich glücklich schätzen, einen »Termin« zu erhalten. Doch offensichtlich war es die Mühen der Reise wert. Tatsächlich galt das Orakel von Delphi, das in einem Tempel beheimatet war, der zuerst der Erdgöttin Gaia, später dem Apollon geweiht war, als der Nabel der Welt. Gemäß des Gründungsmythos hatte Göttervater Zeus an den entgegengesetzten Enden der Welt zwei Adler losgelassen. Der Punkt, an dem sie sich begegneten, wurde zum Mittelpunkt des Universums erklärt. Genau an dieser Stelle, im allerheiligsten Inneren des Tempels, dem *Adyton*, saß das Medium Pythia auf einem Dreifuß über einer Erdspalte, aus welcher Erdgase ausgetreten sein sollen, die zu einer Trance führten. Die Seherin sprach in rätselhaften Worten. Welche Prophezeiungen zutrafen und welche nicht, lässt sich heute nicht mehr ermitteln. Aber wir verdanken dem Orakel zumindest anekdotisch übermittelte Geschichten, die zum kulturellen Erbe des Abendlands gehören. Man denke nur an die Legende von Ödipus: Das Orakel prophezeite Laios, dem König von

Theben, dass ihn sein eigener Sohn umbringen und dieser gleichzeitig seine Frau heiraten würde.

Inwieweit Orakelsprüche die Zukunft vorwegnahmen, ließ sich fast während der gesamten Menschheitsgeschichte nicht genau feststellen, da es bis in die jüngere Zeit keine statistischen Verfahren gab, um solche Fragen seriös zu untersuchen.

Verbrieft sind aber die teils sinistren Strategien, die die selbst ernannten Propheten zur Anwendung brachten, um den gutgläubigen Betrachter von deren übernatürlichen seherischen Fähigkeiten zu überzeugen. Die eine lässt sich mit der von Daniel Kahneman beschriebenen Verfügbarkeitsheuristik beschreiben (Kahneman 2012, 164).

Das ist eine Strategie, die nicht nur von Auguren, Astrologen und Haruspixen verwendet wird. Auch jeder Politiker bedient sich ihrer. Man könnte sie wie folgt zusammenfassen: *Tue Gutes und sprich viel darüber. Über Misserfolge aber breite den Mantel des Schweigens.* Nach Kahneman hat unser Gehirn die fatale Neigung, Sachverhalte, die oft gehört oder gesehen werden, für besonders präsent und wahrscheinlich zu halten, während die Existenz von Dingen, die nicht direkt greifbar sind, für unwahrscheinlich gehalten wird. Das hat ernste Konsequenzen.

Bis zum Anschlag auf dem Breitscheidplatz in Berlin am 19. Dezember 2016 gab es in Deutschland nicht einen einzigen Toten, der islamistischem Terror zum Opfer gefallen wäre. Trotzdem hatten die Deutschen gemäß vieler Umfragen schon vorher größte Angst, durch einen äußerst unwahrscheinlichen Terrorangriff zu Tode zu kommen. Warum? Weil in dieser Zeit dieses Thema pausenlos Gegenstand medialer Berichterstattung war. Durch die mediale Präsenz wurde die Gefahr für viele Menschen greifbar und scheinbar real, obwohl das Risiko vernachlässigbar klein war. Andersherum ist die Gefahr, durch einen Herzinfarkt zu sterben, recht groß. Aber diese reale Gefahr wird nicht für dringlich gehalten, weshalb die Menschen fröhlich weiterrauchen, mit großem Genuss fette Speisen vor dem Fernseher zu sich nehmen und auf anstrengende körperliche Arbeiten verzichten. Ein verstörender Sachverhalt, den der

Soziologe und Risikoforscher Ortwin Renn in seinem wichtigen Buch *Das Risikoparadoxon* ausführlich thematisiert hat (Renn 2014).

Kommen wir auf die Seher zurück! Angenommen, der Zukunftsdeuter behält bei 100 Prognosen in nur zehn Fällen recht, was plausibel mit dem Zufall zu erklären wäre. Im Folgenden lässt er sich aber nur für diese zehn feiern, während über die anderen nicht mehr geredet wird. Auf diese Weise kann der naive Betrachter, der nicht auf das probate Gegenmittel der Statistik zurückgreifen kann, durchaus zu der Überzeugung kommen, dass es da einen bewundrungswürdigen Menschen gibt, der mit den himmlischen Sphären in direktem Kontakt steht.

Einen wahrlich dreisten Betrug eines »Sehers« gab es in diesem Zusammenhang zu Beginn des 19. Jahrhunderts, der bis heute nachwirkt!

In Amerika besitzen sogenannten *Almanache* für Farmer Kultstatus. Das sind umfassende Jahreskalender mit meteorologischen Voraussagen. Diese werden verwendet, um Aussaat und Ernte zu planen. Es ist aufschlussreich, wie diese Prognosen ursprünglich zustande kamen. Der Erstherausgeber und Gründer des berühmten *Old Farmer's Almanac* Robert B. Thomas betonte schon im Jahre 1792, dass sich die Prognosen des Almanachs nicht nur sorgsam gehüteten Geheimformeln verdankten. Gemäß seinen Aussagen wurden auch modernste wissenschaftliche Berechnungen verwendet, die unter anderem die Sonnenfleckenaktivität berücksichtigen. Wir werden sehen, dass es sich aus wissenschaftlicher Sicht um Märchenbücher handelt.

Trotzdem stand *The Old Farmer's Almanac* jahrzehntelang auf der Bestsellerliste der *New York Times*. Noch 1996 wurden in Amerika vier Millionen Exemplare verkauft!

Die verschiedenen Almanache standen untereinander in einem gnadenlosen Konkurrenzkampf. Umso besser, wenn sich ein sehenswerter prognostischer Erfolg feiern ließ, auch wenn er das Resultat eines blinden Zufalls war. So geschehen im Jahr 1816 (Sherden 1998, 49). Ausgerechnet kurz vor Drucklegung des Buchs wurde besagter Herausgeber Robert B. Thomas krank und übellaunig. Ein junger Angestellter suchte den Chef auf und insistierte, dass noch die Wetterprognose für den 13. Juli 1816 fehlen würde. Die Zeit drängte. Der miesepetrige Thomas herrschte ihn an und sagte, er solle einfach eintragen, wozu er Lust hätte. Der angefressene Angestellte erlaubte sich einen Scherz. Er schrieb, das es mitten im Hochsommer Winterwetter geben würde, mit viel Hagel und Schnee. Er konnte nicht wissen, dass sich kurze Zeit später die Staubwolke des Mount Tambora über den Kontinent schob. So kam es, dass der Scherz zu einer korrekten Vorhersage wurde. Die Öffentlichkeit jubelte und war beeindruckt. Natürlich verschwieg Thomas, wieder genesen, die Entstehungsgeschichte der spektakulären »Prognose« und instrumentalisierte sie, wo er konnte. Er ließ sich als Seher feiern. Ein prognostischer Erfolg, der bis heute herangezogen wird, um Skeptiker von der Seriosität des Almanachs zu überzeugen.

Doch die Propheten aller Kulturen und Zeiten hatten noch weitere Pfeile im Köcher. Sie spannten nicht nur die Verfügbarkeitsheuristik vor ihren Karren.

Zentral war auch die durch geschickte Spionage erworbene Information. Von den nordamerikanischen Indianern ist bekannt, dass die Zukunftsdeuter nachts Vertraute aussandten, die den Gesprächen in Hütten und Zelten lauschten, um dann die Ratsuchenden mit Wissen zu überraschen, das sie eigentlich gar nicht hätten haben können. In ähnlicher Weise weiß man vom Delphischen Orakel, dass die dort versammelte Priesterschaft eine Informiertheit hatte, die in der gesamten antiken Welt ohne Beispiel war. Wie erwähnt kamen die Reichen und Mächtigen aus allen fernen Ländern nach Delphi und mussten dort lange ausharren, bis ihnen die Ehre des Orakels zuteilwurde. In dieser Zeit hat man viel geredet und getrunken. Und die Priester waren die Knotenpunkte dieser komplexen Kommunikationsprozesse. So konnten sie ihren Vorteil aus diesem Wissen schöpfen, da ihnen ja vorbehalten war, die rätselhaften Worte der Trancepriesterin Pythia auszudeuten.

Wie lässt sich nun die Spreu vom Weizen trennen? Das hängt davon ab, welches Ziel man verfolgt. Haben magische Rituale, Orakelsprüche und Geheimlehren die Funktion, dem Chaos nicht hilflos ausgeliefert zu sein, und nähren auf diese Weise eine wirksame Kompetenzillusion, mögen sie ihre Berechtigung haben. Dann steht eben nicht die prognostische Kraft im Fokus, sondern das Seelenheil. Geht es jedoch um überprüfbare Zukunftsaussagen, sieht die Sache anders aus.

Um Zukunftsaussagen verlässlich zu prüfen, braucht man aber strenge mathematische Verfahren, die erst seit jüngerer Zeit zur Verfügung stehen. So lässt sich mit den Mitteln der Statistik recht genau einschätzen, ob »Prognosentreffer« mit zufälligen Schwankungen erklärt werden können oder sich dahinter ein valides Prinzip verbirgt.

Es zeigt sich bei solchen Untersuchungen, dass Rätselsprüche der Pythia, das Abtasten von Schafslebern, Vogelflugformationen oder Prophezeiungen von Nostradamus sich in ihrer Evidenz nicht mit der wissenschaftlichen Methode vergleichen lassen. Nur in den Wissenschaften gibt es *überprüfbare Formen* von Gewissheit. Da diese im Fokus des Buches stehen, schlagen wir hier das Buch der Prophezeiungen zu.

Wir werden uns im Folgenden nur noch mit ernsthaften Zukunftsvorhersagen beschäftigen, die sich auch überprüfen lassen. Es sei aber schon hier darauf hingewiesen, dass auch den Wissenschaften mit Vorsicht und Sorgfalt begegnet werden muss! Zum einen hat auch eine sich objektiv gebende Wissenschaft ihre blinden Flecke. Man erinnere sich nur, dass man im 19. Jahrhundert noch fast einhellig der festen Überzeugung war, dass die Erde in einen unendlich harten, völlig durchsichtigen Kristall eingebettet sei, den sogenannten Äther. Man konnte sich nicht vorstellen, wie Lichtwellen sonst hätten fortschreiten können. Es war der Weltbildzertrümmerer Albert Einstein, der diesen imaginären Kristall mit seiner speziellen Relativitätstheorie in tausend Stücke zerschlug.

Des Weiteren gilt es zu beachten, dass jede wissenschaftliche Theorie *einen unsichtbaren Beipackzettel hat,* auf dem vermerkt ist, in welchem Bereich ihre Anwendung heilsam ist und wo sie zu Katastrophen führen kann. Leider haben nicht wenige Wissenschaftler diese

Zettel nicht zur Hand. Das ist einer der Gründe, weshalb wir uns trotz wachsenden Wissens in der Welt nicht mehr zurechtfinden und so den Überblick verlieren. Einschüchternde wissenschaftliche Modelle, die vor der Hand Exaktheit suggerieren, die letztlich aber die in sie gesteckten Erwartungen nicht erfüllen, verkomplizieren die Welt in extremer Weise und werden in letzter Konsequenz zur Gefahr.

Um im nächsten Schritt Möglichkeiten und Grenzen wissenschaftlicher Modellbildung zu illustrieren, werden wir uns jetzt mit unterschiedlichen Modellsystemen beschäftigen. Auf diese Weise erhalten wir auch das begriffliche Werkzeug, das in späteren Kapiteln von Bedeutung ist.

Experimentalkunst – wenn die Welt will, wie wir wollen

Erinnern Sie sich an die prosaischen Inseln der Propheten? Das sind die Bereiche der Wirklichkeit, die sich zahm und fügsam verhalten. In diesen funktionieren mathematische Modelle hervorragend und sind von großem Wert. Andere Bereiche aber sind widerborstig oder verschließen sich sogar gänzlich unseren Bemühungen, die Vielgestaltigkeit der Welt in ein eng anliegendes Formelkorsett zu zwängen. Diese Gefilde sind gefährlich, denn hier lauern die natürlichen Komplexitätsfallen.

Um ein Gefühl für die unterschiedlichen Topologien dieser Gebiete zu entwickeln, sollen zunächst drei unterschiedliche Systeme der klassischen Physik miteinander in Beziehung gesetzt werden. Zuerst werden wir uns mit dem *Paradiesgarten der Experimentalkunst* beschäftigen: der *schiefen Ebene*. Diesen werden wir dann mit der Hölle kontrastieren: dem *Sitnikov-Modell* und dem *Sinai-Billard*.

Die Untersuchung der schiefen Ebene war ein wissenschaftshistorischer Meilenstein. Galileo Galilei hat das Fallgesetz nämlich nicht dadurch entdeckt, dass er Kugeln aus den verschiedenen

Stockwerken des Schiefen Turms von Pisa herabfallen ließ. Das ist eine Legende. Stattdessen experimentierte er mit etwas, was man als schiefe Ebene bezeichnet, die de facto aber eher eine »schiefe Rinne« war. Diese Rinne ließ er polierte Messingkugeln hinunterrollen. Galilei fragte sich, welchen Gesetzmäßigkeiten eine solche Dynamik wohl gehorchen würde.

Bevor wir in unseren Überlegungen zu diesem offensichtlich primitiven Experiment fortfahren, muss kurz eine Warnung ausgesprochen werden: Die klassische Physik blickt seit Galilei auf eine jetzt über 400 Jahre dauernde Geschichte zurück. Jedes Kind lernt heute in der Schule, dass *Strecken, Geschwindigkeiten, Beschleunigungen und Kräfte* passende Begrifflichkeiten sind, um die Dynamik sich bewegender Körper zu beschreiben. Es muss aber, um die Leistung Galileis würdigen können, herausgestrichen werden, dass diese uns heute so vertrauten Termini zu seiner Zeit in dieser Form nicht existierten! Im Gegenteil: Die Lehre des Übervaters Aristoteles hatte einen lähmenden Einfluss. Wegen ihrer Prominenz war es schwierig, neue Denkkonzepte zu entwickeln. Im Laufe von zwei Jahrtausenden hatte sie eine extreme Wirkungsmacht entwickelt. Doch leider ging Aristoteles bisweilen von falschen Voraussetzungen aus.

So war der Philosoph felsenfest davon überzeugt gewesen, dass schwere Körper schneller fallen als leichte. Das scheint im ersten Moment auch naheliegend zu sein. Man vergleiche den heiteren Trudelflug einer Flaumfeder mit dem geradlinigen Fall einer eisernen Kanonenkugel! Der offensichtliche Unterschied kommt allerdings weder durch die Masse noch die Dichte der Körper zustande. Entscheidend ist der Luftwiderstand. Würde man Kugel und Feder nicht in der Luft, sondern im Vakuum fallen lassen, fielen sie gleich schnell! Das ist ein überraschender Sachverhalt, der mit unserer Alltagserfahrung nicht in Einklang zu bringen ist und eigentlich erst durch die allgemeine Relativitätstheorie verstehbar wird.

Einstein zeigte, dass schwere und träge Masse gleich groß sind. Anschaulich gesprochen »zieht« an einem Körper größerer Masse eine stärkere Kraft, aber der schwerere Körper ist eben auch träger und »widersetzt« sich in gleichem Maße der Beschleunigung. Berühmt ist in diesem Zusammenhang Einsteins »Fahrstuhlexperiment«. Der kauzige Meister der Gedankenexperimente dachte sich eine fensterlose Fahrstuhlkabine, die in der Schwerelosigkeit durch das Universum schwebt. An dieser ist oben ein Seil befestigt. In der Kabine befindet sich ein Insasse. Nehmen wir an, er ist sitzend auf einem Stuhl fixiert, der seinerseits im Boden verankert ist. Jetzt kommt ein Dämon und packt das Seil, um die Kabine lotrecht zum Fußboden brachial zu beschleunigen. Was passiert? Der Insasse würde in den Sitz gedrückt! Wäre dieses Gefühl, hervorgerufen durch die Kraft, mit der der Dämon die Kabine beschleunigt, von der Wirkung der Schwerkraft auf der Erde zu unterscheiden? Einstein zeigte, dass das nicht der Fall ist.

Kommen wir auf Galileo Galilei zurück. Er hatte nicht die Möglichkeiten, einen luftleeren Raum herzustellen, um die von Aristoteles aufgeworfene Frage experimentell zu entscheiden. Er war allein auf seinen Verstand angewiesen. So durchlebte er anstrengende innere Kämpfe. In seinem Kopf rangen altes und neues Denken um die Vorherrschaft. Wie Einstein behalf auch er sich schließlich mit einem Gedankenexperiment. Und so gelang es ihm, sich endlich vom intellektuellen Übervater Aristoteles zu emanzipieren.

Im ersten Schritt unterstellte er, dass die Überzeugung des Aristoteles korrekt war. Im nächsten konstruierte er einen Widerspruch, um dann zu folgern, dass die Voraussetzung verkehrt war.

Galilei stellte sich zwei Körper unterschiedlicher Masse vor, etwa besagte Kanonenkugel und eine hohle, aus dünnem Glas geblasene Christbaumkugel.

Lässt man beide aus gleicher Höhe im selben Moment fallen, dann sollte gemäß aristotelischer Theorie die Kanonenkugel zuerst auf dem Boden aufschlagen.

Jetzt verband Galilei die Kugeln in Gedanken mit einem Faden. War das jetzt ein einziger Körper? Dann müssten sich die Massen addieren! Und die Verbindung beider Körper hätte noch schneller sein müssen als die Kanonenkugel. Mit gleichem Recht hätte man aber auch fordern können, dass das Ensemble langsamer fällt, da die leichtere und behäbiger fallende Christbaumkugel die schwere Metallkugel bremst. Die Annahme führt also zu zwei Denkmöglichkeiten, die im Widerspruch zueinander stehen. Deshalb muss sie falsch sein. Körper unterschiedlicher Masse fallen nicht unterschiedlich schnell.

Kluge Gedanken dieser Art sind allerdings nicht das Experiment selbst. Es handelt sich um Überlegungen, die dem eigentlichen Experiment vorauslaufen. Sie können in die *Hypothesenbildung* mit eingehen. Und sie können auch die sogenannten *wissenschaftlichen Vorannahmen* beeinflussen. Was hat es mit diesen Termini auf sich?

An erster Stelle muss betont werden, dass Hypothesenbildung und wissenschaftliche Vorannahmen *subjektive Komponenten* einer sich objektiv gebenden Wissenschaft sind. Wir werden zeigen, dass es gerade in diesem Bereich Fallstricke gibt, die auch ein groß angelegtes wissenschaftliche Unterfangen wertlos machen können.

Beginnen wir mit der Hypothesenbildung. Galilei wollte ergründen, wie schwere Körper fallen. Aber wie soll man diese Fragestellung angehen? Den freien Fall zu vermessen war mit den Messinstrumenten seiner Zeit unmöglich. Sie waren zu ungenau. Deshalb hatte der Naturforscher keine andere Wahl, als sich in behutsamen Schritten an das Problem heranzutasten. Zuerst ließ er eine Metallkugel aus unterschiedlicher Höhe in gleichartig gefertigte Wachstafeln fallen. Dann maß er, wie tief die Abdrücke waren, die diese hinterlassen hatten. Er bemerkte, dass die Abdrücke mit wachsender Fallhöhe tiefer wurden. Unabhängig von seiner Vermutung, dass Körper unterschiedlicher Masse gleich schnell fallen, schloss Galilei, dass die Geschwindigkeit mit der Fallhöhe zunimmt. Er meinte darüber hinaus, dass sie zu dieser *proportional* sein müsste. Zwei Größen sind proportional, wenn sie sich im gleichen Verhältnis zueinander ändern. Die einfachste Form der Proportionalität kennt jeder vom Einkauf beim Bäcker: Wenn ein Brötchen einen Euro kostet, dann zahlt man für zwei zwei Euro und für drei drei.

Seine »Einsicht« war für Galilei ein Heureka-Moment. Begeistert schrieb er am 16. Oktober 1604 seinem Freund Paolo Scarpi einen Brief. Galilei tönte, dass sein Prinzip »absolut unbezweifelbar« wäre. Doch seine Überzeugung war richtig und falsch zugleich. Es stimmt, dass ein Körper, der aus großer Höhe auf den Boden fällt, wenn man den Luftwiderstand vernachlässigt, eine größere Geschwindigkeit hat als einer, der in geringerer Höhe losgelassen wird. Was die unterstellte Proportionalität angeht, irrte sich Galilei aber.

Nimmt man das heute bekannte Weg-Zeit-Gesetz und berechnet Geschwindigkeiten in Abhängigkeit von der Fallhöhe, dann ergibt sich *keine* lineare Beziehung mit einem feststehenden Proportionalitätsfaktor P. So ist etwa der Geschwindigkeitszuwachs auf den ersten zehn Metern größer als der zwischen 90 und 100 Metern, obwohl die durchlaufene Strecke gleich groß ist.

Erst später dämmerte Galilei, dass nicht die Fallhöhe der maßgebliche Faktor in einer eleganten Beschreibung des Fallprozesses ist. Es ist die Zeit.

Wir halten fest, dass Galileis ursprüngliche Hypothese unangemessen war, er dann jedoch durch seine Experimente zu korrekten und für die damalige Zeit revolutionären Einsichten kam.

Um diesen Prozess transparent zu machen, verzichten wir im Folgenden auf eine exakte historische Darstellung. Es ist für uns im 21. Jahrhundert ohnehin fast unmöglich, die Welt mit den Augen eines Renaissanceforschers zu sehen. Wie angesprochen gab es zu seiner Zeit weder kognitiv elegant zu fassende Begrifflichkeiten wie Geschwindigkeit und Beschleunigung, noch existierten etablierte mathematische Methoden, um Beobachtungsdaten in mathematische Modelle zu überführen. Aus diesem Grund idealisieren wir hier Galileis Vorgehensweise, um die in unserem Zusammenhang wichtigen Punkte herauszuschälen:

Nachdem ein Wissenschaftler eine Hypothese aufgestellt hat, stellt sich die Frage, wie sich diese prüfen ließe. Wie muss man sein Experiment aufbauen, um messen zu können, was man messen will? Wie bereits betont war es zu Galileis Zeit mit den zur Verfügung stehenden Messinstrumenten unmöglich, den freien Fall zu untersuchen. Doch Galilei hatte einen genialen Einfall! In seinen Worten versuchte er, die »Schwerkraft zu verdünnen«, indem er den Prozess des freien Falls extrem *verlangsamte*. Deshalb konstruierte er lange hölzerne Rinnen, die er mit geringem Neigungswinkel aufstellte. Auf diesen ließ er Kugeln vergleichsweise gemächlich herunterrollen. Doch dieser brillante Einfall allein reichte nicht aus, um seine Hypothese zu prüfen. Vorher waren weitere wichtige Entscheidungen zu treffen. Welche Größen waren für das Problem maßgeblich? Und wie sollte man sie messen?

Damit sind wir bei den *begründeten Vorannahmen*. Das klingt irgendwie rational. Eigentlich verbirgt sich in diesem Terminus aber nichts anderes als wissenschaftliche Intuition. Man entschließt sich nämlich, bestimmte Größen zu messen, weil man *vermutet*, dass sich die spezielle Dynamik des Geschehens in funktionalen Abhängigkeiten gerade dieser Größen wird einfangen lassen. Vor diesem Hintergrund war auch Galilei zu unterschiedlichen Entscheidungen gezwungen: War die Masse wichtig? Dann bräuchte man eine Waage. Spielte die Temperatur eine Rolle? Dann wäre ein Thermometer notwendig. Und was war mit Längen und Winkeln? Oder Zeitdauern? Vorausgesetzt, sie waren relevant, wären Maßstäbe, Winkelmesser und Uhren notwendig. Dass solche Entscheidungen delikat sind, sieht man bei der schon angesprochenen Betrachtung der Masse. Gemäß aristotelischer Lehre hätte man sie unbedingt messen müssen. Galilei vertraute aber der Stringenz seines Gedankenexperiments und verwarf sie als Einflussgröße. Die Temperatur? Schien unwahrscheinlich zu sein. Also weglassen. Blieben Wegstrecken, Winkel und Zeitintervalle.

An dieser Stelle ist es wichtig, sich die Tragweite solcher Entscheidungen vor Augen zu führen! Beim Experiment Galileis mit der schiefen Ebene (oder Rinne) sind wir mit einer ziemlich übersichtlichen Situation konfrontiert. Es ist zumindest einigermaßen naheliegend, welche Messgrößen von Bedeutung sind und welche nicht.

Bei komplizierteren Fragestellungen sieht die Sache allerdings anders aus!

In welcher Weise müssen etwa Wolkenbildungsprozesse berücksichtigt werden, wenn man das Klima modellieren will? Oder die Absorptionskoeffizienten verschiedener Vegetationszonen? Und mit welcher Genauigkeit und in welchen Zeitabständen müssten diese gemessen werden können? Oder wie verhält es sich mit dem Verhalten menschlicher Akteure in komplexen Wirtschaftsmodellen? Handeln sie wirklich rational und maximieren ihren Nutzen? Oder sind sie irrational? Und wenn ja: Von welcher Art wäre diese Irrationalität? Ließe sie sich ermitteln und quantifizieren?

Fragen solcher Art sind keine Glasperlenspiele weltabgewandter Theoretiker! Sie sind zentral. Ohne stimmige Antworten ist der Wert komplexer Modelle und der Simulationen, die auf diesen Modellen beruhen, spekulativ.

Die Vernachlässigung relevanter Messgrößen oder die Entscheidung, diese nur mit einer gewissen Genauigkeit zu erheben, kann nämlich schnell dazu führen, dass ein ambitioniertes mathematisches Modell den ihm zugedachten Zweck verfehlt.

Schwenken wir zurück zu Galilei! Bei der Lösung der zu bewältigenden Schwierigkeiten sind wir erst auf der halben Strecke. Es geht nämlich nicht nur darum, sich für vermutlich relevante Messgrößen zu entscheiden. Es ist auch notwendig, deren Erfassung *messtechnisch zu beherrschen.* Diese Forderung hat mehrere Facetten: Zum einen müssen die Messwerkzeuge *normiert* sein. Des Weiteren müssen sie so genau sein, dass sie in der Lage sind, den ihnen zugedachten Aufgaben zu genügen. Außerdem sollte der Versuchsaufbau im Labor so präpariert werden, dass der Experimentator sicher sein kann, dass die Phänomene, die er messen möchte, nicht von Störungen überlagert werden.

Warum müssen Messinstrumente normiert sein? Und was bedeutet das? Denken wir noch einmal an die ominösen Orakelsprüche der Pythia oder auch die kryptischen Verlautbarungen eines Philosophen wie Pythagoras, der hinter einem halbdurchlässigen Schirm saß, vor welchem seine Schüler kauerten und gebannt seinen Weisheiten lauschten. Pythagoras selbst hielt sich für einen Halbgott. Was er von sich gab, saugten seine Adepten gierig auf.

Egal ob bei Pythia oder Pythagoras, deren Glaubwürdigkeit nährte sich nicht aus überprüfbaren Fakten, sondern *einzig und allein* aus dem Glauben, den Wissbegierige ihnen entgegenzubringen bereit waren.

Das ist in der Wissenschaft anders. Diese ist *transsubjektiv*. Sie geht also über individuelle Einsichten einzelner Subjekte hinaus. Erkenntnis wird in gewisser Weise demokratisiert. Ein zentraler Punkt ist in diesem Zusammenhang eben die *Normierung der Messinstrumente*. Wenn Längen und Winkel gemessen werden, Gewichte gewogen und Zeitdauern bestimmt werden, dann *muss* sichergestellt werden, dass Interessierte, die das Experiment wiederholen wollen, mit *vergleichbaren Maßstäben messen*. Würde sich ein Skeptiker entschließen, Galileis Experimente zu prüfen, hätte aber Maßstäbe, die sich von Galileis unterscheiden, käme er zwangsläufig zu anderen Ergebnissen. Deshalb ist die Normierung von Messinstrumenten, die sich vor allen Dingen handwerklichem Geschick verdankt, notwendige Voraussetzung für das *personenunabhänige Reproduzieren von Messhandlungen*. Das ist leider ein sperriges Wortungetüm. Es meint nur, dass jeder, der sich exakt an die Messvorschriften hält und Messinstrumente verwendet, die genauso funktionieren wie die der anderen Experimentatoren, zu den gleichen Ergebnissen kommen sollte. Das ist ein wichtiger Punkt, der gerade in der konstruktivistischen Wissenschaftstheorie betont wird. Wissenschaft funktioniert nicht, wenn mit unterschiedlichen Maßen gemessen wird (Janich 1997).

Unabhängig davon ist die *Genauigkeit* der Messinstrumente von entscheidender Bedeutung. Es kommt nicht selten vor, dass die Messinstrumente, die zur Verfügung stehen, nicht präzise genug sind, um das infrage stehende Problem zu lösen. So gibt es in der heutigen theoretischen Physik viele extrem abstrakte Modelle, die sich nur dann experimentell prüfen ließen, wenn die Messinstrumente um Zehnerpotenzen exakter wären, als sie es bisher sind. Mit vergleichbaren Problemen hatte auch schon der selige Galilei zu kämpfen. Längen und Winkel ließen sich mit befriedigender Genauigkeit ermitteln. Es gab allerdings keine Uhr, die er im Labor hätte verwenden können. Zwar begannen sich in seiner Zeit Räderuhren in Windeseile zu verbreiten. Sie schlugen den Benediktinern in ihren

Klöstern die Stunden und regelten das mönchische Leben, es gab in den Städten Uhrentürme, und findige Tüftler begannen die Laufwerke immer weiter zu verkleinern, damit sie auch in Privathäusern genutzt werden konnten. Trotzdem war die Genauigkeit ungenügend. Zifferblätter, die Minuten anzeigten, waren damals noch eine Sensation. Doch mit solchen Zeitmessern war es unmöglich, das Rätsel fallender Körper zu lösen.

In dieser Verlegenheit versuchte Galilei, sich mit den verschiedensten Tricks zu helfen. Er ließ die Kugel los und summte ein bekanntes Kinderlied, wobei er sich dann die Silbe merkte, wenn die Kugel am Ende der Rinne ankam. Aber diese Methode war untauglich. Dann versuchte er es mit seinem Pulsschlag, der sich gleichfalls als zu unregelmäßig herausstellte. Im nächsten Schritt probierte er es mit einer Wasseruhr. Die Flüssigkeit lief aus einem Vorratsgefäß in einen Auffangbehälter. Galilei wog die entsprechenden Wassermengen und versuchte, sie mit den gemessenen Wegstrecken in Beziehung zu setzen. Auch diese Ergebnisse führten nicht zum Ziel.

Glaubt man der Legende, sorgte ausgerechnet ein Erdbeben für die entscheidende Einsicht: Durch einen kräftigen Erdstoß war ein Kronleuchter in Schwingung geraten, und Galilei fiel auf, dass die Schwingungsdauer unabhängig von der Auslenkung war. Hier schien es also ein gleichmäßiges »Ticktack« zu geben, man musste den großen Kronleuchter nur in ein handliches Format bringen. Und so kam Galilei auf die Idee, ein Fadenpendel als Uhr zu verwenden, das zumindest bei kleinen Ausschlägen gleichmäßig, man sagt *isochron*, schwingt. Das war der Durchbruch. Das Experiment konnte beginnen. Ein besonnener Wissenschaftler geht nun so vor, dass er im Experimentalaufbau nur *eine* Größe verändert, um dann zu messen, wie das System reagiert. Wenn er das Experiment oft wiederholt, bekommt er für die Startbedingungen eine Wolke von Messpunkten, genauso wie für die vermessene Dynamik. Die Kunst besteht nun darin, im Rahmen der Mathematik einen funktionalen Zusammenhang zu finden, der die Beziehung zwischen den Messwerten richtig darstellt. Die Feinheiten dieses Prozederes sind hier nicht wichtig.

Wir setzen voraus, dass es Galilei trotz aller Widrigkeiten gelang, auf der Grundlage seiner Messungen ein Weg-Zeit-Gesetz zu ermitteln, das in erster Linie vom Neigungswinkel der Rinne abhängig ist. Dieses mathematische Gesetz hat dann bemerkenswerte Eigenschaften. *Es lässt sich nämlich gleich einem Orakel befragen, um die Zukunft unter bestimmten Umständen vorherzusagen.* So werden Wissenschaftler zu modernen Sehern.

Das funktioniert, da ein passendes mathematisches Modell eine *symbolische Parallelisierung der Wirklichkeit* ist. Setzt man bestimmte Startwerte in dieses Modell ein und rechnet es aus, dann erhält man im Idealfall eine Simulation des tatsächlichen Verlaufs. Unter *bestimmten Bedingungen* ist ein solches Modell dann als *Prognosemaschine zu gebrauchen.* Maßgeblich ist in diesem Zusammenhang die Rechengeschwindigkeit, wenn reales Experiment und Simulation im selben Moment starten.

Rechnet man wie Galilei das Modell mit der Hand aus, dann ist die Kugel schon unten angekommen, bevor man das Ergebnis ermittelt hat. Mit einem modernen Computer kann man den wirklichen Verlauf aber problemlos *überholen*, und damit wird die Simulation prinzipiell zur Zeitmaschine. Die Simulationszeit Δt_{sim} ist kürzer als die Realzeit Δt_{real}. Eine Vorhersage ist möglich. Man beachte das schöne Wort »Vorhersage«. Man ist in der Lage, »vorher« zu »sagen«, was in Bälde passieren wird.

Aber das ist nur ein Aspekt, der ein funktionierendes mathematisches Modell zu einem magischen Instrumentarium macht. Tatsächlich lassen sich *Raum und Zeit* im symbolischen Raum der Mathematik fast beliebig dehnen und stauchen. Das ist aber nur dann sinnvoll, wenn das Modell ausgiebig *validiert* wird. Vorhersagen und tatsächliche Messungen müssen laufend miteinander in Beziehung gesetzt werden, um sicherzustellen, dass die symbolische Beschreibung das infrage stehende wirkliche Verhalten in der gewünschten Weise abbildet.

Eine solche Validierung vorausgesetzt lassen sich *im symbolischen Raum* nun schiefe Ebenen unterschiedlichster Art erdenken. Mikroskopisch kleine oder gigantisch große, die kein Mensch zu bauen in der Lage wäre. Man könnte im Rahmen des Modells eine Kugel von fünf Meter Durchmesser vom Gipfel der Zugspitze in den ein paar Kilometer entfernten Eibsee rollen lassen und ausrechnen, mit welcher Geschwindigkeit sie ins Wasser eintauchen würde. Es wäre sogar denkbar, sich eine schiefe Ebene auf der Oberfläche eines fernen Planeten vorzustellen, wenn nur das dort herrschende Schwerefeld bekannt wäre.

Vor diesem Hintergrund wird nachvollziehbar, welche extreme Faszination von der wissenschaftlichen Methode ausging. Wie betont: Wissenschaft demokratisiert die Erkenntnis. Jeder, der sich genau an die Experimentalvorschriften hält und mit normierten Messgeräten arbeitet, sollte prinzipiell in der Lage sein, die erhaltenen Ergebnisse zu reproduzieren, genauso wie jeder, der in der Lage ist, die mathematischen Modelle mit den passenden Werten zu füttern, Aussagen über Zukunft und Vergangenheit machen kann.

Die experimentelle Methode, von Galilei noch unter größten Mühen aus lähmenden Traditionen herausgeschält, sollte in den nächsten 250 Jahren ein einschüchterndes intellektuelles Momentum entwickeln. Forscher wie Johannes Kepler, Isaac Newton, Christiaan Huygens, Gottfried Wilhelm Leibniz und viele andere fügten fundamentale Bausteine zum sich stürmisch entwickelnden wissenschaftlichen Weltbild hinzu. Der Optimismus begann grenzenlos zu werden und erreichte mit der Prognose von Urbain Le Verrier seinen Höhepunkt. Allen Menschen wurde die seherische Macht der Newton'schen Mechanik vor Augen geführt. Le Verrier hob den Blick nicht zum Firmament. Er senkte den Kopf und konzentrierte sich mit dem Bleistift in der Hand auf die Berechnungen, die auf dem Schreibtisch vor ihm lagen. Nur aus den Abweichungen der Umlaufbahn des Planeten Uranus errechnet er die Bahn des geisterhaften Neptuns, der justament von Johann Gottfried Galle genau an der Stelle mit seinem Teleskop gefunden wurde, die Le Verrier ihm mitgeteilt hatte. Die Welt war elektrisiert.

Mit einem Mal wurde der Makrokosmos in mechanischen Metaphern beschrieben. Vom Uhrwerk- oder Billardkugel-Universum war die Rede, und man spekulierte, ob es möglich wäre, Vergangenheit und Zukunft zu berechnen, würde man nur die Anfangsbedingungen aller Teilchen, die Orte und Impulse, genau kennen.

Doch dieser um sich greifenden Hybris lag ein zu Beginn nicht offenkundiger Denkfehler zugrunde. Das Besondere wurde mit dem Allgemeinen verwechselt. Mit historischem Abstand betrachtet erinnerten viele Forscher – ohne dass das defätistisch gemeint ist – an einen auf der Scholle groß werdenden Bauernjungen. Dieser verwechselt die ihm vertrauten Tiere, Kühe, Pferde, Schafe, Ziegen, Schweine, Esel, Hühner und Gänse, mit dem Kosmos aller lebenden Tiere.

Manchmal bockig, aber meist doch gefügig tun die vertrauten Tiere im Allgemeinen das, was ihnen von ihrem Halter auferlegt wird. Doch außerhalb des eingezäunten Gehöfts hat die Welt ein anderes Gesicht. Ein Rudel Wölfe ist etwas anderes als eine Herde Schafe, eine Harpyie etwas anderes als ein Eier legendes Huhn.

In vergleichbarer Weise hatten es sich die Wissenschaftler bequem auf ihrer Erkenntnisinsel eingerichtet und verwechselten deren mit Maßband und Zirkel entworfene Gärten mit der widerständigen Welt im Ganzen.

Bleiben wir im Bilde, dann gleicht das von Galilei gemachte Experiment der schiefen Ebene einem gutmütigen Klepper, der dem Reiter fast alle Fehler verzeiht und ihn auch dann nicht abwirft, wenn er Gerte und Zügel nicht zu benutzen weiß. Stellt sich der Reitersmann nicht völlig ungeschickt an, gelangt er recht verlässlich von A nach B. Dieser vielleicht etwas despektierlich klingende Vergleich soll *unter keinen Umständen* Galileis bahnbrechende Arbeiten schmälern! Doch bei der Auswahl und Konstruktion des experimentellen Szenarios bewies Galilei entweder eine geniale physikalische Intuition, oder er hatte einfach Glück, dass er ausgerechnet die schiefe Ebene als Beispielsystem auswählte, denn dieses *übersichtliche Experimentalszenario verzeiht Ungenauigkeiten.* Und genau dieser Umstand war maßgeblich, um die experimentelle Methode zu seiner Zeit zu etablieren, da die Messinstrumente, besonders die Uhren, wenig präzise waren. Wer sich von dieser Tatsache selbst überzeugen möchte, kann mit Papier und Bleistift ausrechnen, wie sich Messungenauigkeiten, etwa leicht variierende Anfangsgeschwindigkeiten oder ungenau bestimmte Startpunkte, in der zeitlichen Entwicklung vergrößern. Der mit der *Zeit moderat anwachsende Fehler* ist schnell zu ermitteln und verschleiert deshalb *nicht* die wesentlichen Aspekte des Experiments.

Eine solche »Gutmütigkeit« ist aber eher die Ausnahme! Hätte Galilei ein anderes Experiment gewählt, wäre er mit einiger Wahrscheinlichkeit gescheitert. Man denke sich etwa ein banales Fadenpendel mit einer Metallkugel, die, an einem Galgen hängend, in geringem Abstand über drei Magneten schwingt. Diese sind in der Gestalt eines Dreiecks auf dem Boden befestigt. Die Magneten haben unterschiedliche Farben: Blau, Grün und Rot. Es stellt sich die einfach zu formulierende Frage: Über welchem Magneten kommt das Pendel zur Ruhe, wenn man es an einer bestimmten Stelle loslässt? Obwohl auch dieser Aufbau einfach zu begreifen ist, wäre es Galilei niemals gelungen, aus den Beobachtungsdaten ein mechanisches Gesetz abzuleiten, das in der Folge zum Kanon der klassischen Mechanik geworden wäre (Peitgen u. a. 1994, 335).

Beide Experimentalszenarien sind nämlich *fundamental* verschieden, obwohl sie sich, was die Komplexität des Aufbaus angeht, nicht wesentlich voneinander zu unterscheiden scheinen.

Das Experiment mit der schiefen Ebene ist auch unter Berücksichtigung von Trägheitsmomenten, Reibungs- und Luftwiderständen ein *reduzibles System*. Genau deshalb lässt sich eine *komprimierte mathematische Beschreibung* ableiten, das Weg-Zeit-Gesetz, das sich eignet, Vorhersagen zu machen. Im Gegensatz dazu ist das Magnetpendel unzähmbar. Wir wissen heute, dass dessen Dynamik *irreduzibel* ist.

Fixiert man die Kugel an einem bestimmten Startpunkt im Raum und lässt sie los, kann man nicht verlässlich angeben, über welchem Magneten die Pendelbewegung zur Ruhe kommen wird. Jetzt könnte man einwerfen, dass dieses Nichtwissen die Folge fehlender Messgenauigkeit sei. Deshalb gibt es Grund zum Optimismus. Die Wissenschaft ist schließlich in einer steten Entwicklung. Man vergegenwärtige sich, was seit den Tagen von Galilei passiert ist! Atomuhren sind milliardenmal genauer als ein Fadenpendel. Wir verfügen über Mikroskope, mit denen wir molekulare Strukturen sichtbar machen können und deren Auflösungsvermögen um Zehnerpotenzen höher ist als das des Auges. Mit speziellen Radioteleskopen können wir uralte Galaxien ins Visier nehmen, die 15 Milliarden Lichtjahre von uns entfernt sind. Gleichzeitig sind wir in der Lage, mathematische Modelle mit einer unfassbaren Geschwindigkeit zu berechnen und unvorstellbare Mengen an Informationen digital zu speichern. Der wissenschaftliche Beobachter von heute ist deshalb mit einem Renaissancemenschen wie Galilei nicht mehr zu vergleichen.

Warum sollte diese rasante Entwicklung zu einem Ende kommen? Müsste es in diesem Licht nicht möglich sein, ein so banales Problem wie das Magnetpendel zu berechnen? Doch die Einsicht ist ernüchternd: Im Universum irreduzibler Systeme macht es fast keinen Unterschied, ob man mit hölzernen Maßstäben und einem Fadenpendel als Uhr arbeitet, um anschließend seine Berechnungen umständlich mit Feder und Papier zu erledigen, oder man aber Atomuhren und Laserinterferometer verwendet, um dann seine Modelle auf einem Supercomputer der fünften Generation zu lösen. Und dieser deprimierende Sachverhalt wird sich auch nicht ändern, wenn Messinstrumente in Zukunft noch empfindlicher werden und Computer noch schneller.

Die harmlosen und fügsamen reduziblen Systeme sind von den widerborstigen irreduziblen nämlich nicht durch einen einfachen Graben getrennt, der sich mit einem Satz überwinden ließe, wenn man mehr Anlauf nähme. Zwischen ihnen liegt ein Abgrund unendlicher Tiefe, der sich von nichts und niemandem überqueren lässt. In der Welt reduzibler Systeme dürfen wir uns auf die prognostischen Werkzeuge der Physik verlassen. Wir befinden uns auf den sonnenbeschienenen Inseln der Propheten.

Die irreduziblen Systeme gehören zum dunklen Meer des Zufalls. Wir sind in diesen Gefilden einer weitgehend unberechenbaren Zukunft ausgeliefert. Die prognostische Potenz der Mathematik stößt an ihre Grenzen. Diese Verschiedenartigkeit von reduziblen und irreduziblen Systemen ist für das Verständnis von Komplexitätsfallen entscheidend.

Wie konnte ein so gravierender Sachverhalt so lange verborgen bleiben? Warum wurde erst relativ spät erkannt, dass sich die Welt in großen Zügen wild und unzähmbar gebärdet? Und wer war eigentlich der Erste, der nach der Euphorie, die Urbain Le Verrier mit seiner seherischen Prognose ausgelöst hatte, Wasser in den Wein goss, da er es wagte, hinter den wattierten Vorhang der Regularität zu schauen und dort dem Schreckensgesicht der Komplexität ins Gesicht zu blicken? Und was zeichnet die seltsamen irreduziblen Systeme in ihrem Kern aus?

Vibrierendes Chaos und kausales Wuchern

Wenn Sie ein Forscher wären, würden Sie sich einer Fragestellung widmen, die sich wahrscheinlich beantworten lässt, oder lieber ein Problem angehen, von dem Sie glauben, dass es mit großer Wahrscheinlichkeit unlösbar ist? Wenn Sie Ihre Karriere nicht ruinieren wollen, entscheiden Sie sich für das vermutlich lösbare Problem. Das ist klug, und so machen es die meisten Wissenschaftler auch.

Betrachten wir zur Verdeutlichung einmal das Renaissancegenie Leonardo da Vinci. Von Leonardo ist bekannt, dass er sich mit Inbrunst für das »Wissen des Wassers« interessierte. Berühmt ist eine Rötelzeichnung aus dem Jahr 1510, die er von turbulenten Wasserwirbeln anfertigte. Stellen wir uns jetzt einmal vor, Leonardo hätte nicht als Zeichner mit Stift und Block auf einer Brücke des Arno gestanden, um mit scharfem Blick die Wirbel, die sich an den Pfeilern bildeten, zu studieren. Stattdessen hätte er sich ähnlich wie Galilei angeschickt, die Wirbel wissenschaftlich zu untersuchen, sie also zu vermessen, aus den Ergebnissen eine mathematische Beschreibung zu kondensieren, um dann auf deren Grundlage Voraussagen über die Wirbelbildung zu machen. Wäre Leonardo Galilei bei der Entwicklung der experimentellen Methode um 100 Jahre zuvorgekommen? Würde heute er als Vater der Wissenschaften gefeiert werden? Mit Sicherheit nicht.

Leonardo wäre zwangsläufig auf allen Ebenen gescheitert. Weder wäre es ihm geglückt, ein Experimentalszenario zu konstruieren, um die Wirbelbildung bis zur Turbulenz zu vermessen. Von einer bündigen mathematischen Beschreibung, die die tatsächliche Dynamik abbildet, ganz zu schweigen.

Diese Nuss ist nämlich bis zum heutigen Tag nicht geknackt! Viele Aspekte des Problems sind ungelöst. Es reicht an dieser Stelle, auf nur eine neue Studie hinzuweisen:

Am *Max-Planck-Institut für Dynamik und Selbstorganisation* in Göttingen hat man die Entstehung von Wirbeln in turbulenten Strömungen mit neuen, extrem empfindlichen Verfahren vermessen. Die Ergebnisse waren ernüchternd: Die Wirbel bilden sich anders, als man bisher auf der Grundlage gängiger Theorie angenommen hatte (Küchler u. a. 2023). Im Bereich der Turbulenzen ist seit den Zeiten Leonardos bis heute viel in Bewegung.

Wenn Forscher nun die Wahl haben zwischen einem renitenten Leonardo-Problem und einem vermutlich fügsamen Galilei-Problem, dann ist es nachvollziehbar, eher das Letztere zum Gegenstand der Untersuchung zu machen. Die Wahrscheinlichkeit, das Experimentalverfahren technisch zu beherrschen und anschließend auf der Grundlage von Messwertverteilungen funktionierende mathematische Modelle zu schaffen, ist deutlich größer. Dieses nachvollziehbare Wahlverhalten kann in der Folge zu einer kollektiven Wahrnehmungsverzerrung führen. Diese Gefahr war Physikern und Mathematikern lange nicht bewusst. So kultivierten sie einen in der Sache nicht begründeten Optimismus. Die Inseln der Propheten versprühen einen unwiderstehlichen Charme.

Wer war nun der Erste, der ahnte, dass diese verengte Perspektive der Vielschichtigkeit der Wirklichkeit nicht genügt? Dieses Verdienst kommt wohl dem französischen Mathematiker Henri Poincaré zu, der in gewisser Weise als intellektueller Antagonist von

Urbain Le Verrier betrachtet werden kann. Während Le Verrier mit seiner Vorhersage den Mythos der universellen Berechenbarkeit nährte, vermaß Poincaré die dunklen und zerklüfteten Grenzen des Unberechenbaren. Verstanden wurde er in seiner Zeit von den wenigsten. Es mussten 100 Jahre vergehen, bis man in umfassenderer Weise die Tragweite seiner Forschung begriff.

Henri Poincaré war ein Mensch mit vielen Talenten. Aufgewachsen im französischen Nancy schrieb er in seiner Jugend Theaterstücke und war ein begeisterter Tänzer. Nach dem Studium in Paris wurde er zuerst Bergbauingenieur, bevor er sich ganz der Mathematik verschrieb. Dort leistete er in vielen verschiedenen Bereichen Grundlegendes. Er verfasste etwa 500 wissenschaftliche Arbeiten, die einem Dutzend Mathematikern zur Ehre gereicht hätten! Heute wird er als der letzte Universalist der Mathematik betrachtet, da er als Einzelner die unterschiedlichen Fachgebiete noch überschaute. Unter den vielen Schriften, die er herausbrachte, war *Sur le Problem de trois Corps et les Equations de la Dynamique* eine der wichtigsten (Poincaré 1890).

Diese Schrift war der Beitrag zu einem Wettbewerb, den ein ungewöhnlicher König zu seinem 60. Geburtstag ausgelobt hatte. Die Rede ist von König Oscar II. von Schweden. Oscar war nicht nur ein passionierter Lyriker. Er interessierte sich auch für die Wissenschaften. Eine Frage trieb ihn besonders um: Ist unser Sonnensystem eigentlich stabil? Oder besteht die Gefahr, dass es in Zukunft kollabiert? Oder wird es auseinanderfliegen, um sich dann für immer in den Weiten des Weltalls zu verlieren? Um auf diese Frage eine Antwort zu erhalten, bestallte er als Gutachter des Wettbewerbs einige der besten Mathematiker seiner Zeit. Unter diesen waren der Schwede Gösta Mittag-Leffler, der Franzose Charles Hermite und der Deutsche Karl Weiserstraß. Um die königliche Fragestellung in eine seriöse wissenschaftliche Form zu gießen, formulierte sie Weierstraß als sogenanntes *n-Körper-Problem:*

»Für ein gegebenes System von n sich untereinander anziehenden Teilchen, die den Newtonschen Bewegungsgesetzen folgen, soll unter der Annahme, dass es zu keinem Zweierstoß kommt, eine allgemeine Lösung gefunden werden in Form einer Potenzreihe in den Zeit- und Raumkoordinaten, die für alle Werte der Zeit- und Raumkoordinaten gleichförmig konvergiert.«

Das war eine ungewöhnlich anspruchsvolle Aufgabe für einen wissenschaftlichen Wettbewerb, ausgeschrieben von einem wissensdurstigen Monarchen.

Auf alle Fälle nahm Poincaré die Herausforderung an, um jedoch nach kurzer Zeit verstört zu merken, dass er trotz seiner stupenden mathematischen Kenntnisse an seine Grenzen kam. Aus diesem Grunde versuchte er, die Aufgabe in eine einfachere Form zu bringen. Er reduzierte sie auf nur drei Körper. Doch das Problem blieb renitent. Deshalb beschloss der Mathematiker, das System noch weiter zu reduzieren. Er legte den drei Körpern in gewisser Weise Fesseln an und untersuchte ein sogenanntes *restringiertes Dreikörperproblem*. In dieser Form betrachtet man meistens zwei Körper mit gleich großer Masse, während die des kleinen Körpers zu vernachlässigen ist. Außerdem beschränkt man sich auf die Untersuchung bestimmter Bahnebenen.

Poincaré machte nun Fortschritte und gab dann wie gefordert seine über 150-seitige Arbeit vor dem 1. Juni 1888 ab. Jetzt folgte ein echter Wissenschaftskrimi.

Von den fünf eingereichten Beiträgen nahm die Jury nur drei in die engere Wahl, darunter den von Poincaré. Nun zeigte sich, dass auch die Experten an ihre Grenzen stießen. So schrieb etwa Hermite an Mittag-Leffler einen übellaunigen Brief, in dem er beklagte, dass Poincaré wie ein Prophet reden würde. Er würde so waghalsige Gedankensprünge machen, dass ihm selbst fachkundige Leser nicht folgen könnten. Zu allem Überfluss entwickelte sich noch ein Dissens unter den Juroren. Man war unterschiedlicher Meinung, was von der Arbeit zu halten war. Trotz des Streits beschloss das Gremium, Poincaré mit dem Preis, der am 21. Januar 1889 vergeben wurde, auszuzeichnen.

Die Grande Nation war erneut außer sich vor Freude und feierte die Verleihung als überlegenen Sieg der französischen Wissenschaft über den Rest der Welt.

Poincaré wurde zum Ritter der Ehrenlegion ernannt. Aber nach der Preisvergabe gingen die Probleme und Streitigkeiten erst richtig los. Der Astronom Hugo Glydén proklamierte, früher als Poincaré die Stabilität des restringierten Dreikörperproblems bewiesen zu haben.

Irritierend war zudem, dass sich die Veröffentlichung von Poincarés Beitrag in einer Fachzeitschrift mit dem Namen *Acta Mathematica* um fast zwei Jahre verzögerte. Erst im Jahre 1890 wurden Vorabdrucke für einzelne Leser zugänglich gemacht! Da schien hinter den Kulissen irgendetwas zu rumoren. Tatsächlich hatte kurz vorher einer der Mitherausgeber der Zeitung einen Punkt entdeckt, der ihn irritierte. Er setzte Poincaré in Kenntnis. Als dieser seine Arbeit daraufhin noch einmal durchsah, traf ihn der Schlag! War er bis zu diesem Moment der festen Überzeugung gewesen, dass sich die Stabilität des Systems beweisen ließe, kam er nun zum entgegengesetzten Resultat! Wissenschaftshistorisch war das der Moment, in dem Poincaré in den Schlund des Chaos sah. Völlig schockiert benachrichtigte er Mittag-Leffler und schlug verschämt vor, den Preis zurückzugeben. Der Schwede steckte nun in einem Dilemma. Er war noch immer vom Wert der Poincaré'schen Arbeit überzeugt. Gleichzeitig sorgte er sich um den Ruf der von ihm herausgegebenen Zeitung und natürlich auch um seine eigene Reputation. Zu allem Unglück waren schon einzelne Vorabdrucke des Artikels im Umlauf. Gösta Mittag-Leffler entschloss sich zu einem Schelmenstück, das Poincaré allerdings teuer zu stehen kommen sollte. Zuerst forderte er den Preisträger auf, absolutes Stillschweigen zu wahren. Außerdem hatte Poincaré unverzüglich eine fehlerfreie, korrigierte Version zu liefern. Während dieser wieder an die Arbeit ging, bemühte sich Mittag-Leffler, die bereits versendeten Arbeiten peu à peu wieder einzusammeln, was ihm fast vollständig gelang. Nun ging es im nächsten Schritt darum, den Mitherausgeber und Mitwisser der *Acta Mathematica* Lars Phragmén ruhigzustellen. Deshalb stellte er ihm einen Lehrstuhl für Mechanik an der Universität Stockholm in Aussicht, vorausgesetzt kein Sterbenswörtchen würde seinen Mund verlassen. Das Gutachten für diese Stelle ließ er ausgerechnet Poincaré schreiben, der durch den Preisgewinn einen Ruf wie Donnerhall hatte. Phragmén bekam die Stelle. Karl Weierstraß, der den Fehler auch übersehen hatte, forderte jedoch energisch, diesen öffentlich zu machen. Doch Mittag-Leffler gelang es schließlich, auch ihn zu absoluter Verschwiegenheit zu verpflichten. Blieben noch die horrend hohen Druckkosten für die neue Auflage der Zeitschrift. Diese drückte er Poincaré aufs Auge, der unterm Strich mehr für die Veröffentlichung zahlen musste, als er an königlichem Preisgeld gewonnen hatte. Summa summarum war dieses Geschacher ein grandioser Betrug im Dienste der Wahrheit. Denn was Poincaré in seiner letztlich korrigierten Version herausgefunden hatte, war revolutionär:

Eine vollständige Lösung des restringierten Dreikörperproblems müsste wegen der drei mal drei Raumkoordinaten der betrachteten Körper aus neun Funktionen $x_1 = f_1(t)$, …, $x_9 = f_9(t)$ bestehen. Durch einsetzen von t sollte es dann möglich sein, deren Positionen zu jedem beliebigen Zeitpunkt zu bestimmen. So weit die Theorie. Doch Poincaré bewies in einem ersten Schritt, dass sich die Beziehungen zwischen Zeitpunkten und Positionen nicht mithilfe sogenannter elementarer Funktionen ausdrücken lassen. Zu den elementaren Funktionen gehören etwa konstante Funktionen, genauso wie Potenzfunktionen oder trigonometrische Funktionen. Im nächsten Schritt zeigte Poincaré, dass die Reihen, die man zum Nähern der Lösungen hätte verwenden können, divergent waren. Sie liefen also *nicht* auf die Lösung zu, sondern von ihr weg. Das Problem war damit analytisch nicht lösbar. Von mathematischen Feinheiten können wir hier absehen.

Welche Bedeutungen Kleinigkeiten haben können! *Zwei* Himmelskörper, die einander umkreisen, bilden ein sogenanntes Keplersystem, das sich auf elegante Weise lösen lässt. Fügt man jedoch einen einzigen winzigen Körper hinzu, ist es vorbei mit der mathematischen Eleganz. Das System gebärdet sich auf einmal unberechenbar, zumindest was längere Zeiträume angeht, und deshalb lassen sich auch keine Fragen beantworten, die die ferne Zukunft betreffen. Wird unser Sonnensystem dann kollabieren oder auseinanderfliegen? Die Frage des neugierigen Schwedenkönigs bleibt unbeantwortet, bis zum heutigen Tage.

Der Mathematiker Ian Stewart kommentiert den irritierenden Sachverhalt mit einem Augenzwinkern:

»Bei den Menschen bilden zwei ein Paar und drei eine Scheidung. Genauso ist es bei den Himmelskörpern. Die Wechselwirkung von zwei Himmelskörpern benimmt sich gut, aber die von dreien ist voller Katastrophen« (Stewart 1990, 72).

Um nun die für uns wichtigen Aspekte in den Fokus zu nehmen, greifen wir auf ein besonderes anschauliches restringiertes Dreikörpermodell zurück. Es heißt das *elliptische Sitnikov-Modell*.

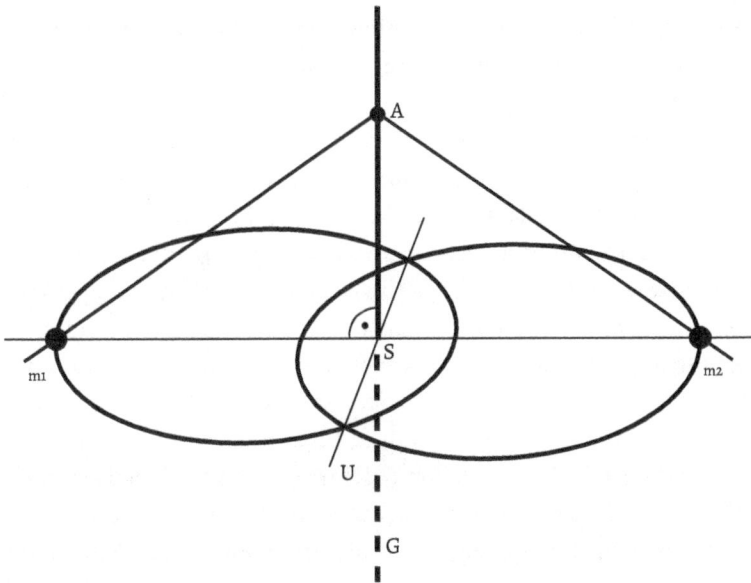

Abbildung 1: Elliptisches Sitnikov-Modell

Der Russe Kirill Alexandrowitsch Sitnikov veröffentlichte es im Jahre 1960. Es beruht auf Vorarbeiten des amerikanischen Astronomen William Duncan MacMillan aus dem Jahre 1911.

Man denke an zwei gleich schwere Himmelskörper, etwa Doppelsterne, die die gleiche Masse m_1 und m_2 besitzen und um einen gemeinsamen Schwerpunkt S kreisen. Die Ebene ihrer Umlaufbahn heiße U. Ein winzig kleiner Körper mit extrem kleiner Masse, zum Beispiel ein Asteroid A, wird von der Schwerkraft der beiden anderen Körper angezogen. Im nächsten Schritt stelle man sich eine *Gerade* vor, die nicht nur genau durch den Massenschwerpunkt geht, sondern auch noch *exakt lotrecht* auf der Ebene der Umlaufbahn steht. Lägen die Startkoordinaten von A nun auf G und wäre ein eventueller Anfangsimpuls exakt kollinear, dann zeigte Sitnikov, dass sich der Asteroid A gemäß den Newton'schen Gesetzen für alle Zeiten auf G bewegen würde, vorausgesetzt, das System wäre vollständig isoliert und völlig reibungsfrei. Man kann sich also vorstellen, dass er auf der Geraden hoch- und runterschwingt.

Der Unterschied zwischen den Modellen von MacMillan und Sitnikov besteht in den Grundannahmen. MacMillan forderte für m_1 und m_2 *exakte Kreisbahnen*.

Das führt dazu, dass das System integrabel und damit lösbar ist. Sind die Massen und deren Positionen sowie die Anfangsgeschwindigkeiten bekannt, lassen sich zukünftige Positionen berechnen. Sitnikov betrachtete jedoch einen allgemeineren Fall: m_1 und m_2 können auch auf *Ellipsen* um den gemeinsamen Schwerpunkt kreisen. Diese im ersten Moment nicht so gravierend erscheinende Änderung gibt dem Problem ein anderes Gesicht. Wir stellen deshalb die Frage, in welcher Weise sich der Asteroid A in Abhängigkeit von den Anfangsbedingungen bewegen wird. Wird er *periodisch* auf G hin- und herschwingen? Schön regelmäßig, so wie Galileis Pendel? Oder vielleicht doch eher erratisch? Sowohl – als auch. Das hängt eben von den Startbedingungen ab! In einem ersten Schritt bewies Sitnikov, dass es tatsächlich periodische Bahnen gibt. Das sind besagte Inseln der Ordnung. Aber diese liegen in einem Meer aus Chaos! Und die *meisten* Startbedingungen, das muss betont werden, führen zu völlig chaotischen Bahnen, die keine Regelhaftigkeiten erkennen lassen.

Um das zu verstehen, definiert man zuerst ein beliebig festgelegtes Zeitintervall Δt. Dieses dient als *zeitlicher Maßstab*. Der Asteroid

A passiert die Umlaufbahn U das erste Mal, die Uhr beginnt zu laufen; wenn er wieder zurückschwingt und sie erneut durchläuft, haben wir die erste Zeitdauer, die uns interessiert. Diese drücken wir als Vielfaches des Referenzintervalls Δt aus. Sollte dieses Vielfache keine natürliche Zahl sein, wird auf- oder abgerundet.

Eine periodische Bahn könnte jetzt durch 2, 2, 2 ,2, 2, ... beschrieben werden. Die Periode kann auch komplizierter sein, zum Beispiel: 2, 4, 7, 11, 2, 4, 7, 11, 2, 4, 7, 11, ... Aber wie betont, die periodischen Bahnen sind Ausnahmen! Fast immer generiert das Sitnikov-System erratische Bahnen, *die keinem einfach zu fassenden Bildungsgesetz gehorchen.* Diese Tatsache ist wichtig, und für sie existiert ein faszinierender Beweis des deutsch-schweizerisch-amerikanischen Mathematikers Jürgen Moser, der zeigte, dass das Sitnikov-System in einer abstrakteren Sichtweise als omnipotenter Zufallsgenerator betrachtet werden kann.

Sollte Sie der folgende Passus nicht interessieren, können Sie ihn gerne überspringen. Behalten Sie bitte nur im Kopf, dass der Asteroid A bei unterschiedlichen Startbedingungen fast immer völlig chaotisch schwingt!

Um den Gedanken Jürgen Mosers zu folgen, denken wir uns eine unendliche Folge von Wiederkehrzeiten, die zum Beispiel mit den Ziffern 0, 3, 0, 45, 10001, 22, ... beginnt. Oder etwa die folgende: 3, 1, 4, 1, 5, 9, 2, 6, 5, 3, 5, 9, ..., die jeder Mathematiker reflexartig als die Kreiszahl Pi erkennt. Egal (!), welche Zahl man ins Auge fasst, Jürgen Moser bewies, vorausgesetzt, man wäre in der Lage, die Anfangszustände des Sitnikov-Systems *beliebig genau* festzulegen, dass sie von dem System als unendliche Folge von Wiederkehrzeiten kreiert werden könnte. Das ist ein verstörendes Ergebnis. Warum sagte ich gerade, dass ein solches mathematisches Modellsystem von einem abstrakteren Standpunkt aus als omnipotenter Zufallsgenerator verstanden werden kann? Dazu müssen wir uns auf die schon kurz angesprochene Theorie von Ray Solomonov, Andrej Kolmogorov und Gregory Chaitin beziehen. Im Rahmen der *algorithmischen Informationstheorie* sind fast alle reellen Zahlen sogenannte Zufallszahlen. *Das bedeutet, dass ihrem Aufbau kein Bildungsgesetz unterliegt, das kompakter wäre als die Zahl selbst.* Wir sprachen es kurz an: Eine Kette, die aus 50 000 Einsen besteht, lässt sich sehr kompakt von einem Algorithmus produzieren, der da lautet:»Drucke 50 000 Einsen!« Diese Anweisung, als kleines Programm auf einem Computer implementiert, ist wesentlich kürzer als die Kette selbst. Auch die irrationale Zahl Pi ist keine echte Zufallszahl, da der Algorithmus, den man verwendet, um die Zahl Stelle für Stelle zu errechnen, kürzer ist als die unendliche Folge von Ziffern, die Pi definiert.

Bei einer *echten Zufallszahl* gibt es aber keine Abkürzung! Die einzige Möglichkeit besteht darin, die Zahl Ziffer für Ziffer zu kopieren. Es gibt kein anderes Bildungsgesetz, durch dessen Anwendung man der Zeit vorauseilen könnte. Solche Zahlen nennt man sinnvollerweise *inkompressibel*.

Wir treten einen Schritt zurück und versuchen, unsere Einsichten zusammenzufassen: Eigentlich interessiert uns das Lösungsverhalten eines Dreikörperproblems, das man wegen seiner entmutigen Komplexität vereinfacht und deshalb ein restringiertes elliptisches Sitnikov-Modell betrachtet. Trotz der radikalen Vereinfachung sind die meisten der untersuchten Bahnverläufe irreduzibel. *Deshalb gibt es keine schöne kompakte Formel wie das Weg-Zeit-Gesetz des Galilei, um die Dynamik des Asteroiden vorherzusagen.* Das steht in Beziehung zu der Einsicht von Jürgen Moser, dass die Bahnverläufe mit den Zufallseigenschaften reeller Zahlen korrespondieren.

Auf dieses Faszinosum haben viele Chaosforscher, die sich mit solchen Problemen auseinandersetzen, hingewiesen. Pars pro toto lassen wir hier nur Joseph Ford, den Spiritus Rector der Chaostheorie, zu Wort kommen:

»Doch was genau ist die fehlende Information, wodurch sich Chaos dem menschlichen Verständnis entzieht? Stellen denn die Newtonschen Gleichungen keinen relativ einfachen Algorithmus zur Berechnung jeder Umlaufbahn dar, wenn der Anfangszustand S_0 einmal gegeben ist? Das tun sie tatsächlich, aber wer bestimmt den Anfangszustand S_0? Warum wird das als eine derart triviale Angelegenheit betrachtet? Um die genauen Umlaufbahnen zu bestimmen, muss man auch die genauen Anfangsbedingungen S_0 kennen. S_0 seinerseits ist eine Menge reeller Zahlen, doch fast alle reellen Zahlen werden durch Ziffernfolgen dargestellt, die zufällig, nicht-berechenbar und nicht-vorhersehbar sind. So könnte uns nur ein Gott S_0 angeben. Folglich ist unsere Informationslücke im System der reellen Zahlen selbst begründet, dessen einzelne Zahlen wir im allgemeinen weder bestimmen, geschweige denn berechnen können« (Ford 1989, 352)

Weiter schließt Ford:

»Technisch gesprochen ist Chaos eigentlich ein Synonym für Zufälligkeit im Sinne der algorithmischen Informationstheorie von Andrej Kolmogorov, Gregory Chaitin und Ray Solomonov« (Ford 1989, 350).

Und so kommt Ford zu der zentralen Schlussfolgerung:

»Um es zusammenzufassen: Eine chaotische Bahnkurve ist ihre eigene kürzeste Beschreibung und ihr eigener schnellster Computer« (Ford 1989, 351).

Damit wäre ein wesentlicher Aspekt des Irreduziblen erfasst, aber es gibt noch einen weiteren, der unserem Alltagsverstand widerspricht und von vielen ernst zu nehmenden Geistern als Denkunmöglichkeit bezeichnet wird.

Es geht darum, dass in bestimmten Fällen *das gesamte Universum ein allumfassendes Wirkungsgeflecht* bilden kann. Kein Einfluss, und sei er noch so gering, darf dann bei einer vollständigen Betrachtung vernachlässigt werden. Das widerspricht nicht nur Einsteins Intuition:

»Wesentlich für diese Einordnung der in der Physik eingeführten Dinge erscheint ferner, dass zu einer bestimmten Zeit diese Dinge eine voneinander unabhängige Existenz beanspruchen, soweit diese Dinge ›in verschiedenen Teilen‹ des Raumes liegen. Ohne die Annahme einer solchen Unabhängigkeit der Existenz der räumlich distanten Dinge voneinander, die zunächst dem Alltags-Denken entstammt, wäre physikalisches Denken in dem uns geläufigen Sinne nicht möglich« (Einstein 1948, 321/322).

Einstein bezieht sich in diesem Zitat auf die Quantenmechanik mit ihrem verwirrenden nicht lokalem Verhalten, wobei ihm vermutlich nicht klar war, dass das Gebot der Lokalität eigentlich schon im Bereich der klassischen Physik verletzt wird.

Der Argentinier Mario Bunge, ein Physiker und Philosoph, der ein vielzitiertes Buch über Kausalität verfasst hat, äußert sich vergleichbar skeptisch wie der Entdecker der Relativitätstheorie:

>»... die Idee vom Blockuniversum ... würde einem völligen Aufhören aller Wissenschaft gleichkommen, denn wären alle Objekte der realen Welt derart eng miteinander verbunden, wie es die Anhänger der unbegrenzten Interdependenz annehmen, mit anderen Worten, wenn alles für alles von Relevanz wäre, dann wäre es unmöglich, irgendeinen Teil des Universums ohne Kenntnis der Totalität zu erkennen« (Bunge 1987, 111/112).

Um zu zeigen, dass irreduzible Systeme solchen Überzeugungen unter bestimmten Bedingungen widersprechen, beschäftigen wir uns im Folgenden mit dem sogenannten *Sinai-Billard*. Dieses Beispielsystem hat den Vorteil, dass die bisher noch nicht erfassten Aspekte des Irreduziblen leichter und anschaulicher zu erfassen sind als beim elliptischen Sitnikov-Modell.

Man stelle sich zuerst einen quadratischen Billardtisch vor, in dessen Mitte sich eine kreisrunde Prellscheibe befindet, die einen Durchmesser von 20 Zentimetern hat.

Die Entfernung vom Rand der Scheibe bis zur Stoßbande betrage zwei Meter, wenn die Bahn lotrecht auf dieser steht. Von dieser Art gibt es in der beschriebenen Darstellung exakt vier Bahnen. Wir beschränken uns auf die Betrachtung einer einzigen. Das Sinai-Billard, benannt nach dem russischen Mathematiker Jakow Grigorjewitsch Sinai, wird nur mit einer Kugel gespielt, die mit Scheibe und Banden elastisch stößt. Die Kugel wiegt ein Kilogramm, und sie läuft mit einer Geschwindigkeit von zwei Metern pro Sekunde. Ausfallswinkel ist gleich Einfallswinkel. Die Kugel wird weder durch Reibungs- noch durch Luftwiderstände gebremst. Einmal angestoßen läuft sie immer weiter.

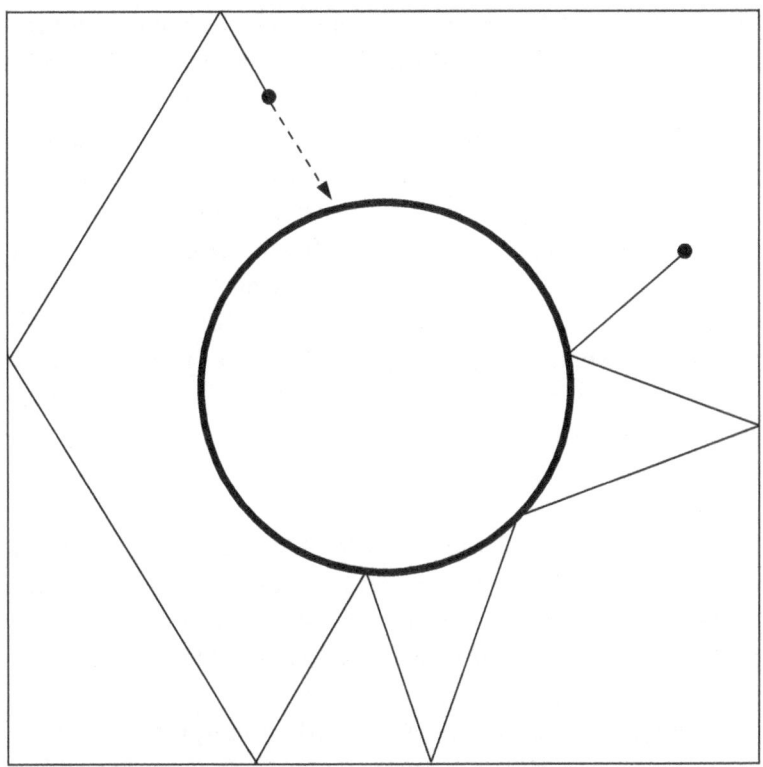

Abbildung 2: Sinai-Billard (nicht maßstabsgerecht)

Wir betrachten jetzt eine der vier Bahnen, die lotrecht auf den Stoß-banden stehen.

Eine solche ist *hochgradig instabil*. Schon die kleinste Störung führt dazu, dass die Kugel nicht mehr periodisch zwischen Scheibe und Bande hin- und herläuft, sondern nach kurzer Zeit über den ge-samten Tisch wandert.

Wir werden gleich zeigen, dass das Sinai-Billard im Vergleich zu dem Versuchsaufbau von Galilei extrem »kapriziös« ist.

Wir besuchen zur Veranschaulichung dieses Sachverhalts noch einmal dessen Renaissancelabor: Galilei platziert die Kugel sorg-fältig oben auf der Rinne, in seiner Hand schwingt schon das Fa-denpendel. Er lässt die Kugel los und beginnt sogleich die Pen-delschläge zu zählen. Die Kugel rollt langsam hinunter. Gerade in diesem Moment fährt draußen ein Pferdefuhrwerk mit Getöse vorbei. Galilei lässt sich weder durch den Lärm noch die fühlbaren Erschütterungen des Fuhrwerks ablenken. Mit stoischer Ruhe misst er die Zeit, bis die Kugel unten angelangt ist. Er wiederholt das Experiment viele Male. Obwohl sich bei allem, was der Forscher tut, Fehler einschleichen, er setzt die Kugel nicht immer an genau derselben Stelle ab, beim Zählen der Pendelschläge gibt es Ungenauigkeiten, auch Bahnlänge und Neigungswinkel lassen sich nicht völlig exakt ermitteln, und außerdem erschüttern die vorbeifahrenden Fuhrwerke die Apparatur, erhält Galilei recht geordnete Wolken von Messpunkten, die um einen Mittelwert streuen. Und auf der Grundlage solcher Werte lässt sich das bekannte Weg-Zeit-Gesetz ableiten.

Vergleichen wir diese Gutmütigkeit mit dem Sinai-Billard. Dieses verhält sich komplett anders. Es reagiert *extrem empfindlich* auf Störungen! Nach einer gewissen Zeitdauer darf man deshalb auch *winzigste Einflüsse* nicht mehr vernachlässigen, möchte man die Dynamik der Kugel exakt beschreiben.

Betrachten wir zuerst einen Beobachter, der 100 Kilogramm wiegt und in drei Meter Entfernung vom Tisch steht. Tatsächlich krümmt er durch seinen gravitativen Einfluss die Bahn der Kugel um die Winzigkeit von einem Nanometer. Was würde passieren, wenn man diesen Einfluss nicht berücksichtigen würde? Wie lange dauerte es dann, bis die Nichtberücksichtigung einer solchen Störung dazu führt, dass man keine vernünftigen Aussagen mehr über den Ort der Kugel machen kann? Wenn wir es für plausibel halten, dass dieser Moment gekommen ist, wenn sich nicht mehr mit Sicherheit entscheiden lässt, ob die Kugel die Prellscheibe trifft oder nicht, dann enden unsere Voraussagemöglichkeiten bereits nach zehn Sekunden!

Im Gegensatz zur Galilei-Apparatur wächst hier der Fehler mit rasanter Geschwindigkeit! Das liegt an der besonderen Geometrie der Anordnung: Die Störung berücksichtigen wir dadurch, dass wir die Bahn im Vergleich zur ursprünglichen um einen winzigen Betrag Δs verschieben. Diese Verschiebung entspricht der Abweichung durch die gravitative Anziehung und markiert auch das Maß der Unsicherheit. Nach der *ersten Reflexion* wird der Betrag der Störung vernachlässigt, da er nicht mehr stark ins Gewicht fällt. Beobachten wir den Lauf der Kugel zwischen Scheibe und Bande, dann sieht man, dass sich die anfänglichen Ungenauigkeiten *exponentiell* vergrößern. Die Kugel wird, wenn sie die Prellscheibe trifft, nämlich nicht an einer senkrechten Wand, sondern an geneigten Kreistangenten reflektiert. Vor diesem Hintergrund reichen vier bis fünf Reflexionen an der Scheibe, bis keine vernünftigen Aussagen mehr über den Ort der Kugel gemacht werden können.

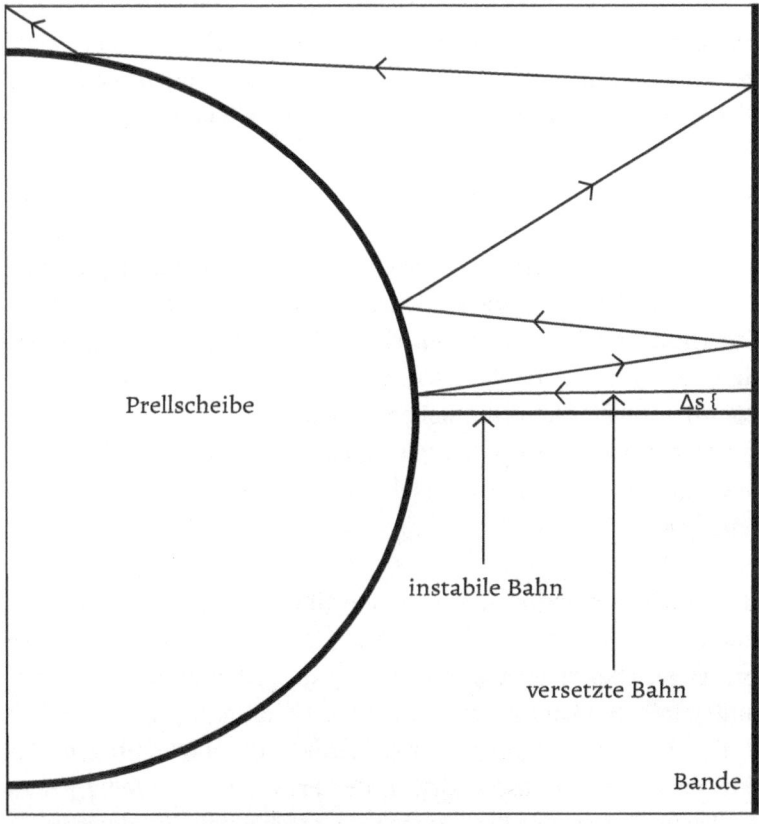

Abbildung 3: Sinai-Billard mit Störung durch einen Beobachter (nicht maßstabsgerecht)

Man mache sich in diesem Zusammenhang klar, dass die Empfindlichkeit des Systems gegen Störungen »mit der Zeit wächst«. Je länger die Beobachtungszeiträume werden, die man ins Auge fasst, desto mehr Einflussgrößen müssen berücksichtigt werden, damit es noch möglich ist, genaue Aussagen über den Lauf der Kugel zu machen. Um diese Gedankenfigur ins Extrem zu weiten, kann man fragen, wie lang man den Lauf der Billardkugel beobachten müsste, bis selbst der Einfluss eines 20 Milliarden Lichtjahre entfernten Elektrons am Rande des Universums nicht mehr vernachlässigt werden dürfte. Bliebe er unberücksichtigt, ließen sich nach dieser Zeit keine exakten Aussagen mehr über ihren Ort und ihre Bewegungsrichtung machen. Die Kraft eines solchen Elektrons auf die Kugel beträgt unvorstellbar kleine 10^{-92} Newton! Doch trotz dieses minimalen Einflusses ist die Bahn der Kugel schon nach wenigen Minuten nicht mehr prognostizierbar, sollte die Wirkung des Elektrons aus der Tiefe des Alls unbeachtet bleiben (Berry 1978, 95).[7]

Jetzt darf man die Frage stellen, ob diese hier an idealisierten mathematischen Modellsystemen erörterten erratischen und über die Maßen empfindlichen Dynamiken für die reale Physik irgendeine Bedeutung haben. Oder sind das nur intellektuelle Spielereien? Tatsächlich sind die Folgen erheblich. Wir haben in der Auseinandersetzung mit dem elliptischen Sitnikov-Modell und dem Sinai-Billard nämlich die wesentlichen Aspekte des Irreduziblen herausgearbeitet, und diese gelten in vergleichbarer Weise auch für reale Systeme wie das Magnetpendel oder das Wetter. Für solche Systeme gilt:

Neben seltenen periodischen Bahnen gibt es viele, die so verworren und chaotisch sind, dass *kein kompaktes mathematisches Modell* denkbar ist, welches in der Lage wäre, die reale Dynamik vorherzusagen, und damit als »Zeitmaschine« fungieren könnte.

Die Systeme reagieren *extrem sensibel* auf Abweichungen. Anfangsbedingungen lassen sich in der Praxis nicht beliebig genau festlegen. Das hat zur Konsequenz, dass sich möglichst gleichartige Systeme, die nur im Rahmen der Messgenauigkeit in den Anfangsbedingungen variieren, im Laufe der Zeit *vollständig unterschiedlich* entwickeln können. Außerdem kann man solche Systeme nicht abschirmen. Selbst kleinste Einwirkungen können sie in einer Weise stören, dass sie unprognostizierbar werden, wenn der Beobachtungszeitraum lang genug ist. Bei reduziblen Systemen lassen sich Störungen so weit beherrschen, dass die grundlegende Dynamik des Experiments im betrachteten Zeitraum nicht beeinträchtigt wird. Bei irreduziblen Systemen ist das in dieser Form unmöglich, vor allen Dingen, wenn man *längere Prognoseintervalle* betrachtet.

Damit sind fundamentale Erkenntnisgrenzen gegeben. *Diese können nicht überschritten werden.* Für die meisten möglichen Bahnkurven gibt es keine kompakte Beschreibung. Und gängige Kausalitätsvorstellungen werden in diesem Zusammenhang obsolet. Wir haben es in gewisser Weise mit »wuchernden« *Wechselwirkungsnetzen* zu tun. Je länger die infrage stehenden Betrachtungszeiträume werden, desto mehr Aspekte der umgebenden Wirklichkeit müssen beachtet werden, um zu einer korrekten Beschreibung zu gelangen. Mit wachsender Zeit kulminiert so die Zahl zu berücksichtigender Einflussgrößen, bis endlich das gesamte Universum von Bedeutung wird. Dann ergibt es keinen Sinn mehr, davon zu sprechen, dass A die Ursache von B sei. Das gesamte Weltall wird in einem solchen Moment zu einem kompakt zusammenhängenden Bedingungsgeflecht, und das Wissen, das man bräuchte, um die Zukunft zu prognostizieren, müsste im wahrsten Sinne des Wortes ALLUMFASSEND sein.

Schon dieser Umstand ist verstörend. Noch irritierender wird es, wenn man in Rechnung stellt, dass jeder Beobachter, wie wir dargelegt haben, selbst *Teilmenge des umfassenden Systems* ist. Wird der gesamte Kosmos zu einem einzigen bedingenden Wechselwirkungsgefüge, ist es unsinnig, zwischen Subjekt und Objekt zu unterscheiden. Damit existiert bereits im Rahmen der klassischen Physik ein Beobachterproblem: Der Beobachter ist untrennbar in eine allumfassende Gesamtdynamik eingewoben. Alles, was er tut und denkt, verändert den Gegenstand der Beobachtung. Um die Veränderung durch die Beobachtung zu quantifizieren, müsste der Beobachter sich selbst beobachten, wie er durch seine Beobachtung den Gegenstand der Untersuchung verändert. Das führt zu einer Beobachtung einer Veränderung durch eine Veränderung und mündet in der Summe in einen unendlichen Regress.

Abbildung 4: M. C. Eschers Bildgalerie ist die wohl genialste grafische Umsetzung der Endophysik. Der Betrachter ist selbst Teil des Bildes, das er betrachtet. Der weiße Kreis in der Mitte ist Ausdruck der Tatsache, dass dieses Bild in letzter Konsequenz niemals vollständig gemalt werden kann.

Die durch diese vertrackten Selbstbezüglichkeiten entstehenden Beobachtungsunschärfen sind Konsequenz der Einbettung des Beobachters in einen übergeordneten Wechselwirkungszusammenhang, der wegen der besprochenen Beschränkungen des Beobachters niemals umfassend abgebildet werden kann.

Auf diese verwirrende Tatsache wurde von verschiedenen Autoren unabhängig voneinander hingewiesen (Popper 1951, Wehr 1985/1992, Rössler 1992). Da der Beobachter untrennbar in einen Gesamtzusammenhang eingebettet ist und das System deshalb zwangsweise immer von innen und nicht von außen betrachtet, spricht man heute auch von *Endophysik*. Ein Begriff, der ursprünglich von dem Physiker David Finkelstein in einem Brief an Otto E. Rössler geprägt wurde (Rössler 1992, 47). Otto Rössler ist einer der Väter der Chaostheorie.

Wir werden noch sehen, dass *endophysikalische Beobachterprobleme* nicht nur im Rahmen der Physik eine Rolle spielen. Es gibt sie zum Beispiel auch in den Volkswirtschaften. Das hat nicht nur Konsequenzen für die Prognostizierbarkeit wirtschaftlicher Systeme, sondern auch für die Stabilität des internationalen Wertpapiermarkts.

Jetzt mag man einwenden, dass dieses Szenario viel zu pessimistisch sein könnte. Die Jahreszeiten folgen schließlich mit schöner Regelmäßigkeit aufeinander, wir können Raketen auf den Mond schießen und einen Ball, der uns zugeworfen wird, fangen. Was soll da unberechenbar sein?

Tatsächlich muss man etwas genauer hinsehen, auch um die Kritiken von Albert Einstein und Mario Bunge zu differenzieren. Zum einen wurde betont, dass Wahrnehmungsgrenzen objektkonstituierend sind. Durch die Wahrnehmung »schälen« wir erkennbare Dinge aus einem umfassenden Wechselwirkungszusammenhang heraus.

Zum anderen haben wir mehrfach darauf hinwiesen, dass zwischen reduziblen und irreduziblen Systemen unterschieden werden muss, wobei gerade die reduziblen in unserem Lebensraum eine *eminent wichtige Rolle* spielen. Ihr berechenbares Funktionieren ist schließlich notwendige Bedingung dafür, dass wir mit unseren Gehirnen Erfahrungswissen bilden können. In einer völlig chaotischen Welt würden komplizierte Nervensysteme keinen Sinn ergeben.

Davon unabhängig haben verschiedene irreduzible Systeme auch ihre eigenen *Signaturen*. In gewisser Weise sind sie unterschiedlich

»launisch«. Zu diesen Signaturen gehören vor allen Dingen die kritischen zeitlichen Grenzen, die festlegen, *ab wann* sie unberechenbar werden, da die für die Berechnung notwendigen Daten alle denkbaren Kapazitäten sprengen. Diese besonderen Grenzen möchte ich im folgenden T_{BRZ} *und* T_{ALL} nennen.

Wir erinnern uns, dass die Beobachtungsraumzeit BRZ *Wissensgrenzen* definiert. Gleichzeitig haben wir gerade das Phänomen des »kausalen Wucherns« beschrieben. Je länger im Umgang mit irreduziblen Systemen fragliche Beobachtungszeiträume werden, desto *kleiner werdende Einflussgrößen* müssen bei der Prognose berücksichtigt werden. Ab einem bestimmten Zeitpunkt T_{BRZ} wird in diesem Zusammenhang aber die *Auflösungsgrenze jedes denkbaren Beobachters* erreicht und schließlich überschritten. Das gilt auch, wenn mit den empfindlichsten Messinstrumenten gearbeitet wird und rasend schnelle Hochleistungscomputer mit immensen Speichern zur Anwendung kommen.

Die BRZ definiert deshalb eine Trennwand, die das Wissbare vom Unwissbaren scheidet. Wird der Zeitpunkt T_{BRZ} überschritten, ist das System für den Beobachter zwangsweise unprognostizierbar. Wegen seiner Wahrnehmungs- und Verarbeitungsgrenzen sind kleinste Einflüsse nicht mehr zu detektieren. Sie müssten aber exakt zu quantifizieren sein, um konkrete Aussagen über die Zukunft zu machen.

Es sei darauf hingewiesen, dass sich T_{BRZ} mit der technischen Entwicklung verändert. Die heutigen Messinstrumente haben mit denen Galileis nur noch wenig zu tun. Die BRZ_{HEUTE} unterscheidet sich maßgeblich von der $BRZ_{GALILEI}$.

Trotzdem definiert T_{BRZ} eine harte prognostische Grenze. Deren ultimative Steigerung ist T_{ALL}. Wenn jedes Partikel im Universum einen Einfluss hat und deshalb Teil eines universellen Wechselwirkungsgeflechts wird, ist der gesamte Kosmos *kausalkompakt*. Für die zeitliche Entwicklung des fraglichen Systems ist dann alles von Bedeutung.

Es sei zum Abschluss noch betont, dass T_{BRZ} und T_{ALL} für unterschiedliche irreduzible Systeme *nicht identisch* sind. Deshalb haben diese verschiedene Gesichter! Während wir beim gutmütigen Planetensystem davon ausgehen dürfen, dass es, obwohl im Kern irreduzibel, noch *mehrere Millionen Jahre* stabil sein wird, und wir deshalb mit raffinierten Berechnungen von dieser vorläufigen Regelhaftigkeit profitieren können, um etwa Raumsonden durch das Sonnensystem zu navigieren, sind die Bahnen hektisch miteinander kollidierender Gasmoleküle der Gipfel des Kapriziösen, da sie schon nach *Bruchteilen von Sekunden* völlig unberechenbar werden. Im Vergleich zu diesem aufgeregten Tanz wirkt selbst das empfindliche Sinai-Billard behäbig (Berry 1987).

Ziehen wir ein Resümee, dann ist jetzt nicht nur intuitiv, sondern auch auf einer theoretischen Ebene nachvollziehbar, von welcher »Bauart« natürliche Kompexitätsfallen sind. Restringierte Dreikörperprobleme und Sinai-Billards haben etwas mit unserer Welt zu tun. Tatsächlich verbergen sich deren Empfindlichkeiten im Maschinenraum mathematischer Modelle, mit denen wir etwa versuchen, Wetter und Klima oder das Entstehen von Sonnenstürmen zu beschreiben. Diese Modelle haben leider die Eigenart, bei bestimmten Parameterkonfigurationen so empfindlich zu werden, dass sie sich unserem planenden Zugriff entziehen.

Spätestens nach einer kritischen Zeit T_{BRZ} sprengt die Fülle der Daten, die man benötigen würde, um das infrage stehende System in seiner Entwicklung zu prognostizieren, die Kapazitäten jedes nur denkbaren Beobachters. Die Asymmetrie zwischen Datenfülle und Kapazitätsgrenzen bedingt eine Entwicklung, die dann mit den Augen des Beobachters als zufällig wahrgenommen wird. Quantitative Vorhersagen sind in einem solchen Kontext unmöglich. In diesem Sinne ist auch der denkende Ozean, diese von Stanislav Lem erdachte Superintelligenz auf dem Planeten Solaris, eine Fiktion und genauso fantastisch wie der Laplace'sche Dämon: Wegen der dargestellten Überlegungen ist es nämlich nicht möglich, ein Dreikörperproblem von innen heraus zu stabilisieren.

Was Irreduzibilität nun de facto in der Realität bedeutet, soll im Folgenden an zwei Problemen anschaulich gemacht werden, die eng mit unserem Leben verwoben sind.

Hexentopf und Himmelsharfe

Tellurisches Walten und wirbelnde Winde

»Blast, Winde, sprengt die Backen! Wütet! Blast!
Ihr Katatrakt' und Wolkenbrüche, speit,
Bis ihr die Türm' ersäuft und Wetterhähn' ertränkt!
Ihr schweflichten, gedankenschnellen Blitze,
Vortrab dem Donnerkeil, der Eichen spaltet,
Versengt mein weißes Haupt! Du Donner,
schmetternd,
Schlag flach das mächt'ge Rund der Welt; zerbrich
Die Formen der Natur, vernicht auf eins
Den Schöpfungskeim des undankbaren Menschen!«

William Shakespeare, King Lear

König Joseph von Portugal war nach dem Erdbeben von Lissabon ein gebrochener Mann. Völlig verstört überließ er die anstrengenden Regierungsgeschäfte dem hellsichtigen und durchsetzungsstarken Marquis de Pombal. Als Feingeist hatte er sich vor dem Beben bevorzugt für die Oper und das Errichten pompöser Sakralbauten interessiert. Es gab in der portugiesischen Hauptstadt geschlagene 75 Konvente und Klöster sowie 40 Kirchen. Fast 90 Prozent der gottgeweihten Häuser waren durch das Beben zerstört worden. Diese Erfahrung war für den schöngeistigen Regenten so erschütternd, dass er nie mehr in steinernen Gebäuden schlafen konnte. Er erlitt dort Panikattacken. Deshalb ließ er außerhalb von Lissabon, in den sanften Hügeln von Ajuda, eine königliche Zeltstadt errichten. In dieser residierte er bis zu seinem Tode.

Das Beben von 1755 war nicht das erste, das die Stadt am Teijo traf. Aber es war das schwerste. Das Epizentrum befand sich in den Tiefen des Atlantiks, etwa 200 Kilometer westlich vom Cabo de São Vincente. Die gewaltigen Erdstöße waren so heftig, dass sich im Zentrum Spalten von über fünf Metern Breite bildeten. Zu den Erschütterungen kamen die verheerenden Brände, die vor allen Dingen durch die Kerzen verursacht wurden, die man an Allerheiligen aufgestellt hatte.

Zu allem Überfluss überflutete nach den Erdstößen ein Tsunami die Unterstadt, dem zwei weitere folgten. Diese Wellen töteten noch in Marokko Tausende von Menschen und erreichten sogar die Strände von Barbados und Martinique in der Karibik. Man schätzt, dass das Beben etwa 50 000 Menschenleben forderte. Von den etwa 33 000 Gebäuden der Stadt blieben nur 10 000 unversehrt. 13 000 wurden vollständig zerstört, 10 000 schwer beschädigt.

Fasst man das Erdbeben von Lissabon unter geophysikalischen Gesichtspunkten ins Auge und richtet zudem sein Augenmerk auf die Zahl der Opfer, dann gab es in den letzten 1000 Jahren noch extremere Ereignisse.

Man denke an das Beben in der chinesischen Provinz Shaanxi im Jahre 1556, bei dem, weil die Region dicht besiedelt war, wohl um die 800 000 Menschen zu Tode kamen, obwohl das Beben weniger stark war als das von Lissabon.

Wieder andere waren um eine Zehnerpotenz stärker und zählten damit zu den stärksten jemals gemessenen Erschütterungen. Sie wurden aber wenig zur Kenntnis genommen, da sie sich in Regionen ereigneten, die nicht dicht besiedelt waren.

Zu diesen gehört das chilenische Beben in Valdivia im Jahr 1960 oder das, welches sich im Prinz-William-Sund in Alaska 1964 ereignete. Die meisten Menschen, die starben, kamen durch Tsunamis zu Tode, wobei der in Alaska eine imposante Höhe von 70 Metern erreichte. Trotzdem waren die Opferzahlen vergleichsweise gering.

In Alaska starben 125 Menschen. Durch das Beben von Valdivia kamen etwa 5000 Menschen zu Tode.

Was in unserem Zusammenhang das Beben von Lissabon so bemerkenswert macht, war nicht nur das Beben selbst, sondern, wie bereits betont, die weltanschaulichen Verwerfungen, die es auslöste. So wie in der Stadt am Tejo die Erde in tiefen Spalten aufriss, so spaltete das Beben die europäischen Intellektuellen, die sich nach Kräften bemühten, das Kolossalereignis in ihr Weltbild einzupassen. Wie erwähnt gab es diejenigen, die vom christlichen Glauben nicht lassen wollten. Sie unternahmen die wildesten Gedankenverrenkungen, um die Katastrophe als sinnvolles Ereignis eines im Kern gütigen, bisweilen aber auch strengen Gottes zu interpretieren. Auf der anderen Seite des Grabens standen Denker wie Voltaire, die an das Märchen von der besten aller möglichen Welten nicht mehr glauben wollten. Sie machten sich darüber lustig, dass religiöse Eiferer allen Ernstes behaupteten, dass die verwesenden menschlichen Toten Ausdruck göttlicher Weisheit und Weitsicht seien. Sie dienten schließlich den Würmern als Nahrung.

Kants seltsame Theorie der Erdbeben

Immanuel Kant lavierte ein wenig hilflos zwischen diesen unterschiedlichen Standpunkten. Der damals 31 Jahre alte Denker hatte gerade eine seiner ersten größeren Schriften herausgegeben, seine *Allgemeine Naturgeschichte und Theorie des Himmels*, in welcher er gerade Alexander Pope Tribut zollte. Dessen Schrift *An Essay on Man* entnahm Kant wiederholt leitmotivische Zitate, da der Dichter zu seinen Lieblingspoeten gehörte. Auch in seinen drei Schriften über die Theorie der Erdbeben wagt Kant einen eigenwilligen Spagat. Vor der Hand versucht er, das Erdbeben mit den Augen des aufgeklärten Naturforschers zu sehen, um dann in Nebensätzen Gottes gestaltende Hand zu rühmen, was in heutiger Lesart unfreiwillig komisch wirkt.

Immerhin betrieb Kant so etwas wie wissenschaftliche Recherche und verleibte sich alle damals verfügbaren Informationen zur Erdbebenentstehung ein. So stieß er auch auf das Experiment des Chemikers Nicholas Lémery, das ihn in der Vermutung bestärkte, die Ursachen für die Entstehung von Erdbeben entdeckt zu haben. Hören wir Kants eigene Worte:

>»Es ist Zeit etwas von der Ursache der Erderschütterungen anzuführen. Es ist einem Naturforscher etwas Leichtes ihre Erscheinungen nachzuahmen. Man nimmt 25 Pfund Eisenfeilicht, ebenso viel Schwefel und vermengt es mit gemeinem Wasser, vergräbt diesen Teig einen oder anderthalb Fuß tief in der Erde und stößt dieselbe darüber fest zusammen. Nach Ablauf einiger Stunden sieht man einen dicken Dampf aufsteigen, die Erde wird erschüttert, und es brechen Flammen aus dem Grunde hervor« (zit. in Breidert 1994, 103).

Kant gibt zu bedenken, dass Eisen und Schwefel in der Erdkruste häufig zu findende Elemente seien, während dem Wasser die Funktion zukomme, »die Gärung« in Gang zu bringen. Das ist der eine Teil seiner spekulativen Theorie.

Außerdem postuliert er, dass sich unter der Erdoberfläche ein gigantisches, hochgradig verzweigtes Höhlensystem befinde, das für die Ausbreitung der Erdbeben maßgeblich sei, wobei dieses unter Gebirgsmassiven deutlich ausgeprägter wäre als unter dem platten Land, wo sich Höhlen vornehmlich unter Flüssen befänden.

In seiner Lesart erklärt das die Beobachtung, dass Beben in Gebirgsregionen häufiger sind als in ebenen Landstrichen. Überhaupt spielen Gebirge in seiner Theorie eine zentrale Rolle. Das liegt nicht nur an den Höhlen, sondern vor allen Dingen an den Klüften, Spalten, welche tief ins Erdinnere führen und die man sich wie einen Initialzünder an einer verheerenden Sprengladung vorstellen kann. Wenn es in den Bergen schütte, dann führten nach Kant ebendiese Klüfte das Wasser ins Erdinnere. Dort setze es das verhängnisvolle Höllenfeuer in Gang. Doch bevor es zur Katastrophe komme, gäbe es einen Reigen gespenstischer Omen: Die Vögel hörten auf zu zwitschern, außerdem kämen Ratten und Mäuse aus ihren Bauten, um nicht verschüttet zu werden. Erinnert das an die schweigenden Kröten am Lago Rufino?

Zudem verändern sich nach Kant die Luftkreise. Den Klüften, die eben noch das Wasser in die Tiefe führten, entwichen jetzt Dämpfe, die den Himmel bedrohlich verfärbten. Plötzlich seien Nordlichter auch in Regionen zu sehen, in denen sie sonst nicht vorkämen. Bisweilen regne es purpurfarben. Und die Brunnen, die wegen ihrer Tiefe in Wechselwirkung mit den Höhlen stünden, würden zu Blutquellen. Ihr Wasser färbe sich dunkelrot. Schließlich komme es zum Desaster. Das feurige Gären in der Tiefe entwickele einen infernalischen Druck und beginne sich in den unterirdischen Labyrinthen mit großer Geschwindigkeit auszubreiten. Der massive Feuersturm lasse die Erde erzittern und bringe unsägliches Unglück über die Menschen.

Soweit die Kant'sche Sichtweise, in der sich der Philosoph in der Rolle des nüchternen Naturforschers gefällt, dabei aber trotzdem das Gewand des Glaubensmanns nicht völlig abzulegen bereit ist. Obwohl Kant erschüttert das menschliche Leid zur Kenntnis nimmt, gibt er wie Leibniz oder Pope zu bedenken, dass Gott auch im Grauen überlegen weise handelt. So betont er, dass man stinkende Stuben, wie etwa die Zellen von Gefangenen, mit Schwefel ausräuchere. Nicht anders mache es der Herr im Himmel. Da die Städte in Morast und Dung der Tiere erstickten, schicke Gott von Zeit zu Zeit ein Erdbeben oder einen Vulkanausbruch, und die mit diesen Katastrophen vergesellschafteten Schwefeldämpfe sorgten dafür, dass die Menschen wieder freier atmen könnten. Gott als rational planender Aseptiker. Außerdem gäbe es ohne die subterrestrische Höllenmechanik keine warmen Quellen, in denen man sich als grübelnder Mensch von den Strapazen des Alltags erholen könnte.

Sieht man von diesen gedanklichen Schleifen ab, war Kants Theorie auch in ihren ernster zu nehmenden Teilen in fast allen Belangen falsch. Es gibt kein rhizomartiges Höhlensystem in der Erdkruste, durch welches Feuerstürme toben, die durch Sickerwasser in Gang gesetzt werden und dann die Welt erschüttern.

Nur was das Entstehen von Tsunamis anging, lag er mit seinen Spekulationen nicht völlig daneben. Er war der Überzeugung, dass diese durch ein plötzliches Heben des Meeresbodens entstünden. Das ist nach heutiger Lesart eine von mehreren Möglichkeiten. Die Monsterwellen können tatsächlich durch Hebungen, aber auch Senkungen des Meeresbodens zustande kommen, oder wenn große Gesteinsmassen ins Wasser fallen, seien es Felsabbrüche und in seltenen Fällen große Meteoriten.

Von dem Tsunami selbst hatte er allerdings falsche Vorstellungen. Diese haben mit den Wellen einer vom Sturm aufgepeitschten See nichts zu tun. Das Wort »Tsunami« kommt aus dem Japanischen und bedeutet *Hafenwelle*. Geprägt haben es japanische Fischer, die mit ihren Booten draußen auf dem Meer waren und die Welle dort gar nicht bemerkt hatten. Als sie aber in den heimatlichen Hafen zurückfuhren, wurde ihnen mit Schrecken gewahr, dass ihr Dorf von Wassermassen völlig zerstört worden war. Tatsächlich ist ein Tsunami auf offener See meist gerade kniehoch, bewegt sich dafür aber mit der Geschwindigkeit eines Düsenflugzeugs. Nähert er sich dem Land und werden die Gestade flacher, verlangsamt er sich und türmt sich bis zu 100 Meter Höhe auf. Diese geballte kinetische Energie zerstört fast alles, was sich ihr in den Weg stellt. Bleibt als Trost, dass man Sedimente prähistorischer Zeit analysiert hat. Diese zeigen, dass es auch Wellen gab, die einen Kilometer hoch waren.

Vergleicht man den Kant'schen Ansatz mit der heutigen Theorie der Erdbebenentstehung, dann stehen die Denkmuster in einem interessanten Spannungsverhältnis. Heute ist recht genau verstanden, wie Beben entstehen, ohne dass man im Geringsten in der Lage wäre, sie vorherzusagen. Deshalb war die zitierte Anklage der italienischen Seismologen betreffs des Erdbebens von L'Aquila verfehlt.

Im Gegensatz dazu hing Kant einer spekulativen und in letzter Konsequenz verqueren Theorie an, die aber den Vorteil hatte, *die Zeichen lesen zu können*: Heftige Regenfälle, die die unterirdischen Gärungen in Gang setzen, verstummende Vögel, Ratten, Kröten und Mäuse, die aus ihren Löchern kommen, am Himmel tanzende

Polarlichter, Purpurregen und pulsierende Blutbrunnen waren nach Kant als Omen zu deuten und sprachen für den Eingeweihten eine unmissverständliche Sprache.

Wie ist es zu verstehen, um den Fokus jetzt auf moderne Theorien zu richten, dass man trotz des Wissens um die Entstehungsmechanismen außerstande ist, korrekte Vorhersagen zu machen, und deshalb auch verheerende Beben wie eh und je mit Schicksalsergebenheit zur Kenntnis nehmen muss? Erneut begegnen wir dem Konzept der Irreduzibilität, das sich aber diesmal nicht in einem abstrakten mathematischen Gedankenexperiment manifestiert, sondern in einer körperlichen physikalischen Dynamik, die sich einer validen mathematischen Modellierung versagt.

Zu deren Verständnis muss man sich im ersten Schritt mit der *Kontinentaldrift* von Alfred Wegener beschäftigen. Dieser Forscher, der die Geophysik revolutioniert hat, war ein klarsichtiger Denker und tatkräftiger Mann, der allerdings wie kaum ein anderer vom wissenschaftlichen Establishment zum Scharlatan erklärt worden ist (Zankl 2010, 71).

Um 1900 waren die Wissenschaftler mit einem hartnäckigen Rätsel konfrontiert: Bestimmte Versteinerungen, aber auch Tier- und Pflanzenarten waren an der Westküste Afrikas gefunden worden, genauso aber auch an der Ostküste Südamerikas. Das konnte kein Zufall sein. Diese überraschende Koinzidenz machte es notwendig, eine frühere Verbindung zwischen den Kontinenten zu fordern. Dazu gab es im Wesentlichen zwei Theorien: Man spekulierte, ob sie durch Landbrücken verbunden waren, die dann in den Interglazialzeiten wieder im Wasser verschwanden. Oder existierten gar riesige Landmassen in frühgeschichtlicher Zeit, die im Meeresboden versunken waren? Auf alle Fälle war man überzeugt, dass die bekannten Kontinente seit Anbeginn der Zeiten *immer am selben Ort* auf der Erdkugel verankert waren.

Wegener brach mit diesem Axiom und provozierte Jahrzehnte anhaltende Proteststürme. Initialzündung war sein Vortrag »Neue Ideen über die Herausbildung der Großformen der Erdrinde«, den er am 6. Januar 1912 in Frankfurt auf der Jahresversammlung der

Geologischen Gesellschaft Deutschlands hielt. Als er sich schon in der Einleitung anschickte, die Großformen der Erdoberfläche, also die Kontinentaltafeln und die großen ozeanischen Becken, durch ein einziges Prinzip zu deuten, nämlich die Beweglichkeit der Kontinentalschollen, ging ein Raunen durchs Auditorium, das sich später zum Furor auswuchs. Die Anwesenden sprachen von Fantasiegebilden, belanglosen Gedankenspielereien und völligem Blödsinn. Zeit seines Lebens konnte man die Unterstützer von Alfred Wegener an den Fingern einer Hand abzählen. Die meisten kritisierten ihn erbarmungslos, wie etwa der österreichische Paläoklimatologe Fritz Kerner Marilaun, der Wegeners Theorie als »Fieberfantasien eines von der Krustendrehkrankheit und Polschubseuche schwer Befallenen« bezeichnete. Bis zu seinem frühen Tod im Jahre 1930, er erfror bei seiner dritten Grönlandexpedition, wurde er verleumdet, und es sollten nach seinem Ableben weitere 30 Jahre vergehen, bis den Geowissenschaftlern langsam dämmerte, dass Wegener ein Genie war, der seiner Zeit um Lichtjahre voraus war.

Das kolossale Weltenpuzzle

Der Geowissenschaftler sprengte allerdings die Grenzen des damals Vorstellbaren, da er ausgerechnet dort eine Bewegung unterstellte, wo augenscheinlich keine sein konnte. Wegener betrachtete die Erdteile wie ein großes Puzzlespiel, und er bemerkte, dass zum Beispiel die östliche »Nase« Brasiliens, die aus den heutigen Bundesstaaten Rio Grande do Norte, Paraiba, Pernambuco und Alagoas besteht, sich perfekt in den westafrikanischen Golf von Guinea fügt. Aber: Wie sollten sich ganze Kontinente Tausende von Kilometern bewegen können? Erdteile haben keine Beine, und die Entfernung zwichen Natal, der Hauptstadt von Rio Grande do Norte, und der nigerianischen Stadt Lagos, die im Golf von Guinea liegt, beträgt momentan etwa 4500 Kilometer. Das sprengte die Grenzen des Denkbaren. Wegener wiederum weigerte sich beharrlich zu akzeptieren, dass es zwischen den Landmassen lange Landbrücken gab oder dass ganze Kontinente versinken und damit auf Nimmerwiedersehen verschwinden können. Er wies in diesem Zusammenhang süffisant darauf hin, dass etwas, das von geringerer Dichte ist als das Medium, das es trägt, einen Auftrieb hat und deshalb oben schwimmt. Wie sollte es möglich sein, dass es abtaucht und auf einmal von der Erde verschluckt wird?

Obwohl Wegeners Argument in diesem Zusammenhang von bestechender Klarheit war, setzte er mit seiner eigenen Erklärung zuerst auf das falsche Pferd. Er vermutete nämlich, dass die Gezeitenkräfte für die Kontinentaldrift verantwortlich sind. Aber diese Fehleinschätzung wurde von den damaligen Geophysikern schnell widerlegt, was er zur Kenntnis nahm. Als er dann im nächsten Anlauf das richtige Wirkprinzip identifizierte, hörte ihm leider niemand mehr zu. 1928 kam der britische Geologe Arthur Holmes zu der Überzeugung, dass es im Erdinneren gewaltige *Konvektionsströmungen* geben müsste. Solche Strömungen entstehen, wenn es einen starken Temperaturunterschied zwischen oben und unten gibt. Sie sind uns in kleinem Maßstab vertraut. Man beobachtet sie manchmal, wenn man an einem kalten Tag Milch in seinen Kaffee gießt und sich an der Oberfläche eine Struktur aus sogenannten Konvektionszellen bildet: Heiße, weniger dichte Flüssigkeit steigt von unten auf, kühlt sich an der Oberfläche ab, wird wieder dichter und sinkt anschließend hinab.

Extreme Temperaturunterschiede gibt es auch in der Erde. Das Erdinnere ist über 6000 Tausend Grad heiß und wird dann kühler, je weiter man vom Mittelpunkt nach außen gelangt. Auch hier entsteht eine Konvektion, die sich aber in *absoluter Zeitlupe* zu vollziehen scheint. Nur wenige Zentimeter steigen die heißen Massen pro Jahr nach oben! Wäre es möglich, ein bestimmtes Raumelement zu markieren, wenn es an der Oberfläche ist, müsste man geschlagene *240 Millionen Jahre* warten, bis es nach seiner Reise in die Tiefe und dem dann wieder folgenden Aufstieg am selben Platz auftauchen würde. Doch trotz dieser extrem verzögerten Dynamik reichen die tellurischen Kräfte aus, die gravitätischen Kontinentalplatten zu bewegen, auch wenn viele Fragen im Detail noch nicht geklärt sind.

Deshalb hatte Alfred Wegener den richtigen Riecher, als er die Theorie von Holmes in der vierten Auflage seines Buches *Die Entstehung der Kontinente und Ozeane* zur Ursache der Drift machte.

Allerdings hätte auch Wegener seine Überzeugung, dass Kontinentalplatten, die auf dem Magma des Erdmantels schwimmen, unmöglich in der Tiefe verschwinden können, revidieren müssen. Für diese Einsicht benötigt man allerdings Kenntnisse, die zu seiner Zeit nicht verfügbar waren. Tatsächlich führt die Kontinentaldrift zu einer Vielzahl extrem komplexer Mechanismen, die die Erdoberfläche großräumig umgestalten. Grob gesprochen unterscheidet man sieben Kontinentalplatten. In Wirklichkeit sind es noch mehr. Die maßgeblichen sind: Antarktika, Nordamerika, Südamerika, Eurasien, Afrika, Indien, Australien. Die Kontinentalplatten sind unterschiedlich dick, je nachdem, ob sich deren Teile unter Ozeanen befinden oder unter Landmassen. Über den Daumen gepeilt bewegt sich ihre Stärke zwischen zehn und 100 Kilometern. Am massivsten sind sie unter Gebirgen, wie dem Himalaya oder den Anden. Am dünnsten unter den Meeren. Die Platten unterscheiden sich nun nicht nur in ihrer Stärke, sondern auch in ihrer Dichte. Die ozeanischen Teile der Platten sind dichter als die unter den Landmassen. Alle Platten schwimmen auf einem magmatischen Mantel, der in seinen äußeren Schichten schon fast flüssig ist.

Fassen wir die Konvektion ins Auge, dann führt diese dazu, dass die Platten sich je nach Lage voneinander entfernen oder einander nähern. Im ersten Fall spricht man von *Divergenz*, im zweiten von *Konvergenz*. Entfernen sich die Platten unter Wasser, dann reißt durch das Auseinanderstreben der Boden auf, was zur Folge hat, dass heißes Magma nach oben gelangt. Wir haben es dann mit einem maritimen Vulkanismus zu tun, der dazu führt, dass in den Meeren unterseeische Gebirge entstehen, die meistens, obwohl sie über 2000 Meter hoch sein können, die Meeresoberfläche nicht durchstoßen. Die Insel Island ist eine Ausnahme. Sie verdankt sich der Divergenz zweier Kontinentalplatten und liegt über dem Meeresspiegel. Kommt es zur Divergenz von Landmassen, spricht man von *Rift* oder *Grabenbruch*. Bekannt ist der Große Afrikanische

Grabenbruch, bei welchem sich die somalische Platte von der afrikanischen entfernt. Die dadurch entstandene Vertiefung ist etwa 300 Kilometer breit, und der bekannteste ehemalige Vulkan ist der Kilimandscharo.

Egal, ob die Platten sich voneinander entfernen oder sich nähern, fast immer ist das mit regem Vulkanismus verbunden, da bei diesen morphologischen Umformungen Risse in der Erdkruste auftauchen, die dazu führen, dass flüssiges Magma den Weg von innen nach außen findet. In diesem Licht wird der Name *pazifischer Feuergürtel* verständlich. Hier stoßen nicht nur mehrere Platten aufeinander, was die Ursache vieler Erdbeben ist. Es gibt auch Tausende von Vulkanen, die ein extremes Gefährdungspotenzial bergen.

Betrachten wir nun den Fall, dass sich zwei Platten nähern, um endlich zusammenzustoßen, dann muss man auch hier verschiedene Fälle unterscheiden. In Südamerika etwa schiebt sich die sogenannte Nazcaplatte unter den Kontinent. Das liegt daran, dass diese ozeanische Platte eine höhere Dichte hat. Dieses Phänomen heißt *Subduktion*. Das hat unterschiedliche Konsequenzen: Zum einen entsteht direkt an der Landmasse ein Tiefseegraben. Gleichzeitig wird aber auch ein Gebirge aufgeworfen, in diesem Fall die Anden. In diesem Szenario taucht also tatsächlich ein Kontinent ab, der, je tiefer er gelangt, durch höher werdende Temperaturen verflüssigt wird, um endlich Teil des subterranen Mahlstroms zu werden.

Es kommt jedoch auch vor, dass sich die Platten einfach stoßen, ohne dass sie sich so extrem wie in Südamerika untereinanderschieben. Auch in diesem Fall entstehen Gebirge, wie etwa der gewaltige Himalaya, der durch den Aufprall von indischer und eurasischer Platte entstanden ist und bis heute immer noch wächst.

Ebenfalls Ursachen von Beben sind Platten, die aneinander vorbeilaufen, um sich dann zu verhaken, extreme Spannung aufbauen, die sich dann in einem gewaltigen Ruck entladen kann. Bekannt ist in diesem Zusammenhang der San-Andreas-Graben in Kalifornien, wo die pazifische und die nordamerikanische Platte interagieren. Dasselbe Problem gibt es in der Türkei, die zu großen Teilen auf der kleinen anatolischen Platte liegt, die zwischen der afrikanischen, der eurasischen und der arabischen Platte eingeklemmt ist.

Um im nächsten Schritt zu verstehen, dass diese Dynamiken in ihren Konsequenzen weder berechenbar noch vorhersehbar sind, bietet es sich an, die Perspektive zu wechseln, wobei wir uns im Folgenden auf Analogien beschränken werden, da die Dynamik *interagierender Subsysteme* dermaßen komplex ist, dass sich eine umfassende analytische Beschreibung verbietet. Um sich einen Überblick zu verschaffen, empfiehlt sich ein kurzer Blick in ein Lehrbuch der mathematisch anspruchsvollen Kontinuumsmechanik, die allerdings ein gediegenes Wissen in Tensor-Algebra benötigt (Altenbach 2018).

In einem ersten Schritt muss man sich verdeutlichen, dass verschiedene feste Körper in unterschiedlicher Weise auf Belastungen reagieren. Man unterscheidet etwa Druck- oder Zugbelastungen, aber auch Verwringungen oder das Auftreten von Scherkräften. Mit beginnender Belastung verhält sich ein fester Körper *elastisch*. Das bedeutet, dass er, wenn man die Belastung stoppt, seine ursprüngliche Form wieder einnimmt. Man denke an einen Tennisball, den man eindrückt. Dieser wird wieder zum Ball, wenn der Druck aufhört. Wächst die Belastung aber weiter, verändert sich das Verhalten des Körpers. Er reagiert nicht mehr elastisch, sondern *plastisch*. Die Form, die er etwa unter Druck eingenommen hat, behält er bei. Das beste Beispiel ist der Klumpen Ton in der Hand des Töpfers. Nach der plastischen Phase kommt es zum Bruch, der Gegenstand zerspringt in seine Einzelteile, berstet oder splittert.

Wenn man nun normierte Körper, die aus möglichst homogenem Material bestehen sollen, unter Laborbedingungen vermisst, dann stellt man fest, dass eine stetig wachsende Kraftbelastung nicht zu einer sich stetig verändernden Gestalt führt. Im Gegenteil, die Beziehung von wachsender Belastung und Veränderung der Form ist *hochgradig nichtlinear*. Diese Messungen, die schon unter kontrollierten Laborbedingungen nicht trivial sind, verkomplizieren sich extrem, arbeitet man mit natürlichen Materialien, die *nicht genormt* sind. Das macht man sich am leichtesten an einem

Beispiel deutlich. Man nehme 100 Ziegelsteine, die genau die gleiche Form haben. Diese werden exakt an derselben Stelle mit identischer Kraft mit einem Hammer geschlagen, sodass sie zerbrechen. Werden die Bruchstücke vergleichbar sein? Keine zwei Steine werden in identische Bruchstücke zerbrechen. Jeder einzelne Stein ist mikroskopisch gesehen unterschiedlich. Es gibt materielle Inhomogenitäten, Hohlräume, feinste Risslinien et cetera. Das führt dazu, dass sich die identische Schlagkraft, punktgenau lokalisiert, auf verschiedenen Wegen in den verschiedenen Steinen ausbreitet. Schon eine Berechnung dieses übersichtlichen Szenarios ist unmöglich, da im Prinzip sämtliche Atome und ihre Lagebeziehungen bekannt sein müssten sowie die Summe aller Kräfte, mit denen diese aufeinander einwirken. Ein hoffnungsloses Unterfangen, da schon ein banaler Ziegelstein aus Myriaden von Atomen besteht. Und bei Lichte besehen ist die Situation noch wesentlich komplizierter. Zum einen reagieren Festkörper ganz allgemein unterschiedlich auf Druck, Zug, Scherkräfte und Verwringungen. Und sie sind natürlich auch untereinander verschieden: Man vergleiche nur die Eiche und den Bambus im Sturm oder eine Kristallvase beziehungsweise einen Kautschukball, die man mit dem Hammer bearbeitet.

Und das ist immer noch nicht alles: Bis hierhin haben wir die Temperatur außer Acht gelassen. Dass sich ein und derselbe Ausgangsstoff völlig unterschiedlich verhält, wenn er kalt oder heiß ist, weiß jeder, der schon einmal einem Glasbläser bei der Arbeit zugeschaut hat.

Jetzt weiten wir wieder den Blick und schauen uns die Erde in ihrer Gesamtheit an. Unser Globus ist ein wahrer Hexenkessel: in seinem Kern ein glutheißer Festkörper, befeuert durch den radioaktiven Zerfall von Elementen, deren exakte Zusammensetzung wir nicht kennen. Darüber ein magmatischer flüssiger Mantel, in welchem sich in Superzeitlupe das Unterste nach oben kehrt, um dann wieder zum Untersten zu werden. Endlich ein zähflüssiger Bereich, auf dem eine feste Kruste schwimmt, deren Bruchstücke, die Kontinentalschollen, sich stoßen, verhaken oder voneinander entfernen, wobei in allen Fällen glühendes Magma aus der Tiefe aufsteigt. Rufen wir uns den Ziegelstein in Erinnerung und bedenken, dass die Erdkruste aus *verschiedenen Gesteinen* besteht, die sich durchmengen – metamorphe und magmatische Gesteine sowie Sedimentgesteine – und die durch die permanenten Verschiebungen den mannigfaltigsten Belastungen ausgesetzt werden, wobei sich nicht nur Drücke verändern, sondern auch Temperaturen, dann wird einsichtig, dass das komplexe Kausalgefüge, das ein Erdbeben bestimmt, sich nicht in Formeln fassen lässt, die, um handhabbar zu sein, die Wirklichkeit in extremer Weise reduzieren müssten. Es ist weder ein umfassendes mathematisches Modell denkbar, in dem diese vermaschte Interdependenz abbildbar wäre, und noch weniger ließe sich ein Algorithmus vorstellen, mit dessen Hilfe sich ein dermaßen hypothetisches Modell auf einem Supercomputer lösen ließe. Ganz abgesehen von der Unmöglichkeit, Werte zu ermitteln, die mehrere Kilometer unter der Erdoberfläche gemessen werden müssten. Das bedeutet allerdings nicht, dass die Anwendung mathematischer Verfahren sinnlos wäre. In *Teilbereichen*, etwa bei der Ausbreitung seismischer Wellen, führen diese zu wichtigen Ergebnissen.

Wenn sich ein komplexes System nicht in einem kompakten Formelapparat reduzieren lässt, der es erlauben würde, bei gegebenen Anfangs- oder Randbedingungen das Szenario zumindest numerisch zu lösen, ist man im Allgemeinen versucht, sein Heil in der Statistik zu suchen. Eine Münze, die sich in der Luft dreht, dann auf einer Tischplatte aufkommt, sich dort elastisch verformt, wieder hochspringt, erneut aufschlägt, um dann endlich zur Ruhe zu kommen, ist rechnerisch ebenfalls nicht genau zu fassen. Dafür gibt es aber eine elaborierte Statistik mit Wahrscheinlichkeitsverteilungen, die ziemlich deutlich zeigen, was für Resultate *im Mittel* zu erwarten sind. Wenn die Münze nicht gefälscht ist, werden Kopf und Zahl nach ein paar Millionen Würfen mit recht großer Wahrscheinlichkeit gleich häufig auftauchen, auch wenn es prinzipiell nicht ausgeschlossen ist, eine Million Mal hintereinander Kopf zu werfen. Bloß liegt die Wahrscheinlichkeit für dieses spezielle Ereignis nahe bei null. Nun gibt es in der Statistik einen ganzen Zoo verschiedener Verteilungen: Binominalverteilungen, Poisonverteilungen, Potenzgesetze und so weiter. Und wenn man eine sorgfältige Datenanalyse betreibt und den Messwerten eine bestimmte Verteilung zuordnen kann, dann weiß man zwar, was zukünftige Entwicklungen angeht, nicht alles, aber zumindest etwas. Man ist nämlich in der Lage, Wahrscheinlichkeiten für das Eintreffen eines Ereignisses zu artikulieren und damit ein Risiko zu bestimmen. Das ist deutlich besser als ein Szenario, das weder analytisch noch statistisch beschreibbar ist. Was nun die statistische Fassbarkeit von Erdbeben angeht, streiten sich die Gelehrten bis zum heutigen Tag. Im Moment sieht es so aus, dass es noch nicht einmal gelingt, bestimmte Muster in den Datensätzen zu extrahieren, auf deren Grundlage wir in der Lage wären, quantifizierbare Wahrscheinlichkeiten abzuleiten, um so zumindest eine probabilistische Aussage über die Zukunft zu machen. Das ist eine ziemlich frustrierende Situation.

Um uns wenigstens ein anschauliches Bild von der zu beschreibenden Komplexität zu machen, werden wir die Welt mathematischer Modellierung kurz verlassen und uns einen Ausflug in die brasilianische Kochkunst erlauben.

Das brasilianische Nationalgericht ist ein herzhafter Bohneneintopf, die sogenannte *Feijoada*. Dieses ohnehin schwer verdauliche Gericht gibt es noch in einer ganz besonders deftigen Version, genannt *Feijoada completa*. Deren Zubereitung beginnt meistens damit, dass in aller Herrgottsfrühe jemand auf den Schlachthof fährt und Schlachtabfälle kauft, für die es sonst wenig Verwendung gäbe. Das können Schweinsohren und -schwänze sein, Haxen, Fettschwarten und verschiedenste Knochen, an denen noch Fleisch und Sehnen hängen.

Das alles wird zu Hause in einen voluminösen Topf geworfen und auf einem großen Herd mit viel Fett angebraten. Später kommt Wasser dazu, die unvermeidlichen dunklen Bohnen und die verschiedensten Gewürze. Es ist eigentlich kaum vorstellbar, wie sich ein solches Gericht in den Tropen hat entwickeln können. Sein Genuss hat eine lähmende Wirkung. Kaum hat man es verspeist, liegt es bleischwer im Magen. Man kann sich kaum noch bewegen und bekommt Hitzewallungen. Deshalb trinkt man ein kaltes Bier und ein großes Glas Schnaps, legt sich dampfend auf den kühlen Steinboden und versucht, so lange zu schlafen, bis das Gefühl zu bersten, endlich vorüber ist.

Stellen wir uns nun den großen Hexentopf vor, in dem sich die schweren Fleischstücke und Knochen unten auf dem Boden befinden, die Schweinsohren und Fettschwarten treiben, je nach Größe und Gewicht, regellos in der Flüssigkeit umher oder schwimmen an der Oberfläche auf, wo sich eine dicke Fettschicht gebildet hat. Dazwischen befinden sich die Bohnen in einer fast soßigen Konsistenz. Die Temperatur des Inhalts ist kurz vor dem Siedepunkt, und bevor das ganze Gebräu anfängt zu kochen, basteln Sie sich ein Papierschiffchen und setzen es auf die Oberfläche. Die Preisfrage lautet: Wo wird die erste Blase platzen, und wird sie das Schiffchen zum Kentern bringen? Es ist intuitiv nachvollziehbar, dass es keine denkbare mathematische Beschreibung dieses kulinarischen Infernos gibt.[8] Die Frage lässt sich nicht zuverlässig beantworten. Genauso verhält es sich mit der Prognostik von Erdbeben. Bis heute haben sich alle ernsthaften Versuche, das komplexe Geheimnis langfristig zu prognostizieren, als vergeblich herausgestellt.

Wir halten fest: Selbst wenn es durch ein Wunder gelänge, ein passendes mathematisches Modell zu erschaffen, würde man es nicht operationalisieren können, da die Zustandsgrößen, die man messen müsste, in unerreichbaren Tiefen lägen. Ganz abgesehen davon, wäre in keiner Weise gewährleistet, ob sich das Wundermodell exakt lösen ließe. Und auch der Plan B, die wissenschaftliche Tapetentür, die Statistik, hat bisher nicht zu belastbaren Aussagen geführt. Damit bleiben Erdbeben bis zum heutigen Tage das, was sie immer waren: lebensgefährliche Rätsel.

Die Wechselwendigkeit des Wetters

»Kräht der Hahn auf dem Mist, ändert sich das Wetter, oder es bleibt, wie es ist.«

Die Wechselwendigkeit des Wetters ist sprichwörtlich.

Und doch gibt es Hunderte von Bauernregeln, die wohlfeile Ratschläge geben, was zu tun ist, wenn bestimmte Wetterphänomene zu beobachten sind. Solche Bauernregeln geben unserem Bedürfnis Ausdruck, das Unberechenbare zumindest in Teilen prognostizierbar zu machen. Oft hält sich ihr Wert in Grenzen. Man denke an »Morgenrot am Neujahrstag Unwetter bringt und große Plag«.

In anderen kondensiert sich ein Wissen, das es zumindest mit einiger Wahrscheinlichkeit möglich macht, auf künftiges Wetter zu schließen. »Januar muss vor Kälte knacken, wenn die Ernte soll gut sacken« ist eine solche. Tatsächlich werden in 60 bis 70 Prozent der Fälle die Sommermonate Juli und August ansprechend warm, wenn der Januar kalt war. Auch die Siebenschläferregel ist nicht an den Haaren herbeigezogen. Noch besser als die Bauernregeln funktionieren allerdings die modernen Wettervorhersagen, die sich in den letzten Jahrzehnten stetig verbessert haben.

Damit scheint das Wetter, was Voraussagemöglichkeiten angeht, von einer gewissen Doppelgesichtigkeit zu sein. Da gibt es zum einem besagte Wettervorhersagen im Fernsehen oder auf dem Handy, einige funktionierende Bauernregeln, mittlerweile recht zuverlässige Orkan- und Tornadowarnungen, die, wählt man die Prognosezeiträume nicht zu lang, das Wetter im Rahmen des Möglichen vorhersehbar machen. Auf der anderen Seite existiert definitiv keine prognostische Sicherheit, und wie vor Tausenden von Jahren droht auch heute noch die Gefahr, überrascht zu werden. So trägt das Wetter den Zufall in das Leben. Das kann sogar weltgeschichtliche Konsequenzen haben. Zwei Beispiele:

Der Mongole Kublai Khan, ein Enkel des legendären Dschingis Khan, hatte einen unstillbaren Machthunger. Seinem militärischen, aber auch organisatorischen Geschick war es zu verdanken, dass sich das Mongolenreich in noch nicht einmal 100 Jahren in seiner Ausdehnung um das 20-Fache vergrößerte. Zu seinem riesigen Staatsgebiet gehörten China und Russland, der Iran, Tibet und die zentralasiatischen Steppenländer. Doch trotz dieser ungeheuren Machtfülle hatte es der mongolische Herrscher, der mittlerweile in Peking residierte, noch auf das kleine Japan abgesehen. Zuerst schickte er Emissäre, die den Inselbewohnern eine unmissverständliche Botschaft überbrachten: Sie sollten sich ergeben und ihr Land Khan überlassen. Andernfalls würde man sich holen, was man wollte, und dabei keine Rücksicht auf Besitz, Leib und Leben nehmen (Gerste 2015).

Obwohl die Mongolen wegen ihrer Grausamkeit gefürchtet wurden, lehnten die Japaner das Angebot ab. Das empfand Kublai Khan als Provokation.

Mithilfe der Koreaner baute er ein Flotte, die aus mehr als 1000 Schiffen bestand, und griff 1274 an. Zwei japanische Inseln wurden im Handstreich genommen. Die Bevölkerung zahlte den angedrohten Blutzoll. Doch bevor der Angriff auf eine der Hauptinseln mit Namen Kyūshū erfolgte und es zur Entscheidungsschlacht kam, wurde der Imperator mit einem Gegner konfrontiert, der größer war als er. Ein fürchterlicher Taifun zog auf, der einen Großteil der mongolischen Schiffe versenkte. Die verbleibende Flotte war so geschwächt, dass man sich zum Rückzug entschloss.

Diese Schmach ließ der erzürnte Herrscher nicht auf sich sitzen. 1281 wagte er einen weiteren Angriff mit einer noch größeren Streitmacht. Und diesmal schien den Mongolen das Schicksal gewogen zu sein. Das Wetter war gut. Wieder wurden die ersten Inseln eingenommen, doch dann tauchte über den Schiffen ein unscheinbares Wölkchen am strahlend blauen Himmel auf. Was mit einem Wölkchen begann, endete in einem entsetzlichen Sturm. 100 000 Mongolen ertranken, während sich die Japaner, mit solchen Widrigkeiten vertraut, besser zu schützen wussten. Kublai Kahn musste zum zweiten Mal die Segel streichen – im wahrsten Sinne des Wortes.

Diese beiden Stürme schienen den Japanern vom Himmel geschickt zu sein. Sie tauften sie *Kamikaze*, was göttlicher Wind bedeutet. Mit einigem historischen Abstand gesehen, scheint es nicht unwahrscheinlich, dass diese Geschichte durch Legendenbildung überformt ist. Doch die Auswertung von Proxydaten belegt, dass sie wahr ist. Der Geologe J. D. Woodruff von der University of Massachusetts in Amherst analysierte Sedimentbohrkerne aus einem See auf der Insel Kyūshū, der nicht weit von der Stelle der Küste entfernt ist, an welcher die Flotte ankerte. Sie rekonstruierten meteorologische Ereignisse in einem Zeitraum, der 250 vor Christus begann und im Jahr 1600 endete. Und tatsächlich fanden sie eindeutige Spuren, dass zwei gewaltige Taifune in der Zeit über die Insel zogen, als sich die mongolische Flotte zum Angriff formierte. Denn just in den fraglichen Zeiten fanden sie in dem Bohrkern *marine* Sedimente, die nur dadurch zu erklären sind, dass sie durch eine gewaltige Überflutung vom Meer in den See eingetragen worden waren (Woodruff u. a. 2015).

Wenig besser als den Mongolen erging es den stolzen Spaniern, die mit einer gewaltigen Flotte England angriffen, um das protestantisch abtrünnige Land mit Gewalt wieder zum Katholizismus zu zwingen. Doch der Angriff der legendären Armada war vom Unglück überschattet. Die Schiffe lagen noch in den spanischen Häfen, als mehrere vom Sturm zerstört oder schwer beschädigt wurden, sodass zum Beispiel einige ohne funktionierende Anker losfuhren. Trotz dieser Widrigkeiten tauchten Ende Juli 1588 immerhin 130 Schiffe an der Südküste Englands auf. Ein majestätischer und Furcht einflößender Anblick. Es kam zum Kampf der Systeme. Die imposanten Galeonen der Spanier, die viele Soldaten trugen, waren für das Entern ausgelegt. Die Engländer hatten kleinere Schiffe, die wendiger waren und zudem eine größere Feuerkraft besaßen. Dazu kam, dass die englische Flotte von Freibeutern wie Francis Drake geführt wurde, Schlitzohren, die mit allen Wassern gewaschen waren, während der Oberbefehlshaber der spanischen Flotte, Alonso Pérez de Guzmán, Herzog von Medina Sidonia, eher ein Administrator denn ein gewiefter Schlachtenlenker war. Es kam zuerst zu zwei Scharmützeln, die keiner Partei einen Vorteil brachten. Das änderte sich, als die Spanier vor Calais ihre Invasionstruppen an Bord nehmen wollten.

Die Engländer ließen bei für sie günstigem Wind mehrere brennende Schiffe auf die Armada zutreiben. Unter den Spaniern brach Panik aus. Einige Schiffe stießen zusammen und gingen unter. Jetzt griffen die Engländer mit ihren wendigen Schiffen an, immer auf Abstand bedacht, aber doch nah genug, um ihre Kanonen zum Einsatz zu bringen.

Entscheidend für die Schlacht war aber letztlich nicht diese Attacke, sondern ein plötzlich auffrischender Südwind, der die Spanier von der Kontinentalküste wegtrieb, wobei es ihnen nicht gelang, zurück gegen den Wind zu kreuzen.

Deshalb traf der Kommandeur der Armada eine fatale Entscheidung: Er wollte den Kampf erst wieder aufnehmen, wenn die Umstände günstiger waren. Er gab das Kommando, vor dem Wind hoch nach Norden zu segeln, um England zu umrunden. Die verzweifelte Warnung eines Offiziers, dass sie in stürmischer See geschlagene 4000 Kilometer zurücklegen müssten, um wieder in heimische Gefilde zu kommen, blieb ungehört. Davon unabhängig meinten es die Schicksalsmächte weiterhin nicht gut mit den Spaniern. Nachdem die Armada Nordschottland umsegelt hatte, wurde sie bis zu den Hebriden abgetrieben. Dort frischte erneut ein starker Südwind auf, der ein Fortkommen unmöglich machte. Die Vorräte auf den Schiffen gingen zu Ende, die Stimmung war katastrophal. Einige Schiffe hatten seit 14 Tagen kein Trinkwasser mehr. Doch damit nicht genug. Der Wind drehte auf West und wuchs sich erneut zum Sturm aus. Er drückte die Schiffe in schwerer See an die irische Küste. Sie liefen reihenweise auf Grund oder zerschellten an den scharfen Kliffs. Die Seeleute, die nicht direkt ertranken und es entkräftet an die Ufer schafften, wurden von den Einheimischen, die dort schon warteten, wie Hunde mit Stöcken erschlagen. Von der stolzen spanischen Armada kam gerade einmal die Hälfte der Schiffe wieder zurück nach Spanien. Über 5000 Soldaten starben in den Fluten des Atlantiks. Unter den Überlebenden war der zermürbte Kommandant Alonso Pérez de Guzmán, der, nachdem er in Santander an Land gegangen war, seinem König betrübte Zeilen schrieb:

»Die Schwierigkeiten und die Qualen, die wir erlitten haben, entziehen sich der Beschreibung. Sie waren größer als alles, was Schiffe jemals auf einer Reise ertragen mussten.«

Auch König Phillipp II. war verzweifelt und klagte: »Ich schickte meine Flotte gegen Männer aus, nicht gegen Wind und Wellen.«

Die Engländer sahen das naturgemäß anders. Dort prägte man eine Gedenkmünze, die folgende Inschrift trug: »Flavit Jehova et dissipate sunt« (»Gott blies und zerstreute sie«). Und nur wenige Jahre später sang Shakespeare in seinem *King Lear* eine Ode auf den Sturm. Dem Dichterfürsten, wie den meisten seiner Zeitgenossen, war nur zu bewusst, dass die Stürme für England eine schicksalshafte Macht gehabt hatten. Und ohne diese hätte die Weltgeschichte einen anderen Verlauf genommen.

Diese beiden historischen Beispiele sollen genügen, um zu belegen, dass die Unberechenbarkeit des Wetters unzählige Male Zünglein an der Waage spielte, ganz abgesehen von all den anderen Katastrophen, die es über die Menschen brachte, seien es Dürren, Überschwemmungen, lang anhaltende Fröste, Blizzards, Tornados, Orkane oder Taifune.

Weil Wetterextreme so oft Schicksal spielten und Regeln gehorchten, die die Menschen nicht zu deuten wussten, wurden sie nur zu oft als Ausdruck göttlichen Zorns interpretiert. Das hat sich geändert. Heute schauen wir hinter die Kulissen und verstehen weit besser, *warum* wir etwas nicht genau beschreiben können. Wir beginnen die Mechanik des Zufalls zu begreifen. Es wird immer klarer, weshalb sich das Wetter unseren prognostischen Bestrebungen entzieht, zumindest wenn man längere Vorhersagezeiträume in Betracht zieht.

In diesem Zusammenhang ist es bemerkenswert, dass sich die Dechiffrierung des Zufalls selbst einem Zufall verdankte.

Es war der Meteorologe Edward Lorenz, den Anfang der 60er-Jahre des letzten Jahrhunderts eine scheinbare Kleinigkeit zum Nachdenken anregte, die dann einen weltanschaulichen Umbruch einleitete. Auch die Dynamik des Wettergeschehens ist nämlich hochgradig irreduzibel und deshalb nach einer bestimmten Zeitdauer nicht mehr vorhersehbar. Um die Bedeutung der Lorenz'schen Resultate zu würdigen, muss man wissen, dass die Modellierung des Wetters nicht ganz so aussichtslos zu sein scheint wie die der Erdbeben. Die mathematischen Gesetze, mit denen sich das Wetter beschreiben lässt, sind weitgehend bekannt. Es handelt sich im Kern um die berühmt-berüchtigten Navier-Stokes-Gleichungen, die noch durch weitere Differenzialgleichungen ergänzt werden. Diese Gleichungssysteme sind verständlich und opak zugleich. Verständlich sind sie, weil sie die für wesentlich erachteten mathematischen Zustandsgrößen in nachvollziehbarer Weise miteinander in Beziehung setzen. Sie lassen sich in jüngerer Zeit auch mit einiger Genauigkeit messen. Zu diesen Größen gehören etwa die Temperatur, die Windgeschwindigkeit und die Luftfeuchtigkeit.

Opak ist dieser mathematische Formelapparat, weil es sehr anspruchsvoll ist, valide numerische Näherungslösungen zu finden. Es war gerade die Arbeit von Edward Lorenz, die ein Bewusstsein für diese Schwierigkeiten schuf. Lorenz wollte etwas über das erratische Verhalten des Wetters lernen. Besagte Navier-Stokes-Gleichungen sind aber ziemlich kompliziert. Um nun im ersten Schritt ein Gefühl für das Problem zu bekommen, machte er dasselbe wie vor ihm Henri Poincaré. Um die Gleichungen irgendwie handhabbar zu gestalten, arbeitete er mit einer radikalen Vereinfachung. Er orientierte sich zuerst an einem hydrodynamischen Modell, das der Wissenschaftler Barry Saltzman 1962 für die Modellierung sogenannter Bénard-Strömungen erstellt hatte. Diese Strömungen führen zu Konvektionszellen, über die wir bereits im Zusammenhang mit der tellurischen Konvektion gesprochen haben. Zur Erinnerung: Solche Zellen können entstehen, wenn sich eine Flüssigkeitsschicht zwischen einer unteren heißen und einer oberen kalten Platte befindet. Lorenz reduzierte das Modell auf ein übersichtlich erscheinendes System von drei gekoppelten Differenzialgleichungen, wobei die Details in unserem Zusammenhang nicht wesentlich sind. Entscheidend ist nur, dass zwei der Kopplungen *nichtlinear* sind.

Nun wollte Lorenz mit diesem Gleichungssystem auf seinem Computer experimentieren. Das bedeutet, dass er mit den Zustandsgrößen spielte und nach Belieben »an den Parametern drehte«. Um die Näherungslösungen zu erhalten, arbeitete Lorenz mit einem heute vorsintflutlich anmutenden Computer, einem Royal McBee, der aussah wie eine mechanische Schreibmaschine, die auf einer Tiefkühltruhe steht. Von den verschiedenen Lösungen, mit denen Lorenz experimentierte, hatte es ihm eine besonders angetan. Er beschloss, sich diese ein wenig genauer anzuschauen. Deshalb nahm er Zwischenergebnisse, die der Computer ausgedruckt hatte, und gab sie dem Computer als neue Anfangsdaten ein. Dann ging er mit Kollegen eine Tasse Kaffee trinken. Als er zurückkam, war er völlig verwirrt. In der Stunde, in der er weg war, hatte der Computer Vorhersagen für zwei Monate simuliert. Aber die erhaltene Lösung unterschied sich *völlig* von einer anderen, die augenscheinlich von denselben Daten ausgegangen war. Diese war aber ohne Unterbrechung, sozusagen in einem Rutsch, ausgerechnet worden. Zuerst hatte Lorenz seinen prähistorischen Rechner im Verdacht. Er prüfte ihn auf Herz und Nieren. Doch mit ihm schien alles in Ordnung zu sein. Das Problem musste woanders liegen. Endlich dämmerte ihm, dass der Computer in den beiden Fällen *nicht mit identischen Zahlen* gerechnet hatte. Intern rechnete er mit sechs Dezimalstellen Genauigkeit. Ausdrucken tat er aber nur drei. Das hatte zur Konsequenz, dass die Rechnung, bei der Lorenz die ausgedruckten Zwischenergebnisse eingegeben hatte, sich von der anderen etwa um ein Tausendstel unterschied. Dieser winzige Unterschied verdoppelte sich in der simulierten Zeit alle vier Tage. Damit vergrößerte sich der Fehler aber mit exponentieller Geschwindigkeit! Erinnern Sie sich noch an das Sinai-Billard?

So war zu erklären, dass für den prognostizierten Zeitraum von zwei Monaten die Lösungen komplett verschieden waren. Daraus zog Lorenz einen folgenschweren Schluss: Sollte sich das wirkliche Wetter, das in seinen realen Abhängigkeiten ungleich komplizierter ist als sein eingedampftes Modell, in vergleichbarer Weise wie seine Simulation verhalten, dann wäre es aus fundamentalen Gründen unmöglich, langfristige detaillierte Vorhersagen zu erstellen. Egal, wie klein zwangsweise auftauchende Ungenauigkeiten wären, nach einer bestimmten Zeit ließen sich keine verlässlichen Aussagen mehr über die künftige Dynamik des realen Systems machen. Diese Einsicht wurde in der Chaostheorie metaphorisch als *Schmetterlingseffekt* bezeichnet. In einer etwas technischer klingenden Terminologie spricht man von »empfindlicher Abhängigkeit von den Anfangsbedingungen«. Ist der betrachtete Zeitraum lang genug, können auch kleinste Einflüsse maßgeblich werden. Im Zusammenhang mit dem Sitnikov-Modell und dem Sinai-Billard haben wir das Phänomen schon erläutert, ohne es mit dem gängigen Terminus zu benennen. Das ist wissenschaftshistorisch und auch erkenntnistheoretisch eine Revolution. Irreduzible Systeme entziehen sich wie erwähnt einem fundamentalen Prinzip, das bei der Entwicklung der Naturwissenschaften so erfolgreich war wie kein zweites, der »dissectio naturae«. Das ist der Glaube, dass die Natur aus abgegrenzten Dingen bestehe, die sich unabhängig voneinander untersuchen ließen. Bei irreduziblen Systemen, die notwendigerweise nach einer bestimmten Zeit *kausalkompakt* werden, ist es nicht mehr möglich, sich den Gegenstand der Untersuchung als von der Umwelt isoliert gedacht vorzustellen.

Bevor wir uns nun im nächsten Schritt mit *künstlichen Komplexitätsfallen* beschäftigen, um dann zu hinterfragen, welche Gefahren drohen, wenn diese mit den natürlichen in Wechselwirkung treten, sollen die wesentlichen Aspekte natürlicher Komplexitätsfallen noch einmal zusammengefasst werden.

Wir begannen mit der Tatsache, dass jeder denkbare Beobachter zwangsläufig Teil eines übergeordneten Gesamtsystems ist. Deshalb sind seine Möglichkeiten, die Wirklichkeit vollumfänglich abzubilden, beschränkt. Diese Beschränktheit wird durch die Beobachtungsraumzeit (BRZ) genauer spezifiziert.

Werden *reduzible* Systeme untersucht, dann ist diese Beschränktheit in vielen Fällen nicht maßgeblich. Diese können zur Grundlage von Erfahrungen werden und sind im Prinzip prognostizierbar. Andere wiederum lassen sich *nicht reduzieren*. Sie heißen irreduzibel. Je nach betrachtetem System müssen mit wachsenden *Prognose-*

zeiträumen immer mehr Einflussgrößen beachtet werden. In diesem Zusammenhang gibt es einen prognostischen Kipppunkt T_{BRZ}. Werden die infrage stehenden Prognosezeiträume zu lang, ist die notwendige Genauigkeit vom Beobachter nicht mehr zu leisten. Die Daten können nicht mehr in der erforderlichen Genauigkeit erhoben und verarbeitet werden. Diese Beobachtungsunschärfen führen dazu, dass sich das Unwissen über die konkrete Entwicklung des fraglichen Systems mit der Zeit extrem schnell vergrößert. Deshalb erscheinen sie uns erratisch. Zu allem Überfluss gibt es nicht nur diesen prognostischen Kipppunkt. Es existiert theoretisch auch ein Moment, in dem das Gesamtsystem *kausalkompakt* wird. Dieser Kipppunkt wurde als T_{ALL} bezeichnet. Die Konsequenzen sind drastisch: Alles, was im Universum passiert, und sei es noch so unbedeutend, spielt nach diesem Zeitpunkt eine ursächliche Rolle.

Damit sind maßgebliche *theoretische Grenzlinien* umschrieben. Trotzdem gibt es Möglichkeiten der Prognose, solange diese Linien *nicht* überschritten werden oder man sich aber im Weltbereich der reduziblen Systeme bewegt. Das sind in der Summe die angesprochenen Inseln der Propheten. Doch gerade bei der mathematischen Modellierung irreduzibler Systeme, die im Rahmen des Möglichen für begrenzte Zeiträume zu wirklichkeitsgetreuen Simulationen führen, gibt es viele *praktische Probleme* zu lösen.

Richten wir unser Augenmerk erneut auf die Wahl der für maßgeblich gehaltenen Zustandsgrößen und deren vermutete Abhängigkeiten untereinander. Bislang sind wir in diesem Zusammenhang zwei *Extremen* begegnet: dem übersichtlichen Experiment der schiefen Ebene auf der einen Seite und dem unbeherrschbaren subterranen Tohuwabohu, das immer wieder die Erde beben lässt. Glutmassen im tiefen Inneren, ein titanischer magmatischer Fluss, der das Unterste nach oben hebt, um es wieder in der Tiefe verschwinden zu lassen. Überall knackt, knirscht, reißt und knallt es. Welches sind die Größen, die für die mathematische Modellierung unverzichtbar sind? Wie beeinflussen sie sich gegenseitig? Wie müssten sie gemessen werden? Und wo? Und mit welcher Genauigkeit? Das ist wohl eine Herkulesaufgabe, die unsere Fähigkeiten übersteigt.

Aber im Falle des Wetters oder eben auch des Klimas sieht die Situation hoffnungsvoller aus – zumindest vordergründig. Wie erwähnt kann man hier auf ein erprobtes mathematisches Instrumentarium zurückgreifen. Trotzdem bleiben viele Schwierigkeiten. Sich bewegende Luftmassen sind ja kein abgeschlossenes System. Sie stehen mit Wasseroberflächen oder den verschiedensten Landmassen in Kontakt, die wiederum unterschiedlichsten Bewuchs haben, Wärme in verschiedener Weise absorbieren und reflektieren, Feuchtigkeit festhalten oder abgeben, CO_2 binden oder emittieren. Zu allem Überfluss entstehen wie in einem irregewordenen Kaleidoskop die ganze Zeit Wolken variierender Form und Größe, *nach bisher unergründlichen Regeln*. Und diese beeinflussen das Wetter in einer Weise, die wir gleichfalls noch nicht wirklich begreifen. Was ist in diesem vertrackten Zusammenspiel in welcher Weise maßgeblich? Und wie ließen sich für maßgeblich gehaltene Größen quantifizieren? Mit welcher Genauigkeit müssten die Daten erhoben werden?

Wenn wir uns nun noch einmal in Erinnerung rufen, in welcher Weise theoretische Beispielsysteme wie das Sitnikov-Modell oder das Sinai-Billard funktionieren, dann wird verständlich, mit welchem tiefliegenden Problem wir konfrontiert sind. Diese Systeme reagieren auf allerkleinste Abweichungen! Deshalb kann es massive Auswirkungen haben, wenn man bei der Auswahl der für wichtig gehaltenen Zustandsgrößen eine oder mehrere vergisst. Die Einflüsse der Größen, die man fälschlicherweise nicht beachtet hat, können dazu führen, dass sich Realsystem und Modell völlig verschieden verhalten. Doch selbst wenn man mit viel Glück oder genialer Intuition den vollständigen Satz der maßgeblichen Zustandsgrößen gefunden hätte, ist trotzdem nicht sicher, dass das Modell den Erwartungen genügt. Zwangsläufig auftretende Messfehler vergrößern sich mit exponentieller Geschwindigkeit und schmälern dessen prognostische Kraft. Aber nicht nur de facto gemachte Messungen sind Fehlerquellen. Dasselbe gilt auch für die Berechnungen selbst. Bitte denken Sie noch einmal an die Entdeckung des *Computational*

Chaos von Edward Lorenz. Daten können nicht in beliebiger Genauigkeit gespeichert werden, Zwischenergebnisse muss man runden, die verwendeten Näherungsverfahren schmiegen sich den exakten Lösungen an, bleiben aber trotzdem um endliche Beträge von diesen entfernt. Diese Beschränkungen, die ihren Ursprung in der angesprochene BRZ haben, führen dazu, dass der prognostische Wert immer eingeschränkt bleibt. Trotzdem ist es das Ziel, in einem vernünftig gewählten Prognosezeitraum Vorhersagen machen zu können, die mit wachsender Messgenauigkeit und größer Rechenleistung immer besser werden. Diese Zeitspannen sind für das Planetensystem – gemessen an menschlichen Maßstäben – riesig, beim Wetter liegt die Grenze bei wenigen Tagen, beim molekularen Chaos im Bereich einer Milliardstel Sekunde.

Sind dann verschiedene hypothetische Modelle erst mal erschaffen, kommen weitere Schwierigkeiten hinzu: Es ist nämlich gar nicht so leicht, die Spreu vom Weizen zu trennen. Das kann man sich mithilfe der verschiedenen Modelle verdeutlichen, die heute von Forschergruppen verwendet werden, um das Klima zu simulieren. Wie lässt sich deren prognostischer Wert ermitteln? Das ist eine knifflige Frage.

Im Labor lassen sich die Experimentalbedingungen in mehr oder weniger identischer Weise präparieren, sodass man Experimente *wiederholen* kann. Außerdem ist es möglich zu prüfen, wie Zustandsgrößen reagieren, wenn man eine herausnimmt und diese kontrolliert verändert. Es ist ein Leichtes, die Neigung der schiefen Ebene zu variieren, um zu schauen, wie die Laufzeiten reagieren. Und wenn auch diese veränderte Dynamik vom Modell erfasst wird, spricht das für dessen Angemessenheit. Um das Modell weiter abzusichern, kann man diesen Prozess auch herumdrehen. Zuerst rechnet man die potenzielle Dynamik mit bestimmten Werten aus, *dann* baut man die Apparatur entsprechend um und schaut, ob die wirklichen Messergebnisse den theoretischen Werten entsprechen.

So eine Idealsituation, in der sich Modelle leicht *validieren* lassen, unterscheidet sich *völlig* von der der Klimatologen. Hier gilt das heraklitsche Diktum: »Man steigt nie zweimal in denselben Fluss.«

Das Klima ist in steter Veränderung und lässt sich nicht präparieren.
Deshalb gibt es, um den Wert der Modelle zu ergründen, eigentlich nur zwei Möglichkeiten: Man kann, von gegenwärtigen Messgrößen ausgehend, rückwärts rechnen, um bekannte historische Messwertverteilungen zu reproduzieren – sofern sie vorhanden sind. Oder man macht eine Prognose und schaut, ob sie eintrifft. Das klingt schlüssig.

Leider sind Teilerfolge in diesem Zusammenhang kein Garant für zukünftiges Funktionieren! Modelle, die sich eine Weile bewährt haben, können bei weiter in der Zukunft liegenden Vorhersagen auch wieder versagen. Diese Unsicherheit liegt in der Natur der Sache.

Wenn man aber nicht sicher sein kann, welche Simulation am besten arbeiten wird, wie trennt man dann die guten von den weniger guten?

Es mag erstaunlich klingen: Die Optimierung der Modelle ist selbst kein Verfahren, das sich algorithmisieren ließe, sodass als Ergebnis zwangsläufig das potenteste Modell ausgewählt wird! Im Gegenteil: Die Vorgehensweise erinnert, ohne dass das despektierlich gemeint ist, an traditionelles *Rezeptewissen*. Das ist eine im Kern vorwissenschaftliche Erkenntnisstrategie. Früher wurden Kranken Rezepturen verabreicht, ohne dass deren Wirkmechanismus verstanden war. Durch *Versuch und Irrtum* versuchte man dann, die wirkungsvollsten Heilmittel zu selektieren.

In ähnlicher Weise macht man es heute mit den verschiedenen Simulationen. Man lässt die Modelle parallel laufen, wobei deren Vorhersagen mit der tatsächlichen Dynamik verglichen werden. Dann bemüht man sich, die besseren zu selektieren. Oder man wagt gleich einen neuen Anlauf und probiert, noch umfassendere Modelle zu kreieren. Doch das garantiert nicht den Erfolg. So wird in jüngerer Zeit das Phänomen diskutiert, dass ausgerechnet »verbesserte« und komplexere neue Modelle, die zudem mit genaueren Zahlen arbeiten, mitunter stärker schwankende Resultate liefern als einfachere, die man schon vor einem Jahrzehnt verwendet hat (Zalenka u. a. 2020). In vergleichbarer Weise verhält es sich auch mit den Versuchen, schon bestehende Programme zu verbessern oder auch nur zu »reparieren«. Solche Versuche sind risikobehaftet. Jeder Eingriff in die Software kann unvorhergesehene Folgen haben, die das Programm verschlechtern oder es im schlimmsten Fall unbrauchbar machen. Wie ist dieses Phänomen zu erklären? Es ist aus prinzipiellen Gründen unmöglich, mit Sicherheit zu gewährleisten, dass das, was die Programmierer ursprünglich geplant hatten, von diesen Programmen auch umgesetzt wird. Damit wären wir in den Tiefen der Programmverifikation (Hoffmann 2011). Stichworte wären in diesem Zusammenhang das *Turing'sche Halteproblem* oder der *Satz von Rice*. Für Interessierte habe ich einen *Exkurs* am Ende des Buchs geschrieben. In diesem wird umrissen, was ein Algorithmus ist und warum es bei komplizierten Algorithmen aus theoretischen Gründen unmöglich ist sicherzustellen, dass sie immer das tun, was wir von ihnen erwarten.

Aufwendige Simulationen irreduzibler Modelle liefern also keine in Stein gemeißelten Wahrheiten. Es besteht immer die Möglichkeit, dass sich die Wirklichkeit anders entwickelt als die Simulation. In solchen Fällen wird diese ihrem Namen nicht mehr gerecht. Das Wort »Simulation« leitet sich von dem lateinischen Verb »simulare« ab, das »ähnlich machen« bedeutet.

Vor diesem Hintergrund sind Prognosen, die behaupten, angeben zu können, wie das Klima in 100 Jahren in Hamburg sein wird, von ihrem Anspruch her zu ambitioniert.

Trotzdem sind Klimamodelle wichtige Erkenntnismittel, da sie helfen, das Bedingungsgefüge des Klimas besser zu verstehen. Schließlich ist es möglich, sogenannte Szenarioanalysen vorzunehmen (Romeike/Spitzner 2013). Was bedeutet das?

Wir erinnern uns wieder an Galileis Versuch. Nachdem es ihm gelungen war, aus den erhaltenen Messwertverteilungen ein mathematisches Modell zu extrahieren, konnte er mit diesem selbst experimentieren. Zustandsgrößen und Parameter lassen sich wie erwähnt variieren. Die schiefe Ebene lässt sich so *in Gedanken* vergrößern und verkleinern und in unterschiedlichsten Winkeln positionieren. Aber Vorsicht! Der *Geltungsbereich des Modells* muss immer beachtet werden! Wird das Modell etwa in beliebig kleinen oder großen Dimensionen zur Anwendung gebracht, liefert es falsche Ergebnisse. Wird es extrem geschrumpft, gelten irgendwann die Gesetze der Quantenmechanik. Wird es riesenhaft aufgeblasen, gibt es Probleme mit der Schwerkraft. Und schon in mittleren Dimensionen kann es kritisch werden. Erinnern Sie sich noch an die Vorstellung, eine Kugel von fünf Metern Durchmesser vom Gipfel der Zugspitze in den ein paar Kilometer entfernten Eibsee rollen lassen? Würde man hier naiv Galileis einfaches Gesetz für die schiefe Ebene zur Anwendung bringen und Trägheitsmomente, Roll- und Luftwiderstände nicht berücksichtigen, wären die Simulationsergebnisse unbrauchbar.

Aber wie ermittelt man den Geltungsbereich eines mathematischen Modells? Indem man reale Messwerte mit den Modellwerten in Beziehung setzt!

An dieser Stelle beißt sich die Katze leider in den Schwanz. Man kann natürlich die unterschiedlichsten Szenarien durchspielen, aber glaubhaft sind die Ergebnisse nur, wenn es zumindest hinreichend wahrscheinlich ist, dass die verwendeten Modelle mit der Wirklichkeit etwas zu tun haben. Dafür muss man sie aber mit der Wirklichkeit abgleichen. So ist es auch mit den Klimamodellen. Natürlich lassen sich mit diesen Szenarioanalysen machen, indem Zustandsgrößen und Parameter systematisch variiert werden. Nur löst sich auf diese Weise nicht das grundlegende Problem. Wenn unklar ist, ob das infrage stehende Modell die Wirklichkeit in den maßgeblichen Aspekten angemessen beschreibt, dann überträgt sich diese Unsicherheit zwangsläufig auf die Güte der Szenarioanalyse. So bleibt nur eine nicht genau zu beziffernde Wahrscheinlichkeit, dass das Modell wesentliche Teile des Klimas richtig beschreibt.

Auch wenn wir hier den Standpunkt vertreten, dass die Klimaerwärmung real ist und zumindest dieses Phänomen von einem Großteil der Modelle angemessen beschrieben wird, dürfen wir im Kontext des Gesagten nicht der Illusion erliegen, tatsächlich genau zu wissen, was in der näheren Zukunft passieren wird. Wir müssen auf Überraschungen gefasst bleiben!

Das Klima lässt sich selbst mit den potentesten Simulationen nicht im Detail vorhersagen. Wir können von der Arbeitshypothese ausgehen, dass sich das Klima weiter erwärmt. Wir müssen aber auch darauf vorbereitet sein, dass es anders kommen könnte. Die Analyse verschiedenster Bohrkerne hat gezeigt, dass auch lange vor der Zeit, in der der Mensch das Klima beeinflusst hat, radikale Temperaturwechsel stattgefunden haben (Alley 2002). Es ist deshalb nicht ausgeschlossen, dass das auch in Zukunft wieder geschehen wird. Und man darf davon ausgehen, dass es auch verheerende Vulkanausbrüche geben wird. Diese werden ebenfalls einen Einfluss auf das Klima haben. Es wird also Hitzewellen geben, genauso wie lang anhaltende Fröste. Die Welt wird weiter unter Dürren leiden, Überschwemmungen werden das Land verwüsten, und mit den Klimaextremen werden Heuschreckenplagen und Seuchen einhergehen.

Allgemein gesprochen: Das einschüchternde Waffenarsenal eines unberechenbaren Schicksals existiert heute genauso wie vor 100 000 Jahren. Bisweilen gelingt es uns, den Vorhang zu heben und einen Blick in die Maschinerie des Komplexen zu werfen, doch die Aussagekraft langfristiger Prognosen ist beschränkt. In der Auseinandersetzung mit natürlichen Komplexitätsfallen ist deshalb Vorsorge ein probateres Mittel als Voraussagbarkeit.

Im Folgenden widmen wir uns nun den menschengemachten Komplexitätsfallen. Diese sind von ganz anderer Webart als die natürlichen. Während uns Erdbeben, Unwetter, Vulkanausbrüche *widerfahren* und uns nur die Möglichkeit bleibt, uns vorzubereiten, um im Katastrophenfall intelligent zu reagieren und auf diese Weise den Schaden so klein wie möglich zu halten, knüpfen wir die Netze der künstlichen Komplexitätsfallen selbst. Tatsächlich haben wir uns auf diese Weise eine Wirklichkeit geschaffen, die mittlerweile dermaßen kompliziert ist, dass es schon ehrgeizig ist, diese nur zu analysieren. Die künstlichen Komplexitätsfallen sind nämlich im Prinzip schwieriger zu verstehen als die natürlichen. Letzteren liegen etablierte Gesetze der Chaos- und Komplexitätstheorie zugrunde. Genau deshalb lässt sich nachvollziehen, warum Vorhersagen unter bestimmten Umständen möglich oder eben auch *nicht* möglich sind. Dieses Wissen über das Nicht-Wissen gibt es bei den künstlichen Komplexitätsfallen selten. Nur zu oft sind sie das Ergebnis verworrener und diffuser Einflüsse, die sich nicht in Zahlenwerten ausdrücken lassen. Damit verschließen sie sich zumindest traditioneller wissenschaftlicher Beschreibung. Das Fantasieprojekt der *sozialen Physik* wird so zu Makulatur. Stattdessen gilt das Newtonsche Diktum. Im Phänomenbereich der künstlichen Komplexitätsfallen vernetzen sich die schwer fassbaren Abgründe der menschlichen Psyche mit komplexen modernen Technologien. Da sich der Gesamtzusammenhang in kein mathematisches Formelkorsett zwängen lässt, bleibt einzig und allein die Möglichkeit, das verknotete Wechselwirkungsgeflecht zu entwirren, um es zumindest auf einer qualitativen Ebene intellektuell zugänglicher zu machen.

Nach meiner Überzeugung müssen in diesem Zusammenhang vor allem die globale Kommunikationsarchitektur und die weltumspannenden Märkte unter die Lupe genommen werden, da sich hier in kurzer Zeit ein dramatischer Wandel vollzogen hat.

Gleichzeitig darf in dieser Analyse die menschliche Psyche in ihrer ganzen Unberechenbarkeit nicht vernachlässigt werden, da sie durch die umfassende Vernetzung eine andere Wirkungsmacht hat als früher.

Um nun charakteristische Aspekte unserer Zeit herauszuschälen, bietet es sich zuerst an, die Gegenwart mit der Vergangenheit zu kontrastieren. So lässt sich nachvollziehen, wie sich anfänglich unabhängige Entwicklungen peu à peu zu einem großen Ganzen zusammengesetzt haben, das heute in einer mit dem Verstand kaum mehr zu fassenden Komplexität kulminiert.

Von der Geburt des Simulacrons

Wie die digitale Zwillingswelt entstand

Warum ist es für Menschen so wichtig, sich auszutauschen, egal, ob es sich um Güter oder Informationen handelt? Um dieser Frage nachzugehen, starten wir erneut mit einem Gedankenexperiment.

Stellen Sie sich einmal einen Pinguin und einen Papagei vor. Der eine vermag in der Eiswüste zu überleben, der andere in der brütenden Hitze des tropischen Dschungels. Fangen Sie den Pinguin und bringen ihn in den Urwald, um ihn dort in die Freiheit zu entlassen. Er wird in kürzester Zeit verenden. Genauso erginge es dem Papagei, wenn man ihn in der Antarktis auf einer Eisscholle aussetzen würde.

Da es in der Antarktis keine menschlichen Ureinwohner gibt, vergleichen wir im nächsten Schritt einen Inuit aus der Arktis mit einem Indio aus dem tropischen Regenwald. Wir wiederholen das grausam anmutende Experiment und erhalten ein vergleichbares Resultat. Weder ist der Inuit in der Lage, im Regenwald zu überleben, noch weiß sich der Indio in einer Eislandschaft zu helfen.

Was aber passiert, wenn man ein *Inuit-Baby* einer Indiofamilie oder einen *Indio-Säugling* einer Familie der Inuit anvertrauen würde? Beide würden mit großer Wahrscheinlichkeit überleben. Der kleine Indio würde in Felle gehüllt und mit Robbenfleisch ernährt. Mit wachsendem Alter würde er von seiner Familie und anderen Mitgliedern der Gemeinschaft alles lernen, was man wissen muss, um in diesem feindlichen Lebensraum zu überleben. Bald wäre er in der Lage, ein Iglu zu errichten, mit den verschiedensten Jagdwaffen Tiere zu erlegen, ein Kanu aus Robbenhäuten zu bauen und Tran zu benutzen, um Feuer zu machen. Und statt wie im Urwald 50 verschiedene Grüntöne auseinanderhalten zu können, könnte er 50 unterschiedliche Arten von Schnee erkennen. Vergleichbar erginge es dem Inuit im Urwald, der giftige Pflanzen von ungiftigen zu unterscheiden wüsste, mit dem Blasrohr Affen aus den Baumkronen schösse, wobei er Pfeile verwendete, die er vorher mit dem tödlichen Curare bestrichen hätte, das nach alter Väter Sitte gebraut worden wäre, wobei man ihm das streng gehütete Geheimnis der Herstellung mitgeteilt hätte.

Dieses etwas makaber klingende Gedankenexperiment soll einen wichtigen Punkt verdeutlichen: Menschen sind von ihrer *Biologie her* nur in eingeschränktem Maße an die Besonderheiten ihres Lebensraums angepasst. Es gibt keine speziellen Inuit- oder Indio-Gene, die sicherstellen, dass sie in ihren extremen Habitaten überleben. Die hochgradig anpassungsfähigen Systeme sind *menschliche Gesellschaften.*

Diese bilden Überlebensgemeinschaften. Sie haben Wissen und Methoden entwickelt, sich in ihren Lebensräumen zurechtzufinden. Zu solchen Anpassungsleistungen gehört zu wissen, was ess- und trinkbar ist, verbunden mit der Fertigkeit, Nahrung zu sammeln, anzubauen oder zu erjagen. Natürlich ist das Wissen um die Zubereitung wichtig, genauso wie Kenntnisse, Essbares haltbar zu machen, um über den Augenblick hinaus zu existieren. Weiterhin muss man in der Lage sein, Behausungen zu bauen, um der Unberechenbarkeit des Wetters nicht hilflos ausgeliefert zu sein.

Die Summe dieser *essenziellen Fertigkeiten* habe ich an anderer Stelle als *Kultom* bezeichnet, um es vom Genom abzugrenzen. Das Kultom ist ein Unterraum der Kultur. Das Kultom ist ein Überlebenscode!

In unserem Zusammenhang ist entscheidend, wie dieser Überlebenscode vermittelt wird. Hier gibt es zwei maßgebliche Kommunikationspfade, das sogenannte *Imitationslernen* und die *menschliche Sprache.* Beim Imitationslernen macht ein Könner einem Lernenden etwas vor. Dieser bemüht sich, es so lange nachzumachen, bis er es auch beherrscht. Gesprochene Sprache kann man verwenden, um Sachverhalte zu erklären. Wenn Kinder nach einer längeren

Phase des Lernens diese kommunikativen Fertigkeiten beherrschen, besitzen sie die kognitiven Werkzeuge, um sich die Welt des Wissens zu erschließen. Die Welt des Wissens besteht aus Erfahrungen, die *andere Mitglieder der Gemeinschaft* schon gemacht haben und mit den Lernenden teilen. Das ist ein ungeheurer Vorteil! Dazu passt ein Bonmot, das Otto von Bismarck zugeschrieben wird:

> »Nur ein Idiot glaubt, aus eigenen Erfahrungen zu lernen. Ich ziehe es vor, aus den Erfahrungen anderer zu lernen, um von vorneherein eigene Fehler zu vermeiden.«

Da die kognitiven Werkzeuge, die Menschen benötigen, um sich die Welt des Wissens zu erschließen, höchst anspruchsvoll sind, wird erklärlich, warum die Entwicklung menschlicher Kinder so lange dauert. Allein deren Ausbildung braucht mindestens vier bis fünf Jahre. Wenn dann die kognitiven Strukturen ausgereift sind, sind mindestens noch einmal zehn Jahre notwendig, bis die Heranwachsenden ihren spezifischen Überlebenscode gelernt haben. Vor diesem Hintergrund kann man verstehen, weshalb Kommunikation für die Menschen so zentral ist. Zum Homo sapiens wird der Mensch nur, da er eigentlich ein *Homo comunicans ist.*

Wie sehr sich der menschliche Wissenserwerb von dem anderer Säugetiere unterscheidet, wird deutlich, wenn man im Vergleich etwa eine Katze betrachtet.

Angenommen, das Tier wohnt mit zwei Männern in einer Wohngemeinschaft. Ihr Besitzer umsorgt sie liebevoll und füttert sie täglich. Der andere kann Katzen eigentlich nicht ausstehen. Er verpasst ihr gerne einen Tritt, wenn der Besitzer gerade nicht hinschaut. Geht die Katze nun auf die Straße und trifft eine andere, mit der sie immer mal wieder um die Häuser zieht, dann kann sie diese nicht warnen, wenn plötzlich der Katzenfeind auftaucht. Es bleibt ihr höchstens die Flucht, der sich das andere Tier vielleicht anschließt, aber es gibt keine Möglichkeit, der anderen ihre schlechten Erfahrungen zu schildern. Diese bleiben in ihr verschlossen. Bildlich gesprochen sieht die Katze die Welt einzig mit ihren eigenen Augen.

Das ist schon bei Schimpansen anders, die zumindest in der Lage sind, mit bestimmten Lauten Emotionen zu wecken, die von anderen Tieren mit einer bestimmten Situation assoziiert werden. So können erfahrene Tiere mit ihrem Gezeter vor einer giftigen Schlange warnen, die durchs Gras kriecht. Die Jungtiere assoziieren das Bild der Giftschlange mit der durch den Warnruf hervorgerufenen Emotion und wissen in Zukunft, dass sie von solchen Tieren besser die Finger lassen. Damit erwerben sie ein Wissen, das in der Affenhorde tradiert wird und ihnen eine schmerzliche, mitunter tödliche Erfahrung erspart.

Bei uns Menschen wird dieses Prinzip auf die Spitze getrieben, da sich *der durch Kommunikation verfügbare Erfahrungsraum* auch im Vergleich zu den cleveren Schimpansen extrem weitet. Nehmen wir noch einmal eine ursprüngliche Stammesgesellschaft in den Blick, sieht jedes Mitglied die Welt nicht nur auf der Grundlage der Erfahrungen der *lebenden* Mitglieder, die ihm kommuniziert werden können. Auch die Erfahrungen der Ahnen bleiben lebendig, solange sie in Geschichten weitergegeben werden. Das Gleiche gilt für tradierte Techniken, etwa die Kunst, einen Bogen zu bauen, ein Pfeilgift zu brauen oder die Hirse zu mahlen. Denkt man im nächsten Schritt an Geschichtenerzähler, die von Dorf zu Dorf oder Weiler zu Weiler ziehen, vergrößern diese den Erfahrungsraum noch mehr, da sie das Wissen verschiedener Gemeinschaft miteinander in Verbindung bringen.

Bei der Betrachtung des für den Menschen so zentralen Austauschs von Wissen, Fertigkeiten und Waren werden wir im Folgenden bevorzugt zwei Aspekte in den Blick nehmen: Uns interessieren die Geschwindigkeit und der Umfang, mit denen sich Güter und Wissen verbreiten. Und in diesem Licht wollen wir eine Entwicklung skizzieren, die mit einer heute nicht mehr vorstellbaren Langsamkeit begonnen hat und in der Gegenwart eine explosive Dynamik zeigt, der die Menschen eigentlich nicht mehr gewachsen ist.

Es ist bemerkenswert, dass sich eigentlich in der gesamten Menschheitsgeschichte Wissen und Waren im Schneckentempo bewegten. Die Schrittgeschwindigkeit war die längste Zeit das Maß der Dinge. Außerdem war die weitergegebene Informationsmenge überschaubar, da sie durch das Wissen der oralen Erzähler limitiert war. Das Gleiche galt für den Warentausch. Auch Güter bewegten sich mit Schrittgeschwindigkeit, und die Mengen gingen nicht über das hinaus, was Menschen tragen konnten. So war das Gehen für fast *zwei Millionen* Jahre unverrückbarer Maßstab, wobei sich in einer heute nicht mehr vorstellbaren Weise Zeit und Raum durchdrangen. Die Zeit, eine Strecke zu durchwandern, war gleichbedeutend mit der Länge der Strecke. Das schimmert heute noch durch, wenn man sagt, dass ein Dorf drei Tagesmärsche entfernt liege.

Einen ersten zaghaften Sprung gab es mit der neolithischen Revolution. Ursprüngliche Sammler- und Jägergesellschaften wurden sesshaft und begannen nicht nur Ackerbau zu betreiben, sondern auch Tiere zu halten. Zuerst Schafe und Ziegen, später Rinder und Pferde. Gerade Ochsen und Pferde konnten als Lasttiere verwendet werden. Pferde zudem als Reittiere. Zwar ließen sich nun auf dem Rücken der Tiere größere Mengen an Gütern transportieren, aber zügiger wurde der Transport höchstens auf kurzen Strecken. Obwohl Pferde eine Weile schneller laufen können als Menschen, sind sie diesen, was das Bewältigen langer und anstrengender Strecken angeht, unterlegen. Sie benötigen viel Nahrung, und sie brauchen eine Menge Zeit, um diese zu sich zu nehmen. Zu allem Überfluss verdauen sie sie auch nicht besonders effizient. Deshalb galt, was große Entfernungen angeht, die alte militärische Weisheit: »Infanterie schlägt Kavallerie.« Tatsächlich ist der Mensch wie kaum ein anderes Tier für das Laufen geschaffen, auch wenn das heute nicht mehr offensichtlich ist. Wir leben schließlich in einer Zeit, in der erstmals mehr Menschen an Übergewicht als an Unterernährung sterben. Trotzdem ist der Mensch zusammen mit dem Wolf das Säugetier, das am ausdauerndsten rennen kann. Deshalb war die Ermüdungsjagd eine erfolgreiche Strategie. Bei dieser heftete man sich einem in panischem Schrecken fliehenden Tier so lange an die Fersen, bis es geschwächt zusammenbrach, um es dann zu erlegen. Noch heute bringen Kalahari-Buschmänner auf diese Weise Giraffen zur Strecke. Sollten die Jäger auf der Hatz das Tier aus dem Blickfeld verlieren, verfolgen sie die Spuren, bis sie es wiederentdecken.

Die Jäger profitieren bei der Ermüdungsjagd gerade in heißen Gegenden davon, dass sie in der Lage sind zu schwitzen. Es ist deutlich wirkungsvoller, den Körper über Verdunstungskälte zu kühlen und auf diese Weise die Temperatur zu regulieren, als hektisch zu hecheln, wie es die anderen Säugetiere tun.

Nachdem dann das Rad vor etwa 5000 bis 6000 Jahren erfunden wurde, ließen sich noch mehr Waren transportieren, da Karren von kräftigen Zugtieren gezogen werden konnten. Allerdings mussten dazu befahrbare Transportwege gebaut werden, wobei es topografische Barrieren wie zerklüftete Gebirge gab, die sich nach wie vor nur zu Fuß überqueren ließen. Davon zeugt die berühmte Gletschermumie »Ötzi«. Dieser Mann war für seine Weitwanderung gut ausgerüstet. Er trug ein wertvolles Kupferbeil bei sich, ein Messer mit Feuersteinklinge, ein Netz, um Hasen und Vögel zu jagen, sowie einen noch nicht fertiggestellten Eibenbogen, der in Blut getaucht war. Gerade für Feuerstein, Zinn und Kupfer ist in der Bronzezeit ein intensiver Handel bezeugt. Das Handelsnetz zog sich vom hohen Norden bis hinunter in die Ägäis, wobei sich zur Fußläufigkeit und dem Gebrauch von Zug- und Reittieren endlich noch eine weitere Transportform gesellte, die es schließlich erlaubte, unvergleichlich größere Mengen zu transportieren: die Schifffahrt.

In dem enzyklopädischen Buch *Das Mittelmeer* des britischen Historikers David Abulafia wird nachvollziehbar, wie – zuerst von der Levante ausgehend – die Küsten des Mittelmeers zu einem für damalige Verhältnisse gigantischen Handelsraum zusammengespannt wurden. Handel treibende Völker wie die Phönizier, die Griechen und Etrusker traten miteinander in Wettstreit und brachten mit ihren Schiffen nicht nur die verschiedensten Küstenregionen in Kontakt, sondern auch all die anderen Länder, die durch traditionelle Handelsrouten wie Karawanenstraßen mit diesen

Regionen verbunden waren (Abulafia 2013). Dieses weitverzweigte und auch schon für damalige Verhältnisse komplexe Netz, das zum Austausch von Waren und Informationen diente, führte bemerkenswerterweise auch das erste Mal zur Kopplung komplexer Systeme natürlichen und künstlichen Ursprungs.

Im Zuge der neolithischen Revolution kam es nicht nur zu einer weiter verzweigten Handelstätigkeit. Dank der erwirtschafteten Produktionsüberschüsse einer damals noch rudimentär entwickelten Landwirtschaft bildeten sich auch die ersten Städte. Dort ballten sich nicht nur viele Menschen auf engem Raum. Überall waren Tierstimmen zu hören, da in deren Häusern auch Kühe, Schafe, Ziegen und Hühner gehalten wurden. Auf diese Weise entstand eine explosive Gemengelage. Man muss sich nämlich alle Organismen, egal, ob es sich um Menschen, Kühe, Pferde, Schafe, Ziegen Hühner, Mäuse oder Ratten handelt, als eigene Lebensräume für Myriaden von Mikroorganismen und Viren vorstellen. Im Allgemeinen sind diese an ihre Wirte angepasst. Doch einige vertragen sich auch mit anderen Trägern. So lebt das Pestbakterium *Yersinia pestis* eigentlich in Ratten, kann aber über Ektoparasiten, also blutsaugende Insekten wie Flöhe und Läuse, auch auf Menschen übertragen werden, die schwer erkranken oder eben auch sterben.

Aber das ist nicht alles. Bakterien und Viren, die ursprünglich *nicht* in der Lage waren, Menschen zu infizieren, können mitunter mutieren.

Jeder Wirtsorganismus ist schließlich ein Brutkasten, ein gigantisches Experimentallabor der Wahrscheinlichkeitstheorie, in welchem das Erbgut permanent umgebaut wird. Diese Mutationen lassen sich nicht vorhersehen und verdanken sich teilweise sogar dem quantenmechanischen Zufall. Die meisten zufallsbedingten genetischen Veränderungen führen allerdings zu nicht lebensfähigen Organismen. Doch es gibt Ausnahmen. Und mit einem Mal können durch Kontakt auch Arten befallen werden, die vorher nicht angesteckt werden konnten.

Solange es einen gebührenden Abstand zwischen Tieren und Menschen gab, aber auch zwischen den Menschen selbst, waren Infektionen lokale Ereignisse.

Doch mit der Entwicklung der Landwirtschaft, der Domestizierung von Tieren, dem Bau der Städte und einem dicht gewobenen Netz von Wegen, Straßen und Schifffahrtsrouten begannen Natur und Kultur sich zu verschränken. Das gekoppelte System fing an, kritisch zu werden. Das dichte Nebeneinander von Tieren und Menschen wurde zu einer Gefahr.

Prinzipiell breiten sich Seuchen aus, wenn jeder Infizierte mehr als eine andere Person ansteckt. Die Wahrscheinlichkeit, dass das passiert, ist korreliert mit der Dichte, in der Tiere und Menschen zusammenleben. Nähe macht es wahrscheinlicher, sich anzustecken, und Reisetätigkeit sorgt dafür, dass sich Infektionen ausbreiten.

Da die wachsenden Ballungsgebiete durch ein dicht geknüpftes Netz von Wegen und Schifffahrtsrouten miteinander verbunden waren, waren auch die Strecken vorgegeben, auf denen sich die Seuchen ausbreiten konnten. Verstärkend kam hinzu, dass die Reisenden ihre tierischen Kulturfolger, etwa Ratten und Mäuse, unfreiwillig mittransportierten. Diese taten sich zwar bevorzugt an den Lebensmitteln gütlich, die sich in den Bäuchen der Schiffe oder auf Transportwagen befanden. Sie verstärkten aber auch die Infektionsdynamik. Infizierte Menschen, infizierte Tiere, dazu krabbelnde blutsaugende Parasiten, die laufend die Wirte wechseln, sind eine gefährliche Mischung. Vor diesem Hintergrund ist es nicht erstaunlich, dass in der Bronzezeit die ersten Pestepidemien ausbrachen, wie man bei der Untersuchung von Gebeinen festgestellt hat. Und Tausende Jahre später waren etwa in Venedig die Schiffe gefürchtet, die, aus dem Orient kommend, in der Serenissima vor Anker gingen und nicht immer nur kostbare Waren an Bord hatten, sondern nur zu oft auch den Schwarzen Tod in die Stadt brachten. Tröstlich war allein die Tatsache, dass sich die Seuchen damals im Vergleich zu heute in gemächlichem Tempo ausbreiteten. Die angesprochene Schrittgeschwindigkeit oder die Schnelligkeit eines Segelschiffs war nicht nur für Informationen und Waren das Maß der Dinge, sondern auch für Viren und Bakterien.

Dieser zähe Fluss der Zeit ist heute Geschichte. Wie in früheren Zeiten nehmen gefährliche Epidemien oft auch da ihren Anfang, wo Menschen eng zusammen mit Tieren leben. Wenn, wie etwa in Asien, Vogelkäfige und Schweineställe nach wie vor in die Häuser integriert sind, herrschen für die Seuchenentstehung perfekte Bedingungen. Der Unterschied besteht aber darin, dass die Erreger anschließend mit dem Flugzeug reisen und damit tausendmal schneller sind als früher. *Sie können an einem Tag sämtliche Kontinente erreichen,* Strecken, für die sie einst Jahrzehnte gebraucht hätten. Bleibt als Trost, dass sich gegenwärtig die meisten Seuchen wegen des medizinischen Fortschritts besser bekämpfen lassen als in vergangenen Zeiten.

Als die Worte fliegen lernten

Kehren wir zu der behäbigen Geschwindigkeit zurück, mit der sich Waren und Informationen um den Globus bewegten, dann ist tatsächlich bis in die Frühe Neuzeit wenig Interessantes zu berichten. Nur an einzelnen Stellen waren lokale Entwicklungen zu beobachten. So waren die Europäer bei der Entdeckung Afrikas mit einem Phänomen konfrontiert, das ihnen anfänglich wie ein Zauber vorkam: Wenn die Forschungsreisenden große Ströme wie den Kongo flussaufwärts fuhren, wurden sie von der einheimischen Bevölkerung immer schon empfangen, obwohl diese nach ihrem Dafürhalten nicht hätten wissen können, dass sie kommen würden. Offensichtlich waren sie bereits informiert. Wie war das möglich? Die Lösung des Rätsels war die Verwendung sogenannter Talking Drums, mit denen sich Informationen in Trommelrhythmen verschlüsseln lassen. Damit hatten ausgerechnet die für primitiv gehaltenen Afrikaner im undurchdringlichen Urwald ein raffiniertes Kommunikationssystem geschaffen, das etwa hundertmal schneller war als die bis dato in Europa bekannten. Die Afrikaner machten sich ihre virtuose Trommeltechnik und den Schall zunutze.

Diese Geschwindigkeit blieb in Europa noch lange unerreicht.

Doch auch hier kam es im 15. Jahrhundert zu zwei wichtigen Veränderungen: dem Buchdruck sowie dem Postsystem von Thurn und Taxis. Gerade über die Erfindung der Druckerpresse ist viel geschrieben worden, und wir wollen uns hier auf nur wenige, für uns wesentliche Aspekte beschränken (Eisenstein 1997).

In oralen Kulturen gibt es ein zentrales Problem: Das Wissen ist an die wissenden Menschen gebunden, und es bewegt sich synchron mit diesen. Kommt eine Hüterin des Wissens zu Tode, bevor andere eingeweiht worden sind, ist der Erfahrungsschatz für die Gemeinschaft verloren. Der Faden der Wissensvermittlung reißt ab. Genau an dieser vulnerablen Stelle setzt die Schrift an.

Deren augenfälliger Vorzug besteht in der Tatsache, dass die Wissensvermittlung nicht mehr an die Person des Erzählers gebunden ist. Man kann sich mit der unsterblichen Weisheit eines Aristoteles beschäftigen, auch wenn der Schöpfer der Gedanken schon mehr als 2000 Jahre das Zeitliche gesegnet hat. Man braucht nur den Text, muss des Lesens kundig sein und sollte über die geistigen Kapazitäten verfügen, das Gesagte nachvollziehen zu können. Metaphorisch gesehen erwachen so die Gedanken verstorbener Autoren im Kopf des Lesers zu neuem Leben. Und in gewisser Weise bekommen sie auch unabhängig von ihren Schöpfern Beine. Auf Papier und Pergament geschriebene Texte können transportiert, gelagert und anderen verfügbar gemacht werden.

Vor der Erfindung des Buchdrucks waren viele der sorgsam mit der Hand geschriebenen Texte aber unfassbar wertvoll. Von einigen Büchern existierten in ganz Europa nur *vereinzelte Exemplare!* So gelang es dem deutschen Mathematiker Johannes Müller, der später meist *Regiomontanus* genannt wurde, in Venedig im Jahr 1463 eine byzantinische Schrift aufzustöbern, die wesentliche Teile der *Arithmetica* des Diophants von Alexandria enthielt. Das ist eine Begebenheit, die die europäische Wissenschaftsgeschichte maßgeblich beeinflusst hat.

Von dem Mathematiker Diophant ist noch nicht einmal bekannt, wann er gelebt hat. Das angenommene Geburtsdatum variiert um

500 Jahre. Wahrscheinlich forschte er etwa 250 nach Christus in Alexandria. Man weiß allerdings, dass seine Einsichten revolutionär waren, da er Grundlegendes zur Algebra erdachte, also dem Rechnen mit Unbekannten. Seine Werke wurden in der legendären Bibliothek von Alexandria aufbewahrt, die damals wohl 100 000 verschiedene Schriftrollen enthielt und damit die Schatzkammer des verschriftlichten Weltwissens war. Was mit diesem sagenhaften Wissenschatz passierte, ist übrigens eine offene Frage. Bis zum heutigen Tag gibt es nicht *ein einziges Schriftstück*, dass sich der legendären Bibliothek zuordnen lässt. Und auch das Gebäude selbst ist wie vom Erdboden verschluckt, obwohl dessen frühere Existenz in vielen Schriften bezeugt ist. Ob der christliche Kaiser Theodosius für den Niedergang verantwortlich war, da er im Jahr 389 befahl, alle heidnische Texte zu zerstören, oder Kalif Umar, der angeblich die Bibliothek im Jahr 642 niederbrennen ließ, ist Spekulation. Offenkundig ist nur, dass sich das gesammelte Weltwissen in geheimnisvoller Weise verflüchtigt hat oder zumindest in alle Himmelrichtungen zerstreut wurde. So erging es wohl auch den Werken Diophants, die später auf verschlungenen Wegen nach Bagdad in das *Haus der Weisheit* fanden. Im 9. Jahrhundert trug man dort die wichtigsten noch erhaltenen griechischen Schriften zusammen, um sie zu kopieren oder ins Arabische zu übersetzen. Von dort gelangten manche wieder nach Europa. Von Diophant sind heute zwei Schriften bekannt, die die Reise durch die Jahrtausende überdauert haben: die *Arithmetica* und das *Buch über die Poylgonalzahlen*. In eine der seltenen Abschriften der *Arithmetica* hat ein byzantinischer Mathematiker einen geharnischten Fluch an den Rand geschrieben. Offensichtlich war er an einer schwierigen Aufgabe verzweifelt. Dass dieses für damalige Verhältnisse extrem anspruchsvolle und sehr seltene Werk über 500 Jahre später seinen Weg nach Venedig fand und dort ausgerechnet von *dem* einzigen Mathematiker gefunden wurde, der dem Stoff intellektuell gewachsen war und der sich gleichzeitig in der Lage sah, den Inhalt des Buchs für andere Mathematiker in verständlicher Form weiterzugeben, was die Mathematik schlussendlich revolutionierte, ist ein kaum vorstellbarer Zufall (de Padova 2023).

Wenn man jetzt noch bedenkt, dass diese seltenen Schlüsseltexte, auf Pergament, Papyrus oder Papier verfasst, empfindlich und wenig beständig waren und es weiterhin extrem aufwendig war, sie zu vervielfachen – eine handschriftliche Kopie der Bibel benötigte eineinhalb Jahre täglicher Arbeit –, dann wird nachvollziehbar, dass man solche Kostbarkeiten nicht einfach in der Tasche transportierte und sie ohne triftigen Grund den Gefahren einer langen Reise aussetzte. Aus diesem Grunde wurden die seltenen Bücher an ausgewählten Stellen sorgsam gehortet, etwa in den Bibliotheken von Klöstern und Universitäten, aber auch in den privaten Sammlungen vermögender Adliger, Wissenschaftler und Theologen.

Das bedeutete aber, dass sich die Wissensdurstigen *zu den Büchern* bewegen mussten und die Bücher nicht zu ihnen kamen. So ist heute fast vergessen, was eine Vorlesung ihrem Wesen nach war. Studierende waren nicht selten ausdauernde Wanderer, die sich in teils wochenlangen Märschen zu Büchern ihrer Wahl bewegten, aus denen dann zu passender Gelegenheit *vorgelesen* wurde. Die Interessierten saßen zu Füßen des Vorlesers und lauschten dessen Worten. Und sie mussten aufmerksam sein. Abgesehen von einigen schnellen Notizen waren sie gezwungen, das einmal Gehörte im Kopf zu behalten. Wanderjahre waren deshalb nicht nur eine Sache der Handwerker, sondern auch der Gelehrten.

Dieser Umstand ändert sich erst im 15. Jahrhundert. Durch die Erfindung des Buchdrucks mit beweglichen Metalllettern und unter Verwendung der Druckerpresse wurde es möglich, auch seltene Schriften, waren sie erst einmal gesetzt, vergleichsweise preisgünstig und schnell zu reproduzieren. Das führte zu einer extremen Steigerung der *Wissensdiffusion*. Jetzt machten sich die Bücher auf den Weg zu den Lesern – nicht umgekehrt. Und auch die Geschwindigkeit, mit der sich Wissen ausbreitete, nahm zu. Bis zum Ende des 15. Jahrhunderts unterhielten die Höfe Botensysteme. Eine Depesche wurde einem berittenen Überbringer gegeben, der dann seinem Pferd die Sporen gab, um die Botschaft so schnell wie möglich an ihren Bestimmungsort zu bringen. Auf den limitierenden Faktor dieser Methode haben wir bereits hingewiesen. Für eine bestimmte Zeit läuft ein Pferd fast doppelt so schnell wie ein Mensch. Das Tier kann das Tempo im fliegenden Galopp aber nicht lange aufrechterhalten. Deshalb kommt ein Mensch mittel- und langfristig schneller vorwärts als ein Pferd. So schafften die berittenen Boten der Päpste, Kaiser, Könige und Fürsten selten mehr als 60 Kilometer am Tag, meistens waren es deutlich weniger, Entfernungen, die ein versierter Wanderer ebenfalls zurücklegen konnte. Einige Reisezeiten von berittenen Boten zwischen den Städten sind historisch belegt. So brauchte ein Bote im Jahre 1216 von Rom nach Lüttich 40 Tage. Der Graf von Katzenellenbogen ritt 1434 in elf Tagen von Venedig nach Augsburg. Und ein Bote von Nürnberg nach Wien benötigte im Jahr 1449 sieben Wochen (Behringer 1990, 15).

Zum Umbruch kam es, als der Lombarde Franz von Taxis ein System aufgriff, das schon im *Imperium Romanum* mit seinen gut befestigten Straßen verwendet wurde: Er ließ bereits nach kurzer Zeit die Pferde wechseln. So konnte er ihre Geschwindigkeit nutzen und gleichzeitig die schnell eintretende Ermüdung vermeiden. Im Idealfall erreichte ein Postreiter im fliegenden Galopp die Wechselstation und übergab das *Felleisen*, das ist der Name für den Sack, in dem die Schriftstücke aufbewahrt wurden, dem schon wartenden Reiter zum Weitertransport. Diese Wechselposten rückten mit der Weiterentwicklung des Postsystems immer enger zueinander, weil sich auf diese Weise die Beförderungsgeschwindigkeit steigern ließ. Da dieses System logistisch aufwendig und deshalb teuer war, wurde es ursprünglich von den Habsburgern finanziert, die auf diese Weise die Kommunikation in ihrem Reich effizienter gestalten wollten. So lief der erste Postkurs von Brüssel über Innsbruck und Verona bis nach Rom. Doch bei diesem einen Kurs blieb es nicht. Sehr schnell war Europa von einem Netz von Postkursen durchzogen. Dadurch kamen auch weit entfernte Regionen in immer engeren und intensiveren Kontakt. Dieses schnell wachsende Postsystem hatte einige Besonderheiten: Die Post war ein Staat im Staate. Sie verfügte über eine eigene Gerichtsbarkeit. Außerdem wurde von allen Beteiligten eine heute kaum noch vorstellbare Eigenverantwortung verlangt. So hafteten die Postmeister, also die Vorsteher der Wechselstationen, mit ihrem persönlichen Besitz für den reibungslosen Ablauf des Postwesens. Und auch berittene Boten, die bummelten oder schummelten, Umwege nahmen oder die Post verloren, wurden empfindlich bestraft.

Unterm Strich war das heute altertümlich wirkende System ziemlich effizient und vor allen Dingen schnell. Ein Brief wurde am Tag 250 Kilometer weit transportiert. Ein Schriftstück, in Süddeutschland aufgegeben, erreichte Venedig nach vier bis fünf Tagen. Schneller geht es heute in aller Regel auch nicht.

Die Effizienz und Verlässlichkeit dieses Systems förderten ein Verhalten, das früher als »Briefwut« bezeichnet wurde. Die Schreibenden belagerten fiebernd die Poststationen, um schnellstmöglich die für sie bestimmten Briefe in Empfang zu nehmen. Mit diesen eilte man fliegenden Schrittes an den eigenen Schreibtisch oder auch ins Wirtshaus, um nach der Lektüre unverzüglich zu antworten. Idealerweise wurde die Antwort schon dem nächsten Postreiter übergeben, der sie dem sehnlichst wartenden Sender überbrachte. Von der Briefwut waren in der Sturm-und-Drang-Zeit fast alle Autoren betroffen, und es galt als heilige Pflicht, einem guten Freund alle 14 Tage einen Brief zu schreiben. Auch Goethes Mutter gestand, dass sie in ihrer Schreibseligkeit keinen einzigen »Posttag« versäumt hätte (Behringer 1990, 115).

Die Existenz dieses effizienten und vor allen Dingen schnellen Kommunikationssystems muss man im Hinterkopf behalten, wenn über das Erdbeben von Lissabon gesprochen wird. Diese Katastrophe fand nicht an einem fernen Gestade im Schatten des Weltgeschehens statt, sondern an der Westküste Europas und betraf eine Metropole, die Mitte des 18. Jahrhunderts bereits Teil eines den Kontinent umfassenden Kommunikationsnetzes war. Allein von Venedig wurden in diesen Zeiten jedes Jahr weit über 100 000 Briefe in den Norden versendet.

So trafen die Erschütterungen des gewaltigen Seebebens die Stadt Lissabon nicht nur physisch. Das Erdbeben schlug auch in der Welt der Gelehrsamkeit hohe Wellen, sodass ehedem als unverbrüchlich angesehene Wahrheiten infrage gestellt wurden.

Wenn Telegrafen mit den Armen rudern

Trotz allem verbreiteten sich die Neuigkeiten immer noch vergleichsweise langsam, eben mit der Geschwindigkeit eines galoppierenden Pferdes oder eines Schiffs unter Segeln.

Das änderte sich erst in größerem Maßstab mit der Verbreitung einer skurrilen Erfindung, die heute weitgehend vergessen ist. Ohne es zu ahnen, traten die Europäer damit in Konkurrenz zu den behände trommelnden Afrikanern.

Das angewendete Kommunikationsprinzip war mindestens 3000 Jahre alt. Zu Zeiten des Trojanischen Krieges im 12. Jahrhundert vor Christus benutzten die Griechen Leuchtfeuer, die auf den Gipfeln von Bergen entzündet wurden, zur Kommunikation.

In der *Orestie*, einem Drama des antiken Dichters Aischylos, steht geschrieben, dass Klytaimnestra, die Gattin des mykenischen Königs Agamemnon, in *derselben* Nacht, in der Troja fiel, von diesem Ereignis erfuhr – in der 600 Kilometer entfernten Stadt Mykene. Wie sollte das möglich gewesen sein? Klytaimnestra beschreibt in dem Text des Dramatikers akribisch den »Weg des Feuers« von Troja nach Mykene. Die Signalberge waren immer etwa 30 Kilometer voneinander entfernt. Auf deren Spitze wurden hoch aufgeschichtete Haufen trockenen Ginsters entzündet. Wurden von einem Posten die rasch auflodernden Flammen gesichtet, schritt er selbst rasch zur Tat und steckte seinen Haufen an. So sprang, von Troja ausgehend, die Nachricht von Gipfel zu Gipfel. Klytaimnestra ist eine Figur der griechischen Mythologie. Konnte es wirklich so gewesen sein, wie sie es beschrieb? Der deutsche Historiker Richard Hennig wollte es genau wissen und machte sich schon 1908 auf die Reise. Er nahm die von Klytaimnestra angeführten Orte in Augenschein und kam zu dem Ergebnis, dass diese Signalkette tatsächlich funktioniert hätte (Gleick 2011, 24).

So wurde eine Nachrichtengeschwindigkeit von immerhin 600 Kilometern in wenigen Stunden erklärlich. Blieb das Manko, dass auf diese Weise nur eine simple Ja-Nein-Botschaft übertragen werden konnte.

An diesem Schwachpunkt setzten etwa 3000 Jahre später die Brüder Chappe an. Sie wollten das Prinzip der von Berg zu Berg springenden Botschaft beibehalten. Aber diese sollte mehr Informationen beinhalten können als ein einfaches Ja oder Nein.

Deshalb konstruierten sie in den Zeiten der französischen Revolution den nach ihnen benannten Chappe-Telegrafen. Auf den Spitzen von Bergen und Hügeln, die sich in Sichtweite befanden, bauten sie steinerne Türme, auf deren Spitzen riesige hölzerne Konstruktionen zu sehen waren, die wie Ausleger heutiger Baukräne aussahen. Diese bestanden aber aus mehreren, gegeneinander verstellbaren Segmenten. Gesteuert wurden diese in luftige Höhen ragenden Anlagen von einem muskulösen Telegrafisten, der die Teile des Auslegers über komplizierte Seilzugmechanismen in Stellung brachte. Verschiedene Positionen entsprachen unterschiedliche Buchstaben oder Botschaften, die in Codebüchern nachzuschlagen waren.

Wie ein Seemann, der an der Takelage zerrt, um die Segel zu setzen, schmiss sich der Telegrafist ins Zeug, um den Ausleger so schnell wie möglich zu manipulieren und so Nachrichten für den nächstgelegenen Posten sichtbar zu machen, der nun seinerseits in die Seile griff.

Claude Chappe, einer der Erfinder dieses Telegrafen, prahlte, dass es mit diesen von ihm und seinen Brüdern erschaffenen Maschinen möglich sei, Zeichen von Paris nach Toulon, das sind immerhin 700 Kilometer, in nur zwölf Minuten zu senden. Das war völlig übertrieben, und vergleichsweise zügig ließen sich auch nur einfachste Texte senden. Trotzdem war das heute in Vergessenheit geratene System weit verbreitet.

Ein dichtes Netz von Chappe-Telegrafen überspannte nicht nur ganz Frankreich. Es wurde auch in Preußen, Dänemark, Schweden, ja sogar in Amerika, Indien, Ägypten und im zaristischen Russland verwendet. Aber es sollte nicht lange dauern, bis die hölzernen Zyklopenarme auf den hoch aufragenden Türmen ausgedient hatten.

1838 bekam die französische Regierung Besuch von einem eigensinnigen amerikanischen Tüftler, Samuel F. B. Morse, der vorschlug, die sprechenden Türme durch sein Telegrafensystem zu ersetzen, bei dem die Botschaft mithilfe von stromdurchflossenen Drähten übertragen wurde (Gleick 2011, 154). Seine Idee wurde hochnäsig abgelehnt. Was waren ein paar läppische Metalldrähte im Vergleich zu den majestätisch aufragenden Telegrafentürmen?

Dieser Hochmut erinnert ein wenig an die britische Finanzbehörde, die sich bis 1826 hartnäckig weigerte, für ihre Buchhaltung Papier und Bleistift zu verwenden. Stattdessen wurden noch während der industriellen Revolution in England Soll und Haben nach alter Väter Sitte auf Kerbhölzern eingeritzt. Der Schriftsteller Charles Dickens ätzte, dass ihn diese Form der Buchführung an Robinson Crusoe erinnern würde (Ifrah 1992, 85). Das war noch vorsichtig ausgedrückt. Schon vor 20000 Jahren wurden Pavianknochen als »Kerbhölzer« verwendet. Als sich dann endlich auch bei den Briten die Einsicht durchsetzte, dass diese archaische Methode nicht mehr zeitgemäß war, entschied man sich, die Hölzer ausgerecht in zwei großen Öfen des Oberhauses zu verbrennen. Zwei Wagenladungen alter Kerbhölzer gaben ein rechtes Höllenfeuer, wobei die Holzvertäfelungen des vornehmen Raums wegen der infernalischen Hitze Feuer fingen. Die Flammen breiteten sich aus, und nur kurze Zeit später brannte das gesamte Parlament bis auf die Grundmauern nieder.

So wie die Briten nicht verstanden, dass das Rechnen mit Feder und Papier auch für Finanzbeamte ungleich effektiver war, als mit einem Messer unterschiedlich tiefe Kerben in ein hartes Stück Holz zu ritzen, war den Franzosen nicht klar, dass ihre stolzen Telegrafen den Anforderungen der Zukunft nicht gewachsen sein würden. Schließlich wurde die Geschwindigkeit der Übertragung durch die archaische hölzerne Mechanik gebremst, die durch das Gezerre an den Seilen umständlich in Gang gesetzt werden musste. Dadurch wurde die Übertragung der Nachricht mit Lichtgeschwindigkeit zwischen den Türmen nivelliert. Außerdem war das Senden der Nachricht von den Witterungsbedingungen und Tageszeiten abhängig. Bei Herbstnebel und in der Nacht funktioniert das System nicht. Des Weiteren mussten die Telegrafenposten in Sichtweite zueinander stehen. Das bedeutet eine stete Unterbrechung des Informationsflusses. Der nachgeordnete Telegrafist muss die Botschaft erst entziffern, um sie dann selbst zu senden.

Funkenflug und Bildersturm

Genau diese gesammelten Nachteile hatte der Telegraf von Samuel F. B. Morse mit seinen läppischen Drähten nicht. Durch die von Alfred Vails erfundene Telegrafentaste konnten pro Minute einige Hundert Zeichen durch die Leitungen geschickt werden. Und die Leitungen gingen vom Sender direkt zum Empfänger und waren nicht durch Posten unterbrochen. Das hatte bahnbrechende Folgen. Die Erzeugung eines Textes dauerte jetzt nicht länger, als würde man die Botschaft schreiben!

Der Geschwindigkeitszuwachs war unvorstellbar. Zwei Millionen Jahre hatte es gedauert, die Strecke, die ein Mensch an einem Tag laufen konnte, auf die zu vergrößern, die die galoppierenden Pferde des Thurn-und-Taxis-Imperiums zurücklegen konnten. Die Geschwindigkeit steigerte sich so etwa um den Faktor vier. Daneben gab es erste Versuche, den Schall oder das Licht für die Kommunikation über lange Strecken nutzbar zu machen. Dann kam die Telegrafie des Samuel F. B. Morse und katapultierte die Kommunikationsgeschwindigkeit in eine andere Dimension. Im Vergleich mit den fliegenden Reitern der Thurn-und-Taxis-Post ist die Versendung einer Nachricht mit dem Telegrafen hundertmillionenmal schneller!

Im nächsten Schritt wollen wir nicht nur die Geschwindigkeit in den Fokus nehmen, sondern genauer fassen, welche *Arten von Informationen* überhaupt transportiert wurden und welche eben auch nicht. Lange waren es bevorzugt Briefe oder Bücher, die verschickt wurden. Aber nicht nur geschriebene Informationen sind relevant!

In einer Zeit, in der viele Menschen in jeder denkbaren Situation über Kopfhörer Musik hören, kann man sich vielleicht gar nicht mehr vorstellen, dass man sich früher dorthin bewegen musste, wo die Musik gespielt wurde.

Egal, ob man ein Musikstück hören oder einem Dichter lauschen wollte, einem der Sinn danach stand, einen besonderen Menschen von Angesicht zu Angesicht zu treffen, man das Bedürfnis hatte, eine Theateraufführung oder ein fernes Land zu besuchen, oder man zu der Überzeugung gekommen war, sich von einem besonderen Meister seiner Kunst belehren zu lassen, dann hatte sich bis ins 19. Jahrhundert ein wesentlicher Umstand seit Urzeiten nicht geändert: *Man musste sich zu seinem Ziel bewegen.* Und nicht selten hatte man keine andere Wahl, als einen beschwerlichen, manchmal monatelangen Weg auf sich zu nehmen.

Diese für uns heute so beschaulich klingende Zeit, die bis zur Mitte des 19. Jahrhunderts währte, wollen wir jetzt als Kontrastfolie benutzen, um die vibrierende Gegenwart zu skizzieren. In diesem Zusammenhang werden wir die Vielzahl technischer Umbrüche, die Voraussetzungen der weltumspannenden Kommunikationsrevolution sind, nur anreißen. Entscheidend ist zu verstehen, wie grundsätzlich anders die Situation heute ist, vergleicht man sie mit der übrigen Zeit der Menschheitsgeschichte.

Ein Abbild seiner selbst machen zu lassen war bis zu Beginn des 19. Jahrhunderts ein vornehmes Privileg der Mächtigen und Reichen. Von einem Maler wie Rembrandt oder Dürer, Tizian oder Goya in Öl gemalt zu werden war Ausdruck von Status und Macht. So wundert man sich nicht, dass neben biblischen Motiven lange Zeit gerade Kirchenfürsten, Könige und Adelige mit ihren Familien abgebildet wurden. Dasselbe galt für Büsten aus Marmor oder aus Metall gegossene Plastiken.

Doch mit dem Erstarken des Handels etwa in Venedig, dem Erblühen der flandrischen Metropolen und der quirligen Geschäftstüchtigkeit der Hansestädte wurde es auch den wohlhabenden Bürgern ein Bedürfnis, sich in Positur zu werfen, um Teil eines welt-

lichen Pantheons zu werden, der die eigene kurze Lebenszeit überdauern sollte. Die sogenannten Miniaturenmaler waren schließlich
die Ersten, die dieses hochherrschaftliche Gebaren profanisierten
und deutlich billigere Bilder anfertigten.

Einer dieser Miniaturenmaler war ausgerechnet der angesprochene Samuel F. B. Morse, der ursprünglich als ausgebildeter Maler
in bitterer Armut lebte. Für nur fünf Dollars fertigte er Miniatur-
porträts seiner Zeitgenossen an. Nachdem er den Morsetelegrafen
erfunden hatte und dann später wohlhabend wurde, legte er verbit-
tert den Pinsel für immer aus der Hand.

Doch die um sich greifende Mode des Miniaturenmalens war
nichts gegen das, was mit der Erfindung der Fotografie losgetreten
wurde.

Louis Jacques Mandé Daguerre war eigentlich ein französischer
Panorama- und Theatermaler, doch 1837 erfand er das erste kom-
merziell nutzbare fotografische Verfahren, die nach ihm benannte
Daguerreotypie. Diese Erfindung machte er zusammen mit Joseph
Nicéphore Niépce, der als Erster eine Methode entwickelt hatte, das
Bild einer Lochkamera auf einer lichtempfindlichen Oberfläche zu
fixieren.

Daguerres Motivation bestand darin, die Wirklichkeit so na-
turgetreu wie eben möglich abzubilden. Daguerre hatte es schon
vor der Erfindung seines fotografischen Verfahrens zu einiger Berühmtheit gebracht. Neben seinen beeindruckenden Theaterkulis-
sen hatte er sich auf die Konstruktion von sogenannten *Dioramen*
spezialisiert. Ein Diorama ist ein Glaskasten, in dem Modelle vor
einem oft halbkreisförmig dargestellten Hintergrund in einer möglichst lebensechten Form dargestellt werden. Bekannt sind Dioramen vor allen Dingen aus Museen. In den Dioramen stehen aus-
gestopfte Tiere, wobei die modellierte Landschaft im Vordergrund
mit dem gemalten Hintergrund zu einer Einheit verschmelzen soll.
Abstrakt gesprochen handelt es sich um eine im Augenblick gefrorene Abbildung der dreidimensionalen Wirklichkeit, eine erste
Form virtueller Realität, der allerdings in der Simulation die Zeit-
achse fehlt, sodass keine Entwicklung zu sehen ist, sieht man davon ab, dass Daguerre, der Erfinder dieser Kunstform, es verstand,

durch sich verändernde Beleuchtung die verschiedenen Tageszeiten darzustellen. Der Franzose verdiente mit seinen Dioramen gutes Geld. Mit seinem Kollegen Charles Marie Bouton gründete er 1821 das Pariser Diorama, das als Sensation gefeiert wurde, und nur zwei Jahre später eröffneten sie in London ein weiteres. Die Besucher waren durch die Natürlichkeit der Abbildung begeistert. Vor diesem Hintergrund ist es nachvollziehbar, dass Daguerre bestrebt war, die Möglichkeiten fotorealistischer Malerei zu übertreffen, was ihm schließlich mit seinen Fotos auch gelang. Bei der Daguerreotypie wird eine mit einer dünnen Silberschicht überzogene Kupferplatte belichtet, die auch an heutigen Maßstäben gemessen sehr lebensechte Bilder liefert. Zuerst waren sehr lange Belichtungszeiten nötig, sodass zu Beginn eigentlich nur Landschaften, Straßenansichten und Gebäude abgebildet werden konnten. Doch Verbesserungen des Verfahrens führten dazu, dass sich bald auch Menschen ablichten ließen, die allerdings wie versteinert in einer Positur verharren mussten. Diese gerade für damalige Verhältnisse extrem lebensechten Bilder hatten auf die Menschen eine magische Wirkung. Es war, als hätte man der Vanitas, der Vergänglichkeit des Irdischen, einen Augenblick des Lebendigen entrissen, um diesen für sich selbst und die Nachwelt zu konservieren. Vor diesem Hintergrund ist eine makaber erscheinende Mode nur folgerichtig, die uns heute befremdet, obwohl die Konservierung Verstorbener in flüssigem Stickstoff oder Fantastereien der Cyberspace-Pioniere, die vom ewigen Leben in den Datenräumen der Computer fabulieren, derselben Geisteshaltung entsprechen. Die Rede ist von der sogenannten *Post-mortem-Fotografie* (Draaisma 2012, 269). Bei dieser Kunstgattung ging es »um eine schöne Leich«, wie der Wiener sagen wurde. Gerade Verstorbene, besonders Kinder, wurden sorgfältig präpariert, um ihnen einen Ausdruck des Lebendigen in das tote Gesicht zu zaubern. Dann wurden die schlaffen Körper mit Drahtgestellen stabilisiert, sodass man den Eindruck hatte, sie nähmen eine natürliche Haltung ein. Wenn nun der Fotograf mit seinem Apparat in Stellung ging, drappierte sich die Familie um den Toten und setzte eine heitere Miene auf. Dem Betrachter erschien es, als sähe man den Toten lebend im Kreise seiner Liebsten.

Unabhängig von dem menschlichen Bedürfnis, dem umbarmherzigen Verrinnen der Zeit einen Moment der Dauer entgegenzusetzen, gab es auch einen praktischen Grund für den Erfolg der Fotografie: Kleinformatige Bilder hatten den Vorteil, dass man sie bei sich tragen konnte. Außerdem ließen sie sich wie Briefe oder Bücher versenden.

Trotz dieser offenkundigen Vorteile begegnen wir hier das erste Mal einem Kommunikationsparadoxon, das in unserer heutigen fotografiersüchtigen Zeit aktueller denn je ist: Die Praxis, mit Fotografien dem Verblassen der Erinnerung entgegenzuwirken, hat den gegenteiligen Effekt. Je öfter nämlich eine Fotografie betrachtet wird, desto mehr schiebt sie sich wie ein schwerer Vorhang vor den bunten Reigen vergleichbarer Erinnerungen, bis zum Schluss nur noch sie abrufbar ist. Die Angst, die Vielgestaltigkeit des Lebens in der Erinnerung zu verlieren, und das Bemühen, sie deshalb im Foto zu fixieren, führen so zur inneren Verarmung.

Zu Beginn dieses Kapitels stand die Frage im Zentrum, mit welcher Geschwindigkeit sich Informationen ausbreiteten und wie groß die Mengen waren. Was die Fotografie angeht, gibt es hier ein bemerkenswertes Ungleichgewicht zu bestaunen: Während codierte Sprache in der Mitte des 19. Jahrhunderts schon mit Lichtgeschwindigkeit durch die Morsedrähte jagte, war die Verteilung von Fotografien genauso wie von Büchern oder Briefen noch auf die klassischen Verbreitungswege angewiesen. Zwar wurden bereits Eisenbahnen und Dampfschiffe gebaut, die den Transport beschleunigten, aber im Vergleich mit den Morsezeichen bewegten sich andere Informationsträger im absoluten Schneckentempo.

Trotzdem war die Fotografie für die Informationsübertragung ein absoluter Quantensprung. »Ein Bild sagt mehr als tausend Worte« heißt es. Und tatsächlich sind auf Fotografien Informationen dicht gepackt. Wie verschieden sprachlicher und bildlicher Informationsfluss sind, lässt sich am Beispiel Thomas Manns erkennen.

Bekanntlich besaß der Schriftsteller eine enzyklopädische Sammlung von Fotopostkarten, und es bereitete ihm Vergnügen, sich eine solche herauszufischen, sie auf den Schreibtisch zu legen und den Leser dann, wie etwa im *Zauberberg*, mit einer zehnseitigen Beschreibung eines Alpenpanoramas zu beglücken. Zugegeben, eine schriftstellerische Meisterleistung, die vom Rezipienten aber eine gewisse Duldsamkeit verlangt, wenn er sich nicht aus prinzipiellen Gründen an den Mann'schen Wortgirlanden erfreuen kann. Ginge es profanerweise allein darum, sich ein konkretes Bild von der betreffenden Gebirgslandschaft zu machen, hätte ein schneller Blick auf das Foto genügt. Dieser hätte den Bruchteil einer Sekunde benötigt.

Entscheidend ist in diesem Zusammenhang also der Faktor Zeit. Selbstverständlich wäre auch ein versierter Maler in der Lage, ein detailgetreues naturalistisches Alpenpanorama auf die Leinwand zu bringen. Aber es ist ein ungleich größerer Aufwand, ein Bild in Öl zu malen, als ein Foto zu machen, vor allen Dingen, nachdem sich die Technik stürmisch weiterentwickelt hatte. Wie erwähnt mussten die Porträtierten in den Frühzeiten der Fotografie noch stundenlang regungslos vor der Linse verharren, wobei bisweilen sogar die Köpfe mit nicht sichtbaren Metallkonstruktionen fixiert wurden, damit das Bild nicht verwackelte. Doch schon bald wurden die Belichtungszeiten kürzer, und es wurde zunehmend einfacher, Abzüge von den Fotoplatten herzustellen. Waren die ersten Fotos Solitäre, Ausdruck eines künstlerischen Pioniergeistes, wurden sie bald immer alltäglicher, und es kam schließlich zu einer wahren Bilderflut.

Bis dahin kannte man die Welt nur vom Hörensagen, also aus den Geschichten Reisender und punktuell aus den Abbildungen in Büchern. Jetzt auf einmal konnte man auf Fotografien wirklich sehen, wie die Pyramiden und der Grand Canyon oder die Gesichter von Bewohnern ferner Länder aussahen. Stück für Stück bekam der Planet Erde in den Köpfen der Betrachter ein schaubares Antlitz, ohne dass man sich in die Ferne begeben musste. Das war ohne jeden Zweifel ein Umbruch. Aber die Fotografien waren statisch, gefrorene Augenblicke, ohne jede Bewegung.

Um diese Beschränkung zu überwinden, musste man auf einen alten Trick zurückgreifen. Dieser lässt sich am besten mit dem

Daumenkino illustrieren. Werden Bilder, die sich sukzessive nur in kleinsten Details unterscheiden, dem menschlichen Auge mit einer bestimmten Frequenz präsentiert, etwa dadurch, dass man einen Stapel schnell abblättert, dann nimmt das Gehirn keine einzelnen Bilder wahr. In der Konsequenz konstruiert unser Gehirn Bewegung, obwohl die dargebotenen einzelnen Bilder statisch sind. Dieses Prinzip ist in vielen Kulturen seit Langem bekannt, und es ist der Schlüssel, um den Schritt vom unbewegten Foto zum Film zu vollziehen.

Dazu wird ein empfindlicher Filmstreifen mit vielen Fotos belichtet, die nacheinander von einer Handlung gemacht werden und sich nur in Kleinigkeiten unterscheiden. Anschließend wird der Filmstreifen entwickelt, um ihn dann mit einer starken Lichtquelle auf eine Wand zu projizieren, wobei die Bilder so schnell aufeinanderfolgen, dass sie nicht einzeln wahrnehmbar sind. Diese Pionierarbeit vollbrachten zuerst die Brüder Lumière in Paris.

Revolutionäre Entwicklungen, die heute selbstverständlicher, oft aber auch wenig hinterfragter Teil unserer Lebenswelt geworden sind, gab es nicht nur im visuellen Bereich. Die älteste Aufnahme einer menschlichen Stimme datiert auf das Jahr 1860. Auf einem Phonoautografen des französischen Forschers Édouard-Léon Scott de Martinville ist das Lied *Au Claire de la Lune* gefunden worden. Um den Ton aufzuzeichnen, wurde zuerst der Rauch einer Öllampe auf Papier gedampft, in welchen dann mit einer Nadel die Schallwellen eingeritzt wurden, die dann beim Abspielen wieder hörbar gemacht wurden.

Verschlingungen von Raum und Zeit

Die Druckerpresse und das massenhafte Entstehen von Büchern, Filmen und Fotografien, die Aufzeichnung und Wiedergabe von Schallwellen, telegrafische Kommunikation mit Lichtgeschwindigkeit, das waren drastische Veränderungen. Aber sie standen zuerst noch ziemlich isoliert nebeneinander. Das wandelte sich im 20. Jahrhundert.

Von entscheidender Bedeutung für die mediale Revolution im 20. Jahrhundert waren die Entdeckung und anschließende Verwendung elektromagnetischer Wellen. Die von dem begnadeten englischen Physiker James Clerk Maxwell 1868 vorhergesagten Wellen wurden von dem Deutschen Heinrich Hertz 1888 tatsächlich gefunden. Um die Jahrhundertwende hatte der Italiener Guglielmo Marconi dann eine kühne Vision: Er erwog, die elektromagnetischen Wellen für die Nachrichtenübertragung zu verwenden. Natürlich meldeten sich Zweifler lautstark zu Wort und wiesen darauf hin, dass die Wellen ungehört in den Weltraum entweichen würden. Eine Überlegung, die recht einleuchtend war. Doch Marconi kam der Zufall zu Hilfe. Die ausgesendeten Wellen wurden überraschend an den atmosphärischen Luftschichten reflektiert, sodass man sie tatsächlich für die Kommunikation benutzen konnte.

Die Verwendung elektromagnetischer Wellen führte in den folgenden Jahrzehnten zu einer radikalen Veränderung des Informationsaustauschs. Vor allen Dingen veränderte sich die *Geometrie des Kommunikationsraums!* Denken wir noch einmal an das Postsystem von Thurn und Taxis. Anfänglich gab es nur einige wenige Postkurse, etwa den von Brüssel nach Rom, mit Postämtern, die auf dieser Strecke lagen. Im Laufe der Zeit gesellten sich weitere Kurse dazu, sodass *Knotenpunkte* entstanden. Bald legte sich auf diese Weise ein *Kommunikationsnetz* über ganz Europa, das es in dieser Form noch nicht gegeben hatte. In *geometrisch vergleichbarer* Weise entwickelten sich später die Telegrafennetze. Überall verbanden Masten und Drähte die verschiedenen Städte. Es dauerte nicht lange, bis durch das Verlegen von Unterseekabeln sogar die von Meeren getrennten Kontinente miteinander verbunden waren.

Entscheidend sind in unserem Zusammenhang die *baumartige, sich aus Linien zusammensetzende Struktur* sowie der Umstand, dass Kommunikation an Institutionen gebunden war. Das waren zum Beispiel Post- oder Telegrafenämter. Eine größere Freiheit gab es zuerst mit der Erfindung des Telefons, des *Fernsprechers*, da nun die

Telefonapparate in der eigenen Wohnung standen. Die netzartige Struktur aber blieb bestehen, auch wenn sie sich ausdifferenzierte und dadurch filigraner wurde. Und Gespräche nach Übersee waren immer noch mit gehörigem Aufwand verbunden.

Mit der Erfindung des Rundfunks konnte im nächsten Schritt auf die Sender und Empfänger verknüpfenden Drähte verzichtet werden. Auf Anhöhen werden Sender gebaut, die Wellenfelder ausstrahlen und auf diese Weise einen *kontinuierlichen Kommunikationsraum* erzeugen, den nun jeder nutzen kann, der mit eigener Antenne und passendem Empfänger ausgerüstet ist. Es hängt niemand mehr am Draht. Die Reichweite der Felder werden von Sendeleistung und Übertragungsfrequenz bestimmt. Empfang mit guter Qualität ist lokal beschränkt, während andere Signale auch um den ganzen Erdball gehen können.

Es war lange Zeit faszinierend, vor einem Weltempfänger zu sitzen und völlig verrauschten Stimmen und fremden Melodien aus einem fernen Erdteil zu lauschen. Der Radioempfang schuf somit eine bis dahin nie gekannte Freiheit. Man war nicht mehr durch den linearen Verlauf von Leitungen an bestimmte Orte gebunden. *Entfesselt* konnte man sich mit seinem Radioapparat in einem Wellenfeld nach Lust und Laune frei bewegen und selbst entscheiden, wo man eine Sendung gerne hören wollte.

Dem Hörfunk folgte das Fernsehen. Auch hier gab es die Freiheit, mit Antenne und Empfänger einen Platz seiner Wahl zu suchen. Darüber hinaus kam es zu einer noch weitergehenden Verschmelzung verschiedener Kommunikationsformen, die das Tor zur Jetztzeit weit aufstieß. So waren in Fernsehsendungen nicht nur realistische Stimmen, Klänge und Geräusche zu hören. Es gab eben auch bewegte Bilder zu sehen, die eine große Authentizität vermittelten. Gesendete Dokumentationen schienen das exakte Abbild einer Wirklichkeit zu sein, die Tausende Kilometer entfernt sein konnte. Und genauso wie im Theater ließen sich auch fiktionale Geschichten erzählen, ohne dass man seinen Platz verlassen musste.

Was für eine Veränderung! Wie beschrieben war noch in der Früh-
renaissance ein Sinnsuchender gezwungen, lange Wanderschaften
zu den Büchern seiner Wahl zu unternehmen. Genauso mussten
sich Kunstfreunde und Wissensdurstige selbst bewegen, wollten sie
ein Konzert, eine Theateraufführung oder ein Bauwerk sehen.

Wie von Zauberhand war dieser Zwang jetzt aufgehoben. Bewegen musste sich nur noch das Filmteam, das dann Millionen Zuschauer am Erlebten teilhaben lassen konnte. Die Faszination
wuchs noch mehr, als Fernsehbilder seit 1967 in Farbe gesendet wurden. Fremde, unbekannte Welten gaben sich im heimischen Wohnzimmer ein Stelldichein. Eine radikale Horizonterweiterung, die
Teilhabe an Erlebnissen ermöglichte, die man selbst in dieser Form
niemals hätte machen können.

Doch für die willkommene Fülle der Eindrücke muss ein Preis
bezahlt werden. Wir erwähnten, dass mit der Thurn-und-Taxis-Post
das Phänomen der »Briefwut« entstand und die Schreibenden fast
süchtig auf Neuigkeiten warteten und so zu Getriebenen wurden.

Auch die Fotografie und die damit verbundene Allgegenwärtigkeit von Bildern veränderten den Menschen und tun es noch heute.
Von dem Bedürfnis getrieben, der Vergänglichkeit etwas Dauer-
haftes zu entreißen, überschreibt der im Bild festgehaltene Augenblick die Vielfalt der Erinnerungsspuren und radiert sie damit aus
(Draaisma 2012, 276). Was in der Mitte des 19. Jahrhunderts langsam begann, hat heute einen Höhepunkt erreicht. In unserer foto-
manischen Zeit werden persönliche *Erinnerungen* nach außen ver-
lagert. Das menschliche Gedächtnis wird in wichtigen Teilen durch
die Speicherkarten der Kameras ersetzt.

Schon diese beiden Beispiele zeigen, dass neue Kommunikationsformen *Selbstorganisationsprozesse* in Gang setzen können, mit denen anfänglich niemand gerechnet hat. Zuerst entsteht aus einem
Bedürfnis eine neue Kommunikationstechnologie, die in recht un-
vorhersehbarer Weise neue Wünsche weckt, die wieder neue Technologien anschieben. Wer hätte vor der Erfindung der Fotografie
damit gerechnet, dass durch das kunstvolle Präparieren von Kin-
derleichen, die mit raffinierten Metallkonstruktionen in Positur ge-

bracht wurden, der Beruf des Thanatopraktikers, des Spezialisten, der Leichen schön herrichtet, plötzlich populär und lukrativ wurde? Mit dem Fernsehen hat dieser vielgestaltige Selbstorganisationsprozess noch ein ganz anderes Momentum bekommen. Es lohnt sich, dem etwas ausführlicher nachzugehen. Die Bequemlichkeit, vom Sessel aus »in die Ferne sehen« zu können, gibt es nicht umsonst. Aber es werden eben, neben der mühelosen Möglichkeit, sich zu informieren, auch tiefliegende menschliche Bedürfnisse befriedigt, was die bis heute vorhandene Popularität des Mediums erklärt.

Das Fernsehen und der Matthäus-Effekt

Was kostet uns die Horizonterweiterung? Das, was zuerst als grenzenlose Freiheit empfunden wird, ist bei Lichte besehen auch eine Reduktion!

Die Fülle der Bilder steht schließlich einer nicht unwesentlichen Beschränkung des Wahrnehmungsraums gegenüber. Gesendet und empfangen werden ja ausschließlich bewegte *Bilder und Klänge*, die mit den Augen gesehen und den Ohren gehört werden. Das ist aber nur ein Ausschnitt des deutlich umfassenderen menschlichen Sensoriums. Sehen wir im Fernsehen ein Paar beim lauschigen Dinner, verströmt die aufgetischte provenzalische Lammkeule, gefüllt mit Ziegenkäse und garniert mit frischen Kräutern, keine Gerüche, und natürlich wissen wir nicht, wie sie mundet, selbst wenn uns das Wasser beim Betrachten im Munde zusammenläuft. Wir spüren auch nicht die Wärme der Kerzen auf dem Tisch. Nähern sich bei einem lauschigen Tête-à-Tête langsam die Köpfe, weht einen der Atem des anderen nicht an.

So befinden wir uns als Fernsehzuschauer eigentlich in der Rolle eines Voyeurs, der die Welt gebannt durchs Schlüsselloch betrachtet. Man nimmt Teil, ohne Teil zu sein. Für den Betrachter vor dem Bildschirm wird in bewegten Bildern eine Geschichte geschrieben, aber er kann die Geschichte selbst nicht mitschreiben. Der Bildschirm ist also eine Trennwand, die zwei unterschiedliche Arten von Wirklichkeiten scheidet: Da gibt es die fremdinszenierte sich aktiv vollziehende filmische Handlung und den zur Passivität verdammten Zuschauer. Während das für erwachsene Menschen ein durchaus verführerischer Zustand sein kann, den sie nach einem ermüdenden Arbeitsalltag gerne goutieren, kann dies für Kinder, im Übermaß genossen, Folgen haben.

In Deutschland verbringen Zuschauer im Schnitt drei bis vier Stunden pro Tag vor dem Fernseher. In diesem Zusammenhang geht es nicht nur um die angesprochene Beschneidung des Wahrnehmungsraums. Ganz profan wird man vor dem Fernseher zum Sitzen gezwungen. Die gesamte innere Wahrnehmung, die sogenannte *Proprizeption*, fällt so in einen gelangweilten Stand-by-Modus. Diese besondere Art der Wahrnehmung, die oft auch als *inneres Auge* beschrieben wird, lässt uns fühlen, wie unsere Muskeln arbeiten und wo unsere Gliedmaßen im Raum positioniert sind. Erinnern Sie sich an die Frau, die Oliver Sacks beschrieb? Die morgens erwachte und ihren Körper nicht mehr spürte, sodass sie nicht mehr in der Lage war, sich zu bewegen? Sie hatte ihr inneres Auge verloren. Dieses traurige Schicksal ist vor dem Fernseher nicht zu befürchten. Trotzdem ist der menschliche Körper eine komplexe Maschinerie, die man gebrauchen muss, damit sie funktionstüchtig bleibt. Nur was geübt wird, geht nicht verloren, das gilt auch für Bewegung.

Noch schwerwiegender ist aber der Umstand, dass durch das Fernsehen die Fähigkeit zur *sozialen Simulation* verkümmert. Es geht darum, gedanklich in die Haut eines anderen zu schlüpfen und die Welt mit dessen Augen zu sehen. Diese Fähigkeit ist vor allen Dingen in Gesprächen wesentlich. Nehmen wir an, Sie haben Ihren Gesprächspartner mit einer deplatzierten Bemerkung zu seinem Gewicht gekränkt: »Oh, im Urlaub hat's aber gut geschmeckt, oder?« Ihrem Gegenüber fällt das Gesicht hinunter. Sie sind ins Fettnäpfchen getreten, und die Bemerkung ist Ihnen unangenehm.

Genau in diesem Augenblick wird ihr Fehltritt zu einem Teil eines dyadischen Bedeutungsraums. Ein solcher intersubjektiver Raum entsteht automatisch, wenn sich zwei Menschen das erste Mal begegnen. Dieser Raum besteht aus *Erinnerungen gemeinsam erlebter Begebenheiten*. Ihr Ausrutscher wird nun Teil dieses Raums und lässt sich nicht mehr ungeschehen machen. Da Sie Ihren Gesprächspartner mögen, wollen Sie einen erneuten Fauxpas in Zukunft vermeiden. Deshalb werden Sie die Worte nun immer sorgfältig abwägen, bevor Sie den Mund aufmachen. Sie machen also eine soziale Simulation: Bevor Sie einen Satz aussprechen, stellen Sie sich vor, welche Wirkung das Gesagte vor dem Hintergrund der gemeinsamen Geschichte vermutlich haben wird. Wichtig ist in diesem Zusammenhang, dass der Bedeutungsraum von Menschen, die miteinander reden, in jedem neuen Gespräch um weitere Aspekte ergänzt wird und sich auf diese Weise permanent neu formiert. In diesem Wechselwirkungsgeflecht sind die Gesprächspartner sowohl Akteure als auch Betroffene.

Betrachten wir jetzt die Rolle des Fernsehzuschauers: Dieser folgt einer Geschichte, und natürlich kann er von dieser emotional berührt werden. Es handelt sich allerdings um eine inszenierte Geschichte, in die er nicht eingebunden ist. Die Geschichte macht etwas mit dem Zuschauer, aber dieser nichts mit der Geschichte. Die Akteure im Film sind blind und taub für all die Emotionen, die sie bei den Zuschauern auslösen. Damit ist aber das kommunikative Wechselwirkungsgeflecht, das es ermöglicht, *gemeinsam erlebte Bedeutungsräume* zu erschaffen, zerschnitten. Für Menschen, die mit beiden Beinen fest im Leben stehen, mag das akzeptabel sein. Sie haben diese Fähigkeit, die Welt mit den Augen des anderen zu sehen, schon erworben, und es ist gerade die Kunst eines gut gemachten Films, den Zuschauer einzuladen, in die Haut der Protagonisten zu schlüpfen.

Für Kinder, die täglich mehrere Stunden vor der Mattscheibe verbringen, sieht das aber anders aus. Sie müssen *empathisches und einfühlsames Verhalten erst noch lernen*. Die erwähnten dyadischen Bedeutungsräume entwickeln sich aber nur in *gemeinsamer Interaktion!* Nur dort reagieren die Partner aufeinander, wobei ihnen frühere Situationen gegenwärtig sind, sodass sie sich bemühen, ihr gesamtes Handeln gemäß ihren kommunikativen Zielen zu gestalten. Das ist ein sehr komplexer Prozess, vermutlich sogar die kognitiv anspruchsvollste Tätigkeit, zu der Menschen in der Lage sind. Der Bildschirm aber ist eine Trennscheibe zwischen Fiktionalität und Realität, die genau diesen wichtigen Prozess unmöglich macht. Jetzt mag man einwenden, dass das beim Lesen eines Buches oder dem Hören eines Musikstücks ähnlich sei. Der Unterschied liegt in der Mühelosigkeit, mit welcher das Fernsehen den Konsumenten in die Passivität bringt. Man kann Stunden vor der Glotze sitzen, und der Widerstand, selbst aktiv zu werden, wird mit der Zeit immer größer.

Da stellt sich die Frage, warum Menschen sich eigentlich freiwillig in eine solche Position der Passivität begeben. Warum geben wir uns mit einem zweidimensionalen Abziehbild der Welt zufrieden, das andere für uns ersonnen haben? Warum verzichten wir darauf, unsere Biografie selbst zu schreiben? Ist das allein der Reiz, dass die Welt ins Wohnzimmer kommt und man sich selbst nicht mehr in die Welt bewegen muss? Ist es nur der Wunsch, sich zu informieren, sich unterhalten oder einfach nur berieseln zu lassen? Oder gibt es weitere Gründe?

Hier sei die Vermutung erlaubt, dass das Fernsehen unabhängig von diesen berechtigten Wünschen in den verschiedensten Formaten ein elementares menschliches Bedürfnis befriedigt. Und zwar in einer bis dato nie gekannten Weise. Dessen Existenz ist mit der Evolutionsgeschichte des Menschen verwoben. Gemeint ist das Streben, aber auch die Teilhabe an *Ansehen*. Untersuchungen aus der Verhaltensbiologie belegen, dass Ansehen *ganz wörtlich* zu verstehen ist (Eibl-Eibesfeldt 1984, 385)!

Menschen mit hohem Ansehen werden von anderen Menschen im sozialen Miteinander tatsächlich mehr angesehen, während man Ausgestoßene keines Blickes würdigt! Man betrachte nur das Gegensatzpaar *Achtung* und *Missachtung*. Möchte man in einer Gesprächsrunde wissen, wer die größte Reputation besitzt, braucht man nur zu beobachten, wer von den meisten Teilnehmern aufmerksam betrachtet wird. Die Gründe für großes Ansehen waren und sind kulturell allerdings verschieden. Bei den Eipo, einem ursprünglichen Volk in Westneuguinea, das eine 50 000 Jahre alte Kultur hat, stehen Menschen mit einer »Gartenseele« in höchstem Ansehen. Männer, die einen grünen Daumen haben, werden respektvoll als »Süßkartoffel-Hauptmann« bezeichnet. In der Antike genossen ein eloquenter Staatsmann, eine gelehrte Hetäre, ein tapferer Feldherr oder ein Philosoph hohes Ansehen. Leider auch ein brutaler Tyrann. Und heute? Natürlich gibt es nach wie vor Menschen, die auf Grundlage dessen, was sie können und leisten, geschätzt werden. Ansehen genießen aber auch viele nur deshalb, weil ihr Gesicht allgegenwärtig ist, und das ist – wie wir gleich sehen werden – ein sich selbst verstärkender Mechanismus.

Eine beliebte Methode ist, einfach Bilder von sich zu verbreiten. Dieser Trick ist alt und bewährt. Bereits Alexander dem Großen war klar, dass er, wenn er schon nicht körperlich überall anwesend sein konnte, sein Ansehen dadurch vergrößern konnte, dass er massenhaft *Bilder* von sich selbst in Umlauf brachte. Dazu boten sich damals besonders Münzen an, auf denen sein Konterfei zu sehen war. Beliebte Methoden waren auch, ein überlebensgroßes Reiterstandbild von sich auf einem belebten Platz errichten zu lassen, prunkvolle Schlösser und Burgen auf hohen Bergen zu bauen, die auch noch aus weiter Ferne zu sehen waren, oder es sich auf erhöhten Thronstühlen gemütlich zu machen, die von allen Untergebenen im Saal gesehen werden konnten.

Vor diesem Hintergrund wird nachvollziehbar, welche magnetische Wirkung in unserer Zeit die Titelbilder des Boulevards auf Menschen mit histrionischer Persönlichkeit ausüben. Die Möglichkeiten der Boulevardpresse werden allerdings durch das Fernsehen in den Schatten gestellt! Der Drang, sich vor der Kamera darzustellen, und zu wissen, dass Millionen Fernsehzuschauer einem dabei zuschauen, übt auf viele Menschen eine fast grenzenlose Faszination aus. Es muss allerdings betont werden, dass dies ein *wechselseitiges* Vergnügen ist! Menschen mit hohem Ansehen genießen ihren Status, wenn sie im Fernsehen in Szene gesetzt werden, während die gefesselten Zuschauer ihnen gerne Beachtung schenken.

Doch so, wie nicht jeder sein Antlitz auf Millionen von Münzen verewigen kann, kommt auch nicht jeder ins Fernsehen. Es ist nicht jedermann gestattet, sich dort zu inszenieren. Deshalb muss man sich die Sendeanstalten als Komplexe vorstellen, die von strengen Torwächtern bewacht werden. Das Fernsehen benötigt eine komplizierte Technologie: Fernsehkameras, Schneideräume, Sender und Empfänger. Außerdem erfordert es einen großen redaktionellen Aufwand, eine Sendung zu produzieren. Kurzum, es kostet sehr viel Geld, Sendungen zu machen. Deshalb wird penibel darüber gewacht, dass sich der Aufwand lohnt. Es wird produziert, was viele interessiert.

So war zu Beginn das Privileg der Selbstdarstellung gerade wichtigen Persönlichkeiten der Zeitgeschichte vorbehalten. Man denke an die unvergessenen Dialoge des Journalisten Günter Gaus, der in teils mehrstündigen Sendungen, in denen er als Fragesteller und Diskussionspartner nur von hinten zu sehen war, mit jedem sprach, der Rang und Namen hatte: Konrad Adenauer, Ludwig Erhard, Hannah Arendt, Helmut Schmidt und viele andere mehr. Diese aufklärerische Rolle des Fernsehens erodierte, als die privaten Sender auf den Plan traten und ein unerbittlicher Kampf um Einschaltquoten entbrannte, da diese der pekuniäre Wertmaßstab für im Fernsehen gezeigte Werbefilme wurden. Es zeigte sich schnell, dass das intellektuelle Gespräch kein wirklicher Quotenbringer war. Die Banalitäten des Alltags liefen anspruchsvoller Unterhaltung den Rang ab, weil diese das tief verankerte menschliche Bedürfnisse nach Klatsch und Tratsch befriedigen. Ein erster Tiefpunkt im Rattenrennen um die Zuschauergunst wurde erreicht, als man mit *Big Brother* eine infame psychologische Mechanik entdeckte. Die Sendeanstalten schufen Formate für Menschen, die bereit waren, einen hohen persönlichen Preis zu zahlen, nur um von Millionen von Menschen gesehen zu werden. Der Preis war die Bereitschaft zur öffentlichen Selbstentblößung. Doch das schien die Ruhmessüchtigen nicht abzuhalten. Schon für die ersten Staffeln meldeten sich Zehntausende, die dann ein Auswahlverfahren durchlaufen mussten, wobei sich die Fernsehmacher bemühten, eine brisante Mischung von Charakteren zusammenzustellen, damit den Voyeuren vor den Bildschirmen Action geboten wurde. Während bei *Big Brother* noch das Zuschauervotum über den Verbleib der Kandidaten in ihrem Container entschied, entdeckte man wenig später den sadistischen Torwächter als Quotenbringer. Dieser wählt bewusst auch völlig talentfreie Bewerber aus, damit sie in den sogenannten Castingshows öffentlich zur Sau gemacht werden. Das kommt dem verstörenden Exhibitionismus der Darsteller entgegen genauso wie dem Bedürfnis der Zuschauer, das Lächerliche zu delektieren. Der Oberzeremonienmeister in diesem Spektakel war und ist Dieter Bohlen, der mit den Fernsehzuschauern gemeinsam seinen Spaß hatte, wenn sich ein Teilnehmer vor Angst die Hosen nass machte.

Wer glaubt, dass das Niveau nicht mehr sinken kann, irrt. Der Verzehr glitschiger Würmer, lebender Maden oder roher Känguruhoden in Formaten wie *Dschungelcamp* gehört mittlerweile zum Standardprogramm. In diesem Zirkus gewinnt schließlich ein Prinzip die Oberhand, das das *Ansehen völlig von den Fähigkeiten entkoppelt.* Wer steht also im Mittelpunkt des Interesses? Der »Süßkartoffel-Hauptmann«, der Staatsmann Perikles oder der Philosoph Platon? Nein, das Ansehen verdankt sich nur noch einem abstrakten Selbstorganisationsprinzip. Im Plattdeutschen meiner Wuppertaler Großmutter heißt dieses: »De Deufel kackt immer op den grötzten Haup« – zu Hochdeutsch: »Der Teufel scheißt immer auf den größten Haufen.«

Etwas weniger vulgär spricht man in der Soziologie vom Matthäus-Effekt: »Denn wer da hat, dem wird gegeben werden, und er wird Fülle haben ...«

Der Matthäus-Effekt wurde selbst in der theoretischen Physik, genau genommen in der Synergetik des Stuttgarter Physikers Hermann Haken, geadelt. Das Lawinenprinzip der positiven Rückkopplung nennt sich dort das *Haken'sche Versklavungsprinzip* (Haken 1990). Egal ob auf Plattdeutsch oder in den Formeln der Synergetik, das Prinzip ist einfach zu verstehen: Zu extremem Wachstum kommt es, wenn ein anfänglicher, auch durch einen Zufall entstandener Größenvorteil die Wahrscheinlichkeit weiteren Wachstums erhöht. Es ist nachvollziehbar, dass das Fernsehen in diesem Zusammenhang ein sich selbst organisierendes System ist. So kann ein Zufall dazu führen, dass man das erste Mal im Fernsehen präsent ist und allein deshalb von vielen Menschen angeschaut wird. Weil das Fernsehen auf der Jagd nach der Quote ein Interesse daran hat, Menschen zu präsentieren, die ein hohes Ansehen besitzen, da die Zuschauer genau das einfordern, erhöht sich die Wahrscheinlichkeit, dass der Debütant erneut gewählt wird, womit die sich nach außen drehende Spirale an Fahrt aufnimmt. Exemplarisch für diese Dynamik wäre etwa die Karriere des Fernsehphilosophen Richard David Precht. Dieser war anfänglich den wenigsten bekannt. Das änderte sich, als Elke Heidenreich in einer literarischen Sendung sein Buch mit dem Titel *Wer bin ich – und wenn ja, wie viele?* lobte, was dann, auch wegen seines flüssigen Stils, ein Erfolg wurde, der Precht eine gewisse Popularität bescherte. Das führte wiederum dazu, dass er immer häufiger ins Fernsehen eingeladen wurde, aus dem er nun kaum mehr wegzudenken ist. Dort trifft er auf Gesprächspartner, die sich der gleichen Auswahllogik verdanken. Dieses Selektionskriterium befriedigt zwar das Bedürfnis der Zuschauer nach Berühmtheit, aber leider nicht zwangsläufig nach Information und Aufklärung. Die durch Inzucht zustande gekommene Auswahl der Diskutanten in den Talkshows bedingt, dass die immer gleichen Standpunkte ausgetauscht werden. Deshalb können sie auch nur wenig elastisch auf die dräuenden Anforderungen unserer Zeit reagieren. In einer bewegten und komplizierten Zeit, in welcher die *aufklärerischen Möglichkeiten des Fernsehens* eine große Chance wären, ist das ein ernst zu nehmender Mangel. Aber leider verhindert die Quotenlogik, dass in der Öffentlichkeit unbekannte Fachleute zum Zuge kommen, die tatsächlich Substanzielles zum Thema zu sagen hätten.

Was mit der Briefwut und der Omnipräsenz fotografischer Bilder begann, hat mit der weltweiten Verbreitung und Verwendung des Fernsehens also einen ersten Höhepunkt erreicht. Ein Kommunikationsmedium transformiert die Gesellschaft, was wiederum das Kommunikationsmedium transformiert. Es kommt zu einer dynamischen Verschlingung von Bedürfnissen, Emotionen und Hochtechnologie und damit zu einer gesamtgesellschaftlichen Emergenz von Gebräuchen und Regeln, die man sich in den Momenten der Erfindung des Mediums nicht vorstellen konnte. Ist diese Entwicklung beim Fernsehen schon eindrücklich, stellt die virtuelle Welt des Internet alles bisher Bekannte in den Schatten. Um diesen nächsten Schritt ins Auge zu fassen, müssen wir uns kurz mit den Besonderheiten der Digitalisierung auseinandersetzen. Diese führt im Resultat zu einem fast allumfassenden virtuellen Raum, der einen an die »universelle Bibliothek von Babel« des argentinischen Schriftstellers Jorge Luis Borges erinnert, in der alles nur Mögliche geschrieben steht. Das bedeutet, dass sich Sinn und Unsinn, Wahrheit und Lüge in fast nicht mehr zu unterscheidender Weise durchmischen, was in Borges' fiktionaler Geschichte dazu führt, dass verzweifelte Bibliothekare auf der Suche nach dem Sinn wahnsinnig werden und sich in die Tiefe stürzen, um ihrem Leben ein Ende zu bereiten.

Die mitunter trügerische Stellvertreterwelt des Internets mit all ihren Chancen und Risiken ist vielen von uns zur Heimat geworden, und nicht wenige verbringen mehr Zeit in der Virtualität – der *Babelwelt* – als in der Realität. Das birgt Gefahren, von denen im Folgenden noch die Rede sein soll. Sprechen wir aber zuerst über den modernen Stein der Weisen, der half, die neue Welt der Kommunikation zu erschaffen.

Babelwelt Internet

Wo die Wahrheit wohnt und auch ihr Gegenteil

> Die Pietätlosen behaupten, dass in der Bibliothek der Unsinn
> an der Tagesordnung ist und dass das Vernunftgemäße (...)
> eine fast wundersame Ausnahme bildet. Sie sprechen (...) von
> der »fiebernden Bibliothek« ...
>
> *Jorge Luis Borges, Die Bibliothek von Babel*

Harry Nyquist (1889–1976), ein schwedisch-amerikanischer Elektroingenieur, war ein bescheidener und stiller Zeitgenosse. Ganz im Gegensatz zu Claude Shannon (1916–2001), den man als Inkarnation des wissenschaftlichen Exzentrikers betrachten kann. Shannon, ein amerikanischer Mathematiker, der in großen Zügen die Informationstheorie aus der Taufe hob, liebte es, jonglierend auf einem Einrad durchs Institut zu kurven, oder er sprang wie ein Känguru auf einem Pogo-Stick durch die Gänge. Nach diesen beiden so verschiedenen Forschern ist das berühmte *Nyquist-Shannon'sche Abtasttheorem* benannt. Dieses Theorem ist ein Meilenstein der Digitalisierung.

Man stelle sich eine Schallwelle vor, die bekanntlich eine Sinusschwingung ist.

Maßgebliche Größen einer solchen Schwingung sind Frequenz und Amplitude. Wie oft schwingt die Welle in der Sekunde, und wie hoch sind Wellenberge und -täler an der höchsten beziehungsweise tiefsten Stelle? Die Informationstheoretiker machten nun eine interessante Entdeckung: Man stelle sich einen Mann vor, der in einem

Zimmer ein Seil, das an einer Stelle an der Wand befestigt ist, in Schwingung setzt. Jetzt wird das Licht ausgeschaltet, und wir beleuchten den Raum mit einem Stroboskop. Bei jedem Lichtpuls wird ein Foto gemacht, das es erlaubt, an bestimmten Stellen und Momenten die verschiedenen Auslenkungen des Seils zu messen. In diesem Prozess wird die analoge Information der »flüssigen« Wellenschwingung durch das flackernde Stroboskop »zerhackt«. Technisch gesprochen wird sie *diskretisiert*.

Jetzt kommt die Schlüsselfrage: Wie viele Bilder muss man machen, um auf deren Grundlage die analoge Welle zu rekonstruieren? Die sogenannte *Abtastrate* muss mindest doppelt so hoch sein wie die Frequenz der Welle! Betrachten wir das menschliche Gehör, das darauf spezialisiert ist, Klänge wahrzunehmen, die sich aus vielen verschiedenen Tönen, also Wellen mit bestimmten Frequenzen, zusammensetzen.

Die höchsten Töne, die junge Menschen hören, haben eine Frequenz von 20 000 Hertz. Da heißt, dass die Schallwelle 20 000 Mal in der Sekunde schwingt.

Gemäß des Nyquist-Shannon'schen Abtasttheorems muss die Abtastfrequenz also bei mindestens 40 000 Hertz liegen, um das ursprüngliche Signal wieder recht originalgetreu zu reproduzieren. Tatsächlich liegt sie bei CDs bei 44 100 Hertz. Das bekannte Theorem betrifft hier die Digitalisierung *akustischer Information*.

In ähnlicher Weise gelang es im visuellen Bereich, erst die Fotografie und schließlich auch den Film zu digitalisieren. Ein heute vertonter Film besteht auf der Audiospur also aus diskreten Signalen, die mittels eines Lautsprechers wieder in kontinuierliche Wellen verwandelt werden, sowie aus einer Vielzahl »gepunkteter« Bilder, die Millionen von Pixeln in verschiedenen Farben besitzen, die dem Auge in schneller Folge präsentiert werden. Dass wir diese eigentlich *diskrete Textur* nicht als solche erkennen und entlarven können, hängt mit den eingangs besprochenen Grenzen der Beobachtungsraumzeit (BRZ) zusammen. Es mangelt uns sowohl an örtlicher als auch an zeitlicher Auflösung. Weder sind unsere Augen und das nachgeschaltete Gehirn in der Lage, die Millionen von Pixeln isoliert wahrzunehmen, noch ist es möglich, die Folge von 30 Bildern pro Sekunde zeitlich in Einzelbilder aufzulösen, wie es zum Beispiel viele Insekten können. *Die Unschärfe unser Wahrnehmung ist deshalb auch die notwendige Voraussetzung dafür, dass wir die Welt der digitalisierten Abbilder als authentisch akzeptieren.* Das, was anfänglich zur Objektkonstitution gesagt wurde, gilt auch für die von uns geschaffenen virtuellen Welten, die abstrakt gesprochen nur Einfaltungen einer übergeordneten Wirklichkeit sind, die sich selbst zum Abbild macht.

Diese Möglichkeiten der Digitalisierung haben erhebliche Konsequenzen: Zum einen wird die Information *unabhängig* vom Trägermedium. Eine mittelalterliche Schrift mit kunstvoll gemalten Initialen, digital fotografiert, lässt sich auf einer alten Floppy Disk speichern, aber auch auf einer Bild-CD, auf einem herkömmlichen Festplattenspeicher genauso wie auf einer modernen Flashcard. Das gilt eigentlich für fast alle Informationen der *audiovisuellen* Welt! Die Digitalisierung ist damit eine Art *Lingua franca*, die es möglich macht, Informationen in fast beliebiger Form zwischen den unterschiedlichsten Medien zu verschieben.

Als Nächstes muss die ins Unfassbare gewachsene Speicherkapazität zur Sprache gebracht werden. Die bereits erwähnte Bibliothek von Alexandria, in der angeblich fast das gesamte schriftlich verfasste Wissen der antiken Welt lagerte, ließe sich heute problemlos in einem Speicher ablegen, der nicht größer wäre als ein Fingernagel. Dieser ist für ein paar Euro in jedem Mediamarkt zu kaufen.

Fehlt ein letztes technisches Puzzlestück, um das dynamische Kommunikationsuniversum unserer Zeit zu schaffen. Vergleichen wir die »traditionellen« Medien miteinander, dann gibt es unidirektionale, aber auch bidirektionale. Bei den unidirektionalen geht die Information nur vom Sender zum Empfänger, der deshalb keine unmittelbare Rückmeldung geben kann. Ein Mensch, der einer Fernsehsendung folgt, sendet kein Bild in den Senderaum, auf dem man sieht, wie er gemütlich im Morgenmantel auf dem Sofa sitzt.

In vergleichbarer Weise ist auch der herkömmliche Rundfunk uni-direktional. Bidirektional sind Morse-Telegrafen, Telefone oder Computer, wenn man E-Mails austauscht oder ein Zoom-Meeting veranstaltet.

Die neue Welt der Wunder

Fassen wir jetzt den Computer ins Auge: Zu Beginn war dessen re-volutionäres Potenzial für die Kommunikation nicht unmittelbar erkennbar. Der bidirektionale Austausch beschränkte sich zunächst nur auf *Textnachrichten*, die fast keinen Speicherplatz benötigten. In dieser frühen Zeit war an das Versenden von Fotos oder gar Filmen mit ihrem teils *milliardenfach* höheren Speicherbedarf nicht zu denken. Das sollte sich allerdings bald ändern.

Die Verarbeitungs*geschwindigkeit* der Computer nahm gemäß des Moore'schen Gesetzes explosionsartig zu, genauso wie die Verarbei-tungs*kapazität*. Die Ergebnisse konnten auf immer potenteren Fest-platten gespeichert werden. Auch die Bandbreite der Kommunika-tionsnetze änderte sich mit rasender Geschwindigkeit. Damit kam es zur Disruption: *Sender und Empfänger verschmolzen zu einer Person, und zwar in einer bis dato völlig unbekannten Weise.*

Bidirektionalität war nicht mehr auf das Versenden von Text-nachrichten beschränkt. Der absolute *Gamechanger* wurde von Steve Jobs ersonnen: das *iPhone*.

Diese Wundermaschine, gerne als Jesusphone bezeichnet, ist Te-lefon, Schreibmaschine, Fotoapparat, Fotolabor, Ton-, Video- und Fernsehstudio in einem.

Und da man sich mit dieser kleinen magischen Maschine frei be-wegen kann, löst man sich von der ehemals linear-diskretisierten Form des Kommunikationsraums und bewegt sich *kontinuierlich in Raum und Zeit*, in einer die ganze Welt umfassenden Blase aus Wel-lenfeldern, um nach Belieben zu entscheiden, wann man mit wem wo auf der Welt auf welche Weise kommunizieren will – mit Licht-geschwindigkeit. Was für ein Unterschied zu einer zwei Millionen

Jahre währenden Welt, in der Zeit und Raum allein durch das Maß der Schritte beschrieben wurden! Ein behäbiger Fluss der Zeit, bildhaft eingefangen in der Geschichte des Indianerhäuptlings, der eine Floßfahrt in Kanada unterbrechen musste, da er Angst hatte, auf dem großen Strom *zu schnell* zu treiben. Nach seinem Verständnis kam die Seele nicht mehr hinterher, und es wurde ihr deshalb unmöglich, den auf dem Floß enteilenden Körper einzuholen.

An dieser Stelle lohnt es sich, die passierte Wegstrecke gedanklich noch einmal zu durchmessen. Denken wir an die langen und steinigen Wege der Sinnsucher, egal, ob sie eine gefährliche, oft monatelange Reise zum Orakel nach Delphi antraten oder aber zu einem Buch ihrer Wahl pilgerten. Denken wir an alte Schriftrollen und schwere Bücher, an die in Öl gemalten Porträts der Fürsten, die ersten Fotografien, in Ruß geritzte Schallwellen, Nachrichtenpulse, die durch Telegrafenleitungen jagten, die Dioramen, das Daumenkino und verruckelte Filme. Das, was anfänglich isoliert nebeneinanderstand, verschmilzt heute zu einer neuen Welt, die ich, um sie von der herkömmlichen Wirklichkeit, der Welt Eins, abzugrenzen, im Folgenden auch als Welt Zwei bezeichnen möchte. Deren Kennzeichen ist neben der Vielfalt der Kommunikationsformen besonders die *instantane Omnipräsenz*. In diesem die ganze Welt umfassenden Bildraum, der bei Lichte besehen eine Stellvertreterwelt darstellt, sind alle mit allen und allem verbunden, wobei die Zeit, ehedem auch ein Maß des Raumes, keine große Rolle mehr spielt, da die Lichtgeschwindigkeit jeden auf unserem Planeten zu durchmessenden Weg auf einen Zeitquant zusammendampft – den Augenblick.

Diese instantane Omnipräsenz führte nun zu einer Situation, die man mit der kambrischen Revolution vergleichen kann. Bis vor 500 Millionen Jahren waren die Meere trübe Brühen. Augen hätten den damaligen Lebewesen wenig genutzt. Fühlen war wichtiger als Sehen. Doch dann klarten die Meere auf, und Sehorgane wurden zu einem echten evolutionären Vorteil. Jäger konnten die Beute erspähen, die Verfolgten den arglistigen Jäger wahrnehmen, bevor er zubiss. Das, was lange im Verborgenen lag, wurde mit einem Mal sichtbar, wobei sich allerdings auch schnell die unterschiedlichsten betrügerischen Strategien entwickelten, auf die wir noch im Kontext der digitalen Revolution zu sprechen kommen werden. Im Vergleich zu heute war die Sichtbarkeit damals allerdings beschränkt. Zum einen durch die Auflösung und die Lichtempfindlichkeit der Augen, zum anderen durch die Krümmung der Erde. Jeder der schon einmal am Strand stand und raus aufs offene Meer blickte, weiß, dass er nicht hinter den Horizont gucken kann.

Im Gegensatz dazu wird heute die *gesamte* digitale Sphäre erfahrbar, vorausgesetzt, man besitzt die technischen Möglichkeiten und die Zugangsdaten.

Angesichts dieser beeindruckenden Tatsache waren die Reaktionen zu Beginn euphorisch. So wurde der Computer zum magischen Schlüssel einer universellen Bibliothek. Um deren Pforten zu öffnen, reicht es, den Mauszeiger über den Bildschirm tanzen zu lassen und im rechten Moment zu drücken. Egal, wo man sich befindet, im Büro, in einem Kaffeehaus oder einer tropischen Lounge, sind auch etwa Bücher in Ulan Bator verfügbar, vorausgesetzt, sie sind digitalisiert und im Netz abrufbar.

Doch das war erst der Anfang. Mit der Möglichkeit, digitalisierte Videos aufzunehmen, diese zu versenden oder sie anderen Menschen auf einer Plattform verfügbar zu machen, erweiterte sich der Raum schriftlich fixierten Wissens nicht nur um mündlich vorgetragene Statements. Viel wichtiger ist in diesem Zusammenhang die Möglichkeit, sich *prozedurales Wissen* aneignen zu können, das oft durch das bereits angesprochene *Imitationslernen* erworben wird und sich im Besitz über den ganzen Erdball verstreuter Könner befindet. Diese machen etwas vor, während die Kamera läuft und die Informationen in den Äther schickt, während die Lernenden sich bemühen, es zu imitieren. Die Möglichkeiten dieser Form des Wissenstransfers sind quasi unbeschränkt. Es existieren Hunderte Videos, wie man die einzig authentische Pasta Bolognese herstellt, genauso gut kann man sich zeigen lassen, wie man sich beim Breakdance auf dem Kopf dreht und sich dabei seine Trainingshose auszieht oder einen Auerbachsalto von einer 20 Meter hohen Klippe ins Meer macht.

Und gleichzeitig gab es eine revolutionäre *Emanzipation von Sender und Empfänger,* und damit thematisieren wir kurz den grundlegenden Unterschied zum Fernsehen.

Bis dato oblag die Deutungsmacht medialer Informationen vor allen Dingen den *Sendern,* da sie durch die Auswahl der Protagonisten den Diskurs bestimmten. Aber die basaltenen Podeste, auf denen bisher die Torwächter standen, um zu bestimmen, wer sichtbar wird und wer nicht, bröckeln. Heute kann jeder, der glaubt, etwas zu sagen zu haben, »auf Sendung« gehen. Er braucht nur die technischen Möglichkeiten, die mittlerweile für jeden erschwinglich und einfach zu bedienen sind.

Ist das nicht die seit jeher erträumte Möglichkeit, dem steten Hammerschlag staatlicher Propaganda zu entwischen und so jedem kritisch-freiheitlichen Standpunkt eine Bühne zu geben? Das war etwa die Hoffnung im »Arabischen Frühling«.

Und unabhängig von politischen Belangen scheint auch die Kunst entfesselt zu sein. Jeder, der heute seine Kunst präsentieren möchte, ist eingeladen, das zu tun, wobei schon beim Kauf eines hochwertigen Computers die technischen Werkzeuge zur Verfügung gestellt werden. Nach einer kurzer Einlernphase lassen sich Fotos bearbeiten, Videos schneiden, Musikstücke komponieren. Das ist, zumindest was die technische Seite angeht, ein Kinderspiel. Und wer es noch professioneller haben möchte, kann auf beeindruckende kostenfreie Programme zurückgreifen. Ein Videoschnittprogramm wie *DaVinci Resolve* wurde bis vor Kurzem ausschließlich in Hollywoodstudios verwendet. Heute kann es jeder in wenigen Minuten im Netz herunterladen. Bezahlen muss man dafür nicht. Würde Joseph Beuys noch leben, müsste er feuchte Augen bekommen. Er behauptete, dass jeder Mensch ein Künstler sei. Wenn das stimmt, dann wird heute niemand mehr daran gehindert, sich als solcher zu verwirklichen und so Teil der *globalen sozialen Plastik* zu werden.

Natürlich erschütterte die instantane Omnipräsenz des Internets auch das überkommene Wirtschaftsgefüge, da es etwa die Preisbildung verändert hat. Stand vor einigen Jahren eine größere Anschaffung an, etwa der Erwerb eines neuen Fernsehers, klapperte man die Elektrofachhändler und Mediamärkte in der Umgebung ab, um sich umzuschauen, Preise zu vergleichen und sich beraten zu lassen. War das Gerät gut und günstig, schlug man zu. Um sich den Unterschied zu heute klarzumachen, vergleiche man die Auslagen eines Tante-Emma-Ladens mit denen eines Supermarkts. Diese stelle man wiederum in Beziehung zu einem mondänen Einkaufspalast wie den *Galeries Lafayette* in Paris. Und diesen erhabenen Konsumtempel vergleiche man mit einem Staat wie Dubai, der in großen Teilen aus gigantischen klimatisierten Shoppingmalls besteht, die keinen anderen Zweck haben, als jedes nur denkbare Konsumbedürfnis zu befriedigen. Und trotzdem verhalten sich die *Galeries Lafayette* oder die Shoppingmalls in Dubai zum Internet wie das Land der Riesen zum Staat der Liliputaner in dem fantastischen Roman *Gullivers Reisen* von Jonathan Swift. Das globale Kaufhaus ist allumfassend. Jeder, der will, egal ob als Privatmann oder als Konzern, kann seine Waren dort zum Kauf anbieten.

Ansprechend präsentiert mit Bildern und Filmen, versehen mit gefälliger Beschreibung, kann man sich das Internet als unermesslich große Warenauslage denken, in der alles zum Kauf angeboten wird, was sich nur vorstellen lässt.

Und erneut braucht sich der potenzielle Kunde *nicht zu bewegen*. Heute kommt der »Berg zum Propheten«. Niemand braucht seinen Sessel zu verlassen, um durch diesen zeitgenössischen Garten Eden zu flanieren. Diese mit dem Computer erfahrbare Allgegenwärtigkeit von allem und jedem befriedigt nicht nur unsere Neugier. Die Transparenz der Preise hat auch einen egalisierenden Effekt. Man denke an kommunizierende Röhren. Wucherer, die ein Schnäppchen machen wollen, haben fast keine Chance mehr und können sich nur von dem Unwissen derer nähren, die nicht wissen, wie man den günstigsten Preis ermittelt.

So viel in knappen Worten zur digitalen Welt der Wunder und der arglosen Begeisterung, mit der diese anfänglich begrüßt wurde. Doch es stellt sich heraus, dass es im Land der Verheißung nicht nur eine fast grenzenlos empfundene Freiheit gibt. Im Gegenteil: Je länger man sich im digitalen Raum bewegt, desto mehr betrügerische Machenschaften werden sichtbar, wobei sich die Gauner immer raffinierterer Methoden bedienen und sich dabei bemühen, im Verborgenen zu agieren.

Das alles erinnert in gewisser Weise an eine in die Gegenwart transformierte platonische Höhle. Ohne jetzt den philosophischen Hintergrund von Platons berühmtem Gleichnis im Rahmen seiner Philosophie zu erörtern, ging es ihm vor allen Dingen darum zu zeigen, dass unter gegeben Umständen unkritische Betrachter Schein und Sein nicht auseinanderhalten können. Zu diesem Zweck konstruierte er ein Szenario, das man heute ein Gedankenexperiment nennen würde. Er fordert den Leser in seiner Schrift auf, sich eine Höhle vorzustellen. In dem unterirdischen Verlies sind Gefangene in Ketten geschlagen: Sie sind zur völligen Bewegungslosigkeit verdammt und müssen – ohne den Kopf in der geringsten Weise bewegen zu können – auf eine Wand starren. Auf dieser beobachten sie einen geheimnisvollen Schattentanz. Dieser Tanz ist das Werk der Zauberer. Im Rücken der Gefangenen befindet sich nämlich eine Mauer und hinter der Mauer brennt ein helles Feuer. Die Zauberer ducken sich hinter die Mauer und halten wie im balinesischen Schattentheater Gegenstände in die Höhe, die sie miteinander interagieren lassen. Dazu stoßen sie Laute aus. Die Angeketteten sehen nun ein inszeniertes Schattenspiel auf der Mauer, das von passenden Geräuschen begleitet wird.

Listig stellt Platon die Frage, ob die Gefangenen in der Lage wären, dem Spuk auf die Schliche zu kommen, um so die Beschränktheit ihrer Welt zu enttarnen.

Aber wie soll das möglich sein, wenn man nie etwas anderes erfahren hat als den Tanz der Schatten? Erkenntnis kann nach Platon nur zustande kommen, wenn ein wissender Seelenführer die Verdammten mit den engen Grenzen ihrer künstlich konstruierten Welt konfrontiert.

Die Gedankenfigur von Platons Höhle ist ein interessantes Bild, auch in unserer Zeit. Man hat den Eindruck, dass Platon 2500 Jahre in die Zukunft geschaut hätte, nur dass sich die Menschen heute

mit Genuss in die Position des Betrachters einer Scheinwelt begeben und nicht in Ketten geschlagen werden müssen. Doch die moderne Höhle ist kein einzelner unterirdischer Raum. Im übertra-
genen Sinne handelt es sich um ein fast unendlich verschachteltes
Kammersystem, ein multidimensionales Simulacron, in dem Lug
und Trug mit realitätsnahen Projektionen der Wirklichkeit in komplizierter Weise verwoben sind. Damit wären wir bei der Funktion
der Zauberer. Die Zauberer unserer Zeit sind eine illustre Truppe:
Betrüger, Wissenschaftler, Propheten, Prognostiker, Illusionis-
ten, ernsthafte Aufklärer und die Nutzer des Internets selbst wirken Seite an Seite, um verschiedenste Bilder der Welt zu generieren,
die allesamt den Betrachter in ihren Bann schlagen sollen. Und dabei verfolgen sie extrem unterschiedliche Ziele, von denen jetzt die
Rede sein soll.

Nach der Welt der Wunder sprechen wir jetzt über die dunkleren
Seiten von Welt Zwei, deren Pforten die audiovisuellen Schnittstel-
len unserer Computer sind. Danach werden wir die Frage stellen,
wie sich Welt Eins und Welt Zwei miteinander verschlingen.

Eine Armada maschineller Agenten

Don't be evil! Die Motive der Firma Google waren anfänglich eh-
renwert. Die überbordende Fülle im Internet ist ja nicht nur Segen,
sondern auch ein Fluch. Wie findet man nur, was man sucht? War
der Suchende anfänglich allein auf seinen Spürsinn angewiesen,
um fündig zu werden, traten nach einer Weile verschiedene Suchmaschinen auf den Plan, um ihm zu helfen. Das sorgte im ersten
Moment für Erleichterung. Positiv gefasst könnte man die Suchmaschinen als digitale Archivare bezeichnen. So wie es in einer großen
Universitätsbibliothek mit Millionen Schriften nur mit einem passenden Archivierungssystem möglich ist, das gesuchte Buch zu finden, wurden die Suchmaschinen zuerst als effiziente Führer im Informationsdschungel begrüßt. Die Gründer von Google, Larry Page
und Sergey Brin, waren besonders engagiert und bemühten sich

zusammen mit einem Team brillanter Informatiker, ihre Suchmaschine immer weiter zu optimieren, wobei sie sich anfänglich strikt *an den Bedürfnissen der Nutzer* orientierten. Die Daten, die diese beim Surfen im Internet hinterließen, wurden in einem Rückkopplungsprozess benutzt, um den Suchalgorithmus zu verbessern. Das war verdienstvoll, aber von einer kapitalistischen Perspektive aus gesehen gab es ein Problem: Obwohl die Firma von potenten Geldgebern unterstützt wurde, war zu Beginn nicht klar, wie man mit der philantrophischen Suchmaschinen-Philosophie von Google jemals würde Geld verdienen können. Dieser Makel im Weltbild einer kapitalistischen Verwertungslogik wurde existenziell, als 2000 die Dotcom-Blase platzte und es zum Börsencrash kam. Die gesammelte, bis dahin in den Himmel gehobene Hochtechnologie schlug mit einer vorher nicht vorstellbaren Härte auf dem Boden der Tatsachen auf. Binnen kurzer Zeit verlor der NASDAQ etwa 80 Prozent seines Wertes, und viele Hoffnungsträger gingen bankrott.

Google schaffte es mit Mühe und Not, am Leben zu bleiben, doch den Investoren fehlte jetzt endgültig die Bereitschaft, große Summen Kapitals in ein Unternehmen zu investieren, das sich nur an der eigene Brillanz berauschte, aber nichts verdiente.

Das Problem löste sich erst, als Google seine guten Vorsätze über Bord warf und einige »Visionäre« erkannten, dass sich die Daten, die beim Surfen im Internet anfallen, nicht nur benutzen lassen, um die Suchmaschine im Interesse der Nutzer zu verbessern. Diese liefern auch Informationen, aus denen sich ein mitunter *detailliertes Psychogramm des Benutzers konstruieren lässt.* Der virtuelle Flaneur streift ja nicht unbeobachtet durch die Datenräume. Im Gegenteil, er hinterlässt überall Spuren. Gerade wenn er eine Suchmaschine wie Google benutzt, wird jeder Klick an irgendeiner Stelle aufgezeichnet. Und wenn man eine Sekunde über diese digitale Fährte nachdenkt, dann versteht man schnell, dass sich mit ein wenig Raffinesse ein Persönlichkeitsprofil erstellen lässt, das den Flaneur zumindest in Teilen abbildet. Und solche Persönlichkeitsprofile der Nutzer sind für *personalisierte Werbung* wie geschaffen. Das ist die Königsklasse des Marketings. Was versteht man darunter?

Man stelle sich einmal einen Detektiv vor, der einen Mann beschattet. Herr X verlässt mit zerzaustem Haar, noch unrasiert, die Hornbrille schief auf der Nase, um kurz nach neun Uhr morgens sein Zuhause, in der Hand einen handgeflochtenen Weidenkorb. Zuerst steuert er einen Zeitungsladen an. Mit der ZEIT unter dem Arm schlendert er zu einem Café seiner Wahl und macht es sich draußen in der Morgensonne bequem. Er bestellt zuerst einen Cappuccino und ein Croissant, später noch einen Espresso. Während er genüsslich trinkt, liest er die Zeitung. Nach Abschluss der Lektüre, mehr als eine Stunde ist ins Land gegangen, sucht er einen Buchladen auf, macht anschließend noch ein paar Einkäufe auf dem Wochenmarkt, die er in seinem Korb verstaut, und begibt sich zur Mittagszeit wieder nach Hause. Am frühen Nachmittag öffnet er noch einmal kurz das Fenster, aber nur, um die Läden zu schließen. Offensichtlich Zeit für ein Nickerchen.

Ist der Herr Fliesenleger, Heizungsinstallateur oder Müllmann? Arbeitet er im Supermarkt oder in einer Bank? Vermutlich nicht. Eher handelt es sich wohl um einen Intellektuellen, der das Privileg der freien Zeiteinteilung kultiviert und sein Geld in irgendeiner Form als Freiberufler verdient. Oder Herr X ist Professor. Vielleicht hat er einen freien Tag. Oder er genießt sogar ein Sabbatical. Das sind Vermutungen. Aber sind sie völlig aus der Luft gegriffen?

Je länger Herr X nun beschattet wird, desto mehr schnurrt der Raum der Möglichkeiten ein. Aber was hat das mit personenbezogener Werbung zu tun?

Bisher wurde verschwiegen, dass der Detektiv von einem aufstrebenden Unternehmen, der SPY AG, bezahlt wird. Dieses hat viele große Waren- und Versandhäuser als Kunden. Bei den rapide steigenden Preisen für Papier, Druck und Versand haben sich diese Unternehmen entschlossen, die Einwurfsendungen mit Sonderangeboten nicht mehr nach dem Schrotflintenprinzip unter die Leute zu bringen. Das bedeutet, dass nicht jeder Empfänger alle Angebote und alle Kataloge bekommt. Stattdessen soll die Zustellung des Werbematerials »maßgeschneidert« sein, abhängig von den Vorlieben und Wünschen des Empfängers, die man bei der Beschattung protokolliert hat. Für diese aufwendige Dienstleistung lässt sich die SPY AG von ihren Kunden, den Warenhäusern, gut bezahlen.

Soll man Herrn X nun die Billigangebote des Penny-Markts in den Briefkasten werfen, auf der ersten Seite ein fahlrosafarbenes Stück Schweinehals, das Kilo für nur 3,99 Euro? Oder wäre es eine gute Idee, ihm den Handwerkerkatalog eines Baumarkts zukommen zu lassen, der eine bärenstarke Kettensäge aus tschechischer Herstellung bewirbt, die man für weniger als 150 Euro erwerben kann? Oder vielleicht doch lieber etwas Gediegeneres? Den neuen Katalog von Manufactum etwa. Vielleicht würde das aus Kirschholz gefertigte, mit aufwendigen Intarsien veredelte Stehpult sein Interesse wecken? Es könnte ihm helfen, seinen vom vielen Sitzen rund gewordenen Rücken zu entspannen.

Die Antwort, etwas gesunden Menschenverstand vorausgesetzt, ist naheliegend. Obwohl es, das muss betont werden, keine Sicherheit gibt. Nur Wahrscheinlichkeiten. Vielleicht hat der Mann auch einen schizophrenen Zug und er oszilliert bisweilen zwischen ökologisch korrektem Verhalten und Geiz. Dann geht er mit sich selbst ins Gericht, weil er auf dem Wochenmarkt das Biomaisgockelbrüstchen für 40 Euro das Kilo in den handgeflochtenen Korb legt. Was soll das? Ist Geistesnahrung denn nicht wichtiger als das, womit man sich den Ranzen stopft? In diesem Licht wäre der Schweinenacken zum Schleuderpreis doch eine Option. Es bliebe mehr Geld für antiquarische Erstauflagen aus dem 18. Jahrhundert.

Vergleichen wir nun Google mit der hypothetischen SPY AG, dann ist der Internetgigant millionenfach effizienter. Er braucht keine teuren menschlichen Detektive. Die Myriaden Datenspuren der Nutzer, die im Netz auf der Suche sind, werden auf raffinierte Weise maschinell ausgewertet. Aber das ist nur der vergleichsweise offenkundige Teil der digitalen Akte, die von jedem Nutzer angelegt wird. Persönliche Daten werden heute in allen nur denkbaren Zusammenhängen abgegriffen. So wurde ruchbar, dass Google mit seinen Street-View-Autos nicht nur Straßenzüge für Google Maps fotografierte, sondern sich bei der Gelegenheit auch gleich noch in unverschlüsselte WLAN-Netze einloggte, um persönliche Korrespondenz mitzulesen, aufzuzeichnen und auszuwerten. Autonome Staubsauger der Firma iRobot waren in der Lage, Grundrisse von

Wohnungen zu scannen und mit den eingebauten Kameras das Inventar und die Bewohner zu fotografieren. Der CEO der Firma, Colin Angle Reuters, träumte von einem lukrativen Geschäftsmodell und wollte 2017 diese sensiblen Daten an Google verkaufen. Als er mit dieser Idee an die Öffentlichkeit ging, stieg die Aktie von iRobot wie eine Rakete in den Himmel, bevor sich Protest regte (Zuboff 2018, 271). Nur zwei Beispiele einer unendlichen Palette von Möglichkeiten, nichts ahnende Menschen auszuspionieren.

Welchen Vorteil hat Google von der Archivierung von Milliarden Psychogrammen? Um die bekannteste Anwendung in ihrer Funktionsweise zu verstehen, stelle man sich jetzt einen mit allen Wassern gewaschenen Taxifahrer in Rio de Janeiro vor. Der ist aufgrund seiner 40-jährigen Erfahrung mit den Bedürfnissen und Gepflogenheiten seiner Kunden aufs Engste vertraut und generiert seine Einnahmen dadurch, dass er seine Ortskenntnis im Großstadtdschungel geschickt zu seinem Vorteil ausnutzt. Ein archetypischer Komplexitätsgewinner im Chaos des Alltäglichen. Zu seinem Standardrepertoire gehört es, einen Kunden niemals auf dem schnellsten Weg vom Flughafen zum Hotel zu bringen. Und natürlich tanzt sein Taxameter einen feurigen Samba, seit er geschickt die hemmenden Eichplomben entfernt hat.

Doch unabhängig davon hat er eine weitere Einnahmequelle entdeckt, die sich seinem feinen Gespür für Menschen verdankt. Die Schleifen, die er in der brasilianischen Großstadt dreht, sind nämlich maßgeschneidert und orientieren sich an den versteckten Wünschen seiner Kundschaft. Deshalb fährt unser gelehrter Herr X – jetzt auf Kulturreise in Brasilien – im Taxi einen anderen Kurs als Frau Y. Diese ist vor der Hand ähnlich bildungsbeflissen, in ihr zehrt aber auch noch eine geheime Sehnsucht. Einem Abenteuer mit einem biegsamen Carioca wäre sie nicht abgeneigt.

Unser Taxifahrer erhält nun Geld von Unternehmern, die große Werbetafeln aufstellen, auf welchen Produkte, Ereignisse und Dienstleistungen angepriesen werden. Der alte Fuchs durchfährt die brasilianische Großstadt dann immer so, dass er mit seinen Kunden wie zufällig ausgerechnet an den Tafeln vorbeifährt, die die unausgesprochenen Wünsche seiner Kunden zu befriedigen versprechen, weshalb sie mit großer Wahrscheinlichkeit zum Kauf oder zum Besuch animiert werden. Schauen wir zur Verdeutlichung auf Herrn X und Frau Y: Die erste Station ist für die beiden noch gleich. Auf einem großen Schild werden tropische Früchte, Sandwiches und Säfte angeboten. Die Bar, in der man die Delikatessen erwerben kann, befindet sich direkt hinter dem Schild. Der Taxifahrer zeigt auf das Schild, wohl wissend, dass seine Insassen nach dem langen Flug hungrig und durstig sind. Er legt ihnen nahe, doch noch ein bisschen was einzukaufen, da die Läden auch gleich schließen würden. Sie freuen sich, dass der freundliche Chauffeur mitdenkt,und schlagen beherzt zu. Jetzt teilen sich die Wege. An einer Ampelkreuzung fällt Herrn X ein riesiges Plakat auf. Der leidenschaftliche Jazzfan scheint Glück zu haben. Am nächsten Tag spielt der legendäre Hermeto Pascoal im *Teatro Ipanema*. Ein absolutes Muss für Herrn X, der anschließend noch auf ein mondänes Kaffeehaus und den größten Buchhändler der Stadt hingewiesen wird.

Die Reise fängt gut an, die Welt scheint sich auf geheimnisvolle Weise seinen Wünschen zu fügen.

Frau Y erlebt die Stadt von einer anderen Seite. Als Liebhaberin zeitgenössischer Kunst fällt ihr geschärfter Blick auf eine große Wand. Dort ist das *Museu Contemporanea* in Niteroi zu sehen, eines der Lieblingsprojekte des Architekten Oscar Niemeyer, ein Ufo aus Stein und Glas, das schwerelos über dem Gestade zu schweben scheint. Gerade sind ein paar Minuten vergangen, da wird Frau Y von einem Plakat der Diskothek *Balanço* gefesselt, sehnige, exotisch aussehende Männer, die sich lachend zum Rhythmus der Musik zu bewegen scheinen. Damit steht das Tagesprogramm für den nächsten Tag.

Der Unterschied zu Google? Sie müssen bei der Internetsuche keinen überhöhten Fahrpreis zahlen. Google nimmt kein Geld für diesen Dienst. Das ist Teil der Strategie. Ihnen wird ein attraktives Angebot gemacht, dass Sie als Hilfesuchender gerne annehmen, ohne wirklich zu ahnen, welchen Preis Sie dafür zu zahlen haben. Was soll an der Suchhilfe auch schlimm sein? Die gefällig gestaltete Maske, in die Sie Ihren Suchbegriff eingeben, sieht so harmlos aus, dass man nie auf die Idee kommen würde, dass sich hinter ihr eine fast unvergleichliche algorithmische Komplexität verbirgt, die auf die genialste Weise getarnt ist.

Doch wozu dient diese geballte Macht an künstlicher Intelligenz? Man kommt Google auf die Schliche, wenn man noch einmal über den Taxifahrer nachdenkt. Was ist seine wesentliche Befähigung, der sich sein florierendes Geschäftsmodell mit den Werbebannern verdankt! Die Unternehmer und Veranstalter zahlen ihn für seine *Menschenkenntnis!* Allein diese stellt sicher, dass der Fahrer die Psyche seiner Kunden in kürzester Zeit richtig liest. So fährt er genau die Banner an, die die Wünsche der Insassen ansprechen und mit großer Wahrscheinlichkeit zum Kauf verleiten.

Der Unterschied zu Google besteht zuerst einmal in der Art und Weise, wie solche Psychogramme erworben werden. Dem Taxifahrer haben wir eine fast ins Sagenhafte gehende Menschenkenntnis unterstellt, die sich jahrzehntelanger Erfahrung im Umgang mit Menschen verdankt. Google und Konsorten gehen anders vor. Sie sind aber im Ergebnis mindestens genauso erfolgreich. Sie werten akribisch die Wege der Nutzer im Netz aus. Auf der Grundlage dieser Informationen kann Google seinen Kunden einen sensationellen Service anbieten. Unter Verwendung der Nutzerprofile werden Werbeanzeigen punktgenau platziert, sodass die Wahrscheinlichkeit, dass diese angeklickt werden, groß ist. Im Unterschied zum Taxifahrer profitiert Google aber nicht direkt vom Verkauf der Waren. Google lässt sich von den werbenden Unternehmen für die Klicks der Kunden bezahlen, die sich die Werbung anschauen (Pay-per-Click). Dabei geht die Firma raffiniert vor. In einem virtuellen Bieterverfahren wird in Sekundenschnelle entschieden, welcher Werbepartner die für Google günstigsten Konditionen bietet und deshalb bevorzugt behandelt wird, da nur seine Werbung eingeblendet wird oder diese besonders auffällig positioniert ist.

Wir sind also mit einer erstaunlichen Tatsache konfrontiert: Das Internet ist kein statischer virtueller Raum, der für alle Nutzer gleich aussieht. In Abhängigkeit von der eigenen Historie verändert sich seine Gestalt, sodass unterschiedlichen Nutzern verschiedene Ansichten präsentiert werden können. Wenn Vater und Mutter mit ihrer zwölfjährigen Tochter *in der realen Welt* das Haus verlassen, dann steht auf deren Parkplatz für alle sichtbar ihr in die Jahre gekommenes Familienauto. Sind sie aber im virtuellen Raum, könnte der Vater einen Sportwagen, die Tochter einen lässigen Kapuzenpullover und die Lebenspartnerin ein kostbares Perlenkollier sehen. So werden Wünsche Wirklichkeit. Das gilt natürlich nicht für alle Aspekte des Internets, aber für einige. Und das Platzieren personalisierter Werbung ist nicht das einzige Feld, wo ein hinter den Kulissen agierender Algorithmus bei Google eine einschüchternde Gestaltungsmacht hat.

Allein das harmlos erscheinende Suchfeld von Google, übertitelt mit einem kindlich anmutenden Schriftzug, der nichts Böses erahnen lässt, kann den Menschen den Angstschweiß auf die Stirn treiben. Gerade wenn ihr beruflicher Erfolg von der medialen Selbstdarstellung abhängig ist. In solchen Fällen besteht die Gefahr, dass das einfältig erscheinende Suchfeld zum Portal einer persönlichen Hölle wird. Die mächtigste Suchmaschine der Welt entscheidet schließlich alleine, was ans Licht gehoben wird, gibt man etwa den eigenen Namen ein. Das hat mit einem Abbild realer Eigenschaften und Fertigkeiten wenig zu tun. In der Konsequenz kann es zu grotesken Verzerrungen kommen, die an Kafkas Erzählung *Die Verwandlung* erinnern, in der der Protagonist Gregor Samsa morgens in der Gestalt eines Käfers aufwacht. Die von Google produzierten *informellen Dysmorphien* kann jeder Mensch für sich selbst erfahrbar machen, vorausgesetzt, dass es Informationen über ihn im Internet gibt. Die Darstellung der eigenen Person verändert sich fast täglich. Man fühlt sich dann in der Fremdbeschreibung als vielgestaltiges Wesen, meistens mehr recht als schlecht getroffen, und wundert sich, warum biografische Banalitäten aufgeblasen werden, während das, was man selbst für wichtig hält, gar nicht auftaucht. So hat man den Eindruck, vor einem verhexten Spiegel zu stehen, der seinen Schabernack mit dem Betrachter treibt: Mal ist der Kopf so klein wie der eines Huhns, die Hände fehlen völlig. Dafür sehen die Füße aus wie Boote. Wenige Tage später hängt der verzwergte Körper wie ein vertrocknetes Insekt unter einem aufgedunsenen Gesicht, das von wulstigen Lippen und einer weit in den Raum ragenden Nase beherrscht wird.

Das erinnert in seiner Willkür an ein weiteres Werk Kafkas. In dem Roman *Das Schloss* sieht sich der Landvermesser K. einem unergründlichen Kanon von Regeln ausgeliefert, die sein Schicksal beherrschen, ohne dass er im Mindesten in der Lage wäre, diese zu durchschauen. »Wer zieht die Fäden?« ist die Frage, die ihn beschäftigt. »Wer steuert die Morphokinetik des eigenen Abbilds im virtuellen Raum?« ist eine Frage, die uns beschäftigen sollte. Das ist kein Jemand. Das ist ein Es. Der Spindoktor ist der berüchtigte *Suchalgorithmus* von Google, entwickelt von einigen der versiertesten Programmierern der Erde, der auf der Grundlage streng geheim gehaltener Wichtungen und Wertungen entscheidet, welche Informationen bei Google nach oben wandern und sichtbar werden oder nach unten rutschen und damit im Orkus der Bedeutungslosigkeit verschwinden. Wenn man von der medialen Selbstdarstellung nicht abhängig ist, kann man diesem kryptischen Vexierspiel mit heiterer Gelassenheit begegnen. Für Menschen, die darauf angewiesen sind, medial sichtbar zu sein, kann der geheimnisvolle Algorithmus über Erfolg oder Arbeitslosigkeit entscheiden. Entsprechend groß sind die Ängste, wenn er modifiziert wird und die Gefahr besteht, in der Google-Welt in der Bedeutungslosigkeit zu versinken. Von diesen Ängsten lebt mittlerweile eine Multimilliarden-Dollar-Industrie, die mit allen Tricks und Kniffen versucht, Google in die Karten zu schauen. Diese *Suchmaschinenoptimierer* tun alles, damit ihre Kunden medial ins Licht gerückt werden, was einfach bedeutet, dass sie bei bestimmten Suchbegriffen weit oben auf der Google-Liste erscheinen.

Kommen wir jetzt noch einmal auf die Tatsache zurück, dass Suchmaschinen und soziale Medien Daten der Nutzer abgreifen, um sie in unterschiedlichen Kontexten zu Geld zu machen, dann müssen wir an dieser Stelle noch etwas ausführlicher über Facebook sprechen. Das liegt nicht nur daran, dass die von Facebook verwendete Methode ausnehmend raffiniert ist. Sie führt auch zur *Einengung des weltanschaulichen Horizonts der Nutzer*, was in den folgenden Kapiteln von Bedeutung sein wird.

Um die Methode von Facebook nachvollziehen zu können, soll zuerst ein Gefühl für *Korrelationsmathematik* vermittelt werden, die, obwohl von Computern betrieben, zu vergleichbaren Ergebnissen kommen kann wie menschliche Erfahrung (die in ihrem Kern vermutlich ebenfalls auf der Bewertung von Korrelationen beruht).

In den bisherigen Beispielen waren es Menschen, die sich auf ihre Erfahrung verlassen haben: unser Detektiv und der schlitzohrige Taxifahrer in Rio de Janeiro.

Um zu verstehen, wie *Computer* im Prinzip vorgehen, um zu vergleichbaren, wenn nicht sogar besseren Ergebnissen als Menschen zu kommen, denke man jetzt bitte an einen Supermarkt. Eine junge Frau kauft ein großes Paket Windeln. Was für ein Produkt würde man als Geschäftsführer in unmittelbarer Nachbarschaft platzieren, in der Hoffnung, dass sie es ebenfalls in den Wagen packt und kauft? Ein Antifaltenmittel für die Generation Ü-60? Hühneraugenpflaster, Thrombosestrümpfe und Billigbrillen, die Altersweitsichtigkeit korrigieren? Oder vielleicht besser Schnuller, Baldriantropfen und Oropax? Vielleicht gar ein günstiges Ferienangebot für junge Eltern mit Kindern, wobei die Kleinen von eigens geschulten Animateuren den ganzen Tag beschäftigt und umsorgt werden, sodass die Möglichkeit besteht, mit dem Partner einmal ein ungestörtes Gespräch zu führen?

Wie betont lassen sich solche Fragen auf der Basis des gesunden Menschenverstands beantworten. Andere Methoden bedienen sich ausgefeilter Statistik. Eine große Handelskette, ein bekannter Drogeriemarkt etwa, könnte nämlich einfach die Kassendaten auswerten. Dabei zeigt sich, dass der Kauf von Windeln und von Schnullern positiv korreliert ist. In 72 Prozent der Fälle werden auch Schnuller gekauft, wenn Windeln im Einkaufswagen liegen. Das sieht bei Windeln und Thrombosestrümpfen ganz anders aus: Nur in zwei Prozent der Fälle werden diese gemeinsam erstanden. Diese Informationen können nun vom Unternehmen benutzt werden, um für Außenstehende nicht erkennbare *Wege wahrscheinlicher Wünsche* in seinem Markt anzulegen. Junge Mütter werden so wie von Geisterhand durch den Markt gezogen, und ein Wunschprodukt nach dem anderen reiht sich aneinander, entwickelt einen unterschwelligen »Magnetismus«, bis sie endlich an der Kasse stehen. Genauso geht es der alten Dame mit dem Rollator, nur dass sich ihr Weg durch den Markt von dem der jungen Frau unterscheidet.

Das Wissen um Korrelationen lässt sich also in klingende Münze verwandeln, da man auf dem Weg der Wünsche mit größer Wahrscheinlichkeit für notwendig erachtete Produkte in den Wagen wandern lässt und natürlich noch das eine oder andere ergreift, was man eigentlich gar nicht zu kaufen beabsichtigte. Voraussetzung für effiziente Wege sind allerdings große Datenmengen. Nur auf deren Grundlage lassen sich aussagekräftige Korrelationen ermitteln.

Und diese Datenmengen haben etwas Beunruhigendes. Die erworbenen Waren erzählen ja etwas über den Käufer sowie seine Wünsche und Bedürfnisse. Zahlt dieser etwa mit einer von der Handelskette herausgegebenen Vorzugskarte, für die man seine Personalien angeben muss, dann kann man die Kassendaten der Kunden erneut benutzen, um personenbezogene Werbung zu verschicken. Der jungen Frau werden andere Angebote zugeschickt als der älteren Dame.

Aufsehen erregte in diesem Zusammenhang eine Jugendliche, deren Eltern sich aufregten, da ein Drogeriemarkt ihr Produkte anbot, die normalerweise von Schwangeren gekauft werden. Bis zu diesem Moment war ihr nicht bewusst, dass sie Mutter wird. Als sie dann einen Test machte, stellte sich heraus, dass sie tatsächlich ein Kind erwartete. Einige wenige Kaufentscheidungen hatten dem Alogrithmus also gereicht, ein Wissen zu generieren, das sie selbst noch nicht hatte.

Das ist eindrücklich, aber nichts gegen das, was einen im Internet erwartet. Dort, nicht im Drogeriemarkt, liegt das wahre Dateneldorado. Es gibt nämlich die Möglichkeit, Milliarden von Menschen auszuspionieren, um dann die heimlich abgegriffenen Verhaltensdaten zu Geld zu machen. Gerade das soziale Netzwerk Facebook hat es im Abschöpfen persönlicher Daten zur Meisterschaft gebracht. Dass sich die wenigsten Menschen gegen diese Geschäftsgebaren wehren, hat einen einfachen Grund: Vor der Hand scheinen die Vorteile größer zu sein als die Nachteile. Die Unternehmen bieten dem User kostenfrei einen offensichtlichen Nutzen, der die nur diffus empfundenen Nachteile mehr als aufzuwiegen scheint.

Virtuelle Skinnerbox – der Computer als Verhaltenslabor

Um zu verstehen, wie die Verführungsstrategien von Firmen wie Facebook funktionieren, erinnern wir uns in einem ersten Schritt an den Onkel, vor dem uns unsere Großeltern als Kinder immer gewarnt haben. Die undurchsichtige Gestalt verschenkt mit einem Lächeln im Gesicht Bonbons, obwohl sie nichts Gutes im Schilde führt.

In vergleichbarer Weise setzt sich die Strategie von Social-Media-Plattformen wie Facebook häufig aus fünf elementaren Bausteinen zusammen: Zuerst wird der Nutzer gelockt. Dann macht man ihn gefügig. Im weiteren Verlauf ist das Entstehen von Abhängigkeiten nicht ausgeschlossen, vermutlich ist es erwünscht. Endlich werden die ersehnten Daten abgegriffen, um sie zum Schluss zu Geld zu machen.

Was ist das für ein Lockmittel, mit dem ein Unternehmen wie Facebook arbeitet? Facebook stellt in Aussicht, gleich ein Bündel grundlegender menschlicher Wünsche zu befriedigen. Ganz offenkundig wirbt das Unternehmen damit, weltweit Freunde zu finden und mühelos seine sozialen Beziehungen pflegen zu können. Darüber hinaus fungiert die Plattform potenziell als Partnerportal. Außerdem ist sie hervorragend geeignet, sich selbst als Mensch in Szene zu setzen. Im Gegensatz zum wirklichen Leben, in dem sich Situationen oft ungeplant entwickeln, unterliegt die virtuelle Inszenierung der eigenen Kontrolle – ein unschätzbarer Vorteil im globalen Kampf um Aufmerksamkeit und Ansehen.

Wie weiter oben bereits erörtert ist das Bestreben, sein Ansehen zu vergrößern, eine fulminante Triebkraft! Im Vergleich mit herkömmlichen Medien wie Zeitung, Hörfunk und Fernsehen bietet das Internet aber neue verführerische Möglichkeiten: Jeder, der will, kann sich zum Regisseur seiner eigenen Person aufschwingen und wird so zum Autor seiner bisweilen fiktionalen Lebensgeschichte. Entscheidend ist nicht die Faktentreue. Es geht allein darum, millionenfach Likes, Freunde oder Follower zu generieren, um im Wettbewerb um Aufmerksamkeit und Ansehen oben mitzuschwimmen. Wie man das schafft, ist *völlig egal!* Die Entkopplung von Können und Beachtung erreicht hier ihren Höhepunkt. Der »Baby Shark Dance« von Pinkfong wurde auf Youtube über 13 Milliarden Mal geklickt! Es ist das erfolgreichste Video aller Zeiten! Und in Deutschland wurden zwei halbwegs begabte Mädchen wie Lisa und Lena, die ihre Lippen rhythmisch zur Musik bewegen und dabei alberne Grimassen schneiden, zu hofierten Idolen.

Das ist die Proliferation des Banalen. Die Möglichkeit, sich selbst in Text, Bild und Film nach eigenem Gusto in Szene zu setzen und seine Ichbotschaften auf der ganzen Welt zu verbreiten, hat also etwas Magisches. Und dieser Köder wird von Facebook weidlich genutzt, auch wenn natürlich nicht jeder, der dieses Medium verwendet, sein Ego liftet.

Wie betont, es ist ein wichtiger Teil des Geschäftsmodells, dass der Genuss dieser »Annehmlichkeiten« nichts kostet. Trotzdem sind nach der Preisgabe der persönlichen Daten einige kleine Opfer fällig. Da ist zuerst der arglose Klick, mit dem man die Geschäftsbedingungen akzeptiert. Diese sind absichtlich so komplex und ausufernd, dass selbst gestandene Rechtsexperten überfordert sind, deren Tragweite richtig einzuschätzen zu können. Das ist eine juristische Komplexitätsfalle zweiter Art, die im Angelsächsischen als *»Click & Wrap«* bezeichnet wird. Das bedeutet, dass man eingewickelt wird, wenn man den Geschäftsbedingungen zustimmt. Es existieren Untersuchungen, dass man für das Studium einiger

Verträge Monate bräuchte, wenn man sich jeden Tag acht Stunden mit ihnen beschäftigen würde (Zuboff 2018, 70). Des Weiteren muss der Benutzer bereit sein, sich maschinenlesbar zu machen. Da Maschinen nicht so klug sind wie Menschen, haben *wir* uns aus eigenem Entschluss auf deren Niveau zu begeben, damit wir systemkompatibel und auslesbar werden (Wehr 2015).

An dieser Stelle könnte sich Widerstand regen. Auf Portalen wie Facebook kommuniziert man doch mit Menschen! Das ist vordergründig richtig. Das Schnittstellendesign der Benutzeroberfläche ist aber alles andere als beliebig. Damit bei Facebook der Rubel rollt, muss gewährleistet sein, dass das *Klickverhalten* genau ausgelesen werden kann. Wann wird welches Bild oder welcher Link aktiviert, und was folgt dann? Wie läuft also der Mauszeiger über den Bildschirm? Das sind die Daten, die die nachgeschalteten Superrechner brauchen, damit aus eigentlich privaten Informationen prall gefüllte Bankkonten werden. Bevor wir diesen Mechanismus hinterfragen, wollen wir noch kurz die Gefahr erörtern, in Abhängigkeiten von einem sozialen Medium zu gelangen. Ist es wirklich möglich, dass solche entstehen? Die Evidenz ist groß. Die offensichtlichste Form der Abhängigkeit ist vielen bekannt: Bequemlichkeit macht unbeweglich. Grundlegende Fertigkeiten werden entweder gar nicht mehr gelernt oder verkümmern. Wer es zum Beispiel gewohnt ist, alles, was er sucht, mit seinem Navi zu finden, wird sich schwertun, wieder nach Karte zu fahren, wenn die Maschine nicht zur Hand ist. Und wer stundenlang potenzielle Sexualpartner auf Tinder nach dem Wisch-und-weg-Verfahren selektiert, dem fehlt die geschmeidige Selbstverständlichkeit, auf der Straße spontan einen lockeren Spruch rauszuhauen.

Darüber hinaus ist es wahrscheinlich, dass echte psychische Abhängigkeiten entstehen können. Unser für Manipulationen empfindliches Dopaminsystem reagiert nämlich auf die *Erwartung* von Neuigkeiten – nicht auf die Neuigkeiten selbst.

Dieser Umstand macht es erklärbar, dass einige Menschen den Eingang auf ihrem Smartphone tausendmal (!) am Tag überprüfen. Und da sich außerdem viele Menschen über ihre sozialen Beziehungen definieren, kann man sich ausmalen, was es bedeutet, wenn in diesem sensiblen Bereich etwas schiefläuft. Werden die realen Beziehungen auf Kosten der virtuellen ausgedünnt, hat es gerade für Heranwachsende fatale Konsequenzen, wenn sie im Netz gemobbt und isoliert werden (Diefenbach/Ulrich 2016). Dann stehen sie völlig alleine da.

Nachdem nun der Kunde gelockt und gefügig gemacht wurde und nicht selten auch in Abhängigkeitsverhältnissen verstrickt wird, kommt für viele Anbieter sozialer Netze der ersehnte Moment: die Ernte. Die begehrten Daten müssen heimlich abgeschöpft werden, damit sie sich anschließend zu Geld machen lassen. Um sich diesen Mechanismus zu verdeutlichen, hilft es, sich den Computerbildschirm wie eine Trennscheibe zwischen zwei völlig verschiedenen Welten vorzustellen. Vor der Scheibe sitzt ein meist ahnungsloser Mensch, der mit Freunden herumblödelt, mit der Liebsten Geheimnisse austauscht, einen Film guckt oder auch mal eine Werbung checkt. Hinter der Scheibe sieht die Welt ganz anders aus! Dort findet man ein *Verhaltenslabor*, in dem gut bezahlte Computer- und Kognitionswissenschaftler sowie Statistikkoryphäen arbeiten. Man darf sie sich guten Gewissens im weißen Kittel vorstellen. Es geht schließlich darum, das Nutzerverhalten wissenschaftlich zu erfassen. Die dem Benutzer abgewandte Seite ist deshalb so etwas wie ein ausgeklügelter Experimentalaufbau eines behavioristischen Psychologen. Behavioristen wie Burrhus Frederic Skinner waren von der Idee beseelt, die Psychologie auf Reiz-Reaktions-Schemata zu reduzieren und ihr so das Gepräge einer harten Naturwissenschaft zu verpassen. Dazu müssen sich Input- und Outputdaten exakt kontrollieren und protokollieren lassen.

Unmittelbar anschaulich wird diese Zweiweltentheorie bei Menschen, die ihre Bücher gerne auf einem Kindle von Amazon lesen. Selbst wenn sie scheinbar alleine mit einer Tasse Tee vor dem Kamin sitzen und genüsslich schmökern, verfolgt sie der Konzern wie ein Schatten, zeichnet minutiös auf, wann Texte überflogen und wann sie sorgfältig studiert werden. Angeblich werden diese Informationen dazu verwendet, in Zukunft erfolgreichere Bücher zu produzieren. Bleibt anzumerken, dass auch Netflix auf dieselbe Weise vorgeht (Dormehl 2014, 200).

Für die Wissenschaftler von Facebook & Co. ist also die Frage interessant, wie ein Nutzer, über den man im Laufe der Zeit immer mehr erfährt, reagiert, wenn er in einem bestimmten Augenblick ein fragliches Item, etwa eine Werbeanzeige, auf dem Bildschirm sieht. Klickt er, klickt er nicht? Wie lange bleibt er auf der Seite? Und wohin navigiert er dann? Diese wertvollen Datenspuren ergeben für unsere Forscher so etwas wie eine *in der Zeit diskretisierte individuelle Verhaltenskinetik*. Diese ist umso aussagekräftiger, je *länger* sich der Nutzer auf Facebook aufhält. Und damit müssen wir kurz auf Mark Zuckerberg zu sprechen kommen, der nicht müde wird, dem Nutzer einen perfekt auf ihn zugeschnittenen *Newsfeed* zu versprechen. Der Newsfeed ist so etwas wie das Herzstück vieler sozialer Netzwerke. Hier bekommt man Inhalte und sogenannte Status-Updates der anderen Nutzer zu sehen, außerdem wird man mit Nachrichten versorgt, die den eigenen Interessen entsprechen. Im ersten Moment klingt Zuckerbergs Versprechen unverfänglich. Aber die Motivation ist nicht selbstlos. Eine bevorzugt an den eigenen Vorlieben orientierte Darstellung von Nachrichten, die man auch noch selbst durch Filtereinstellungen einengen kann, ist ein *selbstbezügliches Optimierungssystem mit dem eigenen Ich als perspektivischem Fluchtpunkt*. Deshalb gleicht ein personalisierter Feed von Nachrichten weniger einem Blick in die Welt als vielmehr einer ausdauernden Beschäftigung mit dem eigenen Spiegelbild. Die ohnehin schon beschränkte Echokammer schnurrt zur Egoblase zusammen. Wie es scheint, ist das vielen nicht unangenehm. Im Gegenteil. Und das ist im Sinne von Facebook, denn die Verweildauer auf der Seite wächst und damit das abschöpfbare und interpretierbare Datenvolumen. Denn die Egoblase ist nichts anderes als eine aus den eigenen Wünschen gefertigte virtuelle Skinnerbox eines verhaltensbiologischen Labors. Wie mit einem Versuchstier werden dort unter kontrollierten Bedingungen Reiz-Reaktions-Messungen gemacht, um dann über die erhaltenen Korrelationen auf die Psyche des Nutzers zu schließen.

Es ist eine interessante, wenngleich schwierige Frage, welche Daten erhoben werden, wie sie ausgewertet, interpretiert, verwendet und verkauft werden. Geht es tatsächlich nur um die oben angesprochene personalisierte Werbung? Hier hüllen sich die Unternehmen in Schweigen.

Zumindest der erste Teil der Frage sollte sich aber klären lassen. Nach Paragraf 15 der Datenschutzgrundverordnung muss jeder Nutzer seine Daten in Europa einsehen dürfen. Allerdings verhalten sich viele Konzerne bei Nachfragen wie ein nasses Stück Seife in der Badewanne. Am Anfang wird meist abgewiegelt: Man möge bitte den eigenen Verlauf checken. Hakt man jedoch nach, dann erhält man endlich den sogenannten *Clickstream*. Das ist sozusagen der umfassende Laborbericht, das digitale Gedächtnis. Jeder gedrückte Like-Button, alle aktivierten Links, jedes betrachtete Bild und jeder geschaute Film sind minutiös aufgeführt, und alle Klicks lassen sich mit exakten Zeitangaben versehen. Dazu kommen Seiten, die man vorher besucht hat, samt solcher, die man danach anguckte. Alleine diese Datenfülle ist beeindruckend und leider auch verräterisch: Seit der Studie von Michal Kosinski von der Stanford University weiß man, wie *wenig* Information ausreicht, um teils intime Details über Menschen zu erschließen. Der Wissenschaftler zeigte das anhand der Verwendung des Like-Buttons. Nur durch die Analyse der Likes, die ein Nutzer verteilt, lassen sich mit recht großer Sicherheit sein Geschlecht und seine seine Hautfarbe sowie seine sexuellen Präferenzen und seine politischen Anschauungen ermitteln. Diese Erkenntnisse verdanken sich der angesprochenen Korrelationsstatistik.

Darüber hinaus drängt sich die Frage auf, ob die Analyse der Daten noch weitergehender ist. Das Datenmaterial, das Konzerne wie Facebook en masse generieren, ist schließlich wie geschaffen für die forcierte Bearbeitung mit neuesten KI-Algorithmen, die eben eine Sache ganz herausragend können: Korrelationen ermitteln.

Und in diesem Zusammenhang wird man skeptisch, wenn man an die letzten Facebook-Skandale denkt. Nach einer Recherche der *New York Times* soll Facebook ausgerechnet Firmen wie Google, Amazon, Microsoft und Spotify deutlich mehr Nutzerinformationen zur Verfügung gestellt haben, als bisher bekannt war. Auch passiert es immer wieder, dass Firmen wie etwa Cambridge Analytica Zugriff auf Facebook-Konten bekommen. Welche Korrelationen dann hinter hohen Mauern zu welchem Zweck abgeleitet werden, wird wohl bis auf Weiteres das Geheimnis der Firmen bleiben, die mit diesen unseren Daten arbeiten. Bekannt ist, dass Cambridge Analytica sowohl beim Wahlkampf von Donald Trump als auch beim Brexit seine Finger mit im Spiel hatte. Prinzipiell lassen sich solche Firmen aber nur ungern in die Karten blicken. Ein Blick hinter die Mauern des Schweigens gelang erst, als der Whistleblower Chris Wylie, ehemaliger Mitarbeiter von Cambridge Analytica, auspackte und sagte, dass sie auf der Grundlage von Facebook-Profilen Modelle aufgebaut hätten, um »die inneren Dämonen der Menschen zu adressieren« (Zuboff 2018, 321). Und zwar auf der Grundlage psychologischer Profile, die man ohne ihr Wissen erstellt hatte.

Vor diesem Hintergrund empfiehlt es sich für einen kritischen Nutzer, genau darüber nachzudenken, für welche Zwecke er Computer und Smartphones gebrauchen möchte.

Magische Mimikry und digitale Spione

Bis zu dieser Stelle bestand das fragwürdige Vorgehen darin, heimlich Nutzerdaten abzugreifen, selbst wenn wir uns unbeobachtet wähnen, um auf der Grundlage dieses postmodernen Rohstoffs Geld zu verdienen. Das Abbild der Welt, das wir im virtuellen Raum wahrnehmen, wird zu diesem Zweck geframt und zu Egotunneln verformt, um die Aufenthaltsdauer zu erhöhen, da wir uns offensichtlich gerne mit uns selbst beschäftigen. Aber zumindest die *Authentizität von Bildern und Tönen in Welt Zwei* blieb halbwegs unangetastet. Aber auch das ist Vergangenheit.

Unabhängig von der Verwendung sozialer Medien verformt sich der virtuelle Raum heute bisweilen zu einem magischen Kabinett, bei dem sich die wahrgenommenen Bilder nicht mehr auf

Gegenstände der wirklichen Welt beziehen, sondern sich den gestalterischen Vorstellungen eines mitunter bösartigen Schöpfers verdanken. Das Überwachungsregime von Firmen wie Google und Facebook oder Verizon wird noch einen Zahn weitergedreht, da unethisch angewandte AI es erlaubt, in unsere tiefsten Seelenräume einzutauchen, ohne dass wir es ahnen. So wird es immer schwieriger, mitunter unmöglich, authentische Informationen von raffinierten Fakes zu unterscheiden. Die Grundlage dieser dystopischen Transformation ist die angesprochene umfassende Digitalisierung verschiedenster menschlicher Kommunikationskanäle. Wir erinnern uns, dass die Aufnahme von Stimmen und Konzerten zu Beginn *etwas ganz anderes* war als eine fotografische Abbildung oder ein Film. Die ursprünglichen Speichermedien waren völlig verschiedene, genauso wie die physikalischen Signale, die gespeichert wurden. Man denke noch einmal an die erste Tonaufnahme, eine in eine Rußschicht gekratzte Wellenform, und vergleiche diese Speicherform mit den Bildplatten einer Daguerrotypie. Dieser Unterschied ist heute verschwunden, die Digitalisierung von Signalen, deren Speicherung und die Rückübersetzung in ein dann wieder sensorisch detektierbares Signal verdanken sich der Lingua franca der Technologie: der Digitalisierung. Egal, ob es sich um eine Schallwelle oder ein optisches Signal handelt, die physikalisch verschiedenen Signale werden in binären Einheiten codiert: Myriaden von Nullen und Einsen. Und aus diesen informellen, körperlosen Daten lassen sich verschiedenste Muster auslesen. Das funktioniert ebenfalls mit hochpotenten KI-Algorithmen. In solchen Mustern können dann persönliche Eigenarten sichtbar werden. Etwa die individuelle Art und Weise, wie jemand in seinem Vokaltrakt Laute bildet, um schließlich Wörter und dann Sätze und Texte zu artikulieren. In derselben Weise lassen sich Mimik und Gestik analysieren. Das ist die eine, die analytische Seite der Medaille. Die andere betrifft Möglichkeiten der Synthese. Auf der Grundlage dieser Informationen lassen sich etwa Stimme und Habitus perfekt *simulieren*. Das hat unangenehme Konsequenzen.

Viele bis dato für unverwechselbar gehaltene Persönlichkeitsmerkmale lassen sich bereits heute in Bild und Ton eindrücklich imitieren. Das gilt vor allen Dingen für die Stimme. Es reichen nur 20 Minuten Sprachmaterial, das viele Menschen nichts ahnend im Netz verfügbar machen, damit ein Computer in der Lage ist, Gesprochenes zu analysieren und dann authentisch nachzuahmen! Mithilfe eines Programms wie *VoCo* von Adobe wird jeder Satz, den man mit *Tastatur* eingibt, mit der Stimme wiedergegeben, die vorher gesampelt, also aufgenommen wurde. *Damit kann man jemanden Dinge sagen lassen, die er selbst nie sagen würde.* Das kann ernste Folgen haben. Was würde zum Beispiel passieren, wenn sich Pädophile diese Imitationsfähigkeiten des Computers zunutze machen und vermeintlich mit der Stimme der Eltern auf die Mailbox der Kinder sprechen?

»Nicole, hier ist Mama. Komme bitte nach dem Reiten um 18 Uhr zu dem Parkplatz am Waldrand! Wir holen dich ab!« Auf dem Parkplatz warten aber nicht die Eltern, sondern der Verfasser der trügerischen Botschaft.

Und damit sind die Möglichkeiten des Betrugs nicht ausgeschöpft! Es ist Stand der Technik, auf der Grundlage von Filmaufnahmen herauszufinden, in welcher Weise Menschen beim Sprechen ihren Mund bewegen und mit welcher Mimik sie das tun. Und nach der Analyse folgt wieder die Synthese. Im Resultat kann man eine Zielperson in einer computergenerierten *Film*aufnahme jeden denkbaren Satz artikulieren lassen: *mit ihrer persönlichen Stimme und ihrer eigenen Mimik!*

Die Systeme werden in wenigen Jahren perfekt sein. Wer kann vor diesem Hintergrund noch entscheiden, was echt ist und was gefälscht wurde? Und was wird das in Zukunft für Konsequenzen haben? Eine Sache auf alle Fälle ist sicher: Seriöse Authentifizierung wird im digitalen Lügenland zum Herrschaftswissen werden, denn hoch entwickelte digitale Analyseverfahren, mit denen sich der Schwindel aufdecken ließe, stehen dem Gros der Nutzer nicht zur Verfügung.

Diese verstörende Entwicklung hat sich schon länger angekündigt, in den letzten Jahren aber an Fahrt aufgenommen. Als analoge Fotos noch aufwendig in der Dunkelkammer entwickelt wurden, war viel handwerkliche Finesse notwendig, um ein Bild glaubwürdig zu manipulieren. Das Gleiche galt für die früheren Zelluloid- und Polyesterfilme. Aus diesem Grund konnte man als Betrachter einigermaßen sicher sein, dass das, was auf einem Foto oder im Film zu sehen war, auch tatsächlich so gewesen war. Doch schon 1994 konstatierte der Medienwissenschaftler William J. Mitchell, dass die Sicherheit, ein Foto dokumentiere die Wirklichkeit, unwiederbringlich Geschichte wäre (Mitchell 1994, 82). Schon mit damaliger digitaler Technik gelang es, Fotos, auf denen Politiker zu sehen waren, so zu arrangieren, dass der Kontext der Beziehung zwischen den Personen verändert wurde. Aber das war harmlos im Vergleich zu gegenwärtigen Möglichkeiten. Im optisch-akustischen Bereich gibt es eigentlich nichts mehr, was sich nicht überzeugend fälschen ließe. *Deshalb haben seit Neuestem auch vertonte Filme als Dokumentation tatsächlichen Geschehens ausgedient.*

Um im nächsten Schritt das Thema der *Durchleuchtung* in den Blick zu nehmen, ist ein Perspektivwechsel notwendig. Es gelingt nämlich nicht nur, Menschen ziemlich perfekt zu imitieren, sie lassen sich mit den passenden Werkzeugen auch auslesen und interpretieren.

Betrachten wir eine ganz alltägliche Gesprächssituation! Der Inhalt der Worte ist nur ein kleiner Teil der Information, der zwischen Sprechenden ausgetauscht wird. Viele andere wichtige Dinge schwingen in einer Unterhaltung mit: die Körperhaltung, der räumliche Abstand, das Mienenspiel, Stimmlage und Betonung. Obwohl wir diese sublimen Informationen meist nicht bewusst wahrnehmen, sind sie wichtig, um das Gesagte richtig bewerten und einordnen zu können.

Interessanterweise lassen sich Deep-Learning-Algorithmen so trainieren, dass sie in solchen Situationen viel genauer hinschauen können als Menschen und ihnen deshalb im fein gewobenen Spiel der Emotionen nichts entgeht. Natürlich verstehen die Computer die Gefühle nicht. Sie lesen aber deren Zeichen! Und das reicht *den*

Menschen, die die Maschinen in ihrem Sinne ge- oder missbrauchen. Sie können mittels dieser Informationen auf die seelische Verfassung der observierten Menschen schließen. So lässt sich etwa das Mienenspiel minutiös analysieren. Und Körpersprache und Gangbild zeigen, ob sich jemand unsicher fühlt oder in irgendeiner Weise auffällig ist. Auch die Stimme gibt Geheimnisse preis. Sie verrät dem Computer zum Beispiel, ob der Observierte depressiv ist oder Gefahr läuft, an Parkinson zu erkranken. Und als wenn das nicht genug wäre, gibt es mittlerweile Firmen, die vorgeben, Probanden mittels analysierender Algorithmen umfassend charakterisieren und säuberlich in Schubladen einordnen zu können. Es existieren große Unternehmen, die Software dieser Art verwenden, um Bewerber zu bewerten. Man kann sich leicht ausmalen, dass in Zukunft auch Headhunter Sprachdaten im Internet bei der Suche nach geeigneten Persönlichkeiten durchforsten. Es gibt Kritiker, die die Verlässlichkeit der Verfahren bemängeln. Andere, wie die Informatikerin Julia Hirschberg von der Columbia State University, halten die Bewertung der Persönlichkeit auf der Basis von Sprachdaten für seriöse Wissenschaft. Hirschberg selbst hat ein Programm entwickelt, das Lügner besser enttarnt als jeder Mensch. Was passiert, wenn ein solches Werkzeug im Sultanat Brunei in Verhören zur Anwendung kommt, um etwa die sexuelle Präferenz zu erfragen? Dort wurde damit gedroht, Homosexualität mit dem Tode zu bestrafen.

Wir sind als Gesellschaft also aufgefordert, klare Regeln setzen, sonst sind in naher Zukunft dystopische Szenarien denkbar.

Einen Vorgeschmack gab es bereits 2016, als in Russland die App *Find Face* auf den Markt kam. Mit dieser App lässt sich ein Foto eines Menschen seinem Profilbild in den sozialen Medien zuordnen. Bis vor Kurzem war die App auf das russische Facebook-Pendant VK beschränkt. Das wird nicht so bleiben. Für einen Stalker ist diese App nämlich eine Wunderwaffe: eine unbekannte hübsche Frau auf der Straße erblickt, schnell ein heimliches Bild gemacht und schon lässt sich herausfinden, wer sie ist, wenn sie mit Originalbild in den sozialen Medien aktiv ist. Das klingt noch einigermaßen harmlos. Aber es dauerte nicht lange, bis *Find Face* in einem anderen Kontext zur

Anwendung kam. Man enttarnte Pornodarsteller und -darstellerinnen, um sie dann zu erpressen. Doch selbst damit sind mögliche Szenarien nur angedeutet.

Denken wir an dieser Stelle einmal alles zusammen und stellen uns exemplarisch die folgende Situation vor: Ein Krimineller fotografiert einen unbescholtenen Bürger, der aus reiner Neugier das politische Programm einer radikalen Partei an einem Wahlstand durchblättert. Durch Abgleich mit Bildern im Internet ermittelt er dessen Identität. Da es dort auch Sprach- und Filmmaterial der Zielperson zu finden gibt, prüft er mittels beschriebener Analyseverfahren, ob sein Opfer ängstlich ist und sich deshalb mit einiger Wahrscheinlichkeit erpressen ließe. Wenn dem so wäre, erstellt er ein Video mit Originalstimme und persönlicher Mimik, in dem der Fotografierte den Flyer der radikalen Partei durchblättert und außerdem noch extremistische, menschenverachtende Parolen von sich gibt, die er nie gesagt hat, obwohl er scheinbar authentisch im Film erscheint und mit seiner eigenen Stimme spricht. Er stellt seinem Opfer nun Foto und Video zu, verbunden mit der Aufforderung, 50 000 Euro auf ein anonymes Bitcoinkonto zu überweisen. Ansonsten droht er, das Machwerk viral zu verbreiten – mit unabsehbaren Folgen für den persönlichen Ruf des Adressaten. Wollen wir eine solche Entwicklung? Die Einschätzung von Artem Kukharenko, dem Chefentwickler von *Find Face*, sollte uns in den Ohren klingen. In einem Interview sagt er, dass durch Software wie *Find Face* unsere Privatsphäre in großem Maße zerstört werde. Und bei dieser Feststellung machte er nicht den Eindruck, als würde ihn das besonders beunruhigen.

Newtons Diktum

Menschlicher Wahn kennt
kein mathematisches Maß

Das Internet, ein den gesamten Globus umspannender Informationsraum, wurde zuerst als Inbegriff von Transparenz und Freiheit gefeiert. Diese euphorische Einschätzung muss revidiert werden. In der Babelwelt des Internets wird eben auch spioniert, betrogen, gedroht, geraubt und zerstört. So sieht sich der Nutzer einem Dilemma ausgesetzt: Der scheinbar transparente und allumfassende Informationsraum wird in wichtigen Teilen zum Eldorado der Spionage, der Desinformation, des Betrugs und der Erpressung. Man wundert sich: Das scheint in Teilen sogar legal zu sein. Das Geschäftsgebaren prominenter Unternehmen wie Google wird wie erwähnt durch byzantinisch verschachtelte Verträge abgesichert, die, sieht man von einer handverlesenen Gruppe von Juristen ab, niemand mehr in der Lage ist zu verstehen. Das ist die *Diktatur des Kleingedruckten*, ein Sieg bewusst herbeigeführter Komplexität über die endlichen Möglichkeiten des Verstands. Vor diesem Hintergrund wird es für den einzelnen Nutzer zu einer anspruchsvollen Aufgabe, die seriösen Angebote zu finden und gleichzeitig nicht zum Opfer raffinierter Fallensteller zu werden. Die Frage, ob dieser Aufwand gerechtfertigt ist, muss jeder für sich selbst entscheiden. Jetzt muss betont werden, dass die bisher erörterten Fallstricke im Informationsdschungel vor allen Dingen den *einzelnen Nutzer* betreffen.

Damit haben wir aber noch nicht die *viel* gefährlicheren *systemischen Risiken* im Blick, auf die der Soziologe Ortwin Renn in seinem Standardwerk *Das Risikoparadoxon* eindringlich hinweist (Renn

2014). Systemische Risiken entstehen durch verwickelte Wechselwirkungsgefüge verschiedener Komponenten komplexer Systeme und machen so das Gesamtsystem instabil und unvorhersehbar. Es besteht die Gefahr, dass solche Prozesse ein *globales Momentum* entwickeln, das sich im schlimmsten Fall der Kontrolle aller Beteiligten entzieht. Das ist eine ernste Gefahr, die, was etwa das Internet betrifft, nicht nur theoretischer Natur ist. Die Weltfinanzkrise 2008 muss in diesem Zusammenhang als warnendes Beispiel dienen. Sie war Ausdruck einer solchen Dynamik.

Welche Ursachen kann eine solch fatale Dynamik im globalen Informationsraum haben? Um besser zu verstehen, wie ein Funke in den globalen Echokammern zu einem Flächenbrand werden kann, rufen wir uns noch einmal Newtons Diktum in Erinnerung. Das Genie räumte zerknirscht ein, dass er dem menschlichen Irrsinn mathematisch nicht gewachsen wäre. Ursache dieser Einsicht war die Tatsache, dass Newton sich mit Spekulationsgeschäften in den englischen Kolonien verzockt hatte.

Newtons Einsicht zeugt von großer Klugheit. Würde sie heutigen Wirtschaftsakteuren als warnendes Beispiel dienen, wäre die Welt ein besserer Platz. Denn was in den vergleichsweise ruhigen Zeiten Newtons richtig war, gilt heute umso mehr:

Für den menschlichen Wahn gibt es kein mathematisches Maß, vor allen Dingen, wenn viel Geld bewegt wird. Das ist für systemische Risiken von großer Bedeutung.

Die Fama vom allwissenden Markt

Die Volkswirtschaft versteht sich als Wissenschaft. Vor diesem Hintergrund kam es im Jahr 2013 zu einem bemerkenswerten Ereignis: Zwei Forscher erhielten gleichzeitig den Wirtschaftsnobelpreis. Das ist an sich nicht ungewöhnlich. Außergewöhnlich ist, dass deren Standpunkte bis heute völlig widersprüchlich sind! Der eine von ihnen, Eugene Fama, behauptet, dass es für Spekulanten sinnlos sei, klüger als der Markt sein zu wollen, da in diesen immer schon alle Informationen eingepreist wären. Man könne sich den Markt wie ein unendlich empfindliches Messinstrument vorstellen, das unmittelbar auf alle Arten von Nachrichten reagiere.

Das ist die berühmte *Effizienzmarkthypothese.* Jede Art von Wissen, also auch das des gewieften Spekulanten mit Insiderinformationen, schlägt sich nach Meinung des Laureaten *sofort* in einer Marktanpassung nieder. Aus diesem Grund ist es unmöglich, einen Wissensvorsprung zu nutzen, um ihn zu Geld zu machen. Der Markt lässt sich gemäß dieser Einschätzung nicht »überlisten«. Der andere Geehrte, sein Kollege Robert J. Shiller, vertritt die *exakt gegenteilige Überzeugung.* Nach seinem Verständnis kommt es auf dem Markt immer wieder zu gefährlichen Überbewertungen, zu Preisblasen, die sich nicht automatisch wieder zu einem harmonischen Gleichgewichtszustand zurückentwickeln. Platzen diese Blasen, sind Krisen nicht ausgeschlossen.

Die Diskrepanz dieser Theorien ist eindrücklich. Man stelle sich einmal vor, Galileo Galilei wäre in seiner Schaffensperiode mit einem Preis bedacht worden, da er stringent begründete, dass sich die Erde um die Sonne dreht. *Denselben Preis* würde aber auch ein hartleibiger Inquisitor der Kirche erhalten haben, der felsenfest davon überzeugt gewesen war, dass allein die Erde das von Gott geschaffene Zentrum des Universums ist.

Das ist schwer vorstellbar, aber offensichtlich nicht in der Volkswirtschaft. Eugene Fama auf der einen Seite, Robert J. Shiller auf der anderen. Zwei konträre Positionen. Dieser Umstand legt den Verdacht nahe, dass noch nicht in allen Belangen klar ist, *wie der Gegenstand der wissenschaftlichen Untersuchung* in der Volkswirtschaft verlässlich gefasst werden kann. Was sind die maßgeblichen Zustandsgrößen des Wirtschaftsgeschehens, und wie lassen sie sich exakt quantifizieren? In welcher Beziehung stehen sie zueinander? Wie lassen sie sich in validen Modellen fassen? Auf welche Weise müssen diese algorithmisiert und mit einem Computer gelöst werden?

So wundert man sich nicht über jährlich veröffentlichte Wachstumsprognosen nach dem Schrotflintenprinzip, missglückte Vorhersagen des Goldpreises, massenhafte Fehleinschätzungen der Entwicklungen des Aktienmarkts oder ausufernde Kontroversen, was Staaten in Bälde zu erwarten haben: Inflation, Deflation oder eine Stagflation? Jede Lesart hat ihre eifernden Exegeten. Nur Einigkeit gibt es selten.

Die Unsicherheiten verdanken sich wohl dem Umstand, dass elementare wissenschaftliche Fragen im Rahmen der Volkswirtschaft nicht abschließend geklärt sind:

Denken wir noch einmal an das beschriebene Experiment mit der schiefen Ebene zurück, wobei wir an dieser Stelle annehmen, dass uns exakte Messinstrumente zur Verfügung stehen und wir die Zeit nicht wie Galilei mit einem Fadenpendel bestimmen müssen. Das Experiment mit der schiefen Ebene ist der Inbegriff einer übersichtlichen und technisch beherrschbaren Laborsituation.

Für maßgeblich gehaltene Zustandsgrößen lassen sich exakt präparieren. Durch gezielte Veränderung einer einzigen Größe kann man dann ermitteln, in welcher Beziehung sie zu den anderen steht. Wie betont sind so übersichtliche Situationen aber absolute Ausnahmen in der Wissenschaft. Meistens ist der Untersuchungsgegenstand ungleich komplexer. Um ihn halbwegs beschreiben zu können, müssen radikale Vereinfachungen und Idealisierungen vorgenommen werden, wobei allerdings nicht von vorneherein klar ist, ob diese Kunstgriffe angemessen sind oder nicht. Man denke im Rahmen der Volkswirtschaften an den legendären, jetzt in die Jahre gekommenen *homo oeconomicus*, diesen idealisierten Modellmenschen, der als berechenbarer Marktteilnehmer immer rational seinen Nutzen maximiert. Eine schöne Fiktion, die aber mit real agierenden Menschen wenig bis gar nichts zu tun hat.

Völlig unabhängig von den bereits beschriebenen irreduziblen Systemen existieren also Bereiche der Wirklichkeit, in denen bis heute nicht klar ist, ob eine Mathematisierung, die zu überprüfbaren quantitativen Ergebnissen führt, machbar ist oder nicht. Diese Bereiche befinden sich sozusagen in einer *erkenntnistheoretischen Grauzone*. Und eine solche Grauzone ist auch die Dynamik der Märkte, die die Volkswirtschaft sich anheischig macht, beschreiben zu wollen. Wird das in Zukunft möglich sein? Wird sich der Gegenstand der Beschreibung zukünftig in klarerem Licht zeigen? Das wäre in gewisser Weise die natürliche Entwicklung, da wissenschaftliche Theorien im Laufe der Zeit eigentlich umfassender und präziser werden.

Doch in diesem speziellen Fall könnte auch das Gegenteil eintreten! Es steht nämlich zu befürchten, dass die Märkte in *immer stärkerem Maße* von dunklen Unterströmungen beeinflusst werden, die sich unserem Zugriff entziehen und sich deshalb im Rahmen mathematischer Modellierungen nicht werden fassen lassen. So könnten die Märkte in Zukunft immer unberechenbarer werden. Möglicherweise werden sie sogar *autoinflammatorisch*, wenn sie es nicht schon sind. Es braucht dann keine exogenen Schocks, damit sie aus dem Gleichgewicht geraten. Es reichen kleine endogene Schwankungen, die sich im kausalkompakten Raum des Internets zu einer lawinenartigen Resonanzkatastrophe aufschaukeln können.

Diese Fragilität bedingt eine neue Form der Unberechenbarkeit, wobei hier die These vertreten wird, dass sich diese in wichtigen Teilen ausgerechnet *der Mathematik* verdankt! Wie soll das möglich sein? Wie kann ein geadeltes Erkenntniswerkzeug, in Jahrtausenden geschaffen, um die Welt zu verstehen und zu beschreiben, zur Ursache von Unberechenbarkeit und Chaos werden?

Die Antwort hat viele Facetten. Zum einen ist es eine Gefahr, dass Modelle im Rahmen der Finanzmathematik so kompliziert und schwer verständlich werden, dass die Anwender deren Konstruktionsprinzipien nicht mehr verstehen und *verborgene Annahmen* der Modelle nicht kritisch hinterfragen. Deshalb besteht die Möglichkeit, dass sie in Zusammenhängen verwendet werden, in denen sie falsche Ergebnisse liefern. Das kann schwerwiegende Konsequenzen haben.

Außerdem muss in Rechnung gestellt werden, dass mathematische Modelle heute in bestimmten Situationen einen *erkenntnistheoretischen Positionswechsel* vollführen. Wir haben zu Beginn betont, dass es in *traditioneller Denkart* eine Zweiteilung der Welt gibt: Auf der einen Seite steht der Beobachter, auf der anderen befindet sich die »Wirklichkeit«, der Gegenstand der Beschreibung. Wenn sich jedoch wie in der Weltwirtschaftskrise 2008 auf der Grundlage fehlerhafter mathematischer Modelle Panik verbreitet, weil angeblich sichere Wertpapiere überraschend zu Ramschware werden, dann wird die Mathematik zur *Mitursache* des Marktgeschehens! Das vermeintlich neutrale *Mittel der Beschreibung* wird plötzlich selbst zum *Gegenstand der Beschreibung* und müsste sich streng genommen selbst beschreiben. Dadurch entstehen nicht zu entwirrende Selbstbezüglichkeiten. Erinnern Sie sich? Wir haben über diese schleifenartige Kausalität schon im Rahmen der Endophysik gesprochen.

Verschlimmert wird diese ohnehin schon unübersichtliche Situation durch den Umstand, dass sich gerade in wirtschaftlichen Kontexten mathematische Verfahren etablieren, die im Verborgenen arbeiten. Ich spreche in diesem Zusammenhang von *Schattenmathematik*. Die Mathematik ist in solchen Kontexten nicht mehr ein Erkenntnismittel von Wissenschaftlern. Stattdessen wird sie zum klandestinen Werkzeug einer verschwiegenen Elite, der *Algokraten*, wie ich sie nennen möchte, die im Trüben fischen und hochpotente Algorithmen entwickeln, die entweder kleinste Marktschwankungen ausnutzen, um sie zu Geld zu machen, oder aber finanzmathematische Strategien umsetzen, die ihnen und ihren potenten Anlegern unabhängig vom Marktumfeld Gewinne garantieren sollen.

Die Algokraten sind eine erlesene Auswahl befähigter Wissenschaftler, die ihre Karriere nicht mehr an den Universitäten machen, sondern in der freien Wirtschaft.

Die globalen Aktionen und Reaktionen, die durch deren Eingriffe in den Markt entstehen, sind allerdings nicht analysierbar, wobei nach den fundamentalen Sätzen von Turing und Rice noch nicht einmal zu garantieren ist, dass die implementierten komplexen Algorithmen fehlerfrei funktionieren.

In der Summe wird damit die Weltwirtschaft zu einem ziemlich fragilen System. Kleine Ursachen können große Wirkungen haben, wobei die schon angesprochenen Besonderheiten des Internets noch eine wesentliche Rolle spielen. Die Myriaden Echokammern der Nutzer machen das Gesamtsystem nämlich für panikartiges Herdenverhalten anfällig, wobei die instantane Omnipräsenz dazu führen kann, dass ein Funkenschlag sich in kürzester Zeit zum Flächenbrand entwickeln kann.

Schauen wir uns dieses Bündel von sich wechselseitig beeinflussenden Ursachen im nächsten Schritt genauer an. Wir widmen uns dabei zuerst einem vertrauten Phänomen: Wissenschaftler haben sich seit jeher bemüht, den Menschen in seiner Vielgestaltigkeit in ein mathematisches Korsett zu zwängen, damit er als berechenbares Agens im Modell handhabbar wird. Das hört sich im ersten Moment nach einem harmlosen Gedankenspiel an. Doch das ist nicht wahr. Die Weltwirtschaftskrise 2008, die Millionen Leute in den Ruin getrieben hat, verdankt sich zumindest in Teilen einem nur scheinbar unbedeutenden Denkfehler.

Truthähne, die goldene Eier legen

Wie kann eine unverfänglich erscheinende mathematische Annahme eine verheerende Wirkungsmacht entfalten? Das zeigt die Weltwirtschaftskrise von 2008.

Skizzieren wir zum Verständnis zuerst die Situation in Amerika, *bevor* die Krise ihren Höhepunkt erreichte. Es war in den Vereinigten Staaten politisch gewollt, Menschen mit niedrigem Einkommen und deshalb geringer finanzieller Bonität Kredite in beträchtlicher Höhe zu gewähren. Mit diesen Krediten sollten sie in die Lage versetzt werden, Wohnungseigentum zu erwerben. Diese Hypothekendarlehen für unsichere Kreditnehmer heißen dort »subprime loans«, wobei das Wort »subprime« mit »zweitklassig« übersetzt werden kann.

Schon an dieser Stelle könnte man argwöhnisch werden. Was ergab es für einen Sinn, Menschen viel Geld zu leihen, wenn das Risiko, dass der Betrag mit Zins und Tilgung nicht verlässlich gestundet werden kann, vergleichsweise groß ist?

Tatsächlich gab es gleich mehrere Profiteure, deren gemeinsamer Fehler darin bestand, sich sicher zu wähnen. Vor der Hand war es der damaligen Bush-Administration zumindest nicht unangenehm, den Anschein zu erwecken, sozial zu handeln. Es ging schließlich um nichts Geringeres, als Menschen in prekären Verhältnissen ein Leben in den eigenen vier Wänden zu ermöglichen. Die Kreditnehmer gaben sich der Illusion hin, mehr oder weniger ohne Geld ein Eigenheim erwerben zu können.

Doch auch die andere Seite des gesellschaftlichen Spektrums kam nicht zu kurz. Die Banken machten wunderbare Geschäfte, da sie die Kredite nicht umsonst vergaben.

Und die Steuern wurden an den Staat abgeführt, der damit gleich doppelt zu profitieren schien: als öffentlich gefeierter Segensspender für die sozial Schwachen, wobei sich unter der Hand noch das Staatssäckel füllte. Das klingt wie eine perfekt funktionierende Glücksmaschinerie. Wohin man auch blickt, man sieht nur Gewinner: Arme Menschen bekommen Häuser, Banker vergeben lukrative Kredite. Der Staat zelebriert sich als Wohltäter, und die Steuern werden als finanzieller Beifang gerne mitgenommen.

Leider lag der schönsten aller Welten eine berühmte kognitive Verzerrung zugrunde: die sogenannte *Truthahn-Illusion*. Diese stammt in ihrer Urform von dem Philosophen und Mathematiker Bertrand Russell. Im Leben eines Truthahns verfestigt sich mit jedem neu anbrechenden Tag die Überzeugung, dass sich das Sein nur von der besten Seite zeigt. Wohlmeinende »Götter« steuern Geisterhände, die täglich leckeres Futter herabreichen, ohne eine Gegenleistung zu erwarten. So kann man sich genüsslich dick und rund fressen. Die Illusion endet am Thanksgiving Day, wenn die »Götter« beschließen, den Truthahn zum kulinarischen Höhepunkt ihres eigenen Festes zu machen, indem sie ihn, mit allerlei Leckereien gefüllt, knusprig braten, um ihn dann genüsslich zu verspeisen.

Wer waren die Truthähne der Subprime-Krise? Das waren die berückten Profiteure der stetig steigenden Immobilienpreise, die alle Gefahrensignale geflissentlich ausblendeten. Nicht nur der erwähnte Nobelpreisträger Robert J. Shiller, in dessen Weltbild Preisblasen und Übertreibungen eine wichtige Rolle spielen, warnte eindringlich, dass sich dunkle Wolken am Horizont zusammenbrauen würden. Doch die Kassandrarufe der vermeintlichen Spielverderber blieben ungehört.

Beruhigend klang dagegen die Theorie seines Gegenspielers Eugene Fama. Gemäß dieser dürfte es auf einem effizienten Markt ja gar nicht zu einer Blasenbildung kommen können. Und das Mastermind der Wirtschaftswissenschaften, der Nobelpreisträger Robert E. Lucas, hatte noch wenig vorher seine berühmt gewordene Einschätzung zum Besten gegeben, dass die Wirtschaftswissenschaften mittlerweile so elaboriert seien, dass globale Krisen ein Relikt vergangener Zeiten wären. Also – keine Gefahr! Die Glücksmaschinerie schien sich bis dahin auch wie von alleine zu drehen.

Tatsächlich war in dieser Phase das Risiko für die Banken, durch Kreditausfälle einen Schaden zu erleiden, gering. Fiel ein Schuldner aus, was wegen deren schlechter Bonität zwangsläufig geschah, verkauften die Banken einfach Wohnung oder Haus. Oft genug machten sie in einem solchen Fall sogar noch einen weiteren Gewinn! Es war nämlich wahrscheinlich, dass die Immobilie im Moment der Veräußerung durch die Bank mehr wert war, als man ursprünglich veranschlagt hatte.

Bis zu dieser Stelle ist die Entwicklung transparent und nachvollziehbar. Das Gesetz von Angebot und Nachfrage sorgte für die rapide steigenden Immobilienpreise.

Verständlich, dass unter diesen paradiesischen Umständen die »Animal Spirits« zum Leben erwachten. Viele Marktteilnehmer wurden gierig. Die Käufer der Wohnungen begriffen schnell, dass sich ein ordentliches Geschäft machen ließ. Warum also nicht einen noch größeren Kredit aufnehmen und eine bessere Immobilie erwerben oder gleich mehrere? Auch die Banken witterten fette Beute und wurden maßlos. Weshalb nur primitive Darlehen vergeben? Man könnte das Geschäft noch einträglicher machen, auch wenn es dadurch komplexer wurde. Als Methode bot sich die sogenannte

Verbriefung an: Viele einfache Darlehensverträge verschiedener Bonität werden gebündelt und dann wie ein Wertpapier, in diesem Fall eine Anleihe, verkauft.

Das hat einen riesigen Vorteil. Wenn Banken nämlich Darlehen vergeben, muss gewährleistet sein, dass sie über ein bestimmtes *Eigenkapital* als Sicherheit verfügen.

Wenn die Banken die Darlehen aber bündelweise verkaufen, dann kommt das verliehene Geld mit einem Aufschlag wieder zurück in die Kasse und kann erneut verliehen werden. Solche Methoden sind bei Banken und Finanzdienstleistern beliebt, weil sie den *Eigenkapitalhebel* vergrößern. Mit wenig eigenem Geld lassen sich große Gewinne erwirtschaften.

Wer waren die Käufer der Verbriefungen? Das waren vor allen Dingen die sogenannten *Schattenbanken*. Als Schattenbanken werden Akteure auf dem Finanzmarkt bezeichnet, etwa Hedgefonds und andere Investmentfonds, die Aufgaben von Banken übernehmen, ohne selbst Banken zu sein. Wie Banken können sie Darlehen vergeben oder das Vermögen ihrer Kunden strukturiert anlegen. Der wesentliche Punkt besteht in der Tatsache, dass für Schattenbanken nicht *dieselben Eigenkapitalregeln* gelten wie für Banken. So können die Banken über Bande spielen und sich geschickt aus der Schusslinie nehmen! Die Eigenkapitalregeln werden trotz der Vergabe vieler Darlehen nicht ausgehebelt, da das Risiko einfach auf die Schattenbanken übertragen wird, für die diese Regeln nicht gelten.

Jetzt musste man die windigen Verbriefungen nur noch mit einem schillernden Lack lasieren, um die Begehrlichkeiten solventer Kunden zu wecken. Dieses Kunststück vollbrachten die eigentlich zu profunder und ehrlicher Arbeit verpflichteten Ratingagenturen. Die bekanntesten drei, die ein Oligopol bilden, sind Standard & Poors, Moody's und Fitch. Und von wem wurden diese mandatiert? Von den Investmentbanken, die die Verbriefungen auf den Markt brachten. Ein Schelm, wer sich Böses dabei denkt.

Die eigentliche Aufgabe der Ratingagenturen besteht nun darin, die Ausfallwahrscheinlichkeiten auch komplexer Anlageprodukte zu ermitteln. Auf dieser Grundlage wird ihnen ein Rating gegeben. Das Bewertungsspektrum reicht von hochspekulativem Ramsch bis zu extrem seriösen und sicheren Anlageprodukten.

Bei der Bewertung der gebündelten Darlehen von Schuldnern, die teilweise noch nicht einmal ein Einkommen hatten, gelang den Ratingagenturen jetzt ein Husarenstück, das der Nobelpreisträger Joseph Stiglitz maliziös kommentierte: Er verglich die Spezialisten der Ratinagenturen mit mittelalterlichen Alchemisten, die aus windigen Risikodarlehen Wertpapiere der höchsten Sicherheitsklasse machten und diese mit einem Tripple-A-Rating versahen (Stiglitz 2009, 331).

Der Vergleich war von Stiglitz passend gewählt. Die Alchemisten waren schließlich auf der Suche nach dem Stein der Weisen, der alles zu Gold macht, was mit ihm in Berührung kommt. Und tatsächlich machte das Tripple-A-Rating die Verbriefungen der Risikodarlehen zu einem scheinbar sicheren Verkaufsschlager und ließ die Kassen klingeln. Nicht nur Pensionsfonds schlugen zu, sondern auch deutsche Banken wie die IKB, die WestLB oder die HSH Nordbank, die das komplexe Geschäftsmodell nicht verstanden (»stupid German money«) und trotzdem große Profite witterten. Eine Einschätzung, die sie und letztlich der deutsche Steuerzahler teuer bezahlen mussten. Das löste beim damaligen Finanzminister Steinbrück einen veritablen Wutanfall aus, der den deutschen Bankern Ahnungslosigkeit vorwarf.

Es stellt sich nun die Frage, wie es möglich ist, sieht man von betrügerischen Absichten ab, dass aus Risikodarlehen vermeintlich bombensichere Wertpapiere werden. Traut man den Gelehrten, verdankt sich diese magische Transformation der sogenannten *Risikodiversifikation*. Bei besagten Verbriefungen wurden Kredite von Schuldnern unterschiedlichster Bonität *gebündelt*. Diesen Prozess nennt man *Granulation*. Im nächsten Schritt rechnet man mögliche Preisschwankungen und die Ausfallwahrscheinlichkeit eines solcherart strukturierten Produkts aus.

Jetzt kommt der springende Punkt: Bei Abschätzungen dieser Art legt man eine *mathematische Idealisierung* zugrunde. Mit dieser lässt sich zwar hervorragend rechnen, sie bildet *die Wirklichkeit aber in wichtigen Punkten nicht richtig ab.* Man unterstellt etwa, dass Ausfallwahrscheinlichkeiten durch eine sogenannte *Normalverteilung* beschrieben werden können, da man annimmt, *dass der Ausfall des einen Schuldners mit dem Ausfall eines anderen nichts zu tun hat.* Wir werden gleich sehen, dass das eine fragwürdige Annahme ist, wenn Gier und Angst den Markt beherrschen. Doch trotz offenkundiger Mängel ist die Normalverteilung eine Ikone der Finanzmathematik. Sie ist zentraler Bestandteil der wichtigsten Risikomodelle. Hier sei nur das Black-Scholes-Modell zur Bepreisung von Optionen oder die Modern Portfolio Theory (MPT) des Nobelpreisträgers Harry Markowitz genannt (Mandelbrot/Hudson 2008).

Bevor wir die Normalverteilung und ihre verborgenen Annahmen hinterfragen, um zu belegen, dass die Wahl einer mathematischen Annahme mehr ist als eine akademische Lässlichkeit, soll die Geschichte des Zusammenbruchs der Weltwirtschaft im Jahr 2008 in kurzen Worten zu Ende erzählt werden.

Die perfekt funktionierende Glücksmaschinerie begann zu stottern, als in Amerika die Zinsen stiegen. Damit wuchsen die Kreditkosten für die Menschen, die sich auf einen Darlehensvertrag mit variablen Zinsen eingelassen hatten. Unter diesen Umständen konnten viele die finanzielle Last nicht mehr tragen. Jetzt zeigte das eherne Gesetz von Angebot und Nachfrage sein anderes Gesicht. Wie wenige Monate zuvor versuchten die Banken, ihr Geld, das im Feuer stand, durch den Verkauf der Immobilien zu retten. Aber es gab einen Kipppunkt, den sogenannten *Minsky-Moment,* mit dem man in dieser Form nicht gerechnet hatte. Oder man hatte ihn schlicht verdrängt. Nachdem ein Schwellenwert überschritten war, sorgte das Überangebot von Häusern und Wohnungen für einen *Preisverfall.* Und die Banken, die vorher an den Verkäufen verdient hatten, liefen plötzlich ins Minus, da die Häuser als Gegenwert der Hypotheken, die sie noch hielten, am Markt nicht mehr den erhofften Preis brachten. Und auch die in den Schattenbanken deponierten Verbriefungen stellten sich als gefährliches Klumpenrisiko heraus. Jetzt galt es zu retten, was zu retten war. Jeder verkaufte auf Teufel komm raus und versuchte, die brisanten Wertanlagen so schnell wie möglich aus dem Portfolio zu bekommen, um seine Haut zu retten. Die Preise fielen schneller, als man gucken konnte. So verloren Häuser und die komplizierten Finanzprodukte mit rasender Geschwindigkeit ihren Wert. In der Folge kam es zur Panik, einem angstgetriebenen Herdenverhalten.

Zu allem Überfluss wuchs das Misstrauen der Banken untereinander. Sie beäugten sich argwöhnisch. Niemand wusste genau, welche Verbindlichkeiten beim anderen noch zu Buche standen. Deshalb war die Bereitschaft, sich gegenseitig Geld zu leihen, gering.

Und damit griff eine weitere eherne Wirtschaftsregel, die besagt, dass Geschäftsrisiko und Zins korreliert sind. Diese Regel kennt jeder, der schon einmal in eine deutsche Staatsanleihe investiert oder aber risikobereit eine Unternehmensanleihe einer Firma mit schlechtem Rating in sein Depot gelegt hat. Bei der deutschen Staatsanleihe ist es ziemlich sicher, dass man sein Geld zurückbekommt. Aber diese Sicherheit wird mit einer geringen Verzinsung erkauft. Die zu erwartende Rendite ist nicht beeindruckend. Bei der wackligeren Unternehmensanleihe sieht es genau andersherum aus: Es lockt ein hoher Zins. Leider droht aber auch der Totalverlust, wenn das Unternehmen mit nicht zu vernachlässigender Wahrscheinlichkeit pleitegeht.

Vor diesem Hintergrund wird klar, was mit dem sogenannten *Interbankenzins* passierte. Das sind ebendie Gelder, die sich Banken untereinander leihen. Diese sind wichtig, damit die Banken immer genug Liquidität parat haben und somit Unternehmern, die investieren wollen, die Möglichkeit geben können, zu passablen Konditionen Geld aufzunehmen. Da sich die Banken aber gegenseitig kritisch beäugten und sich selbst nicht mehr über den Weg trauten, waren sie nur bereit, sich gegenseitig Geld zu leihen, wenn ein hoher Zins gezahlt wurde. Damit verteuerten sich die Kredite auch für normale Darlehensnehmer, und es wurde schnell deutlich, wie die Subprime-Krise mit Gewalt in die Realwirtschaft überschlug.

Die katastrophalen Konsequenzen der Krise, die an unterschiedlichen Stellen ausführlich beschrieben wurden, sind bekannt (Sohrabi 2020). An den Aktienmärkten wurden Billionen Euro Kapital vernichtet. Und zum Schluss waren es ausgerechnet die kleinen Steuerzahler, die unspektakulär ihr Geld aufs Sparbuch tragen und für ihre Kinder Bausparverträge abschließen, die vielen der angeblichen Finanzgenies mit ihren Superboni die Existenz retteten. Mit Gerechtigkeit und Eigenverantwortung hatte das nichts zu tun. Die Rettung war nur damit zu rechtfertigen, dass man eine Kernschmelze des Weltfinanzsystems fürchtete. Jedem Steuerzahler klingen noch die Phrasen von damals in den Ohren. Vor allen Dingen die Ausdrücke »too big to fail« und »whatever it takes«, mit dem EZB-Präsident Draghi die grassierende Hysterie zu besänftigen suchte, haben sich ins Gedächtnis gebrannt.

Finanzmathematik – trunken vom Trinker

Was hat dieses hier nur mit grobem Strich gezeichnete Geschehen mit mathematischer Modellbildung zu tun? Schon bei der Erörterung der schiefen Ebene wurde deutlich, dass jedes Modell eine idealisierte und damit vereinfachte Darstellung der Wirklichkeit ist. Die Schlüsselfrage ist immer, ob die Idealisierungen, die das Modell mathematisch handhabbar machen, der Realität angemessen sind oder es aber unbrauchbar machen. Deshalb ist eine solche Abschätzung grundlegend. In Galileis ursprünglicher, noch sehr einfacher Modellierung spielten Trägheitsmomente der Kugel, Roll- und Luftwiderstände *keine* Rolle. *Ist man penibel, muss man sie beachten. In den zeitlichen und räumlichen Größenordnungen,* in denen er das Experiment de facto vornahm, war das aber vertretbar. *Wäre die Fallhöhe jedoch deutlich größer gewesen* und hätte die Kugel eine viel höhere Geschwindigkeit erreicht, dann wäre Galilei *nicht* in der Lage gewesen, sein elegantes Weg-Zeit-Gesetz abzuleiten, ohne etwa die beschriebenen Widerstände quantitativ zu erfassen und zu berücksichtigen.

So wächst zum Beispiel der Luftwiderstand proportional zum Quadrat der Geschwindigkeit. Das hat zur Konsequenz, dass sich an einem bestimmten Punkt die Beschleunigung durch die Schwerkraft und die Bremswirkung durch den Luftwiderstand zu null addieren. Und eigentlich ist alles sogar noch komplizierter. In Abhängigkeit von der Geschwindigkeit der Kugel bilden sich laminare oder tubulente Strömungen, die der beschleunigten Bewegung *verschiedene* Widerstände entgegensetzen. Unabhängig von diesen Feinheiten erreicht die Kugel aber zwangsläufig eine konstante Geschwindigkeit. Von der anfänglich messbaren Beschleunigung ist dann aber nichts mehr zu sehen.

Machen wir nun einen Schwenk zu den mathematischen Modellen, die verwendet werden, um künftige Entwicklungen am Kapitalmarkt zu prognostizieren, sind diese unvergleichlich komplizierter. Trotzdem sollte es für die Anwender zur Sorgfaltspflicht gehören, die verwendeten Idealisierungen zu hinterfragen. Damit sind wir erneut bei der erwähnten Normalverteilung, die in fast allen Risikomodellen eine so prominente Rolle spielt. Was hat es mit dieser mathematischen Ikone auf sich?

Zuerst müssen wir in diesem Zusammenhang eine fragwürdige Grundannahme ins Licht rücken: Viele, auch prominente Finanzmathematiker unterstellen, *dass sich tatsächlich eine Ausfallwahrscheinlichkeit ermitteln lässt, auf deren Grundlage ein Investitionsrisiko abgeschätzt werden kann.* Schon diese Unterstellung ist gewagt.

Deren Fragwürdigkeit kann man sich mittels einer klugen begrifflichen Unterscheidung klarmachen, die auf den US-amerikanischen Ökonomen Frank Knight zurückgeht: Knight unterschied bereits 1921 im Rahmen seiner Dissertation zwischen *Risiko* und *Unsicherheit.* Man kann in diesem Kontext das Risiko als *quantifizierbaren Zufall* auffassen, während sich für unsichere Szenarien *keine Wahrscheinlichkeiten* angeben lassen. Wir verdeutlichen den fundamentalen Unterschied mittels zweier etwas makabrer Beispiele, die aber den Vorteil haben, eingängig zu sein: Auf dem Tisch liegt ein Trommelrevolver. Eine der sechs Munitionskammern ist geladen. Ein betrunkener Hasardeur ist in der Stimmung, sein Schicksal zu provozieren. Er hält die Waffe an die Schläfe und drückt ab. Sein *Risiko,* beim russischen Roulette zu sterben, beträgt ein Sechstel.

Jetzt betrachten wir einen schwerstmelancholischen Dichter. Alles in ihm ist schwarze Tinte. In seiner Verzweiflung beschließt er, dass der Zufall Schicksal spielen soll. Er guckt aus seinem Zimmer auf den Fluss unter seinem Fenster. Hinter ihm tickt die alte Pendeluhr. Wenn sie das nächste Mal schlägt und sich zugleich just in diesem Moment ein weißer Schwan auf den winterdunklen Wassern befindet, soll dieser das Schicksalszeichen sein, und er wird seinem Leben ein Ende bereiten. Ist aber kein Vogel zu sehen, will er es noch einmal wagen, sich den Fährnissen des Lebens zu stellen. Die Wahrscheinlichkeit eines solchen schicksalhaften Ereignisses lässt sich nicht seriös quantifizieren. Es handelt sich um eine *Knight'sche Unsicherheit*.

Die grundlegende Annahme, auf der die meisten Risikomodelle der Finanzmathematiker basieren, lautet in der Knight'schen Diktion, dass Ausfallwahrscheinlichkeiten Risiken sind und keine Unsicherheiten. Und diese Risiken sollen angeblich normalverteilt sein.

Um diesen Ansatz zu hinterfragen, beschäftigen wir uns im nächsten Schritt nicht mehr mit den Eintrittswahrscheinlichkeiten einzelner Ereignisse, sondern mit *Wahrscheinlichkeitsverteilungen*. Man stelle sich vor, dass zwei Würfel geworfen werden. Wenn sie zur Ruhe gekommen sind, werden die oben liegenden Augenzahlen addiert. Werden zwei Sechsen gewürfelt, erhält man also in der Summe die Zahl Zwölf.

Man schreibt nun auf einem Blatt Papier alle möglichen Summen der Reihe nach auf. Ganz links steht also eine Zwei, ganz rechts die Zwölf. Nun wird nächtelang gewürfelt. Nach jedem Wurf addiert man und macht über der entsprechenden Summe auf dem Papier ein Kreuzchen. Nachdem 10 000 Mal geworfen wurde, zählt man aus. Wie viele Kreuzchen gibt es über der Zwei, wie viele über der Drei, der Vier und so weiter? Auf der Grundlage dieser Information wird über den verschiedenen Summen ein Balken gezeichnet, dessen Höhe die Anzahl der ausgezählten Ergebnisse repräsentiert. Sind alle Balken gleich hoch? Nein. Die Sieben kann ja auf mehr Weisen zustande kommen als die besagte Zwölf. Deshalb ist es wahrscheinlicher, dass mit zwei Würfeln eine Sieben als eine Zwölf oder eine Zwei gewürfelt wird. Und genau deshalb ist der Balken über der Sieben höher. Eine solche Darstellung wäre ein Beispiel für eine diskrete Wahrscheinlichkeitsverteilung.

Wie wurden Wahrscheinlichkeitsverteilungen zu wichtigen Bestandteilen der Finanzmathematik? Der Pionier dieses Ansatzes war der französische Mathematiker Louis Bachelier (1870–1946). Er untersuchte zu Beginn des letzten Jahrhunderts die Preisschwankungen bestimmter französischer Rentenpapiere. Dabei meinte er festzustellen, dass diese mittels der bereits erwähnten Brown'schen Molekularbewegung beschrieben werden könnten. Das waren die Zitterwege hauchfeiner Blütenpollen, die in zufälliger Weise von Wassermolekülen getroffen werden. Die Wahrscheinlichkeit, dass diese sich nach links oder rechts, nach oben oder unten bewegen, ist bei jedem Stoß gleich groß. Es stellt sich nun die Frage, mit welcher Wahrscheinlichkeit ein Pollenkörnchen nach einer bestimmten Zeit an einem bestimmten Ort ankommt, eine Frage, die Albert Einstein in einer wichtigen Arbeit beantwortet hat (Einstein 1905).

Um den für uns wesentlichen Punkt in den Blick zu bekommen, vereinfachen wir das Problem. Der Zitterkurs der Blütenpollen vollzieht sich ja in zwei Dimensionen. Das macht die Sache komplizierter. Wir betrachten jetzt nur noch eine und wechseln zu einem eingängigen Bild:

Wir betrachten einen langen Hotelflur. Im Zimmer 0, das sich in der Mitte des Gangs befindet, hält sich ein völlig betrunkener Mann auf. In der billigen Absteige befindet sich die Toilette auf dem Gang. Sie ist *genau zehn Schritte* von seiner Zimmertür entfernt, wenn er nach rechts ginge. Wir nehmen nun an, dass der Trunkenbold, der nicht mehr in der Lage ist, geradeaus zu laufen, mit *genau der gleichen Wahrscheinlichkeit* nach rechts oder nach links torkelt und die Schritte *immer gleich* groß sind. Wir interessieren uns jetzt für die Wahrscheinlichkeit, dass er zum Klo kommt, wenn er eine bestimmte vorgegebene Zahl von Schritten vollführt. Nehmen wir an, er macht exakt zehn Schritte. Wie groß ist dann die Wahrscheinlichkeit, dass er sich erleichtern kann? Die Chance ist ziemlich klein! Genau genommen beträgt sie $p = 1/2^{10} = 1/1024$.

Er müsste ja zehnmal hintereinander immer nach rechts fallen, obwohl er auch in die andere Richtung kippen könnte. Das ist genauso wahrscheinlich, als wenn man beim Münzwurf zehnmal hintereinander Kopf werfen würde. Wie sähe es nun bei 100 oder 1000 Schritten aus? Erinnern Sie sich an die Schulmathematik? In solchen Fällen werden Wahrscheinlichkeiten dadurch gebildet, dass man die Anzahl der günstigen Fälle durch die Anzahl aller möglichen Fälle teilt. Die günstigen Fälle sind alle »Torkelmuster«, die ihn mindestens bis zum Klo bringen. Die Anzahl der möglichen Fälle besteht aus der *Gesamtheit alle Wege*, die unter den gegebenen Umständen denkbar ist. Wenn man das bei nur 100 Schritten händisch ausrechnen wollte, ist man schon sehr lange beschäftigt. Bei 1000 Schritten sollten man Äonen lang leben, um sicher zu einem Ergebnis zu kommen. Gott sei Dank gibt es aber eine elegante Formel, die das Verfahren abkürzt. Und diese hat als Graphen die berühmte Glockenkurve, die Gauß'sche Normalverteilung. Diese Kurve ist das Paradepferd der Statistik, da sie, entsprechend der Fragestellung parametrisiert, in eleganter Weise beschreibt, mit welcher Wahrscheinlichkeit Ereignisse eintreten, denen ein Random Walk – das Torkeln des Trinkers – zugrunde liegt.

Betrachtet man die Glockenkurve, fällt ein Sachverhalt direkt ins Auge: Die Kurve ist *symmetrisch* und hat ihre größte Höhe beim Nullpunkt und nahe des Nullpunkts. Wenn es also für den Ausgang eines Ereignisses zwei Möglichkeiten gibt und die Eintrittswahrscheinlichkeit für die beiden sich ausschließenden Ereignisse gleich groß ist, dann ist es am wahrscheinlichsten, dass nach einer bestimmten Zahl von Durchläufen das Ergebnis in der Nähe des Nullpunkts liegt. Was heißt das für den torkelnden Trinker in seiner Not? Er wird, vor allen Dingen, wenn er nicht so viele Schritte macht, mit recht großer Wahrscheinlichkeit in der Nähe seiner Zimmertür hängen bleiben. Die Wahrscheinlichkeit, das rettende Klo zu erreichen, ist deutlich kleiner, insbesondere wenn es noch mehr als zehn Schritte entfernt wäre. Völlig analog zum Random Walk eines Betrunkenen verhält es sich mit dem Münzwurf.

Ereignisse, bei denen ungefähr genauso häufig Kopf wie Zahl auftauchen, sind viel wahrscheinlicher als etwa eine Folge mit hundert Mal Kopf oder hundert Mal Zahl.

Da die Normalverteilung es dem Statistiker erlaubt, *mit größtem Komfort* Wahrscheinlichkeiten zu berechnen, ist sie über die Maßen beliebt. Leider gilt das aber auch in Situationen, in denen ihre Anwendung zu falschen Ergebnissen führt.

Deshalb sind wir mit einem Phänomen konfrontiert, für das es in der wissenschaftlichen Theoriebildung ein schönes Bild gibt, das häufig in einem Cartoon dargestellt wird: Man sieht einen Mann, der seinen Autoschlüssel in der großen dunklen Großstadt verloren hat und diesen Schlüssel ausgerechnet unter der einzig noch brennenden Laterne sucht. Warum? Weil dort das Licht am hellsten scheint.

Auf die Wissenschaft übertragen bedeutet das Folgendes: Es besteht die Tendenz, auch unbekannte Phänomene mit den begrifflichen und methodischen Werkzeugen zu erklären, die »bequem bei der Hand sind«. Wie sagte mein Großvater?

»Wenn du nur einen Hammer als Werkzeug hast, sieht jedes Problem aus wie ein Nagel.«

Diese Tendenz gibt es auch im Umgang mit der Normalverteilung, die sich so geschmeidig verwenden und interpretieren lässt. So überrascht es nicht, dass vielfach unterstellt wurde und wird, dass sich wesentliche Aspekte eines komplexen Systems wie die Preisentwicklung des Aktienmarkts oder die Ausfallwahrscheinlichkeit verbriefter Risikodarlehen gleichfalls durch Normalverteilungen beschreiben lassen. Dabei wird ausgeblendet, dass diese Annahme *nur* Sinn ergibt, wenn bestimmte Voraussetzungen gegeben sind. So müssen die *aufeinanderfolgenden Ereignisse statistisch unabhängig* sein. Außerdem haben sie dem Betrag nach gleich groß zu sein. Bleiben wir beim Bild des Betrunkenen. Ob er beim nächsten Schritt nach rechts oder links fällt, darf in *keiner Weise* davon abhängen, wie die Schritte davor ausgesehen haben. Außerdem wurde vorausgesetzt, dass er entweder *einen Schritt* nach rechts oder *einen*

Schritt nach links geht. Es war nicht davon die Rede, dass er manchmal *einen halben* nach rechts macht, um im nächsten Moment einen gewaltigen Satz nach links zu tun, *der fünf Schritten* entsprechen würde.

In der Welt der Glücksspiele, die bei der Entwicklung der Wahrscheinlichkeitsrechnung eine wichtige Rolle spielten, sind die gerade genannten Voraussetzungen oft gegeben. Man denke an den zitierten Münzwurf. Die Welt der Glücksspiele mit ihren perfekten Münzen und Würfeln ist aber auch eine *ideale Welt*. Darf man deren Gegebenheiten so ohne Weiteres auf die reale Welt übertragen? Der Wahrscheinlichkeitsexperte Nicholas Taleb warnt eindringlich vor diesem Schritt und spricht von der »ludic fallacy« – vom »spielerischen Irrglauben«.

Wie sieht es mit dem wirklichen Leben aus? Tatsächlich gibt es viele Eigenschaften, etwa die menschliche Körpergröße, die normalverteilt ist, wobei allerdings gar nicht so leicht zu erklären ist, warum das so ist. Muss das dann in der Folge aber auch für komplexe wirtschaftliche Probleme gelten? Da sind Zweifel angebracht. Ist der Zickzackkurs verschiedener Aktien tatsächlich dasselbe wie der Random Walk eines Betrunkenen, der mit großer Wahrscheinlichkeit nicht richtig von der Stelle kommt? Oder ist er als Beschreibungsmittel ungeeignet, weil er radikale Abstürze und Anstiege nicht richtig einfängt?

An dieser Stelle kann man sich den sprichwörtlich gewordenen *Tulpenwahn* in Erinnerung rufen, ein eindrückliches Monument der Hysterie, befeuert von Neid, Gier, Angst und Schrecken. In der zweiten Hälfte des 16. Jahrhunderts, in der die Niederlande einen regen Handel mit den Kolonien trieben, wurden Tulpenzwiebeln zum Liebhaberobjekt von Adligen und reichen Kaufleuten. Auch angesehenen Gelehrten gefiel es, die exotisch anmutenden Blumen, die bevorzugt aus Konstantinopel importiert wurden, in ihren Gärten zur Schau zu stellen. Im Bedürfnis, es den Wohlhabenden nachzumachen, man spricht in der Verhaltensforschung von *sozialer Mimikry*, wurden die heutigen Allerweltsblumen zuerst zum Gegenstand allgemeiner Begierde, um endlich zum Objekt aberwitziger Spekulationen zu werden. Bevor der Markt für Tulpenzwiebeln kollabierte, konnte eine einzige Tulpenzwiebel so viel kosten wie ein stattliches Herrenhaus mit kultiviertem Garten in bester Wohnlage!

Hat eine solche von Neid und Gier getriebene Preisentwicklung etwas mit dem Torkelschritt unseres Trunkenbolds zu tun? In keiner Weise. Um im Bild zu bleiben: Es ist, als würde dieser beim Verlassen des Zimmers einen so gewaltigen Stoß bekommen, dass er mit einem Mal nach rechts bis an das Ende des Ganges geschleudert würde. Im nächsten Moment schösse er schon in die entgegengesetzte Richtung, bis er weit entfernt von seinem Zimmer auf der anderen Seite des Gangs benommen zu liegen käme. Eine solche Katastrophendynamik lässt sich nicht mit einer Normalverteilung beschreiben! Sie ist aber keine Ausgeburt der Fantasie! Solche überhitzten Märkte mit anschließendem Crash gab es schon immer, und es wird sie auch in Zukunft geben.

Trotz des revolutionären Ansatzes von Bachelier, ein abstraktes Modell der Physik auf die Ökonomie zu übertragen, existierten schon zu Beginn Probleme. Sie legten nahe, dass sein Ansatz der tatsächlichen Dynamik der Märkte nicht vollumfänglich gerecht wurde. So erstaunt es nicht, dass sich Ökonomen, die meistens aus der Physik oder Mathematik kamen, die folgenden Jahrzehnte intensiv mit der Frage beschäftigten, ob es nicht eine Verteilung gäbe, die besser als die Normalverteilung das reale Geschehen abbilden würde. Im Zentrum der Diskussion stehen dabei bis heute die »fetten Schwänze«. Was sich vielleicht ein bisschen frivol anhört, hat einen seriösen mathematischen Hintergrund. Es ist ein wesentliches Merkmal der Glockenkurve, dass Extremereignisse wie ein Crash in dieser Darstellung hochgradig unwahrscheinlich sind. Da die Fläche zwischen der x-Achse und der Kurve theoretisch der Eintrittswahrscheinlichkeit dieser Extremereignisse entspricht, ist diese sehr klein. Die Kurve schmiegt sich an die Abszisse. Deshalb hat die Glockenkurve einen dünnen Schwanz. Wie betont ist es extrem unwahrscheinlich, dass es in einer Welt, die durch eine unspektakuläre Normalverteilung beschrieben wird, regelmäßig zu Verwerfungen an der

Börse kommt. Das deckt sich *aber nicht* mit der Erfahrung. Um diesen Sachverhalt einzufangen, braucht man eine Wahrscheinlichkeitsverteilung mit fetten Schwänzen. Dann ist die Fläche zwischen Graph und Abszisse größer, und die stark schwankende Volatilität wird besser eingefangen. Auch auf diesen Sachverhalt weist der frühere Wertpapierhändler Nassim Nicholas Taleb mit großer Ausdauer hin. Schon der Titel seines bekanntesten Werkes umreißt sein Anliegen: *Der Schwarze Schwan: Die Macht höchst unwahrscheinlicher Ereignisse* (Taleb 2008).

Taleb wird nicht müde zu betonen, dass Katastrophen, die sich prinzipiell nicht vorhersehen lassen, ebendie Schwarzen Schwäne, *deutlich häufiger auftauchen*, als sie gemäß der klassischen ökonomischen Theoriebildung vorkommen sollten. Deshalb insistiert Taleb auf Verteilungen mit fetten Schwänzen. Die Frage ist nur: wie fett? Bei der sogenannten Cauchy-Verteilung scheinen die Schwänze zu fett zu sein, deshalb muss die passende Dicke wohl irgendwo zwischen den dünnen der Normalverteilung und den besonders dicken der Cauchy-Verteilung liegen. Nach meinem Dafürhalten ist die Frage nach der »perfekten Dicke« noch nicht entschieden.

Ich bin mir auch nicht ganz sicher, ob sich diese knifflige Frage je wird entscheiden lassen. Es gibt nämlich ein methodisches Problem, das die Beantwortung der Frage schwierig, wenn nicht unmöglich macht. Um einschätzen zu können, welche Verteilung die Dynamik der Märkte korrekt beschreibt, müsste man Aussagen über die Verteilung von Volatilitäten machen können. Das Auftreten starker Verwerfungen sollte sich also unter probabilistischen Gesichtspunkten quantifizieren lassen. Da bleibt den Forschern keine andere Wahl, als historische Daten zu studieren. Genau das haben Wissenschaftler von Bachelier bis Mandelbrot immer wieder getan, um dann darüber zu spekulieren, welche Verteilung angemessen sein könnte. Das bedeutet aber in der Konsequenz, dass die dann erkorene Verteilung *die Vergangenheit* abbildet, noch nicht einmal die Gegenwart und schon gar nicht die Zukunft! Damit wäre ein solches Unterfangen nur sinnvoll, wenn die Soziodynamik der Gesellschaft ehernen und extrahierbaren Gesetzen, quasi platonischen Ideen, gehorchte, die sich auch bei rasendem technologischem Wandel und völlig veränderten Kommunikationsformen nicht verändern würden. Das ist unwahrscheinlich. Wir haben darauf hingewiesen, dass unsere Zeit außerordentliche Merkmale besitzt: die instantante Omnipräsenz, Echokammereffekte und Schattenalgorithmen, die im Verborgenen agieren ... Es spricht einiges dafür, dass diese Phänomene Marktdynamiken bedingen, die sich von früheren unterscheiden und deshalb auch nicht auf deren Grundlage vorhergesagt werden können.

Obwohl sich frühere Zeiten wohl nur bedingt als Blaupause der Gegenwart eignen, gibt es trotzdem ein gemeinsames Band, was bei einer etwaigen Modellierung unter allen Umständen beachtet werden muss: *Menschen verhalten sich völlig anders als die Münzen, Urnen und Würfel in den Lehrbüchern der Wahrscheinlichkeitstheorie.* Sie handeln eben nicht statistisch unabhängig. Stattdessen schauen sie die ganze Zeit nach links und rechts, um zu gucken was die anderen machen, um sich an deren Verhalten zu orientieren. In diesem Kontext sind Neid, Gier und Angst *emotionale Adhäsivkräfte,* die autonome Entscheidungen für die meisten unmöglich machen.

Potenziert wird diese Tendenz durch das Internet, das jeden vernetzten Erdenbürger, egal, wo er sich befindet, zum virtuellen Nachbarn macht. Heute lugt man eben nicht mehr nur über den Gartenzaun, um zu gucken, was der andere tut. Nachbarn sind alle, mit denen wir mittels unserer magischen Maschinen in Kontakt zu treten wünschen.

Auf der Grundlage dieser Tatsache wird aber die Normalverteilung in solchen Zusammenhängen obsolet. Modelle, die in ihrem »Inneren« mit normalverteiltem Risiko arbeiten, sind etwas für ökonomisches Schönwettersegeln. Solange es weder Gier noch Panik im Markt gibt, ist die Annahme vertretbar, dass *der Kauf oder Verkauf eines Investors nichts mit dem Verkauf oder Kauf eines anderen zu tun hat.* Sie sind wie erwartet statistisch unabhängig. Das Werkzeug der Normalverteilung leistet, was man von ihm erwartet. Aber wehe der Wind dreht, und die ehemals individuellen Entscheidungen werden von den Entscheidungen anderer Marktteilnehmer getriggert.

Dann entsteht ein mitunter globaler Handlungszusammenhang!

Warum die Normalverteilung wider besseren Wissens in komplexen Risikomodellen verwendet wird, ist ein wenig rätselhaft. Wahrscheinlich weil sich in *guten Zeiten* gutes Geld verdienen lässt. Es ist übrigens eine Ironie der Geschichte, dass den Schöpfern der Modelle deren eingeschränkte Anwendbarkeit bewusst war und sie vorsichtig auf diesen Sachverhalt hingewiesen haben. Aber die Spekulanten wollten diese Warnungen, wie oben schon erwähnt, nicht hören. Zweifel waren schlecht fürs Geschäft. Die Folgen dieser Verdrängung waren desaströs. Im Nachhinein stellte sich heraus, dass die Ausfallwahrscheinlichkeit der gebündelten Immobilienkredite um Zehnerpotenzen größer war als von den Modellen vorhergesagt. Es kam zum mathematischen Meltdown. Nicht nur die Banken und Hedgefonds, auch die Ratingagenturen, die den komplizierten Produkten falsche Qualitätssiegel gaben, lagen mit ihren Einschätzungen daneben. Nach konservativer Schätzung belief sich der wirtschaftliche Schaden auf etwa fünf Billionen Euro. Nimmt man die Opportunitätskosten mit ins Bild, war er noch höher. Allein in den USA gab es Millionen Privatinsolvenzen. Die Betroffenen mussten ihre Häuser zwangsversteigern lassen, konnten ihre Krankenkassenbeiträge nicht mehr bezahlen, und nicht wenige Betroffene nahmen sich verzweifelt das Leben. Diese Form der Selbsttötung bekam einen eigenen Namen: *Economic Suicide.*

Es muss betont werden, dass viele ursächlich Beteiligte trotz ihres Totalversagens bis heute nur unzureichend zur Rechenschaft gezogen worden sind. Zwar musste die Rating Agentur Moody's für ihre »Beratungskünste« etwa 850 Millionen Dollar Strafe zahlen und die Schweizer Großbank UBS wurde unlängst mit 1,4 Milliarden Dollar zur Kasse gebeten, da sie ihre Kunden über die Anlagerisiken nicht seriös unterrichtet hatte. Gemessen am verursachten Gesamtschaden sind solche Strafen aber fast zu vernachlässigen.

Unterm Strich muss man feststellen, dass die Gemengelage, die zur Weltwirtschaftskrise 2008 führte, verwickelt und unübersichtlich war. Ohne Zweifel haben aber die mathematischen Modelle, die die Wirklichkeit unzulässigerweise simplifiziert haben, einen wichtigen Teil zur Entwicklung der Katastrophe beigetragen. *So wurden mathematische Modelle ursächlich.* Trotzdem wird das Problem auf einer fundamentalen Ebene nur unzureichend diskutiert. Doch diese Diskussion ist notwendig. Die Wirkungsgefüge sind nämlich noch verschachtelter, als sie bis zu dieser Stelle dargestellt wurden. Damit kommen wir zur geheimnisvollen Spezies der Algokraten, mächtigen Marktteilnehmern, die aus der Anonymität heraus agieren und sich beharrlich weigern, ihre Tarnkappen abzunehmen.

Die dunkle Macht der Algokraten

Wie Mathematiker im Verborgenen agieren

Code 7 X ist die Attraktion des Coca-Cola-Museums in Atlanta. In einem von rotem Laserlicht geheimnisvoll erleuchteten Tresorraum steht in der Mitte ein weiterer massiver Panzerschrank, der mit einem biometrischen Scanner versehen ist. In diesem Trumm befindet sich die legendäre Rezeptur, die der Apotheker John Pemberton vor 137 Jahren erfand. Die Rezeptur für Coca-Cola. Diese ist bis zum gegenwärtigen Zeitpunkt Grundlage für den Erfolg eines Weltunternehmens mit über 40 Milliarden Dollar Jahresumsatz.

Angeblich haben zu diesem Heiligen Gral von Coca-Cola nur zwei Menschen auf diesem Planeten Zutritt. Sie allein sind vollumfänglich in das Geheimnis eingeweiht. Und das wird auch so bleiben, bis sie ihre Kenntnisse an schon vorherbestimmte Vertrauenspersonen weitergeben werden. Alle Produktionsketten des Unternehmens sind so beschaffen, dass kein Mitarbeiter in der Lage ist, das komplette Wissen um die Ingredienzien der Rezeptur aus Teilstücken zu generieren. Pembertons Geheimnis zu bewahren ist für Coca-Cola von entscheidender Wichtigkeit.

Einer so ausgeprägten Geheimnistuerei begegnen wir in unserer Zeit aber nicht nur bei Unternehmen, die Coca-Cola, Red Bull, Maggi oder Heinz-Tomatenketchup herstellen. Wir sahen, dass Firmen wie Google und Facebook ebenfalls großen Wert auf Verschwiegenheit legen. Verständlicherweise wollen auch sie sich nicht in die Karten sehen lassen. Deshalb sind die Funktionsweisen ihrer Algorithmen ein Betriebsgeheimnis. Außerdem reden sie nicht gerne darüber, auf *welche Weise* sie die erbeuteten Daten zu Geld machen.

Das ist ein Unterschied zu Unternehmen wie Coca-Cola oder Red Bull. Da brummt der Laden, wenn es dem Kunden schmeckt. Weshalb das Geschäft bei Facebook und Google läuft, weiß man nur in Teilen. Man gibt sich zugeknöpft.

Dieses fragwürdige Gebaren wirft ein Licht auf eine aktuelle Entwicklung, die nicht nur im Bereich der Suchmaschinen und der sozialen Medien zu beobachten ist.

Es dreht sich ganz allgemein gesprochen um die Rolle der Mathematik in der Gesellschaft. Diese verändert sich in großen Schritten.

Da ist an erster Stelle die Tatsache zu nennen, dass die Mathematik die wissenschaftliche Schlüsseldisziplin des 21. Jahrhunderts ist. Ohne elaborierte Mathematik gäbe es keine künstliche Intelligenz, keine Robotik, keinen computergesteuerten internationalen Wertpapierhandel, kein Internet, keine globalen Logistikketten, keine Stabilisierung der Stromnetze, keine Autos heutiger Bauart, keine Bankgeschäfte und natürlich auch keine Handys.

Irritierend ist der Umstand, dass trotz dieser immensen Bedeutung für die Allgemeinheit bestimmte mathematische Verfahren immer mehr zu einer Geheimwissenschaft werden. Man könnte vom Entstehen einer *Schattenmathematik* sprechen. Das hat Folgen. Die Welt wird dadurch noch unberechenbarer, als sie es ohnehin schon ist.

Doch an dieser Stelle könnte sich Widerspruch regen! War es denn nicht immer so, dass mathematisches Wissen in Teilen geheim war? Gerade etwa in Verbindung mit militärischer Expertise konnten mathematische Kenntnisse den entscheidenden Unterschied machen. Man erinnere sich nur an die legendären Kriegsmaschinen des Archimedes, deren findige Konstruktionen sich vor allen Dingen seinem mathematischen Wissen verdankten. Bis vor Kurzem hielt man diese für Ausgeburten der Fantasie: riesige Wurfmaschinen und Katapulte, Geschosse, die mit heißem Dampf auf die römische Flotte abgeschossen wurden, die das sizilianische Syrakus angriffen. Mittlerweile glaubt man, dass es sie tatsächlich gegeben hat. Oder man denke an die Berechnung ballistischer Kurven von Geschützen, die halfen, besser zu treffen. Selbst die Kybernetik des frühen 20. Jahrhunderts war in ihren Anfängen eine Kriegswissenschaft. Deren Gründer, der Mathematiker Norbert Wiener, entwickelte einen Regelkreis mit negativer Rückkopplung, um die Treffsicherheit von Luftabwehrgeschützen zu verbessern. Natürlich spielen im Krieg seit den Zeiten von Julius Cäsar Verschlüsselung und Entschlüsselung von Botschaften eine besondere Rolle. Alan Turing, der den Enigma-Code der deutschen Verschlüsselungsmaschine mit seinen Kolleginnen und Kollegen knackte, leistete im Zweiten Weltkrieg einen wichtigen Beitrag für den Sieg der Alliierten über Deutschland.

In den Zeiten nuklearer Bedrohung ist die Spieltheorie ein strategisches Werkzeug, mit dessen Hilfe die Kontrahenten sich bemühen, Risiken und Chancen von Handlungsoptionen einzuschätzen. Und in dem geheim gehaltenen Manhattan-Projekt zur Entwicklung der Atombombe, das der amerikanische Physiker Robert Oppenheimer leitete, waren über 100 000 Wissenschaftler involviert, darunter einige der besten theoretischen Physiker und Mathematiker ihrer Zeit.

Es stimmt also, dass mathematisches Wissen, vor allen Dingen wenn es militärisch relevant war, der Geheimhaltung unterlag. Das hat sich bis heute nicht geändert. Doch unabhängig von dem Bestreben, sich militärisch nicht in die Karten schauen zu lassen, gibt es einen bemerkenswerten Wandel. Wenn Urbain Le Verrier die Existenz und die Position des Planeten Neptun vorhersagte und dieser dann tatsächlich zu einer bestimmten Zeit an einem bestimmten Ort gefunden wurde, dann war natürlich nicht jeder in der Lage, diese komplizierten Berechnungen durchzuführen. Ein geschulter Physiker hätte aber auf die bekannten Bewegungsgleichungen zurückgreifen können, um das Ergebnis von Le Verrier *nachzuvollziehen*. Gerade Offenheit und Nachprüfbarkeit sind Charakteristika der wissenschaftlichen Methode. Das Besondere der wissenschaftlichen Methode liegt in ihrer *Transparenz!* Diese ist, wie beschrieben, die notwendige Voraussetzung für *transsubjektives Wissen*, das den Wesenskern aller Wissenschaft ausmacht.

Transparenz ist zumindest *im Feld der Wissenschaft* auch heute noch in größerem Umfang gewährleistet. In kommerziellen Bereichen zeichnet sich jedoch ein anderer Trend ab: der der *klandestinen Berechnung*. Mathematische Expertise wird der Öffentlichkeit *bewusst entzogen*. Dabei sind die Strategien der Schattenmathematiker durchaus unterschiedlich (O'Neil 2021). Über die ausgeklügelten Methoden von Google und Facebook, mittels geheimer Algorithmen Nutzerdaten auszuspähen, haben wir gesprochen. Davon unabhängig gibt es weitere Verfahren, die, wenn es um die Beeinflussung globaler Märkte geht, noch weit wirkungsmächtiger sind. Hier wären vor allen Dingen das *Algotrading* und der *Hochfrequenzhandel* zu nennen. Von Algotrading spricht man ganz allgemein, wenn potente Rechner auf der Grundlage spezieller Algorithmen *eigenständig* an der Börse tätig werden. Das ist heute möglich, da der Börsenhandel computerisiert ist. Die schreienden Broker auf dem Parkett mit ihren Westen und durchgeschwitzten Hemden, die einen Nervenzusammenbruch bekamen, wenn die Glocke den Handelstag beendete, sind schon lange Geschichte.

Beim Hochfrequenzhandel sind es gleichfalls Computer, die im Bruchteil einer Sekunde entscheiden, welche Käufe und Verkäufe in welcher Größenordnung abgeschlossen werden. Beim Hochfrequenzhandel besteht das Ziel darin, minimale Differenzen in Zins-, Währungs- oder Wertpapiergeschäften auszunutzen, bevor sie durch das Wechselspiel von Angebot und Nachfrage egalisiert werden.

Es geht in solchen Zusammenhängen also darum, raffiniert programmierte Computer Spekulationsgeschäfte ausführen zu lassen, die mit »an Sicherheit grenzender Wahrscheinlichkeit« zum Erfolg führen, oder aber mittels geballter Rechenkraft schneller zu sein als andere Marktakteure. Die großen Player in diesem Geschäft sind vor allen Dingen Hedgefonds, aber natürlich auch Großbanken mit ihren rührigen Investmentabteilungen.

Egal nun, welche Methoden von den Spezialisten der verschiednen Geldhäuser entwickelt und verwendet werden, man bemüht sich im Allgemeinen, diskret zu operieren. So arbeitete etwa die Schweizer Großbank UBS über Jahrzehnte mit einem geheimnisumwitterten mathematischen Modell der bekannten Chaostheoretiker Norman Packard und Doyne Farmer. Die beiden hatten ursprünglich eine Firma mit dem Namen Prediction Company gegründet. Diese wurde von der UBS übernommen.

Es ist bis zum heutigen Tage nicht bekannt, was da für ein mathematisches Modell in welcher Weise von der Bank für welche Zwecke verwendet wurde! Über seine konkrete Funktionsweise kann man deshalb nur spekulieren. Und es wurde auch nie veröffentlicht, welche Gewinne mit dessen Hilfe erwirtschaftet wurden (Weatherall 2013).

Eigentlich ist eine solche Geheimnistuerei Esoterik im *ursprünglichen Sinne* des Wortes: Hier dreht es sich um eine Form von Wissenschaft, die nur einem inneren Zirkel von Eingeweihten zugänglich ist und nach außen hermetisch abgeschirmt wird. In diesem Sinne sehen wir uns heute auch mit einer neuen Form der Aristokratie konfrontiert. In seiner eigentlichen Bedeutung bezeichnet »Aristokratie« die Herrschaft der Besten. Doch die Zeiten, in denen sich Aristokraten durch herausragende Fähigkeiten etwa in der Kriegskunst auszeichneten und in der Schlacht an der Spitze des Heeres ritten, sind lange vorbei. Die Aristokratie hat heute eher eine dekorative Funktion. Die neue Elite unserer Zeit sind die *Algokraten*. Das sind meist junge Männer und Frauen, exzellent ausgebildet in Mathematik, Physik, Informatik, Kognitionswissenschaften, Psychologie oder Statistik, die in der freien Wirtschaft ihr Glück suchen, da sich dort unvergleichlich mehr Geld verdienen lässt als an den altehrwürdigen Universitäten mit ihren verkrusteten Strukturen. Was ist eine Hiwi-Stelle mit Hungerlohn in einem verstaubten Büro gegen die eines Softwareentwicklers mit fürstlichem Salär? Um nur ein Beispiel zu nennen: Das Mediangehalt bei Google liegt bei etwa 280 000 Dollar im Jahr.

Doch die üppige Bezahlung hat Schattenseiten. Zumindest für nachdenkliche Menschen. Ethisch bewegt man sich auf dünnem Eis. Man muss es in bestimmten Positionen vor sich zu rechtfertigen wissen, intime Daten von Nutzern auszuspionieren, um mit deren Verkauf sein eigenes Gehalt zu erwirtschaften. Davon unabhängig birgt das klandestine Geschäft der Algokraten auch Gefahren für die Allgemeinheit, da es die globale Komplexität massiv erhöht, anstatt sie zu reduzieren, was die eigentliche Aufgabe mathematischer Modellierung wäre (Wehr 2016).

Egal ob beim Algotrading oder Hochfrequenzhandel, die Algorithmen greifen massiv in das globale Marktgeschehen ein. Über 50 Prozent des Aktienhandels werden schon von solchen Plattformen abgewickelt, allerdings nach internalisierten Regeln, die nur ihre Schöpfer kennen. Das kann in Abhängigkeit von den gehandelten Volumina zu verhängnisvollen Dynamiken führen, die weder zu analysieren noch zu beherrschen sind.

Braitenbergs Gesetz – Schein ist komplizierter als Sein

Was heißt es, wenn hinter den Kulissen komplexe Algorithmen laufen, deren Funktionsweise wir nicht kennen? In diesem Zusammenhang ist es interessant, sich mit der »Spielzeugwelt« des Hirnforschers Valentin Braitenberg zu beschäftigen.

Braitenberg (1926–2011), ehemaliger Direktor des Max-Planck-Instituts für biologische Kybernetik in Tübingen, war eine illustre Gestalt. Er studierte als junger Mann Physik und Medizin, war aber gleichzeitig auch ein leidenschaftlicher Geiger auf professionellem Niveau, der zu allem Überfluss auch noch hervorragend schrieb. Außerdem galt er als streitbarer Geist. Als fanatische Tierschützer seine Eingangstür in der Tübinger Unterstadt in roten Lettern besudelten und ihn »Tiermörder« schimpften, da er an seinem Institut mit Affen arbeitete, schenkte er die beschmierte Pforte dem Tübinger Stadtmuseum. Als Ausstellungsstück sollte sie darauf hinweisen, auf welch fragwürdigem Diskussionsniveau die Gesellschaft angekommen war.

Braitenberg, eigentlich Neuroanatom, wurde in den damals noch jungen Roboterwissenschaften zu einer Kultfigur, als er 1984 das Buch *Vehicles* veröffentlichte (Braitenberg 1984).

In dieser Schrift werden 14 mit Sensoren und Rädern ausgestattete Maschinchen beschrieben, die in unterschiedlicher Weise auf Umweltreize reagieren. Braitenberg taufte sie Vehikel. Sie können sich auf eine Lichtquelle zubewegen oder sich von ihr abwenden. Andere sind in der Lage, auf ein anderes Vehikel zuzusteuern und dieses zu rammen. Wieder andere nähern sich langsam, um sich dann abrupt zu entfernen.

Setzt man nun einen Schwarm dieser käferartigen Maschinchen auf einen Tisch mit Banden, zeigen sie für den menschlichen Betrachter ein erstaunlich komplexes Verhalten, das dieser in anthropozentrischen Termini zu interpretieren geneigt ist. Er sieht »liebende« und sich »hassende« Vehikel, »zaudernde«, »schüchterne«, »gemeine« und »agressiv-testosterongeschwängerte«, die jederzeit zum Angriff übergehen.

Braitenbergs Idee war so inspirierend, dass die Maschinen tatsächlich gebaut wurden, um sie auf einem Tisch laufen zu lassen. Außerdem kann man sie bis zum heutigen Tag im Internet programmieren und auf dem Computerbildschirm werkeln lassen. Braitenbergs spielerisch wirkender Ansatz hatte für ihn einen seriösen Hintergrund. Der Forscher sprach im Zusammenhang mit den aufeinander reagierenden Vehikeln und den menschlichen Urteilen der Betrachter von *Synthetischer Psychologie*. Einfache Schaltungen kreieren ein Verhalten, das wir als Beobachter in der Interaktion für ziemlich komplex halten. Diese Komplexität hat allerdings *zwei Seiten, die vom Standpunkt abhängig sind*. Der *simplen Synthese* steht eine *extrem aufwendige Analyse* gegenüber. Das, was sich einfach herstellen lässt, ist in seiner Dynamik nur mit großem Aufwand zu verstehen. Diese Einsicht soll hier als *Braitenbergs Gesetz* bezeichnet werden.

Tatsächlich ist es keine Raketenwissenschaft, einmal zehn verschiedene Maschinchen zusammenzulöten und sie auf bestimmten Stellen eines Tischs mit umlaufenden Stoßbanden abzusetzen, um sich dann daran zu erfreuen, wie sie miteinander in Beziehung treten. Umgekehrt sieht die Sache aber ganz anders aus!

Um nun eine grobe Analogie zum Internet herzustellen, müssen wir das Szenario »verschatten«, damit man die Agenten nicht mehr direkt erkennt, sondern nur noch deren Wirkungen wahrnehmen kann. Man stelle sich deshalb die folgende Situation vor: Die verschiedensten Vehikel werden simultan in Gang gesetzt. Oben auf dem Dach tragen sie nun ein Lämpchen, das es dem Betrachter auch in Dunkelheit ermöglicht festzustellen, was sie »für Kreise ziehen«. Die Vehikel selbst kommunizieren untereinander aber im Infrarotbereich. Es ist für den menschlichen Beobachter also nicht zu erkennen, warum ein bestimmtes Vehikel A auf ein Vehikel B zusteuert, da es von diesem ein für den menschlichen Betrachter nicht sichtbares Signal erhalten hat. Das Experiment startet. Die Maschinen beginnen zu laufen. Der Experimentator schaltet das Licht aus. Nach genau zehn Minuten werden die verwickelten Lichtspuren eine halbe Stunde lang gefilmt. Dieses Filmmaterial wird einer Gruppe brillanter Köpfe vorgelegt. Sie sollen nur auf der Grundlage der Lichtspuren herausbekommen, auf welche Art und Weise die Maschinen in ihrem Inneren verdrahtet sind. Außerdem bekommen sie die Aufgabe, auf der Basis dieser Erkenntnis und aller anderen verfügbaren Daten die Anfangsbedingungen der zehn Maschinen zu ermitteln. Sie müssen also von den Startbedingungen des Films zehn Minuten zurückrechnen. Wo wurden die Vehikel auf den Tisch gesetzt? In welcher Richtung waren sie orientiert, und mit welcher Beschleunigung begannen sie sich zu bewegen? Diese dezidierte Analyse der Interaktionen weniger Maschinen wäre ein extrem kompliziertes Unterfangen, und es ist nicht ohne Weiteres klar, ob die Koryphäen in der Lage wären, das Problem in befriedigender Weise zu lösen.

Übertragen wir jetzt das vergleichsweise übersichtliche Bild der miteinander interagierenden Vehikel auf das Internet, dann ist es trotz seiner Komplexität noch deutlich zu einfach gestrickt. Es wäre durch Vehikel zu ergänzen, die im Dunkeln agieren (Schattenalgorithmen) und deshalb keine Lämpchen auf dem Dach haben. Diese würden die anderen auf unterschiedlichste Weisen von ihrem Kurs abbringen, indem sie diese stoppen, abdrängen, beschleunigen oder rammen. Außerdem müsste man berücksichtigen, dass komplexe Algorithmen nicht unbedingt fehlerfrei laufen. In der Welt der Vehikel würde das bedeuten, dass sich Maschinen anders verhalten, als es ihre Schöpfer geplant haben, und deshalb ein schwer zu verstehendes Eigenleben entwickeln. Darüber hinaus wäre die vergleichsweise behäbige Gangart millionenfach zu beschleunigen. Während sich die tatsächlichen Vehikel mit der Geschwindigkeit schwerfälliger Käfer bewegen, pulsen im Internet die Informationen mit Lichtgeschwindigkeit vom einen zum anderen.

Versetzen wir uns jetzt noch einmal in den Kopf der brillanten Analytiker. Sie wären wohl endgültig gezwungen zu kapitulieren. Das verwickelte Gespinst der Leuchtspuren ließe sich nicht entwirren. Ursachen und Wirkungen blieben unentdeckt im pulsierenden Erkenntnisdunkel.[9]

Verlassen wir die anschauliche Welt der Vehikel und widmen uns mit diesen Einsichten im Kopf der weitaus komplexeren Babelwelt, in der die von den Algokraten ersonnenen Algorithmen ihr Unwesen treiben und in Bruchteilen einer Sekunde aufeinander wirken können, dann ist man nicht mehr erstaunt, dass das System von Zeit zu Zeit aus unerfindlichen Gründen aus dem Gleis springt. Plötzlich kommt es zu Verwerfungen an den Börsen, für die man selten eine befriedigende Erklärung findet. Sogenannte Flash Crashs lassen sich wegen Braitenbergs Gesetz kaum analysieren. Bei einem Flash Crash kommt es zu einem starken Fall der Kurse, der sich meistens, aber nicht immer nach wenigen Minuten normalisiert. Auch wenn nach monatelanger Suche endlich eine vermeintliche Ursache in den Fokus rutscht, bleibt diese in den meisten Fällen spekulativ.

Dieses beunruhigende »Flackern« der Börse, das muss betont werden, gab es in dieser Form früher nicht! Betrachten wir ein Ereignis, das Eingang in die Geschichtsbücher gefunden hat: Es ereignete sich am Montag, dem 19. Oktober 1987. Die erste Aktienkrise der *Nachkriegszeit* kam wie ein Blitz aus heiterem Himmel. Am sogenannten *Schwarzen Montag* fiel der Dow-Jones-Index binnen eines Tages um mehr als 20 Prozent! Über die Ursachen wird bis heute gestritten. Einig ist man sich aber, dass der sich damals etablierende automatisierte Aktienhandel mit Computern eine entscheidende Rolle spielte. Da die dort implementierten Portfoliostrategien vergleichbar waren, wurden beim »Reißen« bestimmter Marken bestimmte Aktien synchron in großem Maße abgestoßen, was einen rapiden Preisverfall zur Folge hatte. Beim Erreichen der nächsten Marke wiederholte sich das Procedere. So kam es zu einem dramatischen Kaskadeneffekt, der den extremsten Kursturz der Börsengeschichte an einem Tag zur Folge hatte. Der Schwarze Montag ist ein eindrückliches Beispiel, welche Gefahr vom komplexen Zusammenspiel vieler Schattenalgorithmen ausgeht. Und der Schwarze Montag ist auch ein Beispiel, wie wenig die Normalverteilung die reale Börsendynamik abbildet. In über 15 Milliarden Jahren hätte ein solches Ereignis gemäß der Theorie nicht vorkommen dürfen.

Wir halten fest, dass sowohl komplizierte, in ihren Annahmen nicht verstandene mathematische Modelle, deren verborgene Annahmen den Anwendern in ihren Konsequenzen nicht bewusst sind, als auch komplizierte Algorithmen, die klandestin zur Anwendung gebracht werden, die Marktdynamik unberechenbar machen. Dazu gesellt sich nun noch eine vertrackte Form der Selbstbezüglichkeit: Agierende Algorithmen, also implementierte mathematische Modelle, sind eben *keine wechselwirkungsfreien Beobachter*. Sie können selbst eine Systemdynamik entfesseln, auf deren Veränderung sie im selben Moment reagieren müssten.

Wie sich Modelle selbst zur Falle werden

Wenn im Galilei-Experiment die Kugel die Rinne hinunterrollt, bleibt deren Dynamik (weitgehend) *unbeeinflusst*, steht der Forscher mit dem Federpendel in der Hand neben dem Experimentalaufbau und nimmt eine Zeitmessung vor.

Das Experiment und dessen Beobachtung sind *in dem betrachteten Zeitintervall kausal entkoppelt*. Das ist, wie betont, die idealistische

Beobachterperspektive der klassischen Physik. Wir haben erörtert, dass diese idealen Bedingungen nicht immer gelten. Reagiert das beobachtete System extrem empfindlich auf Störungen, dann wird der Beobachter mit seinen Beobachtungshandlungen *Teil des Systems.* Da der Beobachter das System beeinflusst, also in seiner Dynamik verändert, müsste er diesen Einfluss eigentlich quantifizieren können, um zu beurteilen, wie das System auf die induzierte Störung reagiert. Das bedeutet, dass er sich bei der Beobachtung selbst beobachten müsste. Das ergibt in der Konsequenz aber eine unendliche Kette notwendiger Beobachtungshandlungen, die sich nicht ausführen lassen. Das ist eine Denkunmöglichkeit. Wir haben diese seltsame Schleife als *endophysikalisches Beobachtungsproblem* bezeichnet. Es mag erstaunlich klingen, aber ein vergleichbares Problem treibt auch im globalen Börsenhandel sein Unwesen.

Betrachten wir einmal den *einfachst denkbaren Fall:* Eine große Bank verwendet einen Algorithmus, der den weltweiten Aktienhandel »beobachtet« und gemäß einprogrammierter Regeln handelt, also bestimmte Aktien zu einem bestimmten Kurs kauft oder eben beim »Reißen eines Limits« verkauft[10]. Schon in dieser Primitivversion haben wir es mit einem selbstbezüglichen Problem zu tun, vorausgesetzt, die von der Bank eingesetzten Finanzvolumina sind groß genug, um den Markt in Momenten geringer Liquidität zu beeinflussen. Stößt die Bank nämlich ein großes Paket von Aktien ab, gibt es auf dem Markt ein Überangebot, das die Nachfrage überschreitet. Die Folge ist ein Preisverfall. Was würde passieren, wenn dieser groß genug wäre, um beim betrachteten Algorithmus als erneutes Verkaufssignal interpretiert zu werden? Dann gäbe es bereits eine rückbezügliche kausale Kette, da der Algorithmus auf eine Aktion reagiert, die er selbst eingeleitet hat. Natürlich drängt sich die Frage auf, ob eine solche Marktbeeinflussung durch einen einzelnen Markakteur überhaupt möglich ist.

Sind das nicht Tropfen auf den heißen Stein?

Ein Beispiel: Im Oktober 2002 passierte einem Mitarbeiter der ehemals berühmten Investmentbank Bear Stearns ein folgenschwerer Fehler. Er tippte bei einer Verkaufsorder versehentlich drei

Nullen zu viel ein. So wurde aus einer Verkaufsorder über vier Millionen Dollar eine über vier Milliarden. Als bereits Aktien im Wert von 600 Millionen Euro verkauft waren, ging nicht nur der Kurs der Aktie auf Talfahrt.

Der gesamte Dow-Jones-Index wurde in die Tiefe gezogen! Er verlor in kürzester Zeit 2,3 Prozent. Daraufhin wurde der Handel ausgesetzt. Der Index blieb im Minus. Man kann nicht sagen, was passiert wäre, wenn der Handel nicht gestoppt worden wäre. Hätte sich alles wieder beruhigt? Oder wäre die Geschichte aus dem Ruder gelaufen?

Der Grund für die Unmöglichkeit, eine solche Dynamik exakt zu prognostizieren, ist natürlich die systemische Vernetztheit der Marktakteure, von der wir durch das Beispiel der interagierenden Vehikel eine anschauliche Vorstellung bekommen haben. Wenn, wie oben angenommen, eine finanzstarke Bank große Wertpapierpakete verkauft, dann wird diese Information nicht nur von Tausenden Mitakteuren rund um den Globus quasi ohne Zeitverzögerung detektiert, sie reagieren, da computerisiert auch in kürzester Zeit, allerdings nach einprogrammierten Regeln, die nur die Algokraten selbst kennen. Das kann in der Summe das Gesamtsystem fragil machen. Es entwickelt sich dann unvorhersehbar und ist nicht steuerbar. Es ist möglich, dass sich die unterschiedlichen Reaktionen stabilisieren, leider kann aber auch das Gegenteil passieren.

Obwohl die Vorstellung Tausender Computer, die weltweit miteinander in Verbindung stehen und in Millisekunden unfassbare Beträge verschieben, schon von beängstigender Komplexität ist, ist das Bild noch nicht vollständig. Bis zu diesem Moment haben wir unsere Betrachtungen auf Welt Zwei beschränkt. Aber es fehlen noch die eigentlichen Hauptdarsteller, die Menschen, die ebenfalls Teile des Gesamtzusammenhangs sind. Wenn wir deren Emotionalität berücksichtigen, wenn wir gedanklich die Welt der Maschinen mit den unberechenbaren *Animal Spirits* der Marktakteure verschränken, dann begegnen wir einem endophysikalischen Beobachterproblem, das in seiner Verschlungenheit noch deutlich über die gerade beschriebenen Rückkopplungseffekte hinausgeht. Ich nenne es das *Münchhausenproblem*.

Doch bevor wir dieses Problem erläutern, soll dargelegt werden, welche Rolle hier die erwähnten Echokammereffekte spielen können. Bis zu dieser Stelle sind wir davon ausgegangen, dass ein Newsfeed in den sozialen Medien, der sich fast ausschließlich an den eigenen Vorlieben orientiert, eher ein *privates, den individuellen Nutzer betreffendes Problem* darstellt. Doch es gibt einen weiteren Aspekt, der in unserem Zusammenhang eine Rolle spielt: Welchen Weg Nachrichten nehmen und vor allen Dingen, welche Dynamik diese entfalten, hängt maßgeblich von der *Gestimmtheit* der Kommunikationsteilnehmer im weltweiten Netz ab.

Betrachten wir einen plötzlich auftretenden Kursverfall an der Börse. Bleiben die Anleger gelassen und halten ihn für ein reinigendes Gewitter? Die dunklen Wolken werden gemäß ihrer Einschätzung wohl rasch wieder verfliegen. Danach scheint erneut die Sonne. Oder sind sie gereizt und ängstlich? Erst Corona, jetzt noch die Ukraine, dann der Terror der Hamas. Wohin soll das alles führen? Sie befürchten, dass ihre finanziellen Rücklagen schmelzen und ihre Altersversorgung in Gefahr ist. Sie beginnen panisch zu verkaufen. Die Kurse fallen noch mehr. Das wiederum nehmen die Algorithmen zur Kenntnis, um sofort aktiv zu werden. Darauf reagieren die Menschen ...

Wo führt das hin? Die Gestimmtheit der Menschen kann den Boden bereiten, dass aus einem Funken ein Flächenbrand wird oder dieser einfach erlöscht.

Echokammerjournalismus – der globale Brandbeschleuniger

Obwohl Google die irdische Verkörperung der fantastischen Bibliothek von Babel zu sein scheint, in der alle denkbaren Texte, die sinnigen, aber auch die unsinnigen, stehen, hinkt dieser Vergleich. In Wirklichkeit hat Google blinde Flecken.

Das wird offensichtlich, wenn man etwa versucht, mundartliche Begriffe aus den vergangenen Jahrhunderten zu googeln. Bei der Recherche für dieses Buch habe ich mich bemüht, mehr über die Begriffe »Gölte« und »Baust« zu erfahren. Im Netz haben sie eigentlich keine Spuren hinterlassen. Es scheint so, als wenn es sie nie gegeben hätte. Gerade die Vielfalt regionaler Kulturen, die in für Google unbedeutenden Stadtarchiven schlummert, ist also unsichtbar. Existent ist nur, was eingescannt wurde. Das führt zu einer Erosion traditionellen Wissens. Und die wenigen Menschen, denen aufgrund ihrer Lebensgeschichte noch bewusst ist, dass es da etwas von großem Wert gibt, werden alt und sterben. Mit ihrem Tod verschwinden auch ihre besonderen Kenntnisse und können im Nachhinein nur noch umständlich rekonstruiert werden. Wenn überhaupt.

Abgesehen von diesen blinden Flecken haben Firmen wie Google und Facebook die erwähnten *kommunikativen Filterfunktionen*. Was vom Google-Algorithmus nicht ausgewählt und angezeigt wird, obwohl es als Information vorhanden ist, scheint für den Nutzer nicht zu existieren. Das erinnert in gewisser Weise an das Buch *Im Namen der Rose*, verfasst von Umberto Eco. In diesem entwendet ein bösartiger alter Mönch ein Buch von Aristoteles über das Lachen aus der Klosterbibliothek, da er dessen Lektüre für gefährlich hält. Ein gestohlenes Buch kann aber nur noch der Dieb lesen. Damit ist die Information für alle anderen verschwunden. Das Prinzip, den Informationsfluss durch Verfügbarkeit beziehungsweise Nicht-Verfügbarkeit zu steuern, ist nicht neu. Nur dass heute kein Mönch sein arglistiges Werk betreibt, sondern ein Schattenalgorithmus, dessen Funktionsweise für Exoteriker, also Nicht-Eingeweihte, rätselhaft ist.

Noch bedenklicher als diese monopolistische Gestaltungsmacht der Suchmaschinen ist der Echokammereffekt, auf den wir im Zusammenhang mit der Geschäftsstrategie von Facebook eingegangen sind. Der Wille, den Nutzer in ein Netz eigener Befindlichkeiten und ihm genehmer Botschaften einzuspinnen, ist das genaue

Gegenteil des aufklärerischen Impetus ambitionierter Verlage und herkömmlicher Qualitätsmedien. Deren Geschäftsmodell beruht in hohem Maße auf *Expertise und Vertrauen*. Im nicht-fiktionalen Bereich bezahlt der mündige Leser kompetente und ehrliche Journalisten oder Schriftsteller für ihre Fähigkeit, ihm Dinge mitzuteilen, die er *nicht weiß*. Dabei sollten die Autoren in der Lage sein, das Wichtige vom Unwichtigen und das Echte vom Gefälschten zu unterscheiden. Des Weiteren erwartet der Leser, dass sie komplexe Zusammenhänge aufgrund ihrer Expertise verdichtet und verständlich darstellen. Man denke an einen Auslandskorrespondenten wie Rainer Hermann von der *FAZ*, der für den unwissenden Leser nachvollziehbar macht, worum es im verwirrenden Konflikt zwischen Aserbaidschan und Armenien eigentlich geht und wie dieser Krieg historisch entstanden ist, der seine Ursprünge schon in der *Spätantike* hat, wobei in der weiteren Entwicklung Mongolen, Perser, Türken und Russen eine wichtige Rolle spielten. Das Vertrauen ist notwendig, weil der Leser unterstellt, dass der Autor das Kompetenzgefälle nicht ausnutzt, um den Leser zu manipulieren, indem er die Darstellung in seinem Sinne verzerrt und deshalb nicht aufklärt, sondern indoktriniert.

Darüber hinaus weiten gute Zeitungen und Bücher den Horizont und schaffen Möglichkeiten für *Serendipity*. Für dieses schöne englische Wort gibt es leider keine geschmeidige deutsche Übersetzung. Für mein Gefühl würde »Vom Glück zufälliger Entdeckungen« passen. Bei der Lektüre inspirierender Bücher oder Zeitungen stößt man immer auf interessante, bisher unbekannte Aspekte, die einen freudig überraschen. Man behält sich diese im Kopf, und die verfügbare Wissensbasis wächst auf überraschende und mühelose Weise.

Die aufgezählten Punkte müssten im heutigen Informationschaos eigentlich zu einer Renaissance seriöser Medien und Verlage führen, die als gewissenhafte und kenntnisreiche *Informationsmakler* auftreten. Doch leider wird der unschätzbare Vorteil dieser anspruchsvollen Dienstleistung immer weniger honoriert. Wie die stark zurückgehenden Zahlen der Abonnenten fast aller großen Tageszeitungen zeigen, sträuben sich die Bürger offensichtlich, Geld für etwas in die Hand zu nehmen, von dem sie glauben, es im Internet umsonst zu bekommen. So wäre zu erklären, dass der von Mark Zuckerberg beschworene personalisierte Newsfeed von Facebook eine so wichtige Rolle spielt. In Amerika dient er *über 30 Prozent* der Bevölkerung als *einzige* Nachrichtenquelle! Das bewirkt in der Folge das genaue Gegenteil eines gesunden und vor allen Dingen widerstandsfähigen Meinungspluralismus.

Wie betont wird die Auswahl der Themen algorithmisch gesteuert und orientiert sich an den persönlichen Bedürfnissen! Dieser Informationsnarzissmus führt dazu, dass sich das eigene Blickfeld immer weiter verengt, wodurch es zu einem interessanten Phänomen kommt: Obwohl das Ziel von Facebook darin besteht, die Verweildauer auf der Seite zu erhöhen, um den Nutzer so gut wie möglich zu dechiffrieren, nimmt dessen Informiertheit immer weiter ab. Es ist, als äße man die ganze Zeit, um in letzter Konsequenz zu verhungern.

Und dieser *Echokammerjournalismus* lädt zum Missbrauch ein. Es wird zunehmend leichter, die Meinungen der Nutzer zu beeinflussen. Da ist zum einen die Tatsache, dass sich das politische Wahlverhalten der Nutzer von Facebook manipulieren lässt. Die Untersuchung wurde von Facebook selbst durchgeführt und im renommierten Wissenschaftsmagazin *Nature* publiziert (Bond u. a. 2012). Noch unheimlicher ist das sogenannte *Emotional Affecting*, was man mit *emotionaler Ansteckung* übersetzen kann. Nachweislich kann Facebook an der Emotionsschraube seiner Nutzer drehen. Je nachdem, wie Nachrichten im Newsfeed redaktionell dargestellt werden, lassen sich die Anwender in eine depressive oder aber auch heitere Stimmung bringen.

Unabhängig davon macht die massenweise Verwendung des Newsfeeds das Entstehen von *Meinungsmonokulturen* wahrscheinlich, *die erratisch auftauchendem Herdenverhalten den Boden bereiten können.* Zur Verbildlichung dieses Sachverhalts stelle man sich zwei gleich große Stichproben von Lesern vor.

Die Leser der ersten Stichprobe führen sich *nur* die *BILD-Zeitung* zu Gemüte. Die zweite Stichprobe wird noch einmal unterteilt. In dieser liest die eine Hälfte regelmäßig die *NZZ*, die andere Hälfte die *TAZ*. Käme es jetzt zu einer Panikmeldung, die in *BILD* in großen Lettern auf der Titelseite prangen würde, dann ist nachvollziehbar, dass das Verhalten der *BILD*-Leser in der ersten Stichprobe *kohärenter* wäre als das der *NZZ*- und *TAZ*-Leser in der zweiten.

Übertragen wir diesen Gedanken auf das Internet. Es ist plausibel, dass die Art und Weise, wie sich Informationen ausbreiten, besonders von der *Vernetztheit und der Gestimmtheit der Knotenpunkte im kommunikativen Netz* abhängen.

Was die Vernetzung angeht: Damit »heiße Emotionen« wie panische Angst oder grenzenlose Gier ein zerstörerisches Momentum bekommen, müssen Menschen sich gegenseitig mit ihren Gefühlen »anstecken« können. Das Internet mit seiner Konnektivität und globalen Einflusssphäre ist für dieses Massenphänomen der optimale Nährboden, da alle Teilnehmer im virtuellen Raum Nachbarn sind, obwohl sie realiter Tausende von Kilometern entfernt wohnen können. So wie Städte und die sie verbindenden Wegnetze erst die notwendige Nähe und Verbreitungswege schufen, damit sich bis dahin lokal begrenzte Infektionskrankheiten zu echten Seuchen auswachsen konnten, schafft das allgegenwärtige Internet die Bedingungen, dass sich die Nutzer weltweit untereinander mit ihrem Verhalten anstecken können.

Es macht in diesem Zusammenhang aber einen großen Unterschied, ob die Informationen auf Rezipienten treffen, die ihr Wissen im Allgemeinen aus *identischen* Quellen erhalten, oder auf solche, die sich autark und nach eigenem Gutdünken kundig machen. So ist es nachvollziehbar, dass Informationen in einem Netz vergleichsweise gleichgeschalteter Rezipienten ein anderes Momentum entwickeln können als in Netzen, in denen verschiedenste Weltanschauungen unterschiedlich verteilt sind. Eine solche Verteilung hat eine ausgeprägte *Pufferfunktion*. Was den einen in Angst und Schrecken versetzt, nimmt ein anderer gelassen zur Kenntnis.

Interessant sind in diesem Zusammenhang flapsige Aussagen von Prominenten, die in wenigen Minuten Milliarden an den

Börsen bewegen. Als die Influencerin Kylie Jenner nörgelte, dass ihr das Design der Snapchat-App nicht mehr gefalle, rauschte die Aktie in kürzester Zeit um zwölf Prozent in die Tiefe. Es wurden 1,3 Milliarden Dollar Börsenwert vernichtet. Als Jay Leno Michelle Obama fragte, was sie für ein tolles Kostüm trüge, vergrößerte sich der Börsenwert des genannten Unternehmen J. Crew in der folgenden Zeit um fünf Milliarden Dollar (Mannweiler 2021)!

Treten wir einen Schritt zurück: Intellektuelle Monokulturen sind prädestiniert für panikartiges Herdenverhalten, weil viele Menschen in vergleichbarer Weise reagieren. Hier liegt eine große Gefahr des Echokammerjournalismus. Die von den Hyperscale-Unternehmen verwendeten Algorithmen beeinflussen die globale Dynamik zwar nicht so unmittelbar wie etwa die Schattenalgorithmen großer Banken oder Hedgefonds. Sie bereiten aber den Boden für die kommunikative »Feuerspur«, da sie die Nutzer in ihrer Weltsicht manipulieren und einschränken.

Welche Botschaften dann eine Panikreaktion bedingen, ist allerdings nicht immer vorherzusehen. Der kausalkompakte Raum mit seinen Milliarden Kommunikationsteilnehmern, die mit Lichtgeschwindigkeit Botschaften austauschen, verhält sich in großen Teilen unvorhersehbar. Was für ein Unterschied zu Zeiten, als Botschaften mit Schrittgeschwindigkeit den Weg vom einen zum anderen fanden.

Um nun noch das vertrackte Münchhausenproblem anschaulich zu machen, in welchem klandestine Algorithmen, Modellierungsfehler, Braitenbergs Gesetz, Gier und Panik sowie Echokammereffekte zu einem einzigen Wechselwirkungsgeflecht werden, sei zuerst in kurzen Worten die Geschichte des »Genie-Fonds« LTCM erzählt.

Am Beispiel der Weltwirtschaftskrise von 2008 zeigten wir, dass mathematische Modelle, die auf Idealisierungen beruhen, die der Wirklichkeit nicht angemessen sind, eine ernst zu nehmende Gefahr darstellen. Anschließend wurde betont, dass Algorithmen, die »im Dunklen« arbeiten, das Gesamtsystem in einer bisher nicht gekannten Weise destabilisieren können. Der Aufstieg und Fall von

LTCM belegen anschaulich, dass diese Gefahren nicht unabhängig voneinander existieren. Es besteht die Möglichkeit, dass sie sich verschränken.

Das Münchhausenproblem – Prognostik, die sich ad absurdum führt

Der Zusammenbruch des Hedgefonds LTCM (Long Term Capital Management) im Jahr 1998 war ein Schock. Seine 16 Betreiber hatten nämlich einen Ruf wie Donnerhall. Sie bildeten so etwas wie das All-Star-Team der Finanzwelt. Im Zentrum des 1994 von John W. Meriwether gegründeten Hedgefonds standen zwei Superhirne, die den Nimbus der Unfehlbarkeit trugen. Der eine war Robert C. Merton, der andere Myron S. Scholes. Beide sind bis heute Spezialisten für die quantitative Analyse des Kapitalmarkts auf der Grundlage stochastischer Methoden. Sie entwickelten einen »mathematischen Werkzeugkasten«, um den Preis von Aktienoptionen zu bestimmen. Die beiden Überflieger erhielten 1997 den Nobelpreis für Wirtschaftswissenschaften. Ihre Arbeiten fanden große Verbreitung. Sie bergen aber den besprochenen Makel, dass die realen Marktschwankungen nicht angemessen beschrieben werden, da die Normalverteilung in ihren Modellen eine zentrale Rolle spielt.

Wie es sich für einen ordentlichen Hedgefonds gehört, agierte man rechtlich gesehen von den Cayman Islands in der Karibik aus. Dort sind die Regularien lockerer als anderswo, gleichzeitig wird auf Verschwiegenheit großen Wert gelegt. Wer das Bankgeheimnis verletzt, kann bis zu 15 Jahre hinter Gitter kommen.

Da bei LTCM so viel Brainpower versammelt war, konnte man sich im Umgang mit den Kunden einige beinahe schon kapriziös wirkende Eigenwilligkeiten erlauben. Solvente Anleger wie Notenbanken aus Asien, staatliche amerikanische Institute oder große Pensionsfonds gaben sich in einem noblen New Yorker Verkaufsbüro die Klinke in die Hand. Das Angebot klang einfach zu verlockend: satte

Renditen ohne geschäftliches Risiko! Möglich machten das die Zauberformeln der Nobelpreisträger Merton und Scholes. So glaubte man zumindest.

Deshalb ließ man sich die Bedingungen von den Fondsmanagern gerne diktieren. Die Mindesteinlage für Investoren betrug zehn Millionen Dollar, die für drei Jahre gebunden waren. Von den Gewinnen gingen 25 Prozent an die Partner von LTCM, dazu kam eine Verwaltungsgebühr von zwei Prozent.

Trotz dieser fast dreisten Konditionen gelang es LTCM schon im Gründerjahr, 1,3 Milliarden Dollar einzusammeln. Das war ein sensationelles Ergebnis. Im nächsten Schritt galt es, Fremdkapital zu bekommen.

Die Banken waren genauso wie die Kunden bereit, sich um den Finger wickeln zu lassen. Ohne zu zögern, ließen sie sich von den grandiosen Zukunftsaussichten berauschen und wollten unter keinen Umständen den Deal verpassen. Sie vergaben, durch die Namen von Merton und Scholes geblendet, riesige Kreditlinien, dabei unterließen sie es, den Eigenkapitalstock von LTCM gebührend zu prüfen. Und was noch bedenklicher war: Die Banken verliehen ihr Geld, ohne überhaupt zu wissen, wie es angelegt werden sollte. Die Algokraten waren nicht gewillt, sich in die Karten schauen zu lassen und ihr theoretisches Instrumentarium für die Kreditgeber transparent zu machen. Ein Beispiel für die erwähnte Schattenmathematik.

Anfänglich machte sich dieses blinde Vertrauen bezahlt. LTCM spekulierte vor allen Dingen mit Staatsanleihen, und die Renditen waren wie versprochen prächtig. Alles schien sich zu fügen. Schon im ersten Jahr gab es ein sattes Plus von 28 Prozent, und in den beiden folgenden Jahren stieg die Rendite bisweilen sogar auf 40 Prozent! Wer von Anfang an dabei war, hatte sein eingesetztes Geld also binnen kürzester Zeit verdoppelt.

Und die Geldmaschine bewegte immer größere Beträge. Mit etwas mehr als vier Milliarden Dollar Eigenkapital wurden mit Kreditfinanzierung *über eine Billion Euro* an den Börsen verschoben. Der große Traum, ohne Sorgen reich zu werden, schien sich zu erfüllen.

Da war kein Truthahn, der goldene Eier legt. Da saß eine Dronte im Gelege – der legendäre Riesenvogel.

Doch mit Beginn der Asienkrise im Jahr 1997, als Länder wie Indonesien, Malaysia, Südkorea oder Thailand wegen ihrer schlecht laufenden Wirtschaft ihre Kredite nicht mehr bedienen konnten, fing die Geldmaschinerie von LTCM an zu stottern. Zum Kollaps kam es, als auch Russland 1998 die Krise ergriff und das große Land seinen internationalen Verbindlichkeiten nicht mehr nachkam. Die Anleger an den Wertpapiermärkten gerieten zunehmend in Panik und schichteten ihr Vermögen in sichere Papiere um. Doch diese Entwicklung kam in den mathematischen Planspielen von LTCM nicht vor. Das war wieder eins von diesen rätselhaften Ereignissen, die nach den Regeln der *Wahrscheinlichkeit* niemals hätten passieren dürfen. Als John W. Meriwether auf die prekäre Entwicklung angesprochen wurde, stammelte er, dass diese gemäß der Modelle nahezu unmöglich wäre. Die Wahrscheinlichkeit, dass so etwas wie die Russlandkrise binnen eines Jahres passieren würde, wäre gemäß ihrer Berechnungen nur ein Septillionstel gewesen. Das ist $p = 1/10^{42}$!

Deshalb wähnten sich Superhirne *vor* der Russlandkrise sicher und wetteten auf ein vermeintlich todsicheres Geschäft: Sie nahmen die Bildung der Europäischen Union und die damit verbundenen Folgen für den Anleihemarkt ins Visier. Außerdem waren sie überzeugt, dass der wirtschaftende Mensch nach rationalen Kriterien seinen Nutzen maximieren würde. Gemäß dieser Überzeugung musste er die verführerischen Möglichkeiten, die sich ihm boten, wahrnehmen.

Im Fokus von LTCM standen vor allen Dingen deutsche und italienische Staatsanleihen. Die deutschen hatten wegen ihrer größeren Sicherheit einen niedrigen Zinssatz. Der der luftigeren italienischen war entsprechend höher. Wegen der Konvergenzkriterien war nun zu erwarten, dass sich die Zinssätze mit der Bildung der EU angleichen würden. Dann wären die bis dahin gehandelten deutschen Anleihen ein schlechtes Geschäft und die italienischen ein gutes. Der Kurs der deutschen Anleihen hätte also fallen sollen, während man erwartete, dass der der begehrten italienischen steigen würde. Über sogenannte Hebelpapiere wollte man diese Einsicht in klingende Münze verwandeln. Wenn da nicht die Russen gewesen wären! Nachdem diese sich außerstande sahen, ihre Kredite zu bedienen, entstand Panik im Markt, und die Anleger handelten nicht wie rational agierende Nutzenmaximierer, stattdessen verwandelten sie sich in von Angst getriebene Lemminge. In kurzer Zeit wendete sich das Blatt: Risiko war des Teufels, und Sicherheit wurde das Gebot der Stunde.

Anstatt wie von LTCM prophezeit wurden die langweiligen deutschen Anleihen nicht abgestoßen, sondern waren auf einmal begehrt, und ihr Preis stieg. Mit den italienischen verhielt es sich genau umgekehrt. So hatte der Fonds nicht gewettet. Die Wirkung war für LTCM katastrophal. Man hatte zu viel Kapital im Feuer und musste auf einmal wegen der Hebelpapiere hohe Forderungen bedienen, die im Kalkül nicht vorgesehen waren. Allein im Monat August verlor LTCM über 40 Prozent seines Eigenkapitals. Erst jetzt wurden die Banken nervös und verlangten endlich von dem Fonds vorzeigbare Sicherheiten. Fehlanzeige. So zögerten sie, dringend benötigtes Kapital nachzuschießen. Aber LTCM war auf Liquidität angewiesen, und die eigenen Portfoliobestände ließen sich in der angespannten Lage fast nicht mehr zu Geld machen. Als ihnen das Wasser bis zum Hals stand, entschlossen sich die taumelnden Überflieger, die New Yorker Federal Reserve Bank (FED) über die prekäre Situation zu informieren. Eine eilig einberufene Taskforce von Spezialisten kam nach eingehender Analyse zu dem Ergebnis, dass eine unkontrollierte Insolvenz von LTCM das Zeug gehabt hätte, *die Weltfinanzmärkte zu erschüttern*. Man entschloss sich, zu intervenieren. Am 23. September 1998 übernahm ein Bankenkonsortium LTCM, um den Fonds anschließend abzuwickeln. Der GAU wurde in letzter Sekunde verhindert. Die Himmelsstürmer landeten unsanft auf dem Boden der Tatsachen und blieben eine Weile benommen liegen. Dann schüttelten sie sich den Staub aus den Sakkos, um wenig später, so als hätte es das Desaster nie gegeben, neue Hedgefonds unter anderem Namen zu gründen. Totgeglaubte leben länger.

In diesem Zusammenhang gibt es – unabhängig vom konkreten Beispiel LTCM – einen tieferliegenden Mechanismus, den ich wie angekündigt das *Münchhausenproblem* nenne.

Zur Erinnerung: Der Lügenbaron gab gerne fantastische Geschichten zum Besten. In einer behauptete er, sich mitsamt seinem Pferd am eigenen Schopf aus dem Sumpf gezogen zu haben. Was hat diese skurrile Geschichte mit der erratischen Dynamik von Finanzmärkten zu tun?

Treten wir noch einmal einen Schritt zurück! Aus Gründen der Anschaulichkeit hatten wir die Welt zuerst in zwei scheinbar voneinander geschiedene Sphären aufgeteilt. Es wurde unterstellt, dass diese nichts miteinander zu tun hätten. Auf der einen Seite die überbordende Vielfalt der Phänomene. Das war der komplexe Gegenstand der Beschreibung. Auf der anderen Seite der denkende Mensch, der sich bemüht, in dieser Vielschichtigkeit Strukturen zu entdecken, um das im Moment zufällig Erscheinende in *beschreibenden Gesetzen* zu kondensieren. Damit wird es vorhersehbar und auch beherrschbar.

Im nächsten Schritt wurde gezeigt, dass sich gerade die komplexe Marktdynamik mit diesem idealisierten Schema nicht fassen lässt. Das findet seinen Grund eben auch in der Tatsache, dass einige der mächtigsten mathematischen Modelle »die Seite gewechselt« haben. Damit sind sie nicht mehr nur Erkenntniswerkzeuge. Modelle mit ihren spezifischen Input-Output-Funktionen werden so selbst zu Gegenständen der Beschreibung! Das passiert zum Beispiel, wenn das Marktgeschehen durch unangemessene inhärente prognostische Annahmen der Modelle beeinflusst wird. In diesem Zusammenhang besteht die Gefahr, dass paradox anmutende Selbstbezüglichkeiten entstehen, die eine fatale Dynamik bedingen können: Die fehlerhaften Annahmen werden zu *Mitursachen* von Entwicklungen, die ebendiesen Annahmen in immer stärker werdender Weise widersprechen. Das kann dazu führen, dass sich das Gesamtsystem in kurzer Zeit destabilisiert, gerade weil gigantische Finanzvolumina »im Feuer stehen«, die durch wenig Eigenkapital abgesichert sind.

Dieses Phänomen kann man sich gerade am Beispiel von LTCM verdeutlichen, wo es klarer in Erscheinung tritt als in der Weltfinanzkrise 2008: Sobald der Markt beginnt, Volatilitäten zu zeigen, die nicht durch die Normalverteilung beschrieben werden, kann es zu sich aufschaukelnden Resonanzeffekten kommen. Die Vorhersagen der verwendeten finanzmathematischen Modelle entsprechen dann nicht mehr der *tatsächlichen Entwicklung*. Damit kommt es aber zu mitunter eindrücklichen *Fehlbewertungen* von Anlageprodukten. Diese Entwicklung bleibt den Marktakteuren nicht verborgen. Die Informationen werden in den globalen Netzwerken antizipiert und können einen hohen Verkaufsdruck bewirken. Das bedeutet aber nichts anderes, als dass die Modelle in dem Bestreben, den Lauf der Dinge zu prognostizieren, durch die Unangemessenheit der Prognosen eine Dynamik unterstützen, die deren inhärenten Annahmen Lügen straft. Um es in aller Deutlichkeit zu sagen: *Die Annahme der Berechenbarkeit wird in solchen Kontexten zur Ursache von Unberechenbarkeit.*

Diese nicht zu analysierenden, selbstbezüglichen Dynamiken erinnern an die Lügengeschichte des Baron Münchhausen, mit dem Unterschied, dass sie mehr Schaden als die Räuberpistole anrichten können.

Wir fassen zusammen: Es wurde gezeigt, wie viele revolutionäre Entwicklungen in den letzten Jahrhunderten notwendig waren, bis mit dem Internet endlich ein zeit- und kausalkompakter Raum entstand, der etwas ganz anderes ist als ein statisches Archiv, ein Museum oder eine Bibliothek. Stattdessen ist eine komplexe Stellvertreterwelt entstanden, wobei wir als Nutzer heute mit der größten Selbstverständlichkeit zwischen Welt Eins und Welt Zwei hin- und herwechseln.

Welt Zwei, die Babelwelt, ist aber nicht einfach eine Abbildung von Welt Eins. Im Gegenteil: Welt Zwei ist eine Melange aus lichter Transparenz und trügerischem Dunkel.

Die dunkleren Seiten sind nicht selten auf den Einfluss klandestin funktionierender Algorithmen zurückzuführen. Das hat für die Prognostizierbarkeit der Dynamik in Welt Zwei erhebliche Konsequenzen (nicht nur dort). Bisweilen kommen algorithmisierte mathematische Modelle zum Einsatz, deren Gültigkeitsbereich falsch eingeschätzt wird, was unberechenbare Folgen hat. Außerdem lassen sich die komplexen Programme nur unzureichend verifizieren, sodass nie ausgeschlossen werden kann, dass sie problemlos funktionieren. Zu allem Überfluss können sich die Computersysteme in Feedbackschleifen verfangen. So entstehen Wechselwirkungszusammenhänge, die sich nicht dechiffrieren lassen.

Im Zusammenklang dieser verschiedenen Faktoren ist also immer mit dem Auftauchen sensibler Kipppunkte zu rechnen. Ein »Fingerschnippen« kann dann zum Entstehen lawinenartiger Effekte führen, wobei die konkrete Dynamik zusätzlich von der Reaktivität der kommunikativen Knotenpunkte abhängig ist.

Solche Entwicklungen sind im Augenblick ihres Entstehens kaum zu erklären. Selbst in der Rückschau bleiben viele Aspekte der Dynamik im Dunklen. Dieser Sachverhalt wurde als Braitenbergs Gesetz bezeichnet.

Es ist beunruhigend, dass eine von uns selbst geschaffene künstliche Welt eine Eigendynamik entwickeln kann, die unser Verständnis überschreitet. Trotzdem sind endogene Schocks nicht der schlimmste Fall. Dieser tritt ein, wenn *exogene und endogene Faktoren* miteinander interagieren und auf diese Weise *hybride Komplexitätsfallen* entstehen, die ich wie angekündigt *Komplexitätsmonster* nennen möchte. In einem solchen Szenario verschränken sich irreduzible natürliche Systeme mit irreduziblen artifiziellen. Das Ausmaß solcher Katastrophen kann extrem sein. Man erinnere sich an Fukushima, das im Kern eine Erdbeben-Tsunami-Nuklearkatastrophe war.

Ich möchte nun im Folgenden an zwei Beispielen zeigen, wie in näherer Zukunft Komplexitätsmonster entstehen könnten, um dann im letzten Teil des Buchs Überlegungen anzustellen, wie wir uns im Rahmen des Möglichen schützen können – im globalen Kontext, als Land und als Individuum. Es sei noch einmal betont, dass es mir auf den folgenden Seiten nicht darum geht, Ängste zu schüren. Es ist mir aber ein Anliegen herauszuarbeiten, dass wir im berechtigten Bestreben, ein dringliches Problem zu bekämpfen, nämlich den Klimawandel, eine »Strategie« wählen, die ernste Gefahren birgt. Deshalb plädiere ich dafür, den eingeschlagenen Weg zu hinterfragen und bei Bedarf zu korrigieren.

Komplexitätsmonster

Wenn das Schicksal seine Krallen zeigt

Was würde passieren, wenn heute ein Supervulkan wie der Tambora ausbräche, wenn zig Milliarden Tonnen Asche bis hoch in die Stratosphäre geschleudert würden, mit einer Gewalt, die der Detonation von Millionen Wasserstoffbomben entspräche, und gewaltige Tsunamis über den Globus rasten? Ist das eine berechtigte Frage? Oder Panikmache? Brauchen wir uns mit so einem beängstigenden Szenario vielleicht gar nicht zu beschäftigen, da ein Ereignis dieser Größenordnung so unwahrscheinlich ist, dass wir guten Gewissens davon ausgehen können, dass es in unserer Zeit nicht passieren wird?

Das wäre im Lichte neuerer Forschungsergebnisse leichtfertig. Tatsächlich hielt man bis vor Kurzem solche Ausbrüche für seltene Solitäre auf der Zeitleiste. Jetzt kommt man aber zu einer anderen Einschätzung. Es schält sich immer deutlicher heraus, dass gewaltige Eruptionen in der Vergangenheit öfter vorkamen, als man bisher dachte. Und damit wächst eben auch die Wahrscheinlichkeit, dass sie sich in unserer Lebensspanne ereignen können.

Die Veränderung des Meinungsbilds verdankt sich einer kleinen wissenschaftlichen Revolution, die sich noch weitgehend unter dem Radar der Öffentlichkeit vollzieht. Vulkanausbrüche mit globalen Auswirkungen lassen sich mittlerweile *erstaunlich genau datieren!* Diese Fortschritte werden möglich, weil heute verschiedenste Wissenschaftsdisziplinen ineinandergreifen. So vergleichen Paläovulkanologen Eisbohrkerne weit voneinander entfernter Erdregionen miteinander – etwa aus Grönland und der Antarktis –, um herauszufinden, von welchen Vulkanausbrüchen Sedimente *rund um den Globus* getragen wurden. Dabei hilft ihnen der bemerkenswerte Umstand, dass bestimmte Vulkane einen verräterischen individuellen »Odem« haben. Die Ergebnisse der Paläovulkanologen werden dann zum Beispiel noch mit Untersuchungen der Dendrochronologen in Beziehung gesetzt, die auf der Basis von Baumringen auf das vergangene Klima zurückschließen. Im Resultat lassen sich historische Eruptionen auf zwei Jahre genau bestimmen!

Vor dem Hintergrund dieser aktuellen Forschungsergebnisse ist es nun interessant zu erfahren, mit welcher Wahrscheinlichkeit der Ausbruch eines Supervulkans in der nächsten Zeit zu erwarten ist. Die neuesten Zahlen sind beunruhigend. Gemäß einer umfassenden Untersuchung, die der renommierte Schweizer Paläovulkanologe Michael Sigl mit seinen Mitarbeitern machte, liegt die Wahrscheinlichkeit, dass ein Vulkan wie der Tambora in den nächsten 30 Jahren ausbricht, bei etwa sechs Prozent (Sigl u. a. 2022).

Sollte sich diese Einschätzung als korrekt erweisen, dann müssen die Alarmlampen leuchten. Sechs Prozent, das ist eine Wahrscheinlichkeit, die jeder von uns aus der persönlichen Anschauung kennt. Die Wahrscheinlichkeit, beim Würfeln zwei Sechsen hintereinanderzuwerfen beträgt circa 2,8 Prozent. Die Eintrittswahrscheinlichkeit einer globalen Katastrophe wäre damit mehr als doppelt so hoch!

Was hätte ein solches Ereignis für Auswirkungen? Diese Frage ist nicht so leicht zu beantworten, da uns die Analyse historischer Ausbrüche nur bedingt weiterhilft.

Wir sind in diesem Zusammenhang auf Mutmaßungen angewiesen, da es die globale Gesellschaft mit ihrer hyperkomplexen und sensiblen Infrastruktur früher nicht gegeben hat. Ein Punkt ist allerdings offensichtlich: Im Orbit der Erde kreisen über 5000 Satelliten, die mit empfindlichsten Messgeräten ausgerüstet sind. Einige haben Kameras an Bord, die so hoch auflösen, dass man die Menschen in ihrem Garten beim Grillen beobachten kann. Es wird deshalb sicher *keine* stummen Katastrophen mehr geben, die im Moment des Geschehens unkommentiert bleiben. Im Gegenteil: Die mediale Wucht wird überwältigend sein. Bleibt nur die Frage offen, wie lange die Übertragungen bei so einer Katastrophe funktionieren würden. Da die Folgen eines solchen Ausbruchs alles in den Schatten stellen werden, was wir in den letzten Jahrzehnten erlebt haben, ist es nicht ausgeschlossen, dass auch die Kommunikationsarchitektur Schaden nimmt.

Nebelnot und Dunkelsonne

Um uns nun an die potenziellen Folgen eines solchen Ereignisses heranzutasten, können wir in einer ersten Näherung die Ausbrüche des Eyjafjallajökull heranziehen. Dieser isländische Vulkan brach zwischen dem 20. März und dem 23. Juni 2010 mehrere Male aus. Diese Ausbrüche waren vergleichsweise schwach. Sie hatten trotzdem bemerkenswerte Folgen, da die fragile Infrastruktur wichtiger Industrieländer beeinträchtigt wurde. Ein Großteil des europäischen Luftverkehrs kam wegen der Aschewolken in der Atmosphäre zum Erliegen. Die Schäden für Fluggesellschaften gingen in die Milliarden. Zeichnen wir die Entwicklung nach!

Erwacht heute ein Vulkan aus dem Tiefschlaf, dann wird er so akribisch überwacht wie ein Patient auf einer Intensivstation. Überall werden Messinstrumente platziert. Der brodelnde Berg wird von Satelliten vermessen, Spezialflugzeuge wagen sich in die Aschewolken, um deren Zusammensetzung zu ergründen, Drohnen fliegen in den Vulkanschlund, um aus der Zusammensetzung der ausgehauchten Gase Kommendes vorherzusagen.

Auf Island sind vor allen Dingen zwei Institutionen für die penible Überwachung vulkanischer Aktivität verantwortlich: das isländische Wetteramt und das vulkanologische Institut der Universität Island. Diese veröffentlichen bei Gefahr ein tägliches Bulletin auf Englisch und in der Landessprache. Engmaschige Information war gerade beim Ausbruch des Eyjafjallajökull notwendig, da von diesem ganz unterschiedliche Gefahren ausgingen.

Das Wort »Jökull« bedeutet auf Isländisch »Gletscher«. Tatsächlich ist es manchmal so, dass schwere Eismassen über den aktiv werdenden Vulkanen liegen. Dann fürchtet man sich nicht nur vor Magmaflüssen, umherfliegenden Gesteinsbrocken oder ins Tal donnernden pyroklastischen Strömen, sondern auch vor Sturzfluten, die aus kochendem Wasser bestehen können. Diese sogenannten *Gletscherläufe* kommen dadurch zustande, dass die von unten aufsteigende Hitze das Eis auftaut, sodass sich in der Tiefe ein brühend heißer See bildet. Finden diese Wassermassen eine undichte Stelle, können sie mit brachialer Gewalt zu Tal schießen und fürchterlichen Schaden anrichten.

Dass sich am Eyjafjallajökull etwas zusammenbraute, war schon länger bekannt. Bereits um das Jahr 2000 gab es eine erhöhte Erdbebenaktivität und einen kleinen Gletscherlauf. Die Vulkanologen schlossen, dass sich in der Tiefe Magma unter dem Gebirgsmassiv ansammelte. Tatsächlich brachen zwei Jahre später am Gipfelkrater Spalten auf, aus denen schweflige Dämpfe aufstiegen. Die Forscher intensivierten die Überwachung des Berges. 2009 folgten Tausende kleiner Beben, und im Februar 2010 zeigten GPS-Messungen, dass sich der Berg verformte und bis zu 15 Zentimetern hob. Die Beben wurden noch häufiger und wuchsen sich zu einem vulkanischen Tremor aus. Am 20. März 2010 kam es zum ersten Ausbruch, einer sogenannten *effusiven Eruption*. Bei dieser quillt Lava aus dem Berg, fliegt auch einmal 100 bis 200 Meter in die Höhe, um dann ins Tal zu fließen. Einen Tag später ereignete sich ein weiterer Ausbruch, allerdings an einer anderen Stelle. Auch in der folgenden Zeit kam es immer wieder zum Ausstoß von Aschewolken, die 4000 bis 7000 Meter hochstiegen. Man evakuierte die Bevölkerung der angrenzenden Regionen. Auch die Flughäfen wurden geschlossen. Am 31. März eskalierte die Situation. Ohne Vorankündigung riss der Berg auf, und es entstand eine 300 Meter lange Erdspalte. Als die herausquellende heiße Lava mit Schnee und Eis in Kontakt kam, gab es heftige Dampfexplosionen. Doch dann schien sich die Lage wieder zu entspannen. Das war die Ruhe vor dem Sturm. Am 14. April war nachts ein unheimliches niederfrequentes Zittern zu spüren. Große Magmamassen hatten die Erdoberfläche erreicht.

Am nächsten Morgen riss die Erde auf zwei Kilometer Länge auf. Fünf Krater spuckten Lava. Die Aschewolken türmten sich jetzt bis zu 8000 Meter Höhe auf. In der Folge kam es zu beträchtlichen Störungen des Flugverkehrs. Bis Mitte Mai folgten weitere Ausbrüche. In dieser Zeit wurde mit empfindlichen GPS-Messgeräten festgestellt, dass der Vulkan zu »atmen« schien. Phasen, in denen er sich ausdehnte, wechselten sich mit Phasen, in denen er sich zusammenzog, ab. Am 19. Mai kam es zu einer letzten gewaltigen Explosion, danach beruhigte sich der Eyjafjallajökull längerfristig. Im Dezember 2010 wurde der Status des Vulkans auf die niedrigste Alarmstufe gesetzt. Damit war das Schauspiel beendet. Nicht aber die Diskussionen über das, was passiert war, und die Art und Weise, wie man reagiert hatte.

In der Analyse kamen die Vulkanologen zu der Einsicht, dass sie es mit einem recht ungewöhnlichen Vulkanausbruch zu tun gehabt hatten, der immer wieder für Überraschungen gut gewesen war. So gab es etwa keine zentrale Magmakammer unter dem Berg. Man hatte gleich mehrere gefunden, die sich aus verschiedenen unterirdischen »Quellen« nährten. In einem labyrinthischen System strömten so verschiedene Arten von Magma zusammen. Dass es auch Ausbrüche an Stellen gab, die von einem dicken Eispanzer überzogen waren, verkomplizierte die ohnehin schon schwierige Situation noch zusätzlich.

Doch während die detaillierte Untersuchung des Ausbruchs wissenschaftlichen Gepflogenheiten entsprach, wurde die öffentliche Diskussion über die Aschewolke nach einer Weile ziemlich gereizt. Bei den Ausbrüchen Mitte April zog die Wolke zuerst von Island aus über die Nordsee und Nordeuropa, dann über das nördliche Zentraleuropa. Von dort breitete sie sich ostwärts bis nach Russland aus und gelangte schließlich sogar in den Mittelmeerraum. An verschiedenen Punkten durchgeführte *LIDAR-Messungen* hatten ergeben, dass die Staubpartikelkonzentrationen den Normalwert *um das Tausendfache* überstiegen hatten. Das war nicht nur für die Gesundheit problematisch. Diese hohen Konzentrationen brachten auch Flugzeuge in große Gefahr. Vulkanasche wirkt bei einem Flug mit etwa 800 Kilometer pro Stunde Geschwindigkeit nämlich wie ein Sandstrahlgebläse. Das führt nicht nur zum Erblinden der Cockpit-scheiben. Noch gefährlicher ist die Wirkung auf die Triebwerke. In diesen wird die angesaugte Asche extrem erhitzt, was dazu führen kann, dass sie verkleben und ihren Geist aufgeben. Deshalb war Sicherheit für die verantwortlichen Stellen von höchster Priorität. In einigen Bereichen der Wolke flog man zwar noch auf Sicht, aber der Luftverkehr nach Instrumentenflugregeln wurde für mehrere Tage fast vollständig eingestellt. In der Summe wurden über 100 000 Flüge abgesagt. War diese Vorsicht berechtigt gewesen? Oder hatte man übertrieben?

In dieser prekären Situation rückte ein prognostisches Problem in den Fokus: Weder war klar, wie groß die Konzentration der Asche an den *unterschiedlichsten Orten* des Luftraums war, noch gab es detaillierte Erfahrungswerte, welche Auswirkungen die fraglichen Partikeldichten auf die Flugzeugturbinen haben würden. Gab es Konzentrationen, die unbedenklich waren? Und war es gewährleistet, dass ein Flugzeug auf seinem Weg durch die Wolke ausschließlich durch solche sicheren Bereiche fliegen würde? Zur Erinnerung: Je nach Wetterlage kann es zu turbulenten Strömungen kommen, die sich nur schwer oder auch gar nicht vorhersagen lassen. Und wer hätte in einer so unklaren Situation die Verantwortung für ein Passagierflugzeug mit 300 Insassen übernehmen wollen?

Um wirklich auf der sicheren Seite zu sein, wäre es notwendig gewesen, die Dynamik der gigantischen Aschewolke in hoher örtlicher Auflösung in Echtzeit zu vermessen! Doch das war unmöglich. Zwar kam Ende April ein Spezialflugzeug des Deutschen Zentrums für Luft- und Raumfahrt (DLR) zum Einsatz, um bei der Analyse der Wolke zu helfen. Aber diese Messungen hatten eher punktuellen Charakter. Weil man auf der Grundlage realer Messungen keine verantwortungsbewussten Entscheidungen treffen konnte, behalf man sich mit einer Computersimulation der Wolke. Die Berechnungen stammten vom Volcanic Ash Advisory Center (VAAC) in London. Inwieweit diese Simulationen valide Abbildungen der realen Dynamik waren, ist eine offene Frage, da es keine Möglichkeit gab, Real- und Modelldynamik miteinander zu vergleichen. Genau wegen dieser Tatsache gingen Politik und Flugsicherheitsbehörden auf Nummer sicher. Doch die gebotene Vorsicht wurde ihnen auch zum Vorwurf gemacht.

»Die Macht der Simulation – Und plötzlich sind wir alle Zuschauer« titelte der frühere Herausgeber der *FAZ* Frank Schirrmacher, der 2014 verstarb. Schirrmacher, der als einer der Ersten die Gefahren der Digitalisierung thematisierte und skeptischen Geistern wie Shoshanna Zubov und Evgeny Morozow in der *FAZ* eine Bühne gab, sprach in besagtem Artikel von der »systematischen Selbstentmächtigung der modernen Gesellschaft durch Modelle«. Der Journalist war empört, dass die Flugverbote auf der Grundlage einer *Datenwolke* ausgesprochen wurden, die nicht laufend durch Messungen aktualisiert wurde.

> »Auch wer in diesen Tagen kein Flugzeug besteigen will, tut gut daran, sich klarzumachen, dass die unsichtbare Wolke, die den Flugverkehr vollständig lahmlegt, nicht aus Asche und Staub besteht, sondern aus einem Schwarm von Daten« (Schirrmacher 2010).

Wenn man sich die hohen wirtschaftlichen Schäden vor Augen führt, ist Schirrmachers Protest im ersten Moment nachvollziehbar. Es stellt sich allerdings die Frage, ob sich das beklagte Problem überhaupt lösen ließe. Da sind Zweifel angebracht.

Zusammenfassend zeigte der Ausbruch des Eyjafjallajökull 2010, wie groß das Feld des Unwissens war. Trotz kompliziertester Hightechmaschinerie ließ sich das Ausbruchsszenario nicht vorhersagen, genauso wenig wie die dynamische Entwicklung der Aschewolke und die Beeinträchtigungen des Flugverkehrs.

Auf dem sogenannten *Vulkanexplosivitätsindex (VEI)* wird besagter Ausbruch in der Kategorie vier geführt. Dieser spezielle Index wird seit etwa 40 Jahren verwendet, um die Stärke von Vulkanausbrüchen zu bewerten. Die Skala reicht von null bis acht. Ab der Stufe zwei handelt es sich um eine logarithmische Skala. Ein Ausbruch der Stärke fünf wäre also zehnmal so stark wie der des Eyjafjallajökull im Jahr 2010. Diese Zunahme der Stärke bezieht sich vor allen Dingen auf die Masse von Asche, die in die Atmosphäre geworfen wird, aber auch auf die Höhe der Rauchsäule. Vergleicht man nun den Ausbruch des Eyjafjallajökull im Jahr 2010 mit dem des Tambora im Jahr 1815, dann hatte Letzterer einen VEI von sieben. *Er war tausendmal so stark wie der des Eyjafjallajökull!*

Bevor wir auf den möglichen Ausbruch eines Supervulkans zu sprechen kommen, sei erwähnt, dass langsam die Einsicht wächst, dass Komplexitätsmonster, bei denen Vulkanausbrüche mit sensibler Infrastruktur interagieren, eine echte Gefahr sind. Es gibt aktuelle und seriöse Arbeiten, die eindringlich davor warnen, dass selbst Ausbrüche, die *um Zehnerpotenzen schwächer sind als der des Tambora*, zu einer globalen Katastrophe führen können. Lara Mani und ihre Co-Autoren Asaf Tzachor und Paul Cole erörtern in *Nature Communications*, wie verletzlich die globale Infrastruktur wäre, wenn die Ausbrüche an sogenannten *Pinch Points* stattfänden (Mani u. a. 2021). Das sind besonders sensible Regionen, die für das Funktionieren der Weltwirtschaft von großer Wichtigkeit sind.

In ihrer Forschungsarbeit werden sieben solcher Weltregionen identifiziert. Zu diesen gehört an erster Stelle die Insel Taiwan. Dort gibt es die *Tatun-Vulkane*, von denen man lange glaubte, dass sie nicht mehr aktiv seien, was jetzt in Zweifel gezogen wird. Taiwan ist Weltmarktführer in der Chipproduktion, sodass mit einer massiven Störung der globalen Lieferketten gerechnet werden müsste, würden Produktionsanlagen, Energieversorgung oder Häfen durch eine Eruption in Mitleidenschaft gezogen. Ein anderer asiatischer Pinch Point ist das *Changbaishan-Massiv* auf der Grenze von Nordkorea und China. Ein Ausbruch würde die Flugroute Seoul–Osaka und Seoul–Tokio beeinträchtigen. Fast nirgendwo auf der Welt fliegen mehr Flugzeuge als hier. Auch die nächste Gefahrenstelle liegt in Asien. Die *Straße von Luzon* ist eine Schiffspassage, die das Südchinesische Meer mit dem Philippinischen Meer verbindet. In ihr verlaufen etwa 20 der wichtigsten Unterseekabel, die China, Hongkong, Taiwan, Japan und Südkorea verbinden. Hier fürchtet man besonders Tsunamis, Unterwasserlawinen und Landabbrüche, die die Kabel schädigen könnten. Dass diese Gefahr kein Hirngespinst ist, belegt das Erdbeben von Hengchun, südwestlich von Taiwan im Jahr 2006, bei dem neun Glasfaserkabel durch eine gigantische Schlammlawine unterhalb der Meeresoberfläche beschädigt wurden. Es gab gravierende Störungen des Internets, die mehrere Wochen dauerten und besonders die Wirtschaftsmetropole Hongkong trafen. Gefährdet ist auch die *Straße von Malakka*, eine der am meisten befahrenen Schiffspassagen der Welt, wobei gleichzeitig auch der extrem dichte Flugverkehr betroffen sein könnte. Die Modellierung eines Ausbruchs der vielen in dieser Region tätigen Vulkane kommt zu dem Ergebnis, dass der Schaden in die Billionen US-Dollar gehen könnte.

Aber nicht nur Asien ist gefährdet. Auch in der Mittelmeerregion gibt es eine rege Transporttätigkeit. Und Unterseekabel liegen dort genauso dicht wie in der Taiwanstraße. Hinzu kommt das störungsanfällige Nadelöhr des Suezkanals.

Den nordatlantischen Pinch Point haben wir gerade kennengelernt. Die eng getakteten Flugrouten zwischen Europa und Nordamerika sind durch den *isländischen Vulkanismus* gefährdet. Der letzte von den Forschern aufgeführte Gefahrenpunkt besteht aus den Schichtvulkanen *Mount Rainier, Glacier Peak* und *Mount Baker* im Bundesstaat Washington. Hier wird befürchtet, dass Ausbrüche zu massiven Schlammlawinen führen könnten, die das Zeug hätten, die nur 50 Kilometer entfernte Metropole Seattle zu vernichten.

Wenn also bereits Vulkanausbrüche, die viel schwächer sind als der des Tambora, das Potenzial haben, eine globale Katastrophe hervorzurufen, dann stellt sich die Frage, was man erwarten darf, wenn tatsächlich ein Supervulkan in die Luft geht. Nach meinem Dafürhalten werden die damit verbundenen Gefahren in großen Teilen verdrängt. Deshalb besteht die Möglichkeit, »auf dem falschen Fuß« erwischt zu werden. Wir sind nicht vorbereitet und haben falsche Vorstellungen von der Intensität des Ereignisses. Vor der Explosion im Jahr 1815 war der Tambora etwa 4300 Meter hoch. Heute hat der obere Rand der Caldera eine Höhe von 2850 Metern. Deren Boden liegt noch einmal gut 1000 Meter tiefer. Bei der Explosion wurde also ein Berg etwa von der Größe des Watzmanns, der mit seinen 2713 Metern Höhe der höchste Gipfel des Berchtesgadener Landes ist, in die Luft gejagt. Man vermutet, dass das Auswurfsvolumen des Tambora 60 bis 160 Kubikkilometer betrug. Nehmen wir als Näherungswert 100 Kubikkilometer. Das entspräche mindestens 100 Milliarden Tonnen Gestein!

Um zu erfassen, was bei einem solchen Ereignis voraussichtlich passieren würde, ist es sinnvoll, sich eine *Verursachungskaskade* vorzustellen. Gehen wir von einer *ejektilen Eruption* aus, bei der riesige Mengen Asche und Schwefelverbindungen bis hoch in die Stratosphäre geschleudert werden. Dann gibt es natürlich zuerst einmal die unmittelbaren Zerstörungen in der Umgebung des Vulkans. Glutwalzen können die Hänge hinunterschießen und im Umkreis von 50 bis 60 Kilometern alles vernichten, was sich ihnen in den Weg stellt. Auch Schlammlawinen sind denkbar. Natürlich werden aus dem Schlund des Vulkans riesige Gesteinsbrocken geschleudert, die nach kurzer Zeit wieder auf dem Boden aufschlagen. Genauso wird das umliegende Land von einer dicken Ascheschicht überzogen werden, die die Trinkwasserversorgung zerstören kann.

Abrupte Anhebungen oder Senkungen des Meeresbodens können wie beim Erdbeben von Lissabon Tsunamis hervorrufen, die noch an weit entfernten Gestaden ihre brachiale Kraft entfalten. Denkbar sind auch sogenannte *Flankenbrüche*, wenn Teile einer Vulkaninsel ins Meer stürzen. Gemäß neuesten Erkenntnissen können die auf diese Weise erzeugten Flutwellen mehrere Hundert Meter hoch sein.

Im nächsten Schritt wäre zu überlegen, welche Folgen der Infrastruktur drohen würden. Besonders verletzlich sind die *kommunikativen Netzwerke*. So können Glasfaserkabel beschädigt werden, die Ballungsgebiete zumindest wochenlang vom Internet trennen würden, was ernste Konsequenzen für Bankgeschäfte aller Art und den internationalen Wertpapierhandel hätte. Wäre das Internet der Dinge weiter fortgeschritten, ist es denkbar, dass ganze Fabrikanlagen nicht mehr betrieben werden können, was zu Produktionsausfällen und Problemen in den eng verzahnten Lieferketten führen würde. In vergleichbarer Weise besteht die Möglichkeit, dass Handelswege in Mitleidenschaft gezogen werden. Das betrifft Straßen und Schienennetze genauso wie den Luftraum. Verhängnisvoll für die Lieferketten wären besonders Beeinträchtigungen der Seewege. In Erinnerung sind noch die Folgen der Havarie der *Ever Given* im Suezkanal, auf die wir noch zu sprechen kommen werden. Das gigantische Containerschiff stellte sich in der Wasserstraße quer. Allein dieses singuläre Ereignis, das nur sechs Tage dauerte, führte dazu, dass die empfindliche Dramaturgie der ineinandergreifenden Lieferketten durcheinandergeriet und ein Schaden von sechs bis zehn Milliarden Dollar entstand. Man muss aber bedenken, dass dieses Schiff noch schwamm! Was passieren würde, wenn durch einen Tsunami ein großes Schiff in einem strategischen Nadelöhr kentern würde und kieloben liegend den Weg versperrte oder wichtige Hafenanlagen zu Schaden kämen und erhebliche Teile der Transportgüter nicht mehr gelöscht werden könnten, entzieht sich unserer Vorstellung. In vergleichbarer Weise verletzlich ist auch die Energieinfrastruktur, bestehend aus Überlandleitungen, Umspannwerken oder Pipelines.

Trotz dieser realistischen Schreckensvorstellungen, bei denen die Menschen vermutlich global in Panik gerieten, lauert die größte Gefahr aber an einer anderen Stelle! Von dieser Bedrohung künden zum Beispiel die verblichenen Zähne eines armen Mannes. Johannes Salathé, geboren 1799 in Basel und gestorben im Jahre 1859. Er wurde auf dem Armenfriedhof des Basler Bürgerspitals begraben. Seine sterblichen Überreste wurden unlängst von Archäologen sorgfältig untersucht. Die Analyse seiner Zahnwurzeln belegt, dass er schon als kleines Kind beißenden Hunger erlitten hatte. Besonders schlimm war dieser aber, als Salathé 17 Jahre alt war. Die akribische Untersuchung seiner Zähne korrespondiert mit den historischen Aufzeichnungen.

In den Jahren 1816/1817 herrschte auch in der Schweiz eine grausame Hungersnot. Gemäß verschiedener Überlieferungen aßen die Menschen Gras, brieten alte Kartoffelschalen und kochten Brei aus

Knochenmehl. Hunde und Katzen wurden genauso verzehrt wie herumliegendes Aas.

Die Ursache der Missernten waren die *extremen klimatischen Veränderungen*, die heute durch den Ausbruch des Tambora erklärt werden. Vor allen Dingen die Schwefelverbindungen, die bei der Eruption bis in eine Höhe von 40 Kilometern aufstiegen, sorgten dafür, dass sich das Klima für fast zwei Jahre dramatisch verschlechterte. Diese Klimaanomalie war allerdings kein Ereignis, das es nur beim Ausbruch des indonesischen Feuerbergs gab. Das zeichnet sich heute immer deutlicher ab, da Historiker akribisch literarische Aufzeichnungen, Stadtchroniken und Wirtschaftsbücher vergangener Zeiten auswerten. Wird in solchen Quellen beklagt, dass das Getreide auf den Äckern verfaulte und die Weinernte ausfiel, können sie auf Kälte und starke Niederschläge in dieser Zeit zurückschließen, wichtige Informationen, die sich dann mit der »vulkanischen Zeitleiste« der Paläovulkanologen und Dendrochronologen in Beziehung setzen lassen.

In diesem Lichte hat sich zum Beispiel das Wissen um die Entstehung der *Spätantiken kleinen Eiszeit*, die ungefähr von 535 bis 550 nach Christus währte, verändert. Noch vor wenigen Jahrzehnten waren die Forscher mit verschiedenen isolierten historischen Ereignissen beschäftigt, die sie in keinen rechten Zusammenhang zu denken wussten: Zu diesen Zeiten wurden 75 Prozent der Siedlungen in Skandinavien aufgegeben, in Saudi-Arabien regnete es ohne Unterlass, in China fiel im Sommer Schnee, und in den Mittelmeerländern waren die Tage über ein Jahr lang fast *nachtdunkel*. Eine ermattete Sonne stand fahl am Himmel, wenn sie es überhaupt einmal durch die düsteren Wolken schaffte. Die verschiedenen Geschichtsschreiber der Epoche verbreiteten eine finstere Endzeitstimmung:

> »Die Sonne, ohne Strahlkraft, leuchtete das ganze Jahr hindurch nur wie der Mond und machte den Eindruck, als ob sie fast ganz verfinstert sei. Außerdem war ihr Licht nicht rein und so wie gewöhnlich. Seitdem aber das Zeichen zu sehen war, hörte weder Krieg noch Seuche noch sonst ein Übel auf, das den Menschen den Tod bringt.«

So düster äußerte sich Prokopios von Caesarea, ein frühbyzantinischer Historiker des 6. Jahrhunderts nach Christus, der als die wichtigste Quelle zur Zeit von Kaiser Justinian gilt. Vergleichbare Schilderungen gibt es auch aus weit entfernten Ländern wie Indonesien oder China.

Und genau in dieser Zeit verschob sich das Weltgefüge. Die nach den kalten Jahren ausbrechende Justinianische Pest, die mit Pausen über 100 Jahre währte, schwächte das ohnehin schon kränkelnde Römische Reich. Außerdem kam es zur Völkerwanderungszeit. Welches historische Ereignis nun in *direktem Bezug* zur Klimaanomalie stand, ist bis heute Gegenstand von Debatten. Größere Einigkeit herrscht jetzt bezüglich der Ursachen der klimatischen Verschlechterung: Es waren mehrere Vulkane, die kurz nacheinander ausbrachen – wahrscheinlich einer auf Island sowie der Illopango in El Salvador. Die Schwefelaerosole, Asche und Staub, die sich nach den Ausbrüchen im Laufe der Zeit um den Globus verteilten, sorgten dafür, dass die Erde *deutlich länger als ein Jahr* in Nebel und Dunkelheit gehüllt war und die Temperaturen drastisch fielen. Mit einem Schlag war es kälter als die vergangenen 2000 Jahre!

Ein wenig näher an unserer Zeit und durch Chronisten noch besser dokumentiert war eine längere Serie *mittelschwerer* Vulkanausbrüche im Jahr 1783/1784. Wie so oft war auch diesmal Island Schauplatz des Geschehens. Bei den sogenannten *Laki-Eruptionen* riss die Erde auf über 30 Kilometern Länge auf. Aus verschiedenen Kratern traten im Zeitraum von acht Monaten fast 15 Kubikkilometer Lava aus, die Teile der Insel mit einer über 100 Meter dicken Basaltschicht überzog. Noch verheerender waren aber die tödlichen Gase, die in die Atmosphäre quollen – ein Giftcocktail, der Menschen und Tiere nicht nur auf Island umbrachte. Der ätzende Dunst, der die Sonne zuerst auf Island verdunkelte und anschließend die gesamte Nordhalbkugel verfinsterte, wurde als »Nebelnot« bezeichnet. Das war eine fast beschönigende Bezeichnung. Auf Island starben jeder vierte Einwohner sowie der Großteil der Nutztiere an den ätzenden Dämpfen. Sie gingen jämmerlich zugrunde, da die aggressiven Gase, die Chlor- und Fluorverbindungen enthielten, die Atemwege zerstörten. Es dauerte nicht lange, bis diese Giftmischung den europäischen Kontinent erreichte. In England und Frankreich wurden je 30 000 Tote gezählt. Das waren die unmittelbaren Auswirkungen. Weit Schlimmeres richteten die sich anschließenden Wetterkapriolen an, die selbst in Indien und im fernen China aufgezeichnet wurden. Dürren, strenge Fröste, sintflutartige Überschwemmungen wechselten sich ab. Wie so oft folgten Hunger und Seuchen. Man geht davon aus, dass die Laki-Eruptionen über eine Millionen Tote nach sich zogen. Es wird sogar darüber diskutiert, ob die Wetterturbulenzen, die auch in Frankreich zu Ernteeinbrüchen führten, die Französische Revolution mit verursacht haben. Bekanntlich gingen die Menschen auf die Barrikaden, als sie sich den obligatorischen Laib Brot pro Tag nicht mehr leisten konnten, das absolute Mindestmaß, das sie zum Leben brauchten.

Diese beiden Beispiele können durch viele andere ergänzt werden. Verheerende Vulkanausbrüche mit anschließender Verschlechterung des Klimas führten nicht nur zum Untergang der Römischen Republik im Jahr 42/43 vor Christus, sondern auch zum Zusammenbruch verschiedener kaiserlicher Dynastien in China (Gao/Ludlow 2021). In Rom wurde es damals auf einmal so kalt wie in Schweden, und es regnete ohne Unterlass. Die Ursache der Krise war der Ausbruch des Okmok in Alaska! Dessen Caldera hat heute einen Durchmesser von zehn Kilometern. Sie ist damit viermal größer als die des Tambora.

Bei starken Vulkanausbrüchen ist in vielen Fällen also nicht nur mit einer Abkühlung zu rechnen, sondern etwa auch mit extremen Niederschlägen, Nebel und Dunkelheit.

Solche Szenarien können entweder die Nord- oder Südhalbkugel betreffen, im schlimmsten Fall sogar die ganze Welt.

In unserer Zeit drängt sich deshalb eine Frage auf: Wie sollen in solchen Situationen, die gehörige Ernteausfälle zur Folge haben könnten, acht Milliarden Menschen mit Lebensmitteln versorgt werden? Das erscheint recht illusorisch zu sein. Die Konsequenzen wären Hunger, Migration und wahrscheinlich auch kriegerische Auseinandersetzungen um Nahrungsmittel.

Zu diesem Schreckensszenario gesellt sich eine weitere Gefahr, die bis dato nicht ausreichend thematisiert wird: Es steht zu befürchten, dass nur Gesellschaften lebensfähig blieben, die bei der Energieversorgung *auf verschiedenen Beinen stehen!*

Ein Land, das Energie aus Wind und Sonne, Kernkraftwerken und durch die Verbrennung fossiler Energieträger bezieht, wobei wegen der anzustrebenden Klimaneutralität das anfallende CO_2 abgespalten und verpresst werden müsste, wäre wohl einigermaßen gewappnet. Was würde aber mit Ländern passieren, die einzig und alleine auf erneuerbare Energien setzen? *Wo soll in einem solchen Fall die Energie herkommen, wenn es ein Jahr lang, wie von den Chronisten beschrieben, dunkel wäre und es die ganze Zeit wie aus Kübeln gießen würde?* Die einseitige Förderung erneuerbarer Energien könnte sich in einer solchen Situation als Gefahr für das gesamte Land herausstellen. Das ist keine Abwertung von Wind- und Sonnenkraftwerken. Es ist aber eine Kritik an dem Bestreben, eine *technologische Monokultur* zu etablieren. Folgen wir etwa dem bisherigen Weg der deutschen Energiewende, machen wir uns auf verschiedenen Ebenen von der Wechselwendigkeit des Wetters abhängig. Das ist ein »Pakt mit dem Chaos«. So wird die Wahrscheinlichkeit, einem »Komplexitätsmonster zu begegnen«, deutlich erhöht.

Das Wetter – Liaison mit einer gefährlichen Geliebten

Windmühlen und Windräder sind bei uns der Inbegriff sauberer Energiegewinnung, ganz im Gegensatz zu Kraftwerken mit ihren rauchenden Schloten, in denen etwa Kohle verbrannt wird. Da die elegant-geschmeidige Technologie von morgen, dort die altertümlich stinkende von gestern. Ist es vor diesem Hintergrund nicht offensichtlich, dass den regenerativen Energien die Zukunft gehört? Die Antwort scheint klar: Ja, sie müssen im Turbotempo ausgebaut werden! Die Stinker aber sollen so schnell wie möglich vom Netz. Am besten sofort. Natürlich muss im gleichen Zug die Elektromobilität massiv erhöht werden. Der Wind weht, die Räder drehen sich, und der saubere Strom fließt direkt in den Tank. Was soll daran verkehrt sein? Man muss wohl schwer von Begriff sein, um die offenkundigen Vorteile nicht zu sehen. Stimmt das?

Beim ersten Hinschauen vielleicht. Guckt man aber ein bisschen hinter die Kulissen, dann bekommt man ein beklemmendes Gefühl. Ist die deutsche Energiewende gar eine Illusionsmaschinerie? Man fühlt sich ein wenig an den berühmten *Schachtürken* erinnert, den der Mechaniker Wolfgang von Kempelen 1769 konstruierte. Das war eine geheimnisvolle Maschine, die weltweit Furore machte. Eine mechanische Figur in türkischer Tracht saß auf einer Truhe vor einem Schachbrett und trat gegen verschiedenste Spieler an. Meistens gewann die Maschine. Das feinmechanische Wunderwerk ließ sich öffnen. Aber die Skeptiker sahen nur Drähte und Gestänge und blieben ratlos zurück. Es dauerte Jahrzehnte, bis das Geheimnis gelüftet wurde. Es gab einen Geist in der Maschine. Aber der sah anders aus, als man vermutet hatte. Es war ein Schachmeister, der geschickt verborgen in der Maschine saß und die Züge machte.

Auch im Rahmen der deutschen Energiewende gibt es bis heute »hinter den Kulissen agierende Mitspieler« – fossile Kraftwerke –, deren Existenz und Notwendigkeit von Anhängern der Energiewende gerne verdrängt werden. Deren Wirken hat zur Folge, dass Windräder wie Solarpanele bis heute »einen Schlot haben«, aus dem dreckige Luft entweicht. Deutschland ist eins der Länder in der Europäischen Union, das am meisten CO_2 pro Kilowattstunde ausstößt. Und dieser Zustand wird sich auch die nächste Zeit nicht ändern. Entscheidend ist in diesem Zusammenhang ein wichtiger Sachverhalt, den wir jetzt ins Zentrum unserer Betrachtung stellen: Wer sich einzig und allein den Wind und die Sonne zum Gefährten macht, betreibt ein gefährliches Spiel. Das Wetter und auch das über Dekaden gemittelte Klima sind wie besprochen chaotische Systeme. Das hat Folgen, die den Steuerzahler ungeahnte Summen kosten.

Die Herausforderung der Stromerzeugung besteht schließlich darin, einen exakt umrissenen Bedarf an Energie *verlässlich zu jedem Zeitpunkt* zu befriedigen. Dieser beträgt in Deutschland etwa 1,5 Terrawattstunden pro Tag. Unglücklicherweise verteilt sich dieser Bedarf an Energie aber nicht gleichmäßig auf die 24 Stunden. Im Gegenteil, es gibt ausgeprägte Spitzen, und auch in diesen Momenten muss unter allen Umständen Strom zur Verfügung stehen. Doch leider hat das Wetter seinen eigenen Rhythmus. Schaut man sich die aus dieser Tatsache resultierenden Zitterkurven an, die die Einspeisungen zu den verschiedenen Tageszeiten beschreiben, dann erkennt man sofort, wo das Problem liegt. Überall dort, wo Bedarf und Produktion auseinanderklaffen, muss mit fossiler oder atomarer Energie nachgeholfen werden. Wind und Sonne brauchen starke Mitspieler. Das bedeutet, dass es *einen kompletten, im Hintergrund laufenden Kraftwerkspark* geben muss, der, wenn die regenerativen Energien schwächeln, einspringt. Andernfalls könnte es zum *Blackout* kommen, zu dem hier ein paar Worte gesagt werden sollen.

Ein vollumfänglicher Blackout hat mit einem gewöhnlichen, meist nur einige Minuten andauernden Stromausfall wenig zu tun. Vergleichbar sind sie nur am Anfang. Das Licht geht aus, die Spülmaschine läuft nicht mehr, in Aufzügen älterer Bauart bleibt man stecken. Beim Stromausfall ist der Spuk aber meist nach zwei Zigarettenlängen vorbei, und die Normalität nimmt wieder ihren Lauf.

Ein Blackout hat allerdings das Potenzial, sich zu einem großen Unglück auszuwachsen. Der Umstand, dass das Licht ausgeht, ist harmlos, man kann sich mit Kerzen behelfen. Fortan versagen aber auch Kühlschränke und Tiefkühltruhen ihren Dienst. Ist es warm, besteht die Gefahr, dass Lebensmittel nach kurzer Zeit verderben. Auch Trinkwasser wird zu einem kostbaren Gut. Die Pumpen, die Leitungswasser in die Häuser befördern, funktionieren nicht mehr. Wer glaubt, Sprudel weiterhin im Supermarkt kaufen zu können, irrt sich. Weder gehen die elektrischen Türen auf, noch funktionieren die Kassen. Der Ausfall der Pumpen bedeutet nicht nur, dass kein Wasser mehr ankommt, auch Exkremente können nicht mehr abgespült werden. Die Kläranlagen fallen gleichfalls nach einer gewissen Zeit aus. Die Gefahr, dass Seuchen entstehen, wird mit jedem Tag größer.

In dieser brenzligen Situation wächst der Wunsch der Menschen, sich zu informieren, sich auszutauschen und sich zu organisieren. Aber auch das wird zunehmend schwieriger. Die meisten Kommunikationsmittel unserer Zeit sind auf Strom angewiesen. Telefone, Smartphones und Computer werden wertlos.

Nennt man ein »Kurbelradio« oder ein Gerät sein Eigen, das mit einem Sonnenpanel betrieben wird, bleibt man zumindest etwas länger auf Empfang. Die Radiosender funktionieren noch eine Weile, da sie Notstromaggregate besitzen. Aber auch diese stellen nach nicht allzu langer Zeit ihren Dienst ein. Bleibt noch die Möglichkeit, sich von Mensch zu Mensch auszutauschen. Das funktioniert, wenn die Kommunikationspartner nicht zu weit voneinander entfernt wohnen. Andernfalls hat man hoffentlich genug Benzin im Tank seines Autos. Neues zu kaufen ist unmöglich, da auch die Zapfsäulen an den Tankstellen nicht mehr arbeiten.

Kein Essen, kein Trinken, keine Kommunikation, prekäre hygienische Zustände, diese wenigen Zeilen sollen reichen, um zu verdeutlichen, dass ein Blackout, der länger als drei Tage dauert, ein albtraumhaftes Szenario darstellt. In diesem Punkt sind sich alle Experten einig (Saurugg/Unterauer 2022). Wahrscheinlich wird Panik entstehen. Plünderungen und Anarchie sind nicht ausgeschlossen. Vor diesem Hintergrund versteht man, dass ein solches Ereignis unter allen Umständen vermieden werden muss! Er träfe eine gänzlich unvorbereitete Bevölkerung, die dem Schrecken hilflos ausgeliefert wäre.

Damit kommen wir wieder zu den Spielern hinter den Kulissen, die gewährleisten, dass es *nicht* zu einem Blackout kommt. Sie agieren wie der Schachmeister in der Maschine bevorzugt im Verborgenen, da sie in der Öffentlichkeit nicht gut gelitten sind. Kraftwerke, die in *berechenbarer Weise* Energie liefern, nennt man *grundlastfähig*. Neben Wasserkraftwerken sind das vor allen Dingen Anlagen, die mit *Braun- und Steinkohle, Öl oder Gas* befeuert werden. Auch Atommeiler gehören dazu. Braun- und Steinkohle sowie Öl stehen auf dem

Index. Die Atomkraftwerke sind abgeschaltet. Da bleiben als starke Helfer eigentlich nur noch Wasser und Gas. Wasserkraft lässt sich wegen topografischer Gründe aber fast nicht mehr weiter ausbauen. Dann haben wir als halbwegs ökologische Alternative nur noch das Erdgas. Daraus folgt eine betrübliche Einsicht: Die Energiewende und die viel beklagte Abhängigkeit von Gas sind kein Zufall! Gas wurde auch von den Verfechtern der Energiewende als *Brückentechnologie* auserkoren, um die Grundlastfähigkeit zu garantieren. Da es gerade wegen des Ukraine-Kriegs nur noch in beschränktem Maße zur Verfügung steht, wird in Deutschland zwangsläufig wieder vermehrt Kohle verbrannt.

Es muss betont werden, dass sich diese Abhängigkeit von fossilen Energieträgern nicht ändert, wenn man etwa immer mehr Windräder baut. Bei Flaute drehen sich auch die zugebauten nicht. Und dann müssen eben Gas oder Kohle ran. Oder man bestallt, so wie es nach dem Abschalten der Atomkraftwerke immer häufiger geschieht, die starken Freunde aus dem Ausland und lässt sich von diesen aushelfen. Deren Strom müsste allerdings politisch geächtet sein. Dreckiger Kohlestrom aus Polen ist dort genauso im Angebot wie Atomstrom aus Frankreich. In diesem Zusammenhang muss man an die im Kern doppelbödigen Aussagen des ehemaligen Umweltministers von Baden-Württemberg denken. Franz Untersteller meinte, bei Rückbau des Atomkraftwerks Philippsburg würden keine Probleme auftauchen, da sein Bundesland dann eben noch mehr (Atom-)Strom importieren würde. Eine solches Statement ist von einer entwaffnenden Logik. Das ist so, als sagte man, dass man aus Prinzip nicht stehle, gleichzeitig aber einen anderen bezahlt, der es für einen erledigt.

Bevor wir im nächsten Kapitel über eine potente Speicherarchitektur reden, die helfen könnte, die momentan unbefriedigende Situation zu beenden, soll noch kurz über eine *Denkfalle* gesprochen werden.

Die Tatsache, dass eine volatile Stromerzeugung im Hintergrund einen potenten und teuren zweiten Kraftwerkspark benötigt, würde sogar gelten, wenn die Windkraftanlagen und Fotovoltaikmodule im *arithmetischen Mittel* deutlich mehr Strom produzieren würden als gebraucht wird. Ein im Mittel vorhandenes Überangebot an Strom stellt nämlich nur eine Scheinsicherheit dar. Wie kann das sein?

Das lässt sich mit einem Statistikerwitz erklären: »Durchquere als Nichtschwimmer nie einen Fluss, der im Schnitt einen Meter tief ist!« Es könnte nämlich passieren, dass man fast die ganze Zeit durch knöcheltiefes Wasser watet, um dann in einer Untiefe von fünf Meter Breite und drei Meter Tiefe zu ertrinken.

Im Zusammenhang mit der Energiewende kann man sich diese statistische Einsicht anhand der Verteilung einer verderblichen Ware wie Brot klarmachen.

Nehmen wir an, ein Bürger im royalistischen Frankreich im Jahre 1780 hätte einen Laib Brot pro Tag gebraucht, um zu überleben. Das wären 365 Brote im Jahr gewesen. Nun würde der König verkünden, dass jedem Einwohner des Königreichs sogar 800 Brote im Jahr zustehen würden. Wäre damit das Überleben der einfachen Bürger gesichert gewesen? Beileibe nicht. Brot wird nach einer Weile ungenießbar. Hätten die Bedürftigen im Januar 400 Brote erhalten und im Juli noch einmal, wären sie nicht lebend durchs Jahr gekommen, da Brot nach wenigen Wochen verdirbt.

Vergleichbar verhält es sich bis heute mit dem Strom. Stürmt es und liefert der gigantische Kraftwerkspark mehr Strom, als gebraucht wird, dann wird er eben *nicht* im notwendigen Umfang gespeichert. Stattdessen muss er schnellstmöglich aus dem Netz geschafft werden. Bis heute wird der Strom verschenkt, oder wir *zahlen* sogar für die Abnahme!

Diesen Sachverhalt muss man sich vor Augen führen: Sie könnten bei Überdeckung irgendwo eine gigantische Glühwendel aufstellen und die Energie einfach verpulvern. Dafür würden Sie auch noch Geld erhalten.

Kommt es dann aber zur Flaute, helfen die vielen Wind- und Sonnenkraftwerke nicht weiter. Der gerade noch vorhandene Überschuss ist in großen Teilen verloren. Es entsteht ein bedrohlicher Mangel, die Gas- und Kohlekraftwerke springen an. Sollte das nicht reichen, müssen Kohle- und/oder Atomstrom zugekauft werden.

Wasserstoffspeicher – der grüne Gral

Dieses ökologisch unbefriedigende Szenario würde nur dann obsolet, wenn es potente Speichersysteme gäbe. Das ist einleuchtend. Und Speicher werden mit Sicherheit ein zentraler Teil einer zukünftigen Energiearchitektur sein. Es gibt allerdings bis zum heutigen Tag eine Vielzahl von Problemen, von denen das Wichtigste sogar unlösbar sein könnte. Um das zu verdeutlichen, soll im ersten Schritt zwischen zwei unterschiedlichen Speicherphilosophien unterschieden werden.

Betrachten wir zuerst die bekannten Erdgasspeicher! In diesen können gigantische 230 Terrawattstunden Energie gespeichert werden. Es muss betont werden, dass deren Füllstand *allein vom Zu- und Abfluss des Erdgases* abhängt. Sie sind deshalb von den Leistungsschwankungen der Windräder und Solarpanele *entkoppelt*. Aus diesem Grund werden sie hier als *nicht-volatile* Speicher bezeichnet. Auch Kohlehalden, Öltanks oder gelagerte Brennstäbe von Atomkraftwerken, die bei Bedarf in den Meilern verwendet werden können, sind als nicht-volatile Speicher aufzufassen.

Im Gegensatz dazu nutzen *volatile Speicher* anfallende Stromüberschüsse. Wenn der Wind bläst und die Sonne vom Himmel brennt, werden die Speicher gefüllt. Die gespeicherte Energie kann dann ins Netz eingespeist werden, wenn die Witterungsbedingungen ungünstig sind. Etabliert sind in diesem Zusammenhang *Pumpspeicherkraftwerke*. Überschüssiger Strom wird verwendet, um Wasser in hochgelegene Speicherbecken zu pumpen. Wird Energie gebraucht, lässt man das Wasser in Rohren ins Tal schießen. Die kinetische Energie treibt Turbinen an, die dann über Generatoren Strom erzeugen. Diese Kraftwerke sind *im Moment die potentesten Speicher* in Deutschland, die für Strom aus regenerativen Quellen zur Verfügung stehen. Die Speicherkapazität aller deutschen Pumpspeicherkraftwerke beläuft sich in der Summe auf etwa 50 Gigawattstunden. Das hört sich eindrücklich an. Der Schein trügt jedoch. Der Strombedarf pro Tag beträgt wie gesagt etwa 1,5 Terrawattstunden. Teilen wir diesen Betrag durch die Anzahl der Stunden eines Tages – also 24 –, dann benötigen wir im Schnitt in jeder Stunde 62,5 Gigawattstunden Energie. Daraus folgt, dass alle Pumpspeicherkraftwerke zusammen Deutschland nicht einmal eine Stunde mit dem notwendigen Strom versorgen könnten. Dabei wäre noch hinzuzufügen, dass sie diesen nicht unmittelbar zur Verfügung stellen können, da die Becken eine ganze Weile brauchen, bis sie sich entleeren.

Schon an dieser Stelle wird offensichtlich, dass wir vor einer gigantischen Aufgabe stehen. Die Bewältigung dieser Aufgabe wird nicht dadurch einfacher, dass sich Deutschland, was die Wahl künftiger Speicher angeht, eindeutig positioniert. Die Zukunft soll vor allen Dingen den volatilen Speichern gehören! Zu diesen gehören neben den Pumpspeicherkraftwerken alle Arten von Akkuspeichern. Oder man verwendet ein zuvor *produziertes* Speichergas. Hier wird der grüne Wasserstoff H_2 favorisiert, der gerne als »Champagner der Energiewende« bezeichnet wird. Mit dem überschüssigen Strom aus Wind und Sonne wird ein sogenannter Elektrolyseur betrieben. Die Wassermoleküle werden in Wasserstoff und Sauerstoff zerlegt. Der Wasserstoff wird gespeichert. Bei Bedarf verstromt man den Wasserstoff in einem speziellen Wasserstoffkraftwerk oder einer Brennstoffzelle. Da die Energie, die benötigt wird, das Wasser im Elektrolyseur »aufzubrechen«, aus erneuerbaren Energiequellen kommt, ist das Verfahren CO_2-neutral. Strom wird also benötigt, um Wasserstoff herzustellen, der später genutzt wird, um wieder Strom zu erhalten. Das klingt elegant. Im Gegensatz zu den nicht-volatilen Speicherlösungen. Diese erfahren im Kreise der politischen Entscheider keine große Wertschätzung, da dort verschiedene Entsorgungsprobleme anfallen. Soll die angestrebte Klimaneutralität erreicht werden, müsste das beim Verbrennen von Erdgas, Öl oder Kohle anfallende CO_2 abgeschieden, verpresst und gelagert oder verarbeitet werden. Lagerprobleme gibt es bekanntlich auch mit ausgebrannten Reaktorstäben. Bis heute existiert in Deutschland kein ausgewiesenes Endlager, obwohl geeignete geologische Formationen vorhanden sind. Das unterscheidet unser

Land von der Schweiz oder auch Finnland. Dort wurden binnen kürzester Zeit passende Lagerstätten gefunden. Allerdings wird in diesen Ländern die Atomkraft auch von einer Mehrheit der Bevölkerung unterstützt.

Die Entscheidung Deutschlands, sich auf volatile Speicher zu kaprizieren und dabei im nächsten Schritt auch gleich noch Wasserstoff zu präferieren, wirft allerdings Fragen auf. Es ist nicht ausgeschlossen, dass wir uns mit dieser einseitigen und vielleicht auch voreiligen Entscheidung in eine delikate Situation hineinmanövrieren.

Beginnen wir mit einer einfach zu stellenden, aber schwierig zu beantwortenden Frage: Welche Kapazität müsste die zu schaffende Speicherarchitektur eigentlich haben? Der Anspruch lässt sich klar formulieren: Die Speicher müssen so potent sein, dass in Deutschland *zu jeder Zeit eine umfassende Versorgungssicherheit* gewährleistet ist. Das Albtraumszenario eines länger andauernden Blackouts muss unter allen Umständen vermieden werden.

Wie geht man diese Frage an? Man könnte auf die Idee kommen, die Wetterdaten der letzten Jahrzehnte auszuwerten, um dann alle Dunkelflauten, die jemals aufgetreten sind, zu analysieren. Um vermeintlich auf der sicheren Seite zu sein, nimmt man die längste jemals gemessene ins Visier und zählt die Tage. Nehmen wir an, sie hätte 30 Tage gedauert. Im nächsten Schritt wäre dann dieser Zeitraum mit 1,5 Terrawattstunden zu multiplizieren, dass ist die Energiemenge, die dem *täglichen Strombedarf* entspricht (nicht dem täglichen Gesamtenergiebedarf).[11] Leicht aufgerundet würde diese Herangehensweise eine Speicherkapazität von etwa 50 Terrawattstunden nahelegen. Um unter allen Umständen auf der sicheren Seite zu sein, multiplizieren wir diese mit der Zahl Zwei. Das ergibt unterm Strich eine Speicherkapazität von 100 Terrawattstunden. Mit einem so großen Speicher sollte eigentlich nichts mehr passieren können. Oder doch?

Ist die gerade vorgeschlagene »Argumentation« schlüssig? Zuerst gibt es ein praktisches Problem. Der Preis dieser Architektur wäre extrem hoch. Allerdings ist man für eine erste Einschätzung gezwungen, über den Daumen zu peilen. Niemand kann wirklich vorhersehen, wie sich die Preise potenter Wasserstoff-speicher entwickeln werden (Janzing 2023). Bis dato gibt es fast ausschließlich Pilotanlagen. Ob diese, wenn man sie hochskaliert, preiswerter werden oder vielleicht auch teurer, ist schwer zu sagen. Das hat etwa mit der Verfügbarkeit der Rohstoffe zu tun, die für Elektrolyseure im Industriemaßstab notwendig sind. Sind diese in Massen verfügbar, wird der Preis wegen der Skaleneffekte sinken. Entstehen aber Mangelsituationen, kann der Preis auch deutlich steigen.

Um ein erstes Gefühl für die Größenordnung zu bekommen, bietet es sich an, behelfsweise mit den Preisen einer etablierten Technologie rechnen.

Würden Akkuspeicher verwendet, kostete eine Kilowattstunde Speicherkapazität zur Zeit etwa 500 Euro. Ein 100-Terrawattstunden-Speicher würde demnach mit 50 Billionen Euro zu Buche schlagen. Vergleichen wir diese Summe, von der man gerne ein paar Billionen dazuaddieren, aber auch abziehen darf, mit den verfügbaren Bundesmitteln. Der Bundeshaushalt von 2022 hatte Einnahmen von 311,4 Milliarden Euro zu verzeichnen. Ausgegeben wurden 426,1 Milliarden Euro. Das ist ernüchternd. Selbst wenn man »Gas geben« würde, um, wie von Luisa Neubauer gefordert, in zehn Jahren die neue Energiearchitektur am Start zu haben, würde man nicht wirklich von der Stelle kommen.

Jetzt muss man zugeben, dass die gerade gemachte »Kalkulation« Ungewissheiten enthält. Wie betont lässt sich der künftige Preis für eine Kilowattstunde Speicherkapazität einer noch nicht im industriellen Maßstab funktionierenden Technologie schlecht vorhersehen.

Die andere maßgebliche Unbekannte ist die notwendige Größe des volatilen Gesamtspeichers. Kämen wir nicht vielleicht auch mit einem Zehntel der Kapazität aus? Mit zehn Terrawattstunden? Dann würden sich die Kosten auch um den Faktor zehn reduzieren! Das klänge deutlich machbarer. Trotzdem hat man bei diesem Vorschlag kein gutes Gefühl. Nach spätestens zehn Tagen Dunkelflaute in Deutschland gäbe es keine Energie mehr, die sich in die Netze einspeisen ließe.

Also, was nun? Zehn, 100 oder vielleicht sogar 500 Terrawattstunden? Warum diese Unsicherheit? Kann man den Wert nicht einfach genauer bestimmen? Da stellt sich die Frage, wie das gehen soll.

Ist es tatsächlich sinnvoll, so wie weiter oben naiv unterstellt, aus der Analyse in *jüngerer Zeit* erhobener Messwerte auf die Zukunft zu schließen? Würden sich die Zeitreihen einer periodischen oder auch quasi-periodischen Dynamik verdanken, könnte der Ansatz Sinn ergeben. Doch wir haben es leider mit einer *chaotischen Dynamik* zu tun, der durch den Lauf der Erde um die Sonne, ihre Rotation um sich selbst und eine präzessierende Erdachse periodische Zyklen unterlegt sind. Das hat allerdings zur Konsequenz, dass sich vergangene Entwicklungen *nicht mit Selbstverständlichkeit in die Zukunft* extrapolieren lassen! Dieser Sachverhalt spiegelt sich in frappierender Weise in einer historisch gut belegten Begebenheit:

Im Jahr 1431 veränderte sich das Wetter *ohne jeden äußeren Grund in kurzer Zeit.* Untersucht wurde die bemerkenswerte Anomalie von Forschern um Chantal Camenisch vom Oeschger-Zentrum für Klimaforschung, das an der Universität Bern angesiedelt ist (Camenisch u. a. 2016). Als »Grund« der Klimaanomalie werden von den Forschern besagte *Oszillationen eines im Kern chaotischen Systems* angegeben, eine Tatsache, die vor dem Hintergrund der Arbeiten von Sitnikov und Lorenz nicht überraschend ist. Die Simulationen der Wissenschaftler zeigten, dass sich über einen Zeitraum von zehn Jahren Regenfluten, aber auch extreme Dürren sowie lang anhaltende Kälteperioden ereignen können. *Es wird von ihnen ausdrücklich betont, dass solche Schwankungen jederzeit wieder auftauchen können.*

Zur humanitären Katastrophe kam es in den Jahren nach 1431, weil die Winter extrem lange dauerten, während die Sommer zwar warm waren, es aber pausenlos regnete. Das war die perfekte Mixtur, um die Ernten zu zerstören. Die Kälte im Winter war übrigens so beißend, dass alle großen Flüsse Europas bis auf den Boden gefroren waren.[12] Selbst die Lagune von Venedig war eine einzige Eisplatte, und man konnte mit der Kutsche von Insel zu Insel fahren. Die knappe Nahrung verteuerte sich extrem, und es kam zu Handelskriegen.

Vor diesem Hintergrund wäre es also extrem leichtsinnig, die Speicherkapazität auf der Grundlage von Dunkelflauten zu konfektionieren, die gerade einmal ein paar Jahrzehnte dokumentiert werden, vor allen Dingen, wenn man berücksichtigt, was auf dem Spiel steht. Aber wie soll man dann vorgehen? Das ist eine ziemlich schwierige Frage, und es ist nach meinem Dafürhalten nicht klar, ob es für dieses anspruchsvolle Problem überhaupt eine realistische Lösung gibt.

Auf alle Fälle ist es zu kurz gesprungen, einfach eine Dunkelflaute von x Tagen in Betracht zu ziehen, die Anzahl der Tage mit dem durchschnittlichen Energiebedarf zu multiplizieren, um dann zu prüfen, ob der erhaltene Wert kleiner ist als die Kapazität des geplanten Speichers. Selbst wenn man ein seltenes, aber doch mögliches Ereignis wie die Klimaanomalie von 1431 einmal außer Betracht lässt, darf man einen wesentlichen Punkt nicht vergessen: Wir sprechen über eine *volatile* (!) Speicherarchitektur!

Das hat Konsequenzen. Sie hat immer einen bestimmten Ladezustand. Woraus ergibt sich aber der Ladezustand zu Beginn einer Dunkelflaute? Dieser ist das Ergebnis eines komplizierten und bisweilen erratischen Zusammenspiels von Tagen mit Unter- und Überdeckung. Permanent füllen und leeren sich die Speicher, und eigentlich müsste bei *allen nur denkbaren möglichen Kombinationen von Tagen mit Über- und Unterdeckung* gesichert sein, dass im Fall einer Dunkelflaute, deren tatsächliche Länge wie gesehen mit einer Unsicherheit behaftet ist, immer genug Energie zur Verfügung steht! Ist dieses Problem tatsächlich verlässlich zu lösen?[13]

Vermutlich wird es irgendeine hypothetische gigantische Kapazität geben, die einen Blackout ziemlich unwahrscheinlich macht. Aber diese gefühlte Sicherheit würde eine astronomische Summe verschlingen, die noch weit über die oben geschätzte hinausginge.

Um die Klammer zu schließen, kommen wir nun auf den Anfang dieses Kapitels zurück. Ich bitte zu beachten, dass wir uns in der Auseinandersetzung mit der deutschen Energiewende und der in diesem Zusammenhang notwendigen Speicherarchitektur bisher nur mit *endogenen Schwankungen* auseinandergesetzt haben. Es ist möglich, dass bereits diese das System überfordern, sodass die Versorgungssicherheit mit Energie nicht unter allen Umständen gewährleistet ist.

Unser Ausgangspunkt waren aber *exogene Schocks* – Ausbrüche von großen Vulkanen, die Klimaanomalien nach sich ziehen und mit einer Wahrscheinlichkeit von sechs Prozent in den nächsten drei Jahrzehnten auftauchen können. Hier koppeln zwei chaotische Systeme, Vulkanismus und Wetter, und treffen auf eine komplizierte sowie störungsanfällige vom Menschen geschaffene Infrastruktur. Das ist ein echtes Komplexitätsmonster. Doch wir haben in Deutschland die Gefahren, die durch solcherart bedingte Klimaanomalien auftauchen könnten, nicht auf dem Schirm. Um gerüstet zu sein, bräuchten wir eine *breit aufgestellte Energieversorgung* und müssen uns Gedanken machen, wie in diesem Rahmen die CO_2-Emissionen minimiert werden können. Außerdem muss über die Lagerhaltung von Lebensmitteln nachgedacht werden.

Potenzielle Nahrungsmittelengpässe und der denkbare Zusammenbruch der Energieversorgung in einem Industrieland wie Deutschland würden viele Menschen in ausweglose Situationen bringen.

Ist das alles Schwarzmalerei? Nach meinem Dafürhalten ist eine Eintrittswahrscheinlichkeit im einstelligen Prozentbereich ein ernst zu nehmendes Warnsignal.

Verdrängen könnte deshalb die falsche Strategie sein. Vorbereitung ist die einzig mögliche. Und deshalb muss zum Schluss, auch auf die Gefahr hin, als Alarmist gescholten zu werden, noch über das vermutlich gefährlichste Komplexitätsmonster geredet werden.

Gefährliche Teilchenstürme

Rund scheint die Sonne am Himmel zu stehen, Manifestation der göttlichen Form: des Kreises. Doch der Schein trügt. Genauso wie die Planeten nicht auf perfekten Kreisen um die Sonne wandern, sondern auf Ellipsen, ist die Gestalt der Sonne keine wohlgeformte Kugel. Sie ist ein brodelnder Ball aus Gas, eher Insignie des Chaos als Ausdruck einer universellen Idee der Vollkommenheit, so wie es etwa Platon vorschwebte. Seit man gelernt hat, die Sonne mit speziellen Gläsern, später mit besonderen Messgeräten zu erforschen, ohne zu erblinden, offenbart sich auch ihre Ruhelosigkeit. Dort, wo man Ebenmäßigkeit wähnte, wird man Zeuge eines mitunter zerstörerischen Tanzes. Immer wieder schießen von der Sonnenoberfläche riesige Lichtblitze, sogenannte *Flares*, ins Weltall. Und bisweilen kommt es zu gewaltigen Explosionen. Dann fliegen große Mengen ionisierter Materie ins All, mit der unvorstellbaren Geschwindigkeit von etwa zehn Millionen Stundenkilometern. Diese *koronalen Massenauswürfe* sind die Ursache von Sonnenstürmen, die, wenn sie die Erde im richtigen Winkel treffen, ein ungeheures Zerstörungspotenzial haben.

Schaut man sich das Magnetfeld der Erde im Vergleich zu dem der Sonne an, dann ist dieses einfach gestaltet. Das Erdmagnetfeld hat zwei Pole, die durch bogenartig verlaufende Feldlinien miteinander verbunden sind. Dieses Magnetfeld wirkt übrigens in vielen Fällen wie ein Schutzkäfig, der energiereiche kosmische Strahlen im großem Umfang von uns fernhält. Das Magnetfeld der Sonne sieht ganz anders aus. Weder sind die Feldlinien geordnet und symmetrisch, geschweige denn stabil. Das brodelnde Sonnenplasma führt dazu, dass sie sich permanent verändern und ineinander verschlingen. Trotz dieses Chaos zeigt die Sonne einen annähernd elfjährigen Zyklus, in dem ihre Aktivität an- und abschwillt. Während dieser solaren Zyklen verändert sich laufend die magnetische Struktur der Sonne. Extrem starke Magnetfelder bauen sich auf, um sich dann mit einem Mal umzupolen. Gerade bei den abrupten Veränderungen der starken Magnetfelder besteht die Gefahr, dass es zu den gefürchteten Massenauswürfen kommt. Bei diesen Ereignissen fliegen unter Umständen Billionen Tonnen ionisierter Materie mit rasender Geschwindigkeit von der Sonne weg. Die Strecke von der Sonne zur Erde beträgt etwa 150 Millionen Kilometer. Ja nach Explosion kann die Erde binnen 15 Stunden von dem Ionensturm getroffen werden! Das Carrington-Ereignis lässt erahnen, was das bedeuten kann. Die sich mit zehn Millionen Stundenkilometern bewegenden Ladungen können in allen metallischen Leitern starke Ströme induzieren, sodass nicht ausgeschlossen ist, dass sie zerstört werden. Im ungünstigen Fall würde das nicht nur zum Ausfall sensibler Elektronik führen, etwa des satellitengestützten GPS-Systems. Es ist auch denkbar, dass die Energieinfrastruktur massiven Schaden nimmt. Das könnte die Leitungssysteme betreffen genauso wie Umspannwerke und Kraftwerke. Es wird angenommen, dass es Monate dauern würde, um diese Schäden zu beheben, wobei die Frage erlaubt sein muss, wie in einer künftigen Energiewirtschaft, in der wie in Deutschland auf größtmögliche Verstromung Wert gelegt wird, die notwendige Energie für Werkzeuge und Arbeit herkommen soll.

Wie man es auch dreht und wendet: Ein Carrington-Ereignis wäre eine globale Katastrophe. Das gilt vor allen Dingen deshalb, weil sich alle Arten von elektrischen Leitungssystemen nur in begrenztem Umfang schützen lassen. Es muss kein Strom fließen, damit es zur Zerstörung kommt. Die sich extrem schnell bewegenden starken Magnetfelder *induzieren die Ströme*, egal, ob dort gerade ein Strom fließt oder nicht. Allein schon die Tatsache, dass fast alle Kommunikationssysteme, vor allen Dingen Telefon und das Internet, wochenlang ausfallen könnten, ist eine erschreckende Vorstellung. Deshalb wäre es wichtig, sich mit dieser Eventualität zu beschäftigen.

Doch leider gibt es auch in diesem Zusammenhang vergleichsweise wenig Rufer in der Wüste. Eine von diesen ist die Informatikprofessorin Sangeetha Abdu Jyothi von der University of California, die seit Jahren vor Sonnenstürmen warnt. Gehört wird sie nur von wenigen. Genauso wie bei den Ausbrüchen der Supervulkane wird mit der geringen Wahrscheinlichkeit argumentiert, auf der Erde getroffen zu werden. Das stimmt: Der Winkelbereich ist sehr klein. Von der Sonne aus gesehen wirkt die Erde wie der Kopf einer Stecknadel, den wir aus zehn Meter Entfernung betrachten.

Trotzdem ist ein Carrington-Ereignis keine Ausgeburt einer überhitzten Fantasie.

Allein in den letzten 20 Jahren kam es mehrfach zu solchen Ionenstürmen, die Satelliten und Energieinfrastruktur trafen. Es ist nur eine Frage der Zeit, bis ein starker koronaler Massenauswurf die Erde trifft. Dann würde es sich auszahlen, diese Eventualität bedacht zu haben.

Sensible Welt

Die globale Gemeinschaft ist verletzlich

>»Wenn Du Dich und den Feind kennst, brauchst Du den
>Ausgang von hundert Schlachten nicht zu fürchten.
>Wenn Du Dich selbst kennst, doch nicht den Feind, wirst
>Du für jeden Sieg, den Du erringst, eine Niederlage erleiden.
>Wenn Du weder den Feind noch Dich selbst kennst,
>wirst Du in jeder Schlacht unterliegen.«

Sun Tzu, Die Kunst des Krieges

Wie sollen wir mit dem Pandämonium der verschiedenen Bedrohungen umgehen? Sind wir den Komplexitätsfallen auf Gedeih und Verderb ausgeliefert? Ja. Aber auch nein.

Beginnen wir mit dem Unvermeidlichen: Auch in Zukunft wird es verheerende Erdbeben geben, genauso wie Vulkanausbrüche, Sonnenstürme, Seuchen, Überschwemmungen und Dürren. Sieht man von den Ereignissen ab, die durch den anthropogenen Klimawandel bedingt sein könnten, sind wir außerstande, solche Vorkommnisse zu unterbinden.[14] Das bedeutet aber nicht, dass wir hilflos sind. Die Kunst, mit dem *Unberechenbaren zu rechnen*, hat eine lange Tradition. Und sie hat mindestens zwei wichtige Facetten: *Vorhersagbarkeit* im Rahmen des Möglichen und die Gelegenheit, *Vorsorge* zu treffen.

Bei der Beschäftigung mit den natürlichen Komplexitätsfallen zeigte sich, dass diese *langfristig unvorhersehbar* sind. Trotzdem gibt es von *System zu System unterschiedliche Zeitintervalle*, in welchen Prognosen möglich sind. Und diese Zeitintervalle werden immer effizienter genutzt! Man denke an die sich verbessernden Wettervorhersagen oder die dezidierten Prognosen, an welcher Stelle ein Hurrikane, der bereits in der Karibik wütet, die amerikanische Landmasse treffen wird.

Im Vergleich dazu sind die Vorhersagen von Erdbeben und Vulkanausbrüchen schwieriger. Hier sind die kritischen Zeiträume unter Umständen deutlich kürzer und auch unbestimmter. Damit bleibt den Wissenschaftlern keine andere Wahl, als die Krisengebiete bei den ersten Anzeichen einer drohenden Katastrophe zu »verkabeln« und abzuhorchen. So hofft man, dem Eintritt der Katastrophe wenigstens einen kleinen Moment zuvorzukommen. Dieser in vielen Fällen minimale zeitliche »Vorsprung« kann dann genutzt werden, um zu warnen und zu evakuieren. Es sei aber noch einmal betont, dass die Zeichen nicht immer eindeutig sind.

Trotzdem ist es positiv zu bewerten, dass es mittlerweile ein *weltweites Netz* von Messstationen gibt, die rund um die Uhr die globalen seismischen Aktivitäten ermitteln und untereinander im Austausch stehen, um Erdbebenherde zu lokalisieren und seismische Wellen zu analysieren. Dieses erdbasierte System wird zudem durch ein satellitengestütztes ergänzt. So werden etwa mit GPS-Messungen selbst geringe Verschiebungen auf der Erdoberfläche festgestellt. Bemerkenswerterweise funktioniert die Kommunikation zwischen den verschiedenen Ländern und Regionen der Erde auch *über weltanschauliche und politische Verwerfungslinien hinweg.*

In vergleichbarer Form entwickelt sich ein Tsunami-Frühwarnsystem, das aber noch nicht den ganzen Globus umspannt.

Die globale Überwachung seismischer Aktivitäten und die Installationen von Frühwarnsystemen sind wichtige Schritte in die richtige Richtung. Aber wir gewinnen nur Zeit! Abgewendet werden die Katastrophen nicht.

Was bleibt, wenn die Grenzen der Prognostik erreicht sind? Dann hilft nur, sich auf den Notfall vorzubereiten und Vorsorge zu treffen. Das klingt einsichtig, selbstverständlich ist es nicht. Obwohl es sich um eine regionale Katastrophe handelte, sei hier die Überschwemmung im Ahrtal als warnendes Beispiel angeführt – ein Unglück mit Ankündigung.

Das Ahrtal – Bukolik und Nachtmahr

Die Ahr entspringt in Blankenheim. Gerade einmal zwölf Liter pro Sekunde frischen Wassers sprudeln fröhlich aus ihrer Quelle, und schon nach 85 Kilometern mündet das Flüsschen in den Rhein. Auf dieser Strecke hat sich das Wasser in Jahrtausenden geduldig durch den Fels gearbeitet und das Ahrtal gebildet, mit malerischen an die Hänge getupften Weinbergen, Dörfern im Talgrund, die zu Speis und Trank einladen, und trutzigen Burgruinen, die auf den umliegenden Erhebungen über das Tal wachen. An einem strahlenden Sonnentag würde niemand auf den Gedanken kommen, dass das lauschige Tal noch andere Seiten hat. Tage und Nächte, in denen es nicht wiederzuerkennen ist, weil der kleine plätschernde Fluss zu einem reißenden Strom anschwillt, der alles und jedes mit sich reißt. Das letzte Mal kam es in der Nacht vom 14. auf den 15. Juli 2021 zur Katastrophe. Brachiale Wassermassen zerstörten Brücken, Wohnhäuser, Weinberge, Straßen und Gleise. Die bukolische Romanze – ein Trümmerfeld. 135 Menschen verloren ihr Leben. Die Versicherungen beziffern den Schaden auf über 30 Milliarden Euro. Es wird von einem fürchterlichen Schicksalsschlag gesprochen. Und natürlich wird der Klimawandel als Schuldiger herangezogen. Aber ist das wahr? Eine chronologische Liste, die in der Mitte des 14. Jahrhunderts beginnt, führt 88 Überschwemmungen auf. Nicht alle so vernichtend wie die letzte, einige aber durchaus vergleichbar.

Im Ahrtal sind Flutwellen also nicht ungewöhnlich. Die Flutkatastrophe kam deshalb nicht aus heiterem Himmel. Sie war kein *Schwarzer Schwan!*

Und gerade zwei schwere Katastrophen sind noch nicht so lange her. 1804 gab es eine extreme Überschwemmung mit vielen Toten, und noch 1910 donnerten reißende Wassermassen den Talgrund hinunter. Menschen starben, Brücken, Straßen und Häuser wurden fast völlig zerstört. In Anbetracht dieser Historie musste eine verheerende Flut mit großer Sicherheit auftauchen, da sich die Topologie des Tals nicht grundlegend verändert hatte. Es bestand auch kein Grund zu der Annahme, dass starke Regenfälle ausbleiben würden.

Deshalb drängt sich ein Verdacht auf: Soll die proklamierte Einzigartigkeit der Überschwemmung von 2021 dazu dienen, *Unterlassungssünden* zu kaschieren?

Tatsächlich wurden im Vorfeld viele Chancen vertan, angemessen auf die Flut zu reagieren. Es gab bekanntermaßen Handlungsbedarf, die Zuflüsse der Ahr zu regulieren und große Rückhaltebecken zu bauen, die sich bei Starkregen füllen und es so erlauben, den Pegelstand der Ahr zumindest in Maßen zu steuern. Die Pläne dieser Becken verstaubten aber in den Schubladen der verantwortlichen Instanzen. Man entschloss sich, zu pokern und das Geld lieber anderweitig auszugeben. Der Freizeitwert der Eifelregion sollte gesteigert werden. So wurden große Summen in Restaurierung und Ausbau des Nürburgrings investiert.

Davon abgesehen war es riskant, im Talgrund Baugrundstücke auszuweisen, die im Lichte der historischen Hochwasserereignisse als lebensgefährlich hätten bezeichnet werden müssen. Auch Trassenverläufe von Straßen und Bahnlinien wurden nicht den Gegebenheiten angepasst. Außerdem hatte man einfach zu viel gebaut. 2021 stand das Wasser höher als 1804, obwohl die Wassermassen vergleichbar waren. Wegen der Versiegelung existieren heute weniger Sickerflächen. In der Folge steigt das Wasser schneller in die Höhe.

Neben diesen Unterlassungssünden, die das Auftauchen einer tödlichen Katastrophe wahrscheinlicher machten, muss betont werden, dass es dem Krisenmanagement an Professionalität fehlte. Es wurde eindringlich vor sintflutartigen Regenfällen gewarnt. Die Vorhersagen war korrekt. Aber die verantwortlichen Politiker, an erster Stelle Anne Spiegel, die ehemalige Umweltministerin des Landes Rheinland-Pfalz, hielten es nicht für notwendig, in gebotener Weise zu warnen (Staib 2023). Zwar wären die massiven Infrastrukturschäden nicht vermieden worden, die Menschen hätten aber die Möglichkeit zur Flucht gehabt. Das hätte vermutlich Leben gerettet.

Unterm Strich ist die Katastrophe im Ahrtal das Musterbeispiel einer natürlichen Komplexitätsfalle, die ihren umfänglichen Schrecken entfalten konnte, da in fast jeder denkbaren Form versäumt wurde, die Gefahr zu antizipieren, um ihr so in angemessener Weise begegnen zu können.

Lässt man die Überschwemmung im Ahrtal oder auch die jüngsten Erdbeben in der Türkei Revue passieren, drängen sich die Konsequenzen auf. Am sichersten wäre es, nicht da zu bauen, wo das Auftreten einer Katastrophe wahrscheinlich ist. Aber das ist utopisch. Das Ahrtal wird besiedelt bleiben. Lissabon ist heute wieder eine blühende Großstadt. Die Megacity Istanbul wartet schon lange auf einen weiteren zerstörerischen Erdstoß, genauso wie Tokio oder San Francisco. Diese Ballungsgebiete lassen sich nicht entvölkern. Aber in den vorausschauenden Gesellschaften bemüht man sich zumindest vorzusorgen. Wenn in Regionen mit lebhafter seismischer Aktivität gebaut wird, dann sollten die Häuser wenigstens stabil sein. Eine Vorgehensweise, die in Japan konsequent verfolgt wird, während in der Türkei nach dem schweren Erdbeben 1999 in Gölcük den Willensbekundungen, es in Zukunft besser machen zu wollen, wenige Taten folgten. Trotz gegenteiliger Beteuerungen wurde nicht solider gebaut. Stattdessen verschwanden die bereitgestellten Gelder in dunklen Kanälen. So fielen auch am 6. Februar 2023 im Südosten der Türkei gerade erst erstellte Gebäude wieder wie Kartenhäuser zusammen. 60 000 Menschen starben, Millionen verloren ihr Zuhause.

Reißende globale Netze

Die gerade genannten Punkte sind keine neuen Einsichten. Folgerichtig gibt es auch auf administrativer Ebene Bemühungen, nicht nur ein regionales, sondern auch ein *globales* Katastrophenmanagement zu entwickeln. So existiert heute etwa das *Sendai-Rahmenwerk 2015–2030*, das dem *Hyogo-Rahmenaktionsplan 2005–2015* folgte. Initiator dieser weltweiten Initiative ist das UNDRR (United Nations Office for Disaster Risk Reduction). Es ist das erklärte Ziel der Vereinten Nationen, die Opferzahlen und die durch Katastrophen bedingten materiellen Schäden zu reduzieren. Leider bleibt das ambitionierte Werk in vielen Belangen nebelig. Hier nur ein Beispiel:

> Um das erwartete Ergebnis zu erreichen, muss das folgende Ziel erreicht werden:
> »Verhinderung neuer und Reduzierung bestehender Katastrophenrisiken durch die Umsetzung integrierter, inklusiver, wirtschaftlicher, baulicher, rechtlicher, sozialer, gesundheitlicher, kultureller, bildungsbezogener, ökologischer, technologischer, politischer und institutioneller Maßnahmen, die die Gefahrenexposition und die Katastrophenanfälligkeit verhindern und verringern, die Vorbereitung auf den Katastrophenfall im Hinblick auf Hilfe und Wiederherstellung erhöhen und auf diese Weise die Resilienz stärken.«

Die Verhinderung von Katastrophenrisiken wird also durch Maßnahmen gewährleistet, die die Katastrophenanfälligkeit verhindern. In der Philosophie wird eine solche Form der »Argumentation« als *petitio principii* bezeichnet. Widersprechen kann man ihr nicht. Der Erkenntniswert hält sich in Grenzen. Deshalb wundert man sich nicht, dass das Sendai-Rahmenwerk Struktur und Bedrohung von Komplexitätsmonstern weder erwähnt noch irgendwelche Vorschläge macht, wie man sich im Rahmen des Möglichen vorbereiten sollte.

Damit kommen wir zum Thema der globalen Vorsorge. Was müsste man machen, um dem Ausbruch von Supervulkanen, einem verheerenden Sonnensturm oder dem Entstehen einer neuen Pandemie nicht hilflos gegenüberzustehen?

Im Augenblick, im Jahr 2023, ist die Situation ernüchternd. Bei einer globalen Bedrohung ist die globale Gemeinschaft in ihrer Gesamtheit gefordert zu reagieren. Dazu muss gewährleistet sein, dass Informationen ausgetauscht werden können, aber natürlich auch Waren – und zwar in großem Umfang. Und in kurzer Zeit. Was aber passiert, wenn Lieferketten reißen oder ein absolutes Kommunikationschaos ausbricht? Gibt es einen Plan in der Schublade? Das darf angesichts jüngster Ereignisse bezweifelt werden. Die Weltgemeinschaft stand schon bei der vergleichsweise harmlosen Havarie der *Ever Given* am Rande des Kollaps. Betrachten wir den Vorfall jetzt etwas genauer: Der Suezkanal – ein Nadelöhr – ist eine der wichtigsten Wasserstraßen der Welt. Er verbindet das Mittelmeer mit dem Roten Meer und erspart den Schiffen zwischen Nordatlantik und Indischem Ozean den weiten Weg um das Kap der Guten Hoffnung. Die *Ever Given* war am 23. März 2021 bei starkem Wind auf Grund gelaufen und stand quer. Sie blockierte den Schiffsverkehr *lediglich für sechs Tage* und wurde am 29. März wieder freigesetzt. Die Folgen hatte allerdings niemand vorhergesehen. Der kurze Zeitraum reichte, um die Weltwirtschaft zum Stottern zu bringen. Egal ob im Wohnungsbau, bei der Instandsetzung technischer Geräte oder in der industriellen Fertigung, die notwendigen Materialien fehlten plötzlich an allen Ecken und Enden. Reparaturen oder Herstellungsprozesse verzögerten sich oder kamen ganz zum Stillstand. Die Zimmerleute stellten die Arbeit ein, da es kein Holz gab. Die Automobilindustrie wurde panisch, da bestimmte Mikroprozessoren nicht mehr auf dem Markt waren. Mediziner und ihre Patienten schlugen Alarm, da ihnen bewusst wurde, dass in Deutschland bestimmte lebenswichtige Medikament nicht mehr hergestellt werden. So war plötzlich das Wort »Lieferengpass« in aller Munde und wurde zum Schreckensgespenst. Allmählich dämmerte allen Beteiligten, wie eng verzahnt die globalen Lieferketten sind. Das bedeutet eben auch, dass sie extrem sensibel auf Störungen regieren. Des Weiteren wurde klar, dass es für den eingetretenen Fall kein Drehbuch gab. Die Möglichkeit einer Störung kam im Mindset der wenigsten Beteiligten vor. Und diese »Blindheit« war *skaleninvariant*. Auf Störungen der marktwirtschaftlichen Choreografie waren weder die Weltgemeinschaft als Ganzes noch die Nationen vorbereitet. Und auch die einzelnen Menschen waren in den meisten Fällen völlig überrascht.

Eine strukturell ähnliche Erfahrung gab es im Umgang mit der Corona-Pandemie. Im Falle von Corona betraf das sowohl den Handel als auch die Kommunikation.

So waren binnen kürzester Zeit in unserem Konsumparadies Allerweltsartikel nicht mehr zu bekommen. Das galt nicht nur für Klopapier, das gehamstert wurde. Es war auch unmöglich, banale Latexhandschuhe zu erstehen, und in einem Hochindustrieland wie Deutschland sah man sich außerstande, gewöhnliche Desinfektionsmittel in ausreichender Menge herzustellen. Selbst ordinäre Schutzmasken wurden zu umkämpften Spekulationsobjekten auf einem florierenden Schwarzmarkt.

Deshalb wird augenblicklich darüber spekuliert, ob die Globalisierung, die von günstigen Produktionskosten getrieben wird, ihren Höhepunkt überschritten hat (Smil 2023). So wird eine *Repatriierung* systemrelevanter Produktion diskutiert, um im Fall der Fälle gewappnet zu sein.

Die Corona-Pandemie offenbarte aber nicht nur, wie störanfällig globale Lieferketten sind. Es wurde auch deutlich, wie wichtig eine ehrliche und reibungsfrei funktionierende *internationale Kommunikation* ist. Hier gab es Licht und Schatten. Die ersten Kranken tauchten im Dezember 2019 im chinesischen Wuhan auf. Das Genom des Virus war *nach nur wenigen Wochen* sequenziert! Das war ein unvergleichbarer Triumph der Wissenschaft und auch das Ergebnis eines international funktionierenden Kommunikationsnetzwerks, das *kumulative Kreativität* begünstigt. Bei dieser Form des Wissenserwerbs stehen Tausende Forscher in einem intensiven Austausch und fügen oft kleine Erkenntnisschnipsel zusammen, bis in der Summe etwas Großes entsteht. Bleibt hinzuzufügen, dass nur zwölf Monate nach der Sequenzierung des viralen Genoms die 90-jährige Maggi Keenan aus Coventry als Erste mit dem Impfstoff von BioNTech immunisiert wurde.

In deutlichem Gegensatz zu der in großen Teilen effizienten wissenschaftlichen Kommunikation stand der *politische Austausch* zwischen den Nationen. Dieser war nicht selten von Geheimnistuerei und Inkompetenz geprägt. Was die Verschleierung belastbarer Daten angeht, spielte die Volksrepublik China eine Schlüsselrolle. Deren Informationspolitik folgte einem atavistischen Muster: *dem Kampf der Systeme*. Der globale Verbund der Nationalstaaten wurde nicht als eine Einheit betrachtet, dessen Ziel es ist, gemeinsam der Bedrohung so schnell wie möglich Herr zu werden. Es ging darum zu »beweisen«, dass die eigene Herangehensweise der anderer Staaten überlegen ist, um diese Überlegenheit propagandistisch auszuschlachten. Mit dieser Strategie ist China gescheitert. Die Verneblungsstrategie, was die Herkunft des Virus angeht, die Herstellung eines mittelmäßigen Impfstoffs, die mit militärischer Härte durchgeführten Lockdowns und endlich die unvermittelte Aufhebung aller Vorsichtsmaßnahmen waren Zeichen der intellektuellen Kapitulation vor einem komplexen Problem. Von einem europäischen Standpunkt aus gesehen besteht allerdings kein Grund zum Hochmut. Normalerweise werden von der EU selbst die kleinsten Details des alltäglichen Lebens akribisch geregelt. Das fängt mit den Mindestmaßen von Bananen an und endet mit dem Verbot von Warmhalteplatten in Kaffeemaschinen. Und eigentlich pochen die Beamten in Brüssel *besonders* auf die Einhaltung von Richtlinien, die die Gesundheit ihrer Bürger betreffen. Ein Beispiel: Mecklenburg-Vorpommern, ein Bundesland so flach wie der Boden einer Bratpfanne, muss genauso wie Tirol mit seinem majestätischen Großglocknermassiv eine Seilbahnverordnung erlassen.

Vor diesem Hintergrund muss die Frage erlaubt sein, ob bei uns die wesentlichen Probleme in den Fokus genommen werden. Als Corona in Europa Fahrt aufnahm, wurde nämlich offensichtlich, dass es kein *Procedere* gab, wie man das Handeln der EU-Länder im Pandemiefall hätten effizient koordinieren können. So war in keiner Weise klar, wie man die Intensivbetten mit Beatmungsplätzen optimal unter den verschiedenen Ländern hätte aufteilen müssen. Das führte gerade in Italien zu makabren Situationen. Nachdem man in

Bergamo meinte, trotz der bereits grassierenden Epidemie noch ein Champions-League-Spiel vor vollbesetzten Rängen ausführen zu müssen, schossen die Infektionszahlen so radikal in die Höhe, dass sich nicht mehr alle Infizierten in den Kliniken behandeln ließen. Deshalb brachte man sie ausgerechnet in Altersheimen unter, wo sich zwangsläufig die Gebrechlichen infizierten und in großer Zahl starben. Das alles hatte mit Planung nichts zu tun. Im Gegenteil, die Toten, die anschließend zu Dutzenden auf die Ladeflächen von Lastwagen geworfen wurden, waren Ausdruck völliger Hilflosigkeit.

Nicht viel besser sah es in Frankreich aus, das traditionell dem Zentralismus frönt. Gesetze werden in Paris erlassen. Sie gelten *überall*, egal, ob die Probleme in den verschiedenen Regionen vergleichbar sind oder nicht. Auch diese Staatsgläubigkeit führte zu fragwürdigen Situationen. Bürgermeister, die, wie in Nizza, wegen explodierender Infektionszahlen das Tragen von Masken anordneten, wurde rüde zurückgepfiffen. Als dann rigide Maßnahmen im ganzen Land galten, wurden diese mit harter Hand auch in Regionen durchgesetzt, in denen es so gut wie keine Infizierten gab. Im französischen Departement Lozère musste lange kein einziger Covid-19-Tote beweint werden. In Paris waren schon über 4000 Menschen tot. Trotzdem wurden in Lozère strikt dieselben Gesetze angewandt wie in Paris. Ergibt das Sinn?

So waren die meisten Länder mit der Corona-Pandemie überfordert, sieht man etwa von Korea und Taiwan ab, die sich in ihrer Vorgehensweise zumindest zu Beginn von anderen Ländern unterschieden. Die SARS-Epidemie in den Jahren 2002 und 2003 hatte dazu geführt, dass sie einen Plan in der Schublade hatten, der direkt griff, als in China die ersten Patienten mit Atemwegsinfekten gemeldet wurden. Außerdem verfügten sie über ein funktionierendes Quarantänemanagement, wobei konsequent moderne Mobilfunktechnik angewendet wurde. Und es war in Asien schon lange üblich, Masken zu tragen. Weltanschauliche Diskussionen, wie sie in Europa lange geführt wurden, gab es nicht. Aus diesem Grund hatte man nicht den Eindruck, dass dort Kontrolle in vergleichbarer Weise verloren ging wie in Europa oder den USA.

Zieht man ein kurzes Zwischenfazit, dann hat sich die globale Gemeinschaft weder bei der Havarie der *Ever Given* noch in der Corona-Pandemie souverän präsentiert. Es muss hier aber betont werden, dass beide Szenarien keinen Worst-Case-Charakter hatten. Die Herausforderungen, die sich bei einem Ausbruch eines Supervulkans mit anschließender Klimaveränderung oder bei einem schweren Sonnensturm stellen würden, wären ungleich größer. Sind wir gedanklich auf ein solches Ereignis vorbereitet? Wie erwähnt: Von hybriden Komplexitätsfallen, die sich zu einem Komplexitätsmonster auswachsen könnten, ist im *Sendai-Rahmenwerk 2015–2030* nicht die Rede. Wenn die Gefahr aber weder erkannt noch benannt wird, dann besteht auch keine Notwendigkeit, Vorsorge zu treffen, um dem Zufall wenigstens in Teilen den Schrecken zu nehmen. Die beschriebenen Komplexitätsmonster sind so zumindest in Teilen *unbekannte Unbekannte*. Damit wohnt ihnen das größtmögliche Zerstörungspotenzial inne. Es offenbart sich ein Zustand, der dem Strategen Sun Tzu die Sorgenfalten auf die Stirn getrieben hätte. Um das Bedrohungspotenzial zu verkleinern, sind deshalb an vorderster Stelle zwei Dinge notwendig: Als Erstes muss akzeptiert werden, dass es sich bei den beschriebenen Gefahren nicht um Hirngespinste handelt. Im nächsten Schritt ist abzuwägen, welche Möglichkeiten existieren, um vorzusorgen und zu reagieren.

Auf diesen zentralen Punkt hat Nassim Nicholas Taleb in seinem Buch *Antifragilität* hingewiesen (Taleb 2013). Da sich die Dynamik irreduzibler Systeme nicht in Gänze vorhersagen lässt, plädiert auch Taleb dafür, sich *auf den Zufall vorzubereiten*. Er unterscheidet drei unterschiedliche Systeme: Fragil sind solche, die unter Belastung zerstört werden. Robuste Systeme halten der Belastung stand, während antifragile sogar von dieser profitieren. Robustheit ist seiner Meinung nach die Mindestanforderung, Antifragilität dagegen das *anzustrebende Optimum*. Persönlich glaube ich, dass Antifragilität beim Auftauchen echter Komplexitätsmonster illusorisch ist. Ein robustes System wäre schon mehr, als man erwarten dürfte, wobei mir eigentlich der Terminus »flexibles System« besser gefallen würde. Es wird beim Eintreten einer solchen Katastrophe nicht darum gehen, sie »abzuwettern«, sondern die Schäden mit Kreativität und Schnelligkeit zu mindern.

Die wesentliche Voraussetzung für flexibles und situationsangepasstes Verhalten wäre jedoch, dass sich die verschiedenen Nationen als funktionierende Weltgemeinschaft verstünden, die sich bereits im *Vorfeld* intensiv Gedanken machen würden, wie sie sich im Augenblick einer drohenden globalen Gefahr gemeinsam helfen könnten, ohne die nationalen Interessen einseitig in den Vordergrund zu schieben. Obwohl ich prinzipiell zum Optimismus neige, sehe ich die globale Gemeinschaft momentan aber eher als fraktioniertes Gebilde mit nationalen Interessen und zumindest in Teilen atavistischen Problemlösungsmechanismen. Eine »One Planet«-Philosophie scheint mir im Angesicht des Ukraine-Krieges oder eines drohenden Überfalls Chinas auf die Insel Taiwan, mit den dann drohenden internationalen Verwerfungen, so fern wie seit Jahrzehnten nicht mehr. Diese von Länderinteressen getriebene Gegenwartsfixierung ist wohl verantwortlich für die Tatsache, dass man sich wenig bis gar nicht mit vergangenen Katastrophen auseinandersetzt. Ein geschmeidig funktionierender Verdrängungsmechanismus, der zu einer kollektiven Amnesie führt.

Möchte man sich nicht in trügerischer Sicherheit wiegen, wären die Herausforderungen immens. Betrachten wir noch einmal einen großen Vulkanausbruch. Da gäbe es zuerst einmal dessen unmittelbare Auswirkungen. Doch zu den »klassischen Gefahren« kämen weitere hinzu. Es ginge nicht nur um Menschen, die etwa in den Lavamassen stürben. Es käme auch zu erratischen Interdependenzen von Welt Eins und Welt Zwei. Es ließe sich schwer prophezeien, wie die Menschen auf diese Nachrichten reagieren würden. Blieben sie gefasst? Würde eine kollektive Panik ausbrechen? Was wäre mit den Börsen? Käme es zu weltweiten Verwerfungen mit Folgen für Millionen Menschen?

Noch gravierender wären allerdings die *mittelbaren Folgen*. Was hieße es, wenn sich für zwei Jahre ein dunkler Schatten um den Globus legen würde, wenn es monatelang regnete und nicht mehr richtig hell würde, wenn die Ernten auf den Feldern verfaulten, wenn die Energieversorgung nicht mehr gewährleistet wäre, da man im Vertrauen auf Sonne und Wind diese zu einseitig ausgerichtet hätte und sich deshalb auch die volatilen Speicher nicht mehr richtig füllen würden?

Das sind drängende Fragen, die nach meinem Dafürhalten unzureichend diskutiert werden.

Mittel der Wahl wären in diesem Zusammenhang vor allen Dingen *Redundanz* und *Modularisierung*. Das Prinzip der Redundanz ist nicht nur in der Natur verbreitet. Menschen haben zwei Hände, zwei Augen oder zwei Ohren. In vergleichbarer Weise werden in sicherheitskritischen Systemen wesentliche Komponenten und Funktionskreise mindestens gedoppelt. Fällt bei der automatischen Steuerung eines Flugzeugs der Computer aus, übernimmt ein zweiter, der im Hintergrund läuft. In vergleichbarer Weise müsste überlegt werden, wie man lebenswichtige Infrastruktur so einrichtet, dass beim Ausfall eines Systems ein anderes »einspringen« kann. Und natürlich gehört in diesen Zusammenhang auch eine überlegte Bevorratung, sei es von Nahrungsmitteln, Energie oder von lebenswichtigen Gütern.

Mit Modularisierung ist gemeint, dass bei Störung des Gesamtsystems Untersysteme autonom laufen können und Aufgaben übernehmen.

Mir ist völlig klar, dass das angesichts der Größe der Aufgabe erst einmal nur Schlagworte sind. Und im Augenblick sehe ich wenig Hoffnung, dass dermaßen anspruchsvolle Aufgaben global umgesetzt werden können. Deshalb gibt es wohl nur die Möglichkeit, Überzeugungsarbeit zu leisten und solche Prozesse dann stetig und beharrlich vorwärtszutreiben. Gleichzeitig empfiehlt es sich, »vor der eigenen Haustür zu kehren«. Das bedeutet auf nationaler Ebene, die Resilienz zu stärken.

Es wurde schon gesagt, dass sich in diesem Zusammenhang der in Deutschland eingeschlagene Weg als falsch herausstellen könnte. Es ist riskant, das Land *im großen Maßstab zu elektrifizieren*: Strom aus erneuerbaren Energien, Strom für den Individualverkehr, die Bahn und die öffentlichen Verkehrsmittel, Strom für die Wärmeversorgung der Gebäude. Gibt es jemanden, der sich ernsthaft mit der Frage befasst, welche Handlungsoptionen blieben, wenn diese lebenswichtige Infrastruktur zu Schaden käme? Dabei wären die Folgen gerade für die Stadtbevölkerung katastrophal, da diese von einem reibungslos funktionierenden Warenverkehr abhängig ist. Im Gegensatz dazu würde sich herausstellen, dass die Landbevölkerung mit ihrer in Teilen noch funktionierenden Vorratshaltung, der Möglichkeit, Lebensmittel selbst zu erzeugen und etwa mit Holz zu heizen, ungleich widerstandsfähiger wäre.

Was können die Staaten nun selbst tun? Das sei im Folgenden skizziert, wobei die Ausführungen keinen Anspruch auf Vollständigkeit erheben. Es geht erst einmal um die Frage, wie eine Gesellschaft aufgestellt sein muss, um kreativ, flexibel und effizient mit komplexen Problemen umgehen zu können.

In diesem Zusammenhang spielt eine Strategie eine Rolle, die immer dann zum Einsatz kommen kann, wenn es noch keine Strategie gibt. In solchen Situationen hat man keine andere Wahl, als sich die Natur zum Vorbild zu nehmen. Das soll zuerst am Beispiel von Corona erörtert werden, um dann die Blende weiter aufzuziehen.

Darwin-Code

Die Natur als Vorbild im Umgang mit dem Unbekannten

Stellen Sie sich eine Gruppe von Menschen vor, die auf der Flucht ist. Die Verfolger, die den Flüchtenden nach dem Leben trachten, sind ihnen auf den Fersen. Der gehetzte Haufen gelangt in nebelverhangener Nacht an ein Moor, wobei *niemand* weiß, wie das tückische Terrain zu passieren ist. Den Feind im Nacken, den trügerischen Sumpf vor sich. Eine aussichtslose Situation! Blieben die Fliehenden stehen, wären sie verloren. Gingen sie unachtsam nach vorne, bestünde die Gefahr, elendig im Morast zu verenden. Trotzdem ist der Gang durchs Moor die einzige Chance! Vielleicht gibt es gangbare Wege, aber man weiß eben nicht, wo sie sich befinden.

Wäre es vor diesem Hintergrund eine gute Idee, sich in die Obhut eines selbsternannten Führers zu begeben, der *behauptet,* vor seinem inneren Auge den rechten Pfad zu sehen? Sollten die Übrigen dem »Berufenen« vertrauensselig hinterherlaufen?

Oder gäbe es eine klügere Vorgehensweise? Die gibt es. Man könnte sich nämlich aufteilen. Alle tasten sich auf einer breiten Linie Schritt für Schritt nach vorne. Stünden die Tastenden miteinander in permanentem Kontakt, könnten sie sich warnen, wenn es gefährlich wird, aber auch informieren, solange sie noch festen Boden unter den Füßen haben. Der *Austausch von Wissen* wäre bei dieser Vorgehensweise existenziell! Auch wenn es nicht ausgeschlossen ist, dass der eine oder andere trotzdem vom Moor verschluckt wird, ist die Wahrscheinlichkeit, einen gangbaren Weg zu finden, bei dieser Vorgehensweise um ein Vielfaches größer, als einem unwissenden Führer blindlings zu folgen.

»Traue denen, die die Wahrheit suchen, nicht denen, die vorgeben, sie gefunden zu haben«, sagte der Schriftsteller André Gide. Das gerade metaphorisch umschriebene Prinzip nenne ich den *Darwin-Code.* Dieses Prinzip ist eine effiziente Methode, mit Unwissen umzugehen, und hat in der Natur viele Vorbilder.

Es ist nicht die Königin, die den Bienen vorschreibt, wo sie die Blumen auf der Wiese zu suchen haben, wenn der Nektar knapp wird. Es bleibt den ausschwärmenden Bienen selbst überlassen, auf den verschiedensten Wegen Futter zu finden. Für die Gemeinschaft entscheidend ist dann die *komplexe Kommunikation* der Bienen.

Mit dem Bienentanz können sie den anderen nicht nur von ihrem Erfolg »erzählen«, sondern sie auch an ihm teilhaben zu lassen, was im Endeffekt dem gesamten Bienenvolk zugutekommt. In vergleichbarer Weise funktioniert auch unser Immunsystem, das eine Vielzahl von Antikörpern bereithält, die auf verschiedenste Antigene reagieren können. Verbindet sich dann ein spezieller Antikörper mit den Antigenen eines Eindringlings, gibt es eine *Rückmeldung,* die dazu führt, dass die Produktion *genau dieses Antikörpers* drastisch hochgefahren wird, um die Infektion in den Griff zu bekommen.

Es ist ratsam, sich an solchen evolutionär bewährten Strategien zu orientieren. Die Natur ist nämlich die Meisterin darin, mit dem Zufall zurechtzukommen.

Unterm Strich haben wir in bestimmten Situationen auch keine andere Wahl, als mit kollektivem Tasten und *elaborierten Kommunikationsstrategien* einen gemeinsamen Lernprozess in Gang zu setzen, um so die Grenzen des Möglichen ausloten und damit aus der Krise zu kommen. Dafür sind allerdings bestimmte Bedingungen vonnöten.

Nehmen wir zur Veranschaulichung noch einmal die Covid-19-Pandemie in den Blick: Es gab Dinge, die man wusste. Wir hatten bereits Erfahrungen mit SARS-CoV-1, MERS, Ebola und verschiedensten Formen der Influenza gemacht. Alle diese Epidemien wurden und werden sorgfältig untersucht. Teilweise sind wirkungsvolle

Medikamente gegen die Seuchen entwickelt worden, und die lernfähigen Gesellschaften schmiedeten vorsorglich Pläne, um für den Fall der Fälle gewappnet zu sein. Deshalb existierte bereits ein Wissen, auf das man hätte zurückgreifen können. Es gab übrigens auch in Deutschland eine ausgefeilte Simulationsstudie, die viele Aspekte der Covid-19-Pandemie vorwegnahm. Nur »verschimmelten« deren Ergebnisse und die daraus abgeleiteten Handlungsanweisungen in den Aktenschränken der zuständigen Behörden. Unabhängig von diesen modernen Erkenntnissen weiß man seit Jahrhunderten: Quarantänemaßnahmen helfen.

Jetzt kommen wir zum Bereich des Nichtwissens. Teilweise agierte SARS-CoV-2 wie ein Schattenkrieger: Infektionswege, Inkubationszeiten, Krankheitsverläufe, Komplikationen, Effektivität der Impfungen, Kontagiosität und der Immunschutz nach einer Infektion – vieles war am Anfang mit großen Fragezeichen behaftet. Und bis zum heutigen Tage sind nicht alle Punkte geklärt.

Wie geht man mit solchen Wissenslücken um? Vor allen Dingen, wenn die Zeit rennt und traditionelle Forschungsarbeit, die nach Wirkmechanismen fragt, zu langwierig ist?

Als Erstes müssen wir noch einmal betonen, dass dieser unübersichtlichen Situation *schwer* mit herkömmlichen Simulationsverfahren beizukommen ist!

Es ist nämlich weder bekannt, welche Einflussgrößen in einem unübersichtlichen Wechselwirkungsgeflecht exakt quantifiziert werden müssten, noch kann man auch nur ansatzweise sagen, in welcher rückbezüglichen Dynamik diese hypothetischen Größen stehen. Deshalb führten die verschiedensten Simulationen nur zu oft in die falsche Richtung (Maxmen/Tollefson 2020).

Im Gegensatz zu Simulationen, ist der Darwin-Code eine *zielorientierte Lotterie mit Feedbackschleife*, eine wirksame Strategie. Und gerade Deutschland ist für die Anwendung dieser Strategie prädestiniert. Es gibt 16 Bundesländer. Man könnte sogar noch zwischen 294 Landkreisen und 107 kreisfreien Städten unterscheiden. Damit stünden im Prinzip 401 »Reallabore« zur Verfügung! Diese Diversität ist aber nur dann ein Vorteil, wenn die Teile des Ganzen *kooperativ* zusammenarbeiten! Es geht nicht darum, in einem Wettstreit der Ideen »recht zu behalten«. Stattdessen handelt es sich um einen komplexen Lernprozess. Es müssen verschiedene Entwicklungen verglichen werde, um sie dann mit den *spezifischen Entstehungsbedingungen* in Beziehung zu setzen. Dabei ist es wichtig, dass sich die jeweiligen Entscheidungsträger an wissenschaftlicher Vorgehensweise orientieren. Es bietet sich an, *möglichst wenige* Größen zu variieren, während man die anderen konstant hält. Nur so lässt sich feststellen, wie das System auf Änderungen reagiert.

Übertragen auf eine Seuche wie Corona, wäre es in einer solchen Situation sinnvoll, ausgewählte Maßnahmen zu verändern, um dann feinmaschig die epidemiologische Entwicklung im Blick zu behalten. In bestimmten Teilsystemen könnte der Lockdown etwa Schulen und Kindergärten betreffen, in anderen nicht. Man kann das Tragen von Masken anordnen oder den Bürgern die Möglichkeit geben, selbst zu entscheiden. Man kann den Zugang zu Geschäften und Restaurants auf Geimpfte beschränken oder für alle öffnen. Es sei betont, dass bei dieser Vorgehensweise keine streng kausalen Verknüpfungen zu erwarten sind. Die Daten werden »wolkig« sein. Trotzdem ist zu erwarten, dass sich Korrelationen herausschälen, die als Grundlage neuer Vorgaben genutzt werden könnten. Damit sich ein mit der Zeit optimierender Lernprozess etablieren kann, gibt es allerdings einige wichtige Bedingungen: Es ist notwendig, die Daten *schnellstmöglich in normierter Weise zu dokumentieren* und an eine Zentralstelle, wie etwa das Robert-Koch-Institut, zu übertragen. Diese Fülle an Daten muss analysiert werden, um dann Handlungsempfehlungen an die Teilsysteme zurückzuspielen, die diese umsetzen, aber auch variieren können.

Gerade für diese Analyse böten sich potente Deep-Learning-Algorithmen neuerer Bauart an. Deren Stärke in der Big-Data-Analyse besteht ja genau darin, Beziehungen zu finden, die Menschen mit ihrer vergleichsweise beschränkten Verarbeitungskapazität verborgen bleiben. Werden die in das Gesamtsystem zurückgespielten Handlungsempfehlungen zumindest in Teilen befolgt, entsteht durch die Einrichtung dieser Feedbackschleife eine evolutionärsystemische Intelligenz höherer Ordnung, die vom Prinzip her ähnlich funktioniert wie das Immunsystem, das die Produktion eines Antikörpers, der am Anfang nach einem Trial-and-Error-Verfahren gewählt wurde, hochfährt, um so die Infektion in letzter Konsequenz zu besiegen.

Soweit die Theorie, die nicht nur auf nationaler Ebene von Wert wäre, sondern auch auf internationaler. Doch das ist, zumindest bis zu diesem Zeitpunkt, idealistisch gedacht. Selbst in Deutschland wären viele Hürden zu überwinden!

Egal, ob es sich realiter um die Ermittlung der Infektionszahlen oder um deren postwendende Weitergabe durch die Gesundheitsämter handelte, das »Gesamtsystem« blieb hinter den Erwartungen zurück und diese missliche Situation änderte sich auch nicht, nachdem man *zwei Jahre Erfahrung* mit der Seuche gemacht hatte.

Es zeigte sich, dass Deutschland weder von der personellen Situation noch von der Ausbildung und vor allen Dingen auch nicht von der Kommunikationsinfrastruktur her in der Lage war, den Anforderungen zu genügen. Man erinnere sich, dass in den Hochzeiten der Pandemie, dem Katastrophenfall, die meisten Mitarbeiter der Gesundheitsämter ihren Dienst zum Wochenende niederlegten. Dieser unbefriedigende Zustand änderte sich bis zuletzt nicht. Deshalb waren die Zahlen nach dem Wochenende prinzipiell verfälscht. Zu allem Überfluss erfolgte die Übermittlung der Daten mit Mitteln aus der kommunikativen Steinzeit. Meistens wurden sie gefaxt, was eine effiziente und schnelle Verarbeitung der Daten unmöglich machte. Ist das in der Summe nachvollziehbar? Eigentlich müsste doch gewährleistet sein, dass im Katastrophenfall die Bedürfnisse der Gesamtbevölkerung eine höhere Bedeutung haben als die vertraglich festgeschriebenen Arbeitszeiten öffentlich Bediensteter.

Allein diese Hemmnisse bedingten, dass es unmöglich war, in Echtzeit auf Veränderungen des Infektionsgeschehens einzugehen. Unabhängig davon gab es dann auch keine übergeordnete Feedbackstrategie, die sich einem kooperativen Ansatz verdankte, und natürlich auch keine KI, die auf der Grundlage aktueller Daten Korrelationen hätte ermitteln können. Stattdessen war das Handeln von Bundesländern und Landkreisen eher von Konkurrenzdenken geprägt als von dem Bestreben, eine gemeinsame Linie zu finden und systematisch verschiedene Möglichkeiten auszuprobieren. So bleibt unterm Strich ein ernüchterndes Fazit: Ein Staat wie Deutschland mit rigiden bürokratischen Regeln war mit Corona, einer hybriden Komplexitätsfalle, überfordert. Das galt in gleicher Weise für die übergeordnete Europäische Union sowie große Teile der globalen Gemeinschaft.

Die nächste Pandemie kommt bestimmt. Bleibt zu hoffen, dass sich bis dahin die Kommunikationsinfrastruktur den Erfordernissen der Gegenwart anpasst.

Bleiben wir noch einen Moment beim Bild des Bienenstocks, der *in seiner Gesamtheit ein hochgradig kollektiv-adaptives System* darstellt. Dieses raffinierte und erprobte System ist nicht nur für eine Seuche wie Corona instruktiv. Es liefert auch in anderen zeitlichen Maßstäbe eine Blaupause, um mit komplexen Fragestellungen umgehen zu können. Allerdings müssen die Gesellschaften Strukturen schaffen, damit der Darwin-Code seine Wirkmächtigkeit entfalten kann.

Universitäten – Klöster für gefährliche Gedanken

Wie soll eine Gesellschaft generell mit den Herausforderungen des Komplexen umgehen? Um diese Frage zu beantworten, muss man sich eine Trivialität ins Gedächtnis rufen: *Wenn ein schwieriges Problem noch keine Lösung hat, dann hat das schwierige Problem noch keine Lösung!* Dieser tautologische Satz klingt dermaßen banal, dass man mit Recht nach seinem Sinn fragt. Trotzdem ergibt sich aus dieser Banalität eine wichtige Schlussfolgerung: Solange sich die Lösung nicht abzeichnet, ergibt es wenig Sinn, Gedanken und Ideen auszusortieren, die angeblich »nichts zur Lösung beitragen«!

Das wäre ein Widerspruch in sich, da ein Auswahlkriterium zur Anwendung gebracht würde, das an dieser Stelle des Prozesses noch gar nicht zur Verfügung stünde. Dieser offenkundige Widerspruch erinnert an den von seiner Vision geleiteten Führer am Rande des Moors, der den Weg nicht kennt, aber das Gegenteil behauptet. Verheerend wäre eine solche Führergestalt, wenn sie dann noch befehlen würde, dass man ihr folgen müsse, da alle anderen Wege des Teufels seien. Es ist verständlich, dass ein solcher eingebildeter Seher eine Gefahr für Leib und Leben wäre.

Und doch ist auch die jüngere Geschichte voll von Beispielen, in welchen Institutionen und eingebildete Führerpersonen für sich in Anspruch nahmen, den rechten Weg zu kennen und alle anderen als Unwissende beschimpften. Bleiben wir bei Galilei. Wurde das Genie von der Welt mit offenen Armen empfangen? Fast alle Zeitgenossen lehnten seine bahnbrechenden Erkenntnisse ab! Und nicht nur das. Galilei wurde gezwungen, seiner Lehre abzuschwören. Im Frühling 1633 nahm er unter Druck der Inquisition im römischen Dominikanerkloster Santa Maria sopra Minerva seine Meinung zurück, dass sich die Erde um die Sonne drehe. Das rettete ihm zumindest das Leben. Es dauerte anschließend über 350 Jahre, bis Galilei von Papst Johannes Paul II. am 2. November 1992 formell rehabilitiert wurde. Diesem für die Kirche revolutionären Schritt ging die Arbeit einer Kommission voran, die 1979 von Johannes II. zu Beginn seines Pontifikats eingesetzt wurde. Diese diskutierte anschließend geschlagene 13 Jahre! Man erinnere sich, dass zu dieser Zeit schon Raketen von der Erde abgehoben hatten, um Menschen zum Mond zu bringen. Dieses Beispiel könnte durch viele andere ergänzt werden.

Es zeigt, in welcher Weise Ideologien das Sichtfeld verengen und damit den freien Austausch der Ideen behindern. Die Verbohrten, die vorgeben, Teil der Lösung zu sein, sind eigentlich Teil des Problems. Der kollektive kreative Prozess, der notwendig ist, um komplizierte Probleme Schritt für Schritt zu lösen, wird von solchen Menschen gleich in mehrfacher Weise unterminiert. Da nicht sein kann, was nicht sein darf, werden gedankliche Alternativen zur vorherrschenden Meinung schon im Vorfeld sanktioniert. Sollten sie trotz starker Widerstände »das Licht der Welt erblicken«, ist es verboten, sie mit der kategorisch vertretenen Lehrmeinung in Beziehung zu setzen und eine Wertung zu vollziehen. Im Resultat führt das zu einer lähmenden Diskursverweigerung, in der immer nur der Status quo bestätigt wird. Aber ist dieses verdächtige Gebaren heute in der »freien Welt«, etwa in Deutschland, England oder Amerika, wirklich ein Problem? Oder ist das nur Klagen auf hohem Niveau?

Man ist versucht abzuwiegeln. Meinungsfreiheit und die Freiheit von Wissenschaft, Forschung und Lehre sind in den unterschiedlichen Verfassungen gesetzlich garantiert. Und niemand wird heute mehr wegen seiner Gesinnung auf dem Scheiterhaufen verbrannt. Trotzdem besteht augenblicklich die Gefahr, dass eine lebendige Diskurskultur Schaden nimmt. In der Folge ist es nicht ausgeschlossen, dass Resilienz und kollektive Lösungskompetenz der westlichen Industrienationen Schaden nehmen. Das hat vor allen Dingen mit der Rolle der Universitäten zu tun. Von dem bekannten deutschen Literaturwissenschaftler Hans Ulrich Gumbrecht stammt das Bonmot, dass »Universitäten Klöster für gefährliche Gedanken« seien.

Das ist eine der schönsten Umschreibungen für die Freiheit der Wissenschaften.

Das Wort »Kloster« kommt vom lateinischen »claustrum«, das »verschlossen« bedeutet. Ein Kloster ist also ein geschützter, von der Außenwelt abgeschlossener Bereich. In vergleichbarer Weise muss die Universität ein Schutzraum sein, in dem jeder Denker ohne Angst reden kann, wie ihm der Schnabel gewachsen ist. Deshalb hat in den Hörsälen und Seminaren der Universität *jeder* akademische Standpunkt, der auf dem Boden der Verfassung steht, seine Existenzberechtigung. Und das gilt besonders für Meinungen, die dem gängigen Mainstream widersprechen! Das sind genau die von Gumbrecht so bezeichneten *gefährlichen Gedanken. Diese sind ein schützenswertes Gut.* Es zeigen sich aber Tendenzen, die nachdenklich stimmen müssen. In nicht wenigen Bereichen, die gesellschaftlich von großer Relevanz sind, gibt es Bestrebungen, Andersdenkende vom Diskurs auszuschließen. Veranstaltungen werden im Vorfeld verhindert oder massiv gestört. Rednerinnen und Redner werden in verschiedener Weise diffamiert oder ideologisch gebrandmarkt (Wehr 2020).

Das gilt in Deutschland etwa für die Islamwissenschaftlerin Susanne Schröter, für die Historiker Herfried Münkler und Jörg Baberowski, den Soziologen Ruud Koopmanns und viele andere mehr. Persönlich habe ich gleichfalls schlechte Erfahrungen gemacht. Wegen eines Artikels in der *Frankfurter Allgemeinen Zeitung*, der sich mit den Grenzen mathematischer Modellierung beschäftigte, beschimpfte man mich im Internet als »Klimaleugner«, und wegen eines Artikels über Tierexperimente wurden mir Schrauben in Auto- und Motorradreifen gedreht. Von Beschimpfungen und Drohungen will ich gar nicht weiter sprechen.

Solche Entwicklungen beschneiden nicht nur den intellektuellen Freiraum des Einzelnen. Sie sind gesamtgesellschaftlich bedenklich, sogar gefährlich, da das kollektive kreative Potenzial beschnitten wird. Eine moderne Gesellschaft arbeitet in gewisser Weise wie ein Superorganismus und ist gerade bei der Lösung komplexer Probleme auf die Kompetenz *aller* Beteiligten angewiesen. Deshalb muss hinterfragt werden, warum wichtige, zugegebenermaßen schwierige Problemfelder nicht ohne weltanschaulichen Vorbehalte diskutiert werden können.

Wir nehmen hier exemplarisch noch einmal die Energiewende in den Fokus, um an einem konkreten Beispiel zu skizzieren, wie der Diskurs aus weltanschaulichen Gründen verengt wird. Das erschwert die Lösung der dringlichsten Probleme und macht sie vielleicht sogar unmöglich.

Wir setzen an dieser Stelle voraus, dass der Klimawandel eines der drängendsten Probleme der Menschheit ist. Dann stellt sich die Frage, welcher Strategie man folgen sollte, um ein globales Megaproblem so effektiv wie möglich zu lösen. Wir sehen uns mit dem folgenden Sachverhalt konfrontiert: Neben einigen unverrückbaren Wahrheiten gibt es große Felder des Unwissens. Geht man methodisch vor, wird zuerst das Problem beschrieben und dann nach den Ursachen gefragt. Der erste Schritt ist relativ einfach: Seit 100 Jahren steigt die Temperatur. Sollte sich dieser Trend fortsetzen, hätte das ernsthafte Konsequenzen. Das Schmelzen der Eispanzer würde zu einem steigenden Meeresspiegel führen, heute schon heiße

Landstriche könnten unbewohnbar werden. Bei der Diskussion der Ursachen wird es schon schwieriger.

Viele Wissenschaftler, wenn auch nicht alle, vertreten die Überzeugung, dass sich die Erwärmung der Atmosphäre in den letzten 100 Jahren maßgeblich der exzessiven Verfeuerung fossiler Energieträger verdankt. Nach ihrem Verständnis sorgen »Klimagase« wie Kohlendioxid, Methan, Stickoxide oder Fluorkohlenwasserstoffe für einen menschengemachten Treibhauseffekt. Kritiker dieser Position weisen darauf hin, dass es auch vor der industriellen Revolution schon vergleichbare Warmzeiten gab, sodass gerade CO_2 nicht den Effekt bei der Klimaerwärmung haben kann, den man unterstellt (Behringer 2011). Die sich widersprechenden Positionen sind verhärtet. In den hitzig geführten Diskussionen wird allerdings ein wichtiger Punkt vergessen: Selbst wenn die Kritiker recht hätten und die Wahrscheinlichkeit für einen anthropogenen Einfluss kleiner wäre als angenommen, ist es trotzdem ein Gebot der Vernunft, entschlossen zu handeln! Nehmen wir an, die Wahrscheinlichkeit für den menschengemachten Klimawandel läge bei nur 16,6 Prozent und nicht wie kolportiert bei 95 Prozent. Könnte man in diesem Fall alles so lassen, wie es ist? Sicher nicht. Die Gefahr einer globalen Katastrophe, die mit der Wahrscheinlichkeit von 16,6 Prozent eintritt, ist viel zu groß, um sie zu vernachlässigen. Erinnern sie sich an das Beispiel mit dem Trommelrevolver? Ein Sechstel ist dasselbe wie 16,6 Prozent. Wer würde sich einen Revolver an die Schläfe halten, in dessen Trommel mit sechs Kammern eine Patrone steckte?

Aus diesem Grund gehen wir hier davon aus, dass es eine vernünftige Entscheidung ist, die Emission von Klimagasen weltweit zu reduzieren. Dann stellt sich im nächsten Schritt die Frage, *wie* man das am besten macht.

Wenn das Ziel darin besteht, das Klimaproblem so effektiv wie eben möglich zu lösen, gibt es einige Tatsachen, die *ohne Wenn und Aber* beachtet werden müssen!

Zuerst gilt es zu akzeptieren, dass auch bei der Lösung dringlichster Probleme das eingesetzte Kapital *immer endlich ist*. Das Gesamtvermögen auf der Welt beträgt etwa 500 Billionen US-Dollar.

Mehr als dieser Betrag lässt sich nicht ausgeben. De facto liegen die Mittel, die für die Ökologie frei gemacht werden können, deutlich unter diesem Betrag.

Es ist eine weitere unverrückbare Wahrheit, dass Geld, das für ein bestimmtes Projekt eingesetzt wird, nicht mehr für ein anderes ausgegeben werden kann.

Aus diesen beiden Tatsachen ergibt sich eine zwingende *ökologische Maxime:*

Das zur Verfügung stehende Kapital muss so investiert werden, dass der gewünschte ökologische Effekt so groß wie möglich ist! Das eingesetzte Geld braucht also einen »optimalen Hebel«. Wird viel Geld verschwendet, ohne dass sich der CO_2-Ausstoß verringert, wird die Umwelt nicht wirksam geschützt, da Chancen vertan werden.

Der gerade genannten Maxime, die das Ziel jeder rationalen und damit effizienten Umweltpolitik sein muss, lässt sich aber nur genügen, wenn *priorisiert* wird.

Zu diesem Zweck sind weitere Fragen zu beantworten: Wo wird in den nächsten Jahrzehnten am meisten CO_2 emittiert werden? China und die USA sind im Moment die mit Abstand größten CO_2-Emittenten des Planeten und werden es bis 2050 mit einiger Wahrscheinlichkeit bleiben. Im nächsten Schritt muss differenziert werden. Wer wird überhaupt bereit sein, in teure Klimaschutzmaßnahmen zu investieren, die Produkte verteuern würden und damit die Wettbewerbsfähigkeiten beeinflussen? Da sich politische Zielsetzungen mit der Zeit verändern können, lässt sich diese Frage leider nicht mit Sicherheit beantworten. Inwieweit sich die Großverbraucher internationalen Geboten fügen werden, bleibt abzuwarten. Natürlich wäre es ein Gebot der Klugheit, sie in die internationale Klimapolitik einzubinden. Garantieren lässt sich der Erfolg aber nicht, da es sich um souveräne Staaten handelt.

Trotz dieser Unsicherheit gibt es aber lohnende Ziele, die sich für effiziente Investitionen anbieten! In Afrika und Asien leben heute noch etwa drei Milliarden Menschen, deren Gesamtenergieverbrauch dem von Frankreich und Deutschland in der Mitte des 19. Jahrhunderts entspricht (Smil 2023)! Wenn diesen Menschen zugestanden wird, sich in Richtung eines bescheidenen Wohlstands zu entwickeln, wird bald *extrem viel Energie* vonnöten sein! Man muss kein Hellseher sein, dass bei diesem Wachstum vor allen Dingen auf billige fossile Brennstoffe zurückgegriffen werden wird. Im schlimmsten Fall werden Urwälder gefällt.

Man erinnere sich in diesem Zusammenhang daran, dass ein reiches und vergleichsweise gut organisiertes Land wie Deutschland es in 20 Jahren nicht geschafft hat, ein leistungsfähiges Leitungsnetz fertigzustellen, das den windreichen Norden des Landes mit dem energiehungrigen Süden verbindet. Dass solche Netze in Afrika und Asien, wo zehnmal größere Entfernungen überbrückt werden müssten, in 20 bis 30 Jahren gebaut werden, ist unwahrscheinlich.

Zu dem Energiehunger der Menschen, die nach bescheidenem Wohlstand streben werden, kommen noch die hinzu, die in den nächsten 30 Jahren auf die Welt kommen werden. Glaubt man demografischen Schätzungen, werden wir weitere zwei Milliarden neue Erdenbürger begrüßen dürfen, die dasselbe Recht zu leben haben wie die Bürger der Industrienationen. Wenn man jetzt über den Daumen peilt, welche Mengen von Treibhausgasen dort in Zukunft erzeugt werden, dann handelt es sich ohne jeden Zweifel um eine »klimatische Zeitbombe« mit gewaltiger Sprengkraft. Es sind in diesen Regionen etwa 1000 Mal mehr fossile Kraftwerke zu erwarten, als wir in Deutschland vom Netz nehmen werden!

Betrachten wir in diesem Licht die deutsche Energiewende. Betreiben wir eine effiziente Klimapolitik? Verfolgen wir also geeignete Strategien, um einem Komplexitätsmonster, dem Klimawandel, zu begegnen?

Wie betont sind zwei Dinge zu prüfen: Werden unbezweifelbare Einsichten konsequent verfolgt? Werden *in den Sphären des Unwissens* wirkungsvolle Rahmenbedingungen geschaffen, um dem Nicht-Verstandenen peu à peu »Land abzutrotzen« und so die Wissensbasis zu vergrößern?

Gemäß der ökologischen Maxime sollte das Geld dort investiert werden, wo es den größten Nutzen hat. Obwohl dieser Punkt offensichtlich ist, straucheln wir diesbezüglich in Deutschland schon auf der Startlinie. Die alles entscheidende Frage, *wie priorisiert werden sollte*, wird nämlich im öffentlichen Diskurs gar nicht gestellt! Deshalb wird sie auch nicht diskutiert. Weder in der Politik noch in den Medien wird erörtert, wie die vorhandenen Geldmitteln so effizient wie möglich eingesetzt werden müssten, um den Klimawandel *global* zu beschränken.

Stattdessen wird aus dem umfassenden Problem ein handhabbares gemacht. Das globale Klimaproblem wird intellektuell »geschrumpft« und in ein regionales transformiert. Dass diese »Strategie« das eigentliche Problem konterkariert und eine Lösung verhindert, blendet man aus. Das ist in gewisser Weise Ausdruck einer provinziellen Denkart. Trotzdem ist dieser Ansatz menschlich. Und er ist von Wissenschaftlern ausführlich beschrieben worden. Der Psychologe und Nobelpreisträger Daniel Kahneman hat dargestellt, wie verführerisch es ist, ein kompliziertes Problem in ein einfacheres zu verwandeln, dass sich intellektuell besser beherrschen lässt (Kahneman 2011, 127). Doch die damit einhergehende Kompetenzillusion hat ihren Preis. Die eigentlichen Schwierigkeiten werden verdrängt und bleiben deshalb unerledigt.

Wie dieser Mechanismus funktioniert, sei an einem konkreten Beispiel erörtert.

Tübingens Oberbürgermeister Boris Palmer möchte die Universitätsstadt so schnell wie möglich »klimaneutral« machen. Da ihm der Individualverkehr ein Dorn im Auge ist, plädierte er dafür, eine Stadtbahn bauen zu lassen. Bei diesem Projekt, das 2022 vorläufig durch einen Bürgerbescheid abgelehnt worden ist, wäre in Tübingen kein Stein auf dem anderen geblieben. So hätte etwa die alte Neckarbrücke abgerissen werden müssen. Laut Planung waren für das Projekt etwa 280 Millionen Euro veranschlagt worden. Das war allerdings vor der im Moment grassierenden Inflation. Da Baukosten von Großprojekten fast immer aus dem Ruder laufen, man denke an Stuttgart 21, die Elbphilharmonie oder den Berliner Flughafen, wären tatsächliche Kosten von 500 Millionen Euro vermutlich noch konservativ geschätzt (Flyvbjerk 2003). Die Stadtbahn hätte gemäß einer Modellrechnung etwa 6000 Tonnen CO_2 pro Jahr eingespart.

Jetzt folgt die Gretchenfrage: Wäre die CO_2-Einsparung das Geld wert? Diese Frage ist schließlich der Dreh- und Angelpunkt. Oder hätte man den veritablen Betrag sinnvollerweise an anderer Stelle investieren sollen?

Kochen mit Köpfchen – effiziente Ökologie

Tatsächlich wäre die mit der Stadtbahn avisierte CO_2-Ersparnis extrem teuer erkauft worden. Das kann man konkret beziffern. Nehmen wir einmal eine Laufzeit von 50 Jahren an. Selbst wenn nun in der Überschlagsrechnung *alle Betriebskosten* wie etwa Instandhaltungsarbeiten, Löhne und Sozialkosten vernachlässigt würden, das wären gleichfalls hohe Millionenbeträge, dann würde die Vermeidung von einer Tonne CO_2 über 1500 Euro kosten! Gemessen an der ökologischen Maxime wäre eine Investition in die Tübinger Stadtbahn also fragwürdig.

Hier ein Beispiel, wie man es besser machen kann, wenn man den Mut hat, über den Tellerrand zu schauen. Die Schweiz beschreitet einen interessanten Weg. Prinzipiell besteht die Möglichkeit, auch durch Investitionen im Ausland die Kohlendioxidbilanz eines europäischen Landes zu verbessern. Das ist ein vielversprechender Ansatz, weil auf diese Weise global und nicht nur regional gehandelt werden kann. Die Schweiz hat sich in jüngerer Zeit entschieden, in Ghana die Herstellung kleiner Öfen zu fördern. Das hört sich im ersten Moment läppisch an. Der ökologische Hebel des eingesetzten Kapitals ist aber im Vergleich zur Stadtbahn hoch. In Ghana wird bevorzugt mit Holzkohle gekocht. Um diese herzustellen, müssen die heimischen Urwälder, die eigentlich viel CO_2 binden, abgeholzt werden. Da viel mehr Kohle gebraucht wird, als an Holz nachwächst, schwindet der Waldbestand mit großer Geschwindigkeit.

Doch das ist nicht das einzige Problem. Das traditionelle Kochen mit Holzkohle in einem einfachen Blechtopf ist energetisch ineffizient. Aus diesem Grund verbrennt im Mittel jeder Einwohner Ghanas 180 Kilogramm Holzkohle pro Jahr!

Das ist nicht nur schlecht für das Klima, sondern auch für die Gesundheit. Alle Menschen, die sich in den Hütten aufhalten, in denen in dieser rudimentären Art gekocht wird, inhalieren so viele Schadstoffe, als würden sie täglich zwei Schachteln Zigaretten rauchen.

Die sogenannten *Gyapa-Öfen* besitzen nun eine spezielle Brennkammer aus Keramik und können nicht nur mit Holzkohle betrieben werden, sondern etwa auch mit Strauchschnitt. Es müssen deshalb nicht zwangsweise große Bäume gefällt werden. Darüber hinaus sind die Öfen, die von heimischen Handwerkern hergestellt werden, wegen ihrer besonderen Brennkammer nicht nur um 50 Prozent effizienter, sie entwickeln beim Kochen auch deutlich weniger Schadstoffe.

Das ergibt unterm Strich eine eindrucksvolle Bilanz. Die letzten bedrohten Urwälder in Ghana werden geschont und können weiterhin als potente CO_2-Speicher fungieren. Gleichzeitig werden beim Kochen deutlich weniger Treibhausgase produziert. Die örtlichen Handwerker bekommen Arbeit, und gleichzeitig werden die Bewohner weniger durch gesundheitsschädliche Schadstoffe belastet.

Das klingt gut. Aber ist der Klimaeffekt von primitiven Kochstellen wirklich vergleichbar mit dem von Hightechzügen, die im Halbstundentakt die Tübinger Innenstadt durchfahren sollten? Die Antwort überrascht: Das Gyapa-Projekt ist wirkungsvoller! Die Schweizer stellen in einem durchdachten Finanzierungssystem Geld für 200 000 Öfen zur Verfügung. Durch diese Öfen werden in zehn Jahren drei Millionen Tonnen CO_2 gespart. Das ergibt in 50 Jahren 15 Millionen Tonnen! Dem würden 300 000 Tonnen in Tübingen gegenüberstehen. Und der Kapitaleinsatz ist deutlich geringer.

Unter ökologischen Gesichtspunkten ist damit klar, welcher Weg sinnvoller ist. Dabei ist jedoch wichtig, einen Punkt zu bedenken: Die größere ökologische Effektivität macht es möglich, mit weniger Geld CO_2 zu vermeiden. Diese Tatsache darf aber *nicht* dazu führen, sich in einem Entwicklungsland preiswert freizukaufen und sich *nur* auf diese Weise seiner auferlegten Pflichten zu entledigen. Der passende Weg muss in der Mitte liegen. Natürlich ist es richtig, in

Deutschland die Energiewirtschaft mit Augenmaß zu transformieren. Und genauso richtig ist es, die globale Perspektive im Blickfeld zu behalten und Geld dort zu investieren, wo es bei der CO_2-Vermeidung den größtmöglichen Hebel hat.

Die Frage ist nur, wie man das am besten anstellt? Und damit betreten wir erneut das Land des Unwissens. Der Unterschied zwischen der wenig effektiven Stadtbahn und einer wirkungsvollen Investition in 200 000 Kochstellen mag einleuchtend sein. Aber das ist kein Allheilmittel, das sich auf alle denkbaren Szenarien übertragen ließe. Der Klimawandel und die angestrebte Energiewende sind im globalen Zusammenklang so ziemlich das komplizierteste Problem, das sich denken lässt. Das bedeutet, dass es keine Blaupause gibt, die verbindlich vorgibt, was man wo wie tun müsste.

Die Gesellschaft als Gedankenlabor

Wir stehen also im übertragenden Sinne vor dem großen Moor und suchen einen Weg in unbekanntem Terrain. Und obwohl noch nicht klar ist, wo sich dieser befindet, ist doch offensichtlich, was man unter keinen Umständen tun darf: Wissen zu heucheln kann in die Irre führen! Den Raum des Denkbaren und des Machbaren zu beschneiden ist deshalb gefährlich. Stattdessen brauchen wir Ergebnisoffenheit, eine exzellent funktionierende Kommunikation sowie Erfinder und Erfinderinnen, die verschiedenste Technologien entwickeln und dann Gelegenheiten haben, diese auszuprobieren, um zu schauen, ob sie zum Ziel führen. Deshalb müssen von der Politik Ziele vorgegeben werden und keine Wege. Denken Sie bitte noch einmal an die Bienen!

Wir haben betont, dass weder in Deutschland noch der EU sorgfältig priorisiert wird, um eine möglichst effektive Klimapolitik zu ermöglichen. Das gilt im nächsten Schritt auch für die Rahmenbedingungen, die es eigentlich erlauben müssten, das komplexe Problem, mit dem wir uns konfrontiert sehen, mit größtmöglicher gemeinsamer Kreativität zu lösen. In Deutschland, aber auch der EU dominieren die einfachen »Wahrheiten«: Alle fossilen Kraftwerke sollen schnellstmöglich vom Netz. Dasselbe gilt für die Atomkraft. Die Erneuerbaren müssen maximal hochgefahren werden, koste es, was es wolle. Wie schon weiter vorne ausgeführt ist in diesem »Konzept« nicht klar, woher die fehlende Energie kommen soll, wenn der Wind nicht weht und die Sonne nicht scheint. Bis zu diesem Moment ist in keiner Weise geklärt, wie eine valide Speicherarchitektur finanziert und gebaut werden könnte und ob das in näherer Zukunft überhaupt möglich ist. Damit steht die Energiesicherheit eines Industrielands wie Deutschland auf dem Spiel.

Woher kommen diese gefährlichen Überzeugungen? Man wähnt sich im Recht, da der Strom mittlerweile zu circa 50 Prozent aus Wind und Sonne gewonnen wird. Das klingt gut. Nur noch 50 weitere Prozent, dann haben wir es geschafft!

Doch leider ist dieser Wert nicht maßgeblich. Entscheidend ist wie angedeutet die notwendige Gesamtenergie. Der Anteil des Stroms an der Gesamtenergie beträgt aber nur etwa 20 Prozent. Jetzt erscheint der Status quo in einem anderen Licht. Nur etwas mehr als zehn Prozent dieser Energie werden im Moment durch Wind, Sonne und Wasser erzeugt. Etwa 90 Prozent müssen immer noch durch das Verfeuern fossiler Brennstoffe zur Verfügung gestellt werden oder dadurch, dass Atom- und Kohlestrom importiert werden! Und dieser hohe Wert ist bisher trotz aller Bemühungen nur um wenige Prozentpunkte gefallen! Im Augenblick steigt er sogar, da durch den Ausstieg aus der Atomenergie wieder vermehrt Kohlekraftwerke angefahren werden müssen.

Lag Deutschland, was die CO_2-Emissionen pro Kilowattstunde angeht, bisher in Mittelfeld, gehören wir jetzt zu den größten Verschmutzern in der Europäischen Union. Diese ernüchternde Bilanz hat den Steuerzahler einige Hundert Milliarden Euro gekostet. Diese stehen, wie betont, für effizientere Wege der CO_2-Vermeidung nicht mehr zur Verfügung. Um es in aller Deutlichkeit zu sagen: In Deutschland wird am meisten Geld für die Energiewende ausgegeben, wir haben aber eine ziemlich durchschnittliche Klimabilanz. Leider herrscht trotz dieses mediokren Ergebnisses bei den Verantwortlichen kein Unrechtsbewusstsein. Im Gegenteil: Man wähnt sich auf der richtigen Seite und fühlt sich sogar berechtigt, anderen Ländern Ratschläge zu geben. Mehr vom Schlechten lautet die vorgebliche Lösung, dann wird sich alles zum Besseren wenden. Notwendig ist das Gegenteil!

Zuerst muss akzeptiert werden, dass wir in die Irre gehen. Dann benötigen wir offene *Diskursräume*, in denen die verschiedensten Anschauungen aufeinanderprallen, um die bestmöglichen Lösungen zu finden Wir brauchen einen kreativen Wettstreit der Ideen, um zu erfahren, welche Technologien uns am besten zum Ziel bringen. Wir brauchen planbare und verlässliche Investitionsbedingungen, damit die guten Ideen »hochskaliert« und somit marktfähig werden können.

Was die Diskursräume angeht, sind nicht nur die Universitäten gefordert, sondern auch die Medien und unter diesen besonders das Fernsehen. Es ist in diesem Zusammenhang schwer nachzuvollziehen, dass in den beliebten Talkshowformaten, die von vielen Menschen gesehen werden, selten Spezialisten sitzen, die sich kraft ihrer Expertise kenntnisreich zu ökologischen Themen äußern könnten. Ich denke in diesem Zusammenhang an eloquente Experten wie Franz Josef Radermacher, der seit Jahrzehnten dafür kämpft, bezüglich des Klimawandels eine globale Perspektive einzunehmen, oder an André Thess, einen ausgewiesenen Fachmann für Speichertechnologien. Stattdessen begegnen wir in den Talkshows allzu oft Gästen, die sich den Sendeplatz nicht mit ihrer wissenschaftlichen Reputation verdient haben. Menschen wie Ricarda Lang, Kevin Kühnert, Richard David Precht oder Luisa Neubauer sind allgegenwärtig. Und unisono verkünden sie die Fama, dass endlich mehr Windräder und Fotovoltaikmodule gebaut werden müssten, um doch noch das Pariser 1,5-Grad-Ziel zu erreichen. Fundierte Kritik hört man in diesem Kontext selten.

Das ist bedenklich. Der deutsche Weg droht zu scheitern, jeder, der in der Lage ist, Zahlen zu lesen, kann sich davon überzeugen.

Doch das offensichtliche Problem wird nicht als solches bezeichnet. Stattdessen kommt es zu einer weiteren Verengung des Blickfelds. Obwohl noch gar nicht klar ist, welche klimafreundlichen Lösungen welche Leistungsfähigkeit haben, wird der Markt durch ex cathedra erlassene Vorschriften seines kreativen Potenzials beraubt. E-Autos werden wider besseren Wissens als Nullemissionsfahrzeuge bezeichnet und gefördert. In vergleichbarer Weise gibt es planwirtschaftliche Eingriffe, die die Wahl künftiger Heizungssysteme vorschreiben. Das soll jetzt nicht en detail diskutiert werden. Die Tendenz ist jedoch offenkundig: Anstatt konsequent über *Anreizsysteme* wie CO_2-Steuern oder Emissionszertifikate den Ideenreichtum einer Volkswirtschaft zu stimulieren, wird der kollektive kreative Prozess von den politischen Entscheidern abgeregelt. So werden Wege vorgeschrieben, anstatt Ziele zu artikulieren. Das ist Ausdruck intellektueller Hybris. Denken wir noch einmal an den Bienenstock: Dieser Superorganismus wäre dem Untergang geweiht, wenn die Königin den Bienen vorschriebe, wo sie den Nektar zu finden hätten.

Ziehen wir ein Resümee: Der sich vollziehende Klimawandel kann sich zu einem veritablen Komplexitätsmonster auswachsen. Das macht es notwendig, das Problem sorgfältig zu analysieren, um die vorhandenen beschränkten finanziellen Ressourcen im globalen Kontext so effektiv wie möglich einzusetzen.

In Deutschland wird das globale Problem aber regional »verschrumpft«, und die ergriffenen Maßnahmen sind wenig effektiv. Außerdem wird Kompetenz vorgespielt, wo intellektuelle Demut gefordert wäre. Viele Aspekte des Klimawandels sind in ihren komplexen Wechselwirkungen noch nicht verstanden. Das muss *offen* diskutiert werden, und es muss die Möglichkeit geben, verschiedenste technische Möglichkeiten auszuprobieren, die sich aber an konkreten und für die Wirtschaft *nachvollziehbaren ökologischen Zielvorgaben* zu orientieren haben.

Die medialen und universitären Diskursräume sind in Deutschland nicht so offen, wie sie sein müssten. Wissenschaftler mit alternativen Sichtweisen werden gerne als »Klimaleugner« gebrandmarkt, um die eigenen Standpunkte nicht hinterfragen zu müssen.

Außerdem sind weder die verbindlichen Vorgaben der EU technologieoffen noch die in Deutschland. Das beraubt der Volkswirtschaft ihrer Adaptabilität.

Das Resultat ist eine wenig effiziente Energiewende. Zu allem Überfluss ist die deutsche Herangehensweise Ausdruck einer intellektuellen Monokultur, die die Gefahr der Katastrophe birgt. Während Versorgungssicherheit im Energiebereich durch Diversifikation entsteht, um auf diese Weise gegen die verschiedensten Unwägbarkeiten abgesichert zu sein, setzen wir *einseitig* auf die Verstromung auf der Basis regenerativer Energien, die zudem auf volatile Speicher zurückgreifen soll. Was das im Falle einer Klimaanomalie bedeutet, egal, ob sie durch einen Vulkanausbruch oder einfach durch einen systemimmanenten erratischen Verlauf des Wettergeschehens zustande kommt, haben wir ausführlich erörtert. Bleibt zu hoffen, dass sich die Einsicht durchsetzt, dass dieser eingeschlagene Weg korrigiert werden muss, da er Klima, Wohlstand und Leben gefährdet.

Im Dschungel der Informationen

Wenn Worte mehr verdunkeln als erhellen

Der Staat ist nicht nur gefordert, die Entwicklung resilienter Strategien zu ermöglichen, um mit den Unwägbarkeiten natürlicher Komplexität umzugehen. Er ist auch angehalten, die *eigene, selbst erschaffene Komplexität* zu hinterfragen, um sie bei Bedarf auf ein vernünftiges Maß zu reduzieren. Dieser Prozess ist ziemlich langwierig. Er würde eher Jahrzehnte als Jahre in Anspruch nehmen. Man denke an den in regelmäßigen Abständen beschworenen Bürokratieabbau in Deutschland, der bis dato ein Lippenbekenntnis geblieben ist. Wundern muss einen das nicht. Zum einen ist es eine anspruchsvolle intellektuelle Aufgabe, einen Wirrwarr von Vorschriften auf die essenziellen zu reduzieren. Auch darf man nicht vergessen, dass es in komplexen Systemen durchaus Menschen gibt, die von Unübersichtlichkeit profitieren. Auf der gesetzgeberischen Seite denke man an Spezialisten, die sich unverzichtbar machen, da sie sich in dem Durcheinander, das sie selbst erzeugen, gut auskennen. In diesem selbstreferenziellen System zementieren sie als Fachleute ihre eigenen Positionen. Minister können häufig wechseln, bevor ein Staatssekretär seine Stelle räumt. Die Anzahl von Vorschriften wächst beständig, und es ist kein Ende abzusehen.

Deutschland besitzt das komplizierteste Steuerrecht der Welt, und selbst Steuerberater, die eigentlich von ihrem Spezialwissen im Paragrafendschungel profitieren, bitten mittlerweile inständig darum, es zu vereinfachen. Sie steigen nicht mehr durch, genauso wie die Finanzbeamten.

Will man die gerade in Deutschland verbreitete Regulierungswut in Zahlen fassen, bietet es sich an, einmal die Länge eines Bauantrags in den Blick zu nehmen:

Während dieser in den 80er-Jahren des letzten Jahrhunderts etwa 30 bis 40 Seiten umfasste, hat sich dessen Volumen bis heute fast verzehnfacht!

Dieser ungezügelte Wildwuchs ist nicht nur ärgerlich. Ganz prinzipiell schlummert in einer ausartenden Gesetzgebung auch ein logisches Problem, das ernste Folgen haben kann. Es stellt sich nämlich die wichtige Frage, ob die verschiedenen Gesetze in ihrer Anwendung konsistent sind oder aber zu verstörenden Widersprüchen führen können. Erhellend ist in diesem Zusammenhang eine skurrile Anekdote aus dem Leben des Logikers Kurt Gödel, der im Dritten Reich nach Amerika emigrierte und nach Princeton zog. Dort wurde er ausgerechnet der beste Freund des 27 Jahre älteren Albert Einstein. Die beiden wurden häufig beobachtet, wie sie, in ernsthafte Gespräche vertieft, durch die ehrwürdige Universitätsstadt spazierten. Ein Paar, wie es verschiedener nicht sein konnte. Einstein, mit wirren Haaren, einem listig verschmitzten Gesicht und einem abgewetzten Pullover bekleidet, der ein kleines sinnenfrohes Bäuchlein umschloss, die Füße steckten ohne Socken in den Schuhen. Kurt Gödel, eine ernste, asketische Erscheinung mit Franziskanerphysiognomie, immer adrett und stilsicher angezogen. Der theoretische Physiker, damals der Superstar der Wissenschaft, bemerkte einmal, dass sein Aufenthalt in Princeton nur deshalb Sinn ergab, weil er die Gelegenheit bot, mit Gödel jeden Abend vom Institut nach Hause zu spazieren. Was der Physiker an dem Logiker am meisten liebte, war dessen Widerborstigkeit. Die beiden waren wissenschaftlich und philosophisch fast nie einer Meinung. Und Gödel war ein harter Knochen, der ähnlich Revolutionäres geleistet hatte wie Einstein. Das Genie zeigte, dass es niemals ein logisches System geben kann, aus dem sich alle mathematischen Wahrheiten ableiten lassen. Damit beerdigte er einen uralten Menschheitstraum.

Gödels Albtraum – wie sich eine Demokratie in eine Diktatur verwandelt

In einem besonderen Fall wäre Gödel sein messerscharfer Verstand aber fast zum Verhängnis geworden. Wollte man zu seiner Zeit als Exilant in Amerika eingebürgert werden, musste man eine Prüfung in Staatsbürgerkunde absolvieren. Als sich der Logiker auf diese vorbereitete, studierte er auch die amerikanische Verfassung. Er traute seinen Augen nicht. Er bemerkte, dass es möglich war – vorausgesetzt die Paragrafen wurden geschickt kombiniert –, auf legalem Weg aus der Demokratie eine Diktatur zu machen. Diese Einsicht war nicht nur für Amerika brisant, sondern auch für ihn selbst. Es bestand nämlich die Gefahr, dass er als akribische Wahrheitssucher bei der Prüfung mit dieser beunruhigenden Erkenntnis nicht würde hinter dem Berg halten können.

Am Tag der Entscheidung, dem 2. April 1948, versuchten seine besten Freunde Albert Einstein und Oskar Morgenstern, die ihn begleiteten, Gödel mit Späßen von seiner spektakulären Erkenntnis abzulenken. Umsonst. Der Logiker gehorchte einem starken inneren Zwang und brachte in der Verhandlung seine Argumente vor. Zu seinem Glück traf er auf den gnädig gestimmten Richter Phillip Forman, der den Beweisgang für eine akademische Schrulle hielt und dem Logiker bereitwillig die notwendigen Papiere aushändigte. Ist das nur eine Anekdote aus dem akademischen Kuriositätenkabinett, oder steckt eine tiefere Wahrheit dahinter? Festzuhalten ist, dass es eines Genies wie Kurt Gödel bedurfte, den verborgenen Widerspruch offenzulegen, dass ein und dieselbe Verfassung zwei sich ausschließende Staatsformen zulässt. Offenbar war das vor ihm den Juristen nicht aufgefallen. Festzuhalten ist aber auch, dass selbst Kurt Gödel nicht in der Lage gewesen wäre, die Widerspruchsfreiheit komplexerer Regelwerke zu beweisen. Das findet seinen Grund in der Tatsache, dass bestimmte mathematische Probleme extrem viel Rechenzeit benötigen, wenn die Größe der Eingabe wächst. Das sind die angesprochenen Komplexitätsfallen zweiter Art.

Die Widerspruchsfreiheit vieler Aussagen untereinander zu prüfen gehört zu dieser Klasse von Problemen dazu. Es ist wichtig zu verstehen, dass diese explodierende Rechenzeit wie die besprochene Irreduzibilität eine *echte Erkenntnisgrenze* darstellt. Nehmen wir als Beispiel 100 Aussagen, deren Widerspruchsfreiheit wir prüfen wollen. Es reicht nicht, diese paarweise in Beziehung zu setzen und zu schauen, ob sie miteinander verträglich sind. Die Widersprüche können versteckt sein. Man betrachte die folgenden drei Sätze: »Gras ist grün«, »Heu ist Gras«, »Heu ist goldgelb«. Also was jetzt? Ist Gras grün oder goldgelb?

Und natürlich können die Verschachtelungen noch ungleich komplizierter und tiefgründiger sein. Das hat zur Konsequenz, dass *exponentiell* viele Teilmengen der Ausgangsmenge auf Stringenz geprüft werden müssen. Leider sprengt dieses Problem schon bei ein paar Hundert Aussagen jeden Rahmen und wird in realistischer Zeit unlösbar. Ein Computer von der Größe des Universums müsste selbst bei maximal denkbarer Rechengeschwindigkeit einige Milliarden Jahre lang rechnen, wie die Informatiker Larry Stockmeyer und Albert Meyer zeigten (Poundstone 1992, 281)!

Dieser Sachverhalt kann als eindrückliche Warnung an alle Politiker betrachtet werden, die Gesetze auf den Weg bringen, die mit der heißen Nadel gestrickt sind. Es steht zu befürchten, dass deren Konsistenz nicht gesichert ist. Der Wunsch, alles und jedes regeln zu wollen, führt dann dazu, dass sich die Gesetzgebung ad absurdum führt und ihre praktische Anwendbarkeit verliert. Nun sind Widersprüche nur der größte anzunehmende Unfall. Auch Lücken sind ärgerlich und können den Steuerzahler große Beträge kosten. Diese werden nämlich gerne von Komplexitätsgewinnern ausgenutzt, die für ihren solventen Klienten extrem komplizierte Steuermodelle konstruieren, die im Zwielicht von Recht und Unrecht existieren und vom Gesetzgeber wegen der gerade thematisierten Komplexität nicht vorhergesehen wurden. In diesem Zusammenhang sei an den Cum-Ex-Skandal erinnert. Besonders raffinierte Banker haben vom Staat mehrfach Kapitalertragsteuern zurückgefordert, die sie gar nicht bezahlt hatten. Die Beschuldigten insistieren und behaupten, legal eine Gesetzeslücke ausgenutzt zu haben.

Andere werfen ihnen Betrug vor. Es geht um mehrere Milliarden Euro.

Vor diesem Hintergrund wäre es wohl an der Zeit, auf die Bremse zu treten. Momentan irren wir oft genug ohne Kompass durch ein chaotisches Informationsuniversum, das wir selbst zu verantworten haben.

Deshalb muss Einfachheit dort, wo sie möglich ist, angestrebt werden. »Das große Ziel der Wissenschaft«, schrieb Gödels Freund Albert Einstein, »ist es, die *größtmögliche Zahl* von empirischen Tatsachen durch logische Ableitung aus der *kleinsten Zahl* von Hypothesen oder Deduktionen zu erfassen.« Das ist ein hehres Ziel, das nicht nur in den Wissenschaften den gedanklichen Olymp darstellt.[15] Gute Gedanken verdichten viele zusammenhangslose Fakten zu einem sinnvollen Ganzen. Doch das Erarbeiten wertiger Prinzipien benötigt Zeit und Anstrengung (Wehr 2016). Um ehrlich zu sein: Es ist sogar die schwierigst denkbare Aufgabe. Genau aus diesem Grund erfährt etwa die Dichtung eine solche Wertschätzung. Schon das Wort »dichten« umschreibt das Anliegen in unnachahmlicher Weise! Wenn es dem Poeten nach oft jahrelanger Arbeit gelingt, eine gefühlte Welt in wenigen Worten einzufangen, damit sie sich im Kopf des Lesers wie von Zauberhand wieder in Gänze entfaltet, ist das Ausdruck vollendeter Kunst.

Einen vergleichbaren Schauder ergreift den Physiker, der sich mit den magisch anmutenden Maxwell'schen Gleichungen oder dem Entropiegesetz von Ludwig Boltzmann beschäftigt. Die ganze Welt der Elektrodynamik und grundlegendes Wissen der Thermodynamik in nur wenigen raffiniert verknüpften Formelzeichen!

In unserem Alltag reicht das nüchterne Bestreben, den Wildwuchs der Gedanken, Vorschriften und Gesetze immer wieder von Neuem auf die essenziellen Informationen zu reduzieren.

In klaren Worten sprechen

In diesem Zusammenhang darf eine eigentlich selbstverständliche Forderung nicht unerwähnt bleiben: Es würde den Rezipienten viel Mühe ersparen, wenn Gesetze, Vorschriften und Regeln in einer verständlichen Sprache verfasst würden. Jeder, der das Vergnügen hat, von staatlichen Behörden in umständlich formulierten Schreiben über seine Rechte und Pflichten informiert zu werden, weiß, dass das nicht der Fall ist. Viele Texte sind selbst für geschulte Akademiker kaum zu entschlüsseln. Wie Menschen mit Migrationshintergrund, die Deutsch gerade zu lernen beginnen, auf der Grundlage solcher verklausulierten Elaborate mit Behörden kommunizieren sollen, ist ein Rätsel.

Während es im Rahmen der Gesetzgebung eine anspruchsvolle Aufgabe ist, den Kanon staatlicher Vorschriften auf die wesentlichen zu reduzieren, ist die Plage des geschraubten Behördendeutschs eigentlich ein einfach zu lösendes Problem. Man muss es nur ändern wollen und benötigt eine gewisse sprachliche Kompetenz. Das ist kein Hexenwerk. Wie wäre es mit einer kleinen Fingerübung? Versuchen Sie bitte, den folgenden Satz in einfachen Worten auszudrücken:

»Gegen die Ablehnung der Zulassung zur Eintragung oder gegen die Versagung eines Antragsscheins ist Einspruch zulässig.«

Auch zum Trend der Digitalisierung müssen in diesem Zusammenhang noch ein paar Worte gesagt werden. Die Aufgabe des Staates besteht darin, die Kommunikation mit den Bürgern zu ermöglich und nicht zu verhindern. Deshalb ist es unverzeihlich, wenn die Schwierigkeit des Verständnisses nicht in der Natur der Sache liegt, sondern staatliche Stellen die kommunikativen Möglichkeiten der Empfänger bewusst oder unbewusst missachten. Was ist neben dem verklausulierten Behördendeutsch davon zu halten, dass etwa Bürgerbefragungen nur noch mit einem Smartphone durchgeführt werden können, wobei man sich auch noch eine App herunterladen muss, um sich endlich über einen QR-Code anzumelden? Viele ältere Menschen besitzen kein Smartphone und haben weder eine Ahnung, was eine App ist noch wozu ein QR-Code da ist. Deshalb war es beispielsweise verfehlt, gerade von den gefährdeten Älteren zu verlangen, sich mittels Handy einen Corona-Impftermin zu besorgen.

Wenn der Staat in diesen Belangen als gewissenhafter Dienstleister auftreten würde und alles daransetzte, die Kommunikation mit den verschiedensten Teilen der Bevölkerung zu *vereinfachen*, wäre zumindest von dieser Seite ein wichtiger Schritt vollzogen, um im undurchsichtigen Informationsdschungel das Mögliche zu tun.

Wenn es nun ganz allgemein um das Schlagwort »Informationsdschungel« geht, müssen wir zum Schluss noch kurz auf eine Entwicklung zu sprechen kommen, die in Zukunft die bereits bestehenden Schwierigkeiten vergrößern könnte. Es ist ziemlich wahrscheinlich, dass es wegen potenter Chatbots wie ChatGPT noch schwieriger werden wird, das Wesentliche vom Unwesentlichen zu trennen. Vielleicht wird sich die Babelwelt sogar ad absurdum führen, wobei nicht klar ist, ob der Schaden reparabel ist.

ChatGPT und der Attraktor der Bedeutungslosigkeit

Potente Chatbots sind in aller Munde. Es wird vor allen Dingen darüber diskutiert, ob künstliche Intelligenz (KI) dabei ist, uns geistig zu überflügeln. In diesem Zusammenhang gibt es sogar Zeitgenossen, die behaupten, dass Texte, etwa von ChatGPT verfasst, besser geschrieben seien als die der meisten Menschen. Des Weiteren wird den Maschinen echte Kreativität unterstellt. Und natürlich, das bleibt nicht aus, wirft man die Frage in den Raum, ob die Maschinen sich ihrer selbst bewusst seien. Bezeichnend war in diesem Zusammenhang die Geschichte eines Informatikers, der sich in sein Programm verliebt hatte und der den Computer nicht mehr ausschalten wollte, da er die Überzeugung vertrat, seine Angebetete zu töten. Das erinnert einen irgendwie an die Tamagotchi-Hysterie. Tamagotchis? Das waren die kleinen digitalen Plastikküken in Eiform, die vom Besitzer gehegt und gepflegt werden mussten. Nicht wenige der eingebildeten Eltern entwickelten einen heftigen Schmerz, wenn das ihnen anvertraute digitale Wesen den Geist aufgab und verschied. Noch heute gibt es im Internet Tamagotchi-Friedhöfe, virtuelle Räume, in denen man der lieb gewordenen Maschinchen, die aufgehört haben zu piepen, gedenken kann.

In diesem Mischmasch verschiedener Spekulationen wird häufig vergessen, wie ein moderner Chatbot eigentlich funktioniert. Dessen »Seele« ist ein ziemlich komplexes neuronales Netz, dass aus Milliarden künstlicher Neuronen besteht. Mittels dieses Netzes ist es in der Trainingsphase möglich, Korrelationen zu ermitteln. Dabei greift es auf eine Unzahl von Texten zurück, die ihm einverleibt wurden und als Wissensgrundlage dienen. Wird dann ein Begriff eingegeben, werden diese »Erfahrungen« verwendet, um den Folgebegriff zu ermitteln, der die größte Wahrscheinlichkeit hat. In einem Satz wie »Berlin ist die Hauptstadt von ...« wird bevorzugt »Deutschland« ergänzt, da das Netz gelernt hat, dass »Deutschland« der Begriff ist, der auf diese Frage mit der größten Wahrscheinlichkeit folgt. Natürlich assoziieren die modernen Chatbots in Abhängigkeit vom Kontext auch anspruchsvolle Texte. Seinem Wesen nach ist ein Chatbot allerdings eine Art digitaler Papagei, der in Abhängigkeit vom Input Dinge »nachplappert«, die er irgendwo gelesen hat, auch wenn diese Versatzstücke bisweilen in überraschender Weise kompiliert werden.

Bleibt hinzuzufügen, dass eine solche Maschine noch von Menschen »erzogen« werden muss. Die Inhalte im Internet sind in Teilen rassistisch, brutal und pornografisch. Diese sollten tunlichst nicht als Quelle fungieren und werden mehr oder weniger händisch von Menschen in Drittweltländern entfernt, die oft psychotherapeutische Hilfe brauchen, da sie Tag für Tag mit dem gesammelten Auswurf menschlicher Perversität konfrontiert sind, der im Netz zu finden ist.

Um nun zu verstehen, warum eine Korrelationsmaschine Sprache völlig anders verwendet als ein Mensch, muss man sich an erster Stelle überlegen, wie und warum Menschen sprechen.

Wenn Menschen miteinander reden, verfolgen sie im Allgemeinen *Ziele*, und der Kommunikationsprozess ist von abgründiger Tiefe. Das kann man sich bereits anhand der didaktisch eingängigen Theorie des Kommunikationspsychologen Friedemann Schulz von Thun klarmachen (Schulz von Thun 1981).

Nach dessen Überzeugung sprechen Menschen mit vier Mündern und hören mit vier Ohren. Da gibt es zuerst die unverfängliche Ebene der sachlichen Information. Fast jeder Satz beinhaltet aber auch einen unter Umständen verdeckt daherkommenden Appell. Im Gesagten schwingt der Wunsch mit, dass der andere etwas tun oder auch unterlassen soll. Die Art und Weise, wie man seine Worte wählt, sagt dann auch noch etwas darüber aus, in welcher Beziehung man sich zum anderen wähnt. Außerdem offenbart man dem anderen, für was man sich selbst hält. Ohne die Theorie von Schulz von Thun hier weiter ausbreiten zu wollen, wird sofort klar, wie kommunikative Unstimmigkeiten auftauchen können. Appelle kann man als Zuhörer für unangemessen oder gar unverschämt halten. Eine suggerierte Intimität weist man zurück, wenn man selbst eine distanzierte Haltung einnehmen möchte. Und permanente Selbsbeweihräucherung kann einem auf die Nerven gehen. Verzwickt wird dieses kommunikative Spiel jetzt noch dadurch, dass sich die Art und Weise, wie man die unterschiedlichen Botschaften aus dem Gesagten herausliest, und die Art und Weise, wie man darauf reagiert, in den Gesprächen laufend verändern. Wir haben im Rahmen der *sozialen* Simulation über dieses Phänomen gesprochen. Wenn man zudem in Rechnung stellt, dass in der Kommunikation auch noch körpersprachliche Signale eine wichtige Rolle spielen, die Art und Weise, wie man spricht, wie man sich anschaut, in welcher Distanz man sich befindet, welche Mimik und Gestik man zeigt, dann wird sehr schnell klar, dass die nach Wahrscheinlichkeitswerten generierte Wortwahl eines Chatbots mit der Tiefgründigkeit menschlicher Kommunikation recht wenig zu tun hat.

Als Kreativitätsgeneratoren, die die eine oder andere »verrückte Idee« produzieren, mögen die Maschinen ihren Sinn haben. Genauso werden sie ziemlich sicher das Konzept der Suchmaschine revolutionieren, da man als Nutzer in der Lage ist, *konkrete Fragen* zu stellen. Fragt man ChatGPT etwa: »In welcher Beziehung steht das Konzept des Massenpunktes in der klassischen Physik zu dem der Plancklänge in der Quantenmechank«, dann erhält man eine dezidierte Antwort, deren Richtigkeit man aber unter allen Umständen kontrollieren sollte. Die Suchmaschine Google versteht solche Fragen gar nicht und ist überfordert.

Trotz eindrücklicher Leistungen werden Chatbots den Menschen als fühlendes und denkendes Wesen aber nicht ersetzen. Die Gefahr schlummert woanders.

Da wäre an erster Stelle das Gesetz des italienischen Informatikers Alberto Brandolini zu nennen. Dieses lautet in seiner populären Version: »Die Widerlegung von Schwachsinn erfordert eine Zehnerpotenz mehr Energie als dessen Produktion.«

In seiner ursprünglichen Form bezieht es sich auf von Menschen produzierte Fake News und nimmt die Tatsache in den Blick, dass wissenschaftlicher Nonsens, einmal veröffentlicht, auch durch Richtigstellungen kaum noch aus der Welt zu bekommen ist und eine unheimliche Eigendynamik entwickeln kann. Das wurde in mehreren Untersuchungen belegt. Genau dieses Problem ist bei den Texten der Chatbots zu erwarten, die sich im ersten Moment flüssig lesen lassen, aber immer wieder groteske Fehler beinhalten. Ein Beispiel: Irrationale Zahlen sind per Definition Dezimalzahlen mit unendlich vielen Stellen nach dem Komma, die sich nicht periodisch wiederholen. Nicht jedoch für ChatGPT. Auf persönliche Anfrage wurde mitgeteilt, dass es irrationale Zahlen gibt, die eine *begrenzte Zahl* von Dezimalstellen aufweisen. Das ist falsch, und es ist nicht nachvollziehbar, wie der Chatbot zu dieser Aussage kommt.

Deshalb ist es eigentlich notwendig, *jeden Text sorgfältig zu prüfen*, wobei die Prüfung oftmals schwieriger ist als die Erzeugung des Textes selbst. Das erinnert an Braitenbergs Gesetz. Doch damit nicht genug. Brandolinis Gesetz erfährt im Universum computergenerierter Texte noch eine Steigerung. Schließlich brauchen Chatbots, die auf Superrechnern installiert sind, nicht wie ein gewissenhafter Autor Tage, Wochen, Monate oder eben auch Jahre, um einen anspruchsvollen Text zu schreiben. Diese generieren Schriftstücke im Zeitraum von wenigen Sekunden.

Deshalb muss in Brandolinis Gesetz der Terminus »Zehnerpotenzen« durch »mehrere Zehnerpotenzen« ersetzt werden. So besteht die Möglichkeit, dass ein Albtraumszenario Wirklichkeit wird, das der universellen Bibliothek von Babel dann doch recht nahekommt. In dieser stehen ja alle *denkbaren Schriften*, die kombinatorisch aus allen möglichen Anordnungen der Buchstaben bestehen. Die Aufgabe der völlig verzweifelten Bibliothekare ist es, die wenigen sinnhaften zu finden. Die meisten Bibliothekare verlieren angesichts dieser aussichtslosen Aufgabe ihren Lebensmut und stürzen sich in die Tiefe.

Eine vergleichbar frustrierende Erfahrung könnte in Zukunft denjenigen drohen, die im Internet nach valider Information suchen. Sollten die Maschinen rund um den Globus im Sekundentakt Texte ausspucken, deren Stringenz nicht gesichert ist, besteht die Möglichkeit, dass die sinnvollen Informationen in einer Lawine computergenerierten Schwachsinns zunehmend an Sichtbarkeit verlieren. Doch damit nicht genug.

Denkbar wäre sogar ein entropischer Wärmetod des Sinns. Führt man den Gedanken zu Ende, zitieren sich die Maschinen irgendwann nur noch selbst, da sie auf die Summe der Trainingsdaten angewiesen sind, die digital verfügbar sind. Wenn diese dann hauptsächlich aus Texten bestehen, die schon von Maschinen erzeugt worden sind, ist der Attraktor dieses an das Entropiegesetz erinnernden Vorgangs die selbst erschaffene Bedeutungslosigkeit. Dann hätte sich das Projekt des Internets in letzter Konsequenz selbst ad absurdum geführt.

Um die Möglichkeit dieser Dystopie zu unterbinden, sollten Texte oder bald auch Bilder und Filme von Chatbots so etwas wie ein digitales Wasserzeichen enthalten, damit es mit geringer Mühe möglich wäre, das Menschengemachte vom Maschinengenerierten zu unterscheiden. Auch in diesem Kontext wäre der Staat als Gesetzgeber gefordert, um einen notwendigen Ordnungsrahmen zu schaffen.

Gewinne privatisieren, Verluste sozialisieren?

Während sich staatliche Institutionen erfahrungsgemäß schwertun, administrative Prozesse oder Sprachregelungen zu vereinfachen, sind Teile der Wirtschaft einen wichtigen Schritt weiter. Dort hat das Bestreben, Dinge im Bereich des Möglichen zugänglicher zu machen, schon vor etwa 20 Jahren einen eigenen Namen bekommen. Man spricht von »Simplicity« (Maeda 2006). Damit ist zum Beispiel gemeint, Benutzeroberflächen von Computern so zu gestalten, dass die innewohnende Komplexität des Algorithmus für den Anwender auf die *wesentlichen Bestandteile* reduziert wird (Butz/ Krüger 2017). Man muss nicht alles machen, was machbar ist! Die Firma Apple hat dieses *»reduce to the max«-Prinzip* zum Leitsatz erkoren und ist gerade wegen der Benutzerfreundlichkeit ihrer Produkte eines der teuersten Industrieunternehmen der Welt, auch wenn man anmerken sollte, dass die Apple-Philosophie ihren geistigen Vater in Deutschland hat: Es war der Visionär Dieter Rams, der als Designer bei der Firma Braun einen Standard setzte und seiner Zeit um mindestens 40 Jahre voraus war. In vergleichbarer Weise hat Google das Kunststück vollbracht, den bis dato wohl kompliziertesten Algorithmus des Planeten hinter der einfachst denkbaren Schnittstelle zu verbergen, einem lapidaren Kästchen auf dem Bildschirm eines Computers, das mit fröhlich-bunten Lettern überschrieben ist und sich einfach per Tastatur mit Worten füllen lässt. Dieses brillante Schnittstellendesign, das den kinderleichten Zugang zu den Untiefen der Babelwelt ermöglicht, symbolisiert wie nichts anderes die Janusgesichtigkeit von Unternehmen wie Google. Wie unverfänglich ist es, ein Wort in das Kästchen einzufügen, wie raffiniert sind die erörterten komplexen Algorithmen von Google oder auch Facebook. Diese Janusgesichtigkeit von Google & Co. soll uns zum Anlass dienen, über weitere staatliche Pflichten nachzudenken, die das Ziel haben müssten, die Bürger gerade vor künstlichen Komplexitätsfallen zu schützen.

Was die Geschäftsmodelle von Google, Facebook & Co. angeht, obliegt es noch der individuellen Entscheidung des Nutzers, ob er für die angebotenen Vorteile bereit ist, sich auszuspionieren zu lassen oder nicht. Außerdem ist positiv zu bemerken, dass die Diskussion über die Privatsphäre und die Eigentumsrechte der Daten in vollem Gange ist, da Autoren wie Shoshana Zuboff, Evgeny Morozov und vor allen Dingen der Internetpionier Jaron Lanier die hitzige Debatte mit ihren provokativen Schriften in Gang gebracht haben (Zuboff 2018, Morozov 2013, Lanier 2017).

Doch unabhängig von dieser positiven Entwicklung sollte die Diskussion über das, was im Internet transparent ist und was nicht, vertieft und auf eine breitere Basis gestellt werden. Der Grund ist evident: Es gibt massive Gefahren für die Allgemeinheit, die *unabhängig* von der individuellen Entscheidung der Nutzer sind, eine Dienstleistung in Anspruch zu nehmen oder nicht. Deshalb ist die Richtlinienkompetenz des Staates gefragt, wahrscheinlich sogar die der globalen Gemeinschaft.

Bei der Erörterung der Finanzkrise von 2008 haben wir die Rolle und Funktion der Schattenmathematik herausgestellt und kritisch hinterfragt. Die potentesten mathematischen Modelle werden im Finanzwesen mittlerweile von privatwirtschaftlichen Unternehmen verwendet, die sich nicht oder nur ausgesprochen widerwillig in die Karten schauen lassen. Das Problem der Spekulationsgeschäfte, die dort getätigt werden, ist nicht nur, dass sie zur Selbstentzündlichkeit von Welt Zwei beitragen und sie deshalb destabilisieren. Bedenkenswert ist auch die Frage, wie *Chancen und Risiken in diesem Zusammenhang verteilt sind*. Es gibt nämlich eine grundlegende Asymmetrie, die moralisch eigentlich nicht zu vertreten ist.

Diese Schieflage kann man sich am Beispiel der systemrelevanten Banken klarmachen. Diese werden auch als *Too-Big-To-Fail-Banken* (TBTF-Banken) bezeichnet. Bei diesen Großbanken geht man davon aus, dass die Kosten, die eine Gesellschaft aufbringen muss, um kriselnde Kreditinstitute bei Konkursgefahr mit Steuergeldern zu retten, geringer sind als das Kapital, das verloren ginge, wenn es zu einer globalen Finanzkatastrophe käme, da die miteinander verbandelten Banken wie in einem Dominospiel eine nach der anderen fielen.

Die beklagte Asymmetrie kommt zustande, weil Gewinne privatisiert werden. Die Verluste aber werden sozialisiert! Sie werden von der Gesamtbevölkerung getragen, die *noch nicht einmal mittelbar* mit den teils windigen Investitionsgeschäften der Banken zu tun haben. Dabei können wie beschrieben die finanziellen Dimensionen die Vorstellungen sprengen. Nachdem 2008 die Traditionsbank Lehman Brothers kollabierte und in der Folge andere Geldinstitute zu wanken begannen, wurden von den G-10-Staaten unvorstellbare 5 Billionen Euro an Steuergeldern zur Rettung dieser Institute aufgebracht. Der Verschuldungsgrad dieser Länder stieg im Schnitt um 34 Prozent! Und hinter diesen nackten Zahlen verbergen sich Millionen privater Schicksale, Menschen, die in die Privatinsolvenz gingen, ihre Wohnungen und Häuser verloren und ihre Krankenversicherungen nicht mehr bezahlen konnten.

Vor diesem Hintergrund müssen sich gerade die Bürger der Industrienationen die Frage stellen, ob das Wohl einiger privatwirtschaftlicher Institutionen es wert ist, einen so gewaltigen gesellschaftlichen Schaden in Kauf zu nehmen. Eine ausführliche Antwort auf diese Frage ist in dem empfehlenswerten Buch *Risikoethik der Banken* von Vandad Sohrabi nachzulesen (Sohrabi 2020).

Scheinbar positiv erscheint das Bemühen, mit den aktualisierten Baselgesetzen Werkzeuge zur Verfügung zu stellen, um gerade die systemrelevanten Banken krisenfester zu machen. Doch diese Gesetze sind nicht so verbindlich, wie sie klingen, und es obliegt den Banken, wie sie sich in welcher Weise in die Karten schauen lassen. Außerdem gibt es berufene Kritiker, wie den ehemaligen Direktor des *Max-Planck-Instituts zur Erforschung von Gemeinschaftsgütern* Martin Hellwig oder den Ökonomen Adriel Jost, die nachdrücklich fordern, dass die Banken viel mehr Eigenkapital vorhalten sollten, als sie das bis heute tun. Sie fordern eine Eigenkapitalquote von 30 Prozent!

Wenn man sich vergegenwärtigt, dass die momentane Finanzministerin der USA Janet Louise Yellen noch 2017 behauptete, dass die neuen Leitlinien für die Banken so valide seien, dass eine Krise wie 2008 ausgeschlossen wäre, dann klingt das schon wieder wie das Pfeifen im Walde. Wir erinnern uns: Gerade wurde erneut eine kriselnde Großbank, die Credit Suisse, in hoher Not von der UBS übernommen. Damit ist nun ein Gigant entstanden, der das Potenzial hätte, die gesamte Schweizer Volkswirtschaft auszuhebeln, sollte er einmal ins Taumeln geraten.

Die grundlegende Gefahr, die von der Existenz von TBTF-Banken ausgeht, bleibt bis heute ungelöst, wobei sich gerade die Banken sträuben, eine solidere Finanzierung zu etablieren. Schließlich ist es für sie extrem verlockend, den TBTF-Status zu erreichen. Wenn nämlich der Totalverlust ausgeschlossen ist, da der Staat im Krisenfall mit Steuergeldern einspringt, lässt sich leicht an der Risikoschraube drehen. Die Aussichten auf sprudelnde Gewinne sind fast unwiderstehlich.

Im Kontext dieses Buches ist es zudem bedenkenswert, dass die Banken Komplexität nicht nur zu ihrem Vorteil benutzen, sondern diese mitunter bewusst erhöhen, um ihre Gewinne zu maximieren. Die Beispiele haben wir genannt. Finanzmarktprodukte werden dermaßen kompliziert, dass die Kunden nicht mehr in der Lage sind, diese in allen Konsequenzen zu verstehen. Das gilt selbst für die Kollegen anderer Banken. Wir sprachen bereits vom »stupid german money«, das biedere Sparkassendirektoren aus Deutschland nichts ahnend nach Amerika überwiesen. In vergleichbarer Weise gehörte es zum Szenejargon der Quants, die dummen Anleger, denen man das Geld aus der Nase zog, als »muppets« zu verunglimpfen, was mit dem deutschen Wort »Dödel« zu übersetzen wäre.

Diese Entwicklungen, die vor allen Dingen mit der Deregulierung des Bankenwesens möglich wurden, geben Anlass zur Sorge.
Wollen wir, dass Börsengeschäfte möglich sind, bei denen mit einer Milliarde Dollar Eigenkapital über verschiedenste Hebelpapiere

eine Billionen Dollar bewegt werden, wie das bei LTCM der Fall war? Wollen wir, dass TBTF-Banken in unverantwortlicher Weise ins Risiko gehen, da sie durch staatliche Rückversicherung sozusagen in Drachenblut gebadet sind? Wollen wir, dass hinter den Kulissen eine potente, aber eigentlich nicht mehr zu analysierende Schattenmathematik agiert, wobei Algorithmen im Mikrosekundentakt gigantische Geldmengen verschieben, während nicht einmal klar ist, wie diese untereinander in welcher Weise reagieren?

Nach meinem Verständnis ist es an der Zeit, diese Fragen eingehend zu diskutieren. Im Gegensatz zu der fragwürdigen Funktion sozialer Medien ist diese Diskussion aber noch nicht richtig in Gang gekommen. Im Gegenteil: Die Beharrungskräfte sind stark ausgeprägt. Bleibt noch zu sagen, dass diese Diskussion *international* geführt werden muss, da sonst ein *Wasserbetteffekt* zu befürchten ist. Sollten sich einige Staaten entschließen, die Möglichkeiten windiger Geldgeschäfte zu regulieren, und andere nicht, dann ist es wahrscheinlich, dass das flüchtige Geld dahin geht, wo die höhere Rendite winkt. Die Risiken sind dann inklusive und werden in Kauf genommen, da der gierige Mensch ein kurzes Gedächtnis hat. Geht die Sache schief, wird den Schaden die globale Gemeinschaft bezahlen.

Selbst sei der Mensch

Von der Kunst, seinen Kopf
aus der Schlinge zu ziehen

Die Forderungen einer internationalen Kooperation zur Abwehr globaler Katastrophen oder der Wunsch, dass Staaten Komplexität konsequent reduzieren, indem sie etwa TBTF-Banken wirksam regulieren und das Gefährdungspotenzial der Schattenmathematik begrenzen, sind wohlfeil. In der Realität werden diese Prozesse, wenn deren Notwendigkeit überhaupt eingesehen wird, Jahre, vielleicht sogar Jahrzehnte brauchen. Deshalb ist, realistisch gesehen, mit einer schnellen Verbesserung der aktuellen Situation nicht zu rechnen. Damit stellt sich zum Schluss die Frage, was jeder einzelne Mensch selbst tun kann. Sind wir den Komplexitätsfallen der unterschiedlichsten Art hilflos ausgeliefert? Oder haben wir es zumindest ein Stück weit in der Hand, angemessen zu reagieren?

Wie zu Beginn beschrieben dominiert das Gefühl, dass uns die schnell wachsende Komplexität unserer Lebenswelt über den Kopf wächst. Damit entsteht der Eindruck, der rasanten Entwicklung nicht mehr gewachsen zu sein. So darf man mutmaßen, dass es als Hilflosigkeit empfunden wird, nur eine marginale Größe in einem übergeordneten Wechselwirkungszusammenhang zu sein, den man weder verstehen noch in seinem Sinne beeinflussen kann. Das Gefühl, »Herr der Lage« zu sein, schleicht sich so aus dem Leben. Tatsächlich zeichnet sich eine solche Entwicklung schon seit längerer Zeit ab. Bereits in der zweiten Hälfte des 20. Jahrhunderts machte der Meinungsforscher Louis Harris im Abstand von 20 Jahren in Amerika zwei Erhebungen. Er fragte seine Probanden, ob sie folgenden Aussagen zustimmen würden: »Ich fühle mich von den

Vorgängen um mich herum ausgeschlossen« oder »Was ich denke, spielt keine Rolle mehr«.

Noch im Jahr 1966 fühlten sich nur neun Prozent der Menschen von den Vorgängen um sie herum ausgeschlossen. 1986 waren es schon 37 Prozent. Das ist ein Zuwachs von über 400 Prozent!

36 Prozent sagten 1966, dass das, was sie dächten, irrelevant wäre. 20 Jahre später waren 60 Prozent dieser Meinung (Harris 1987).

Diese Wahrnehmung der persönlichen Situation erinnert an ein berühmtes Experiment des Psychologen Martin Seligman. Der Wissenschaftler verglich zwei Gruppen von Hunden, die zuerst in unterschiedlich funktionierenden Käfigen untergebracht waren (Seligman 1975). Den Käfigen war gemeinsam, dass man den Hunden über den Boden einen leichten Stromschlag zufügen konnte. In dem einen Käfig existierte jedoch eine Apparatur, mit der die Hunde den Strom ausschalten konnten, was sie schnell lernten. In dem anderen Käfig gab es diesen Mechanismus nicht. Die Hunde, die in dieser Art von Käfig eingesperrt waren, fühlten sich also »einer unberechenbaren Schicksalsmacht« ausgeliefert, die sie nach Gutdünken bestrafte, wobei es keine Beziehung zwischen ihrem Verhalten und dem Stromschlag gab. Die unterschiedlichen Versuchsbedingungen führten in der Folge zu sehr unterschiedlichen Verhaltensantworten im *zweiten* Durchgang des Versuchs. Jetzt wurde eine Seitenwand so weit erniedrigt, dass die Hunde mühelos in einen benachbarten Käfig springen konnten, in dem keine Gefahr drohte. Den Abschaltmechanismus gab es allerdings nicht mehr. Die Hunde, die vorher gelernt hatten, mit ihren eigenen Handlungen etwas zu *bewirken*, sprangen, als die Stromschläge einsetzten, einfach in den »sicheren« Käfig. Die anderen aber legten sich auf den Boden und ertrugen apathisch ihr Schicksal. Dieses Verhalten wurde als *erlernte Hilflosigkeit* bezeichnet. Auch wenn es zu einfach ist, nur auf der Grundlage solcher Ergebnisse Niedergeschlagenheit und Depression zu erklären, ist doch aus der Psychologie bekannt, dass es auch für Menschen belastend ist, wenn sie sich ausgeliefert fühlen, in das Walten der Dinge keinen rechten Sinn hineinzuinterpretieren wissen und glauben, nichts bewirken zu können.

Wie erörtert gibt es ein ein tiefliegendes menschliches Bedürfnis, die Wechselwendigkeit der Welt in nachvollziehbaren mentalen Konstruktionen zu interpretieren und dem Gefühl, einem unberechenbaren Zufall ausgeliefert zu sein, den Schrecken zu nehmen. In uns wirkt ein starker Antrieb, die Welt zu entschlüsseln, Hypothesen über Ursachen zu bilden, um durch unser Verhalten Chancen in berechenbarer Weise zu nutzen und Risiken zu vermeiden.

Trotz des verbreiteten Lebensgefühls, ein Rädchen in einer Mechanik zu sein, deren Funktionsweise wir nicht verstehen, stellt sich nun die Frage, ob die Situation wirklich so aussichtslos ist. Tatsächlich muss differenziert werden. Es gibt nämlich nicht wenige Lebensbereiche, wo wir es selbst in der Hand haben, die Dinge zum Besseren zu wenden.

Wem genug zu wenig ist, dem ist nichts genug

Beginnen wir mit einem Problem, das allen vertraut ist: der Qual der Wahl. Fast die ganze Menschheitsgeschichte hat der Mangel regiert. Nun werden wir zumindest in den Industrieländern mit einer Fülle konfrontiert, die uns zu erschlagen droht. Was macht das mit uns? Wir spielen Mäuschen und wagen ein kleines Experiment!

Wir heften uns an die Fersen eines Tippelbruders, der wankenden Schritts einen Supermarkt ansteuert, um sich mit Nachschub einzudecken. Mit diesem Herrn als Führer ist ausgeschlossen, dass das ein Laden ist, indem sich die Reichen und Schönen dieser Welt die Klinke in die Hand geben. Im Geschäft angekommen bleiben wir kurz stehen und beobachten den Vaganten, wie er die Regale mit Hochprozentigem ansteuert. Wir wählen einen anderen Weg und begeben uns in die Obst-und-Gemüseabteilung. Interessiert nehmen wir das Angebot in Augenschein: helle Tafeltrauben aus Namibia, Kiwis aus Neuseeland, Grapefruits aus Spanien, Feigen aus Algerien, rote Weintrauben aus Südafrika, Pomelos aus China, Datteln aus Ägypten, Bananen aus Ecuador, Minibananen aus Gua-

temala, Passionsfrüchte aus Kolumbien, Kokosnüsse von der Elfen-
beinküste, Tafelbirnen aus China, Äpfel aus Südafrika, Granatäpfel
aus der Türkei, Mangos aus Peru und Avocados aus Israel.

Die ganze Welt hat uns den Tisch gedeckt! Und das in einem ganz
gewöhnlichen Supermarkt, in dem ein Obdachloser seinen Schnaps
kauft. Zu allem Überfluss sieht alles aus wie frisch gepflückt. Nir-
gends eine Delle, keine faule Stelle, nicht das kleinste Wurmloch
entstellt die prangenden Früchte.

Es folgt der zweite Teil des Experiments. Wir heben den Kopf und
studieren Mimik und Habitus der Kunden. Die meisten sind in Eile.
Sie holen aus den Kisten, was sie gerade brauchen, und werfen es in
den Einkaufswagen. Schon sind sie wieder verschwunden. Es gibt
aber auch Menschen, die vor den Kisten verweilen.

Mit zusammengezogenen Augenbrauen wird das Angebot son-
diert. Irgendetwas scheint nicht zu stimmen. Ist es wegen der Lit-
schis aus Madagaskar? Die sind eigentlich immer da. Heute fehlen
sie. Vielleicht war ein asiatischer Salat geplant, und jetzt muss man
umdisponieren. Wir halten Ausschau nach einem heiteren Menschen, der sich an der überbordenden Auswahl erfreut. Ein solcher
ist im Supermarkt selten zu finden. Das ist erstaunlich. Die Auswahl ist paradiesisch – im wahrsten Sinne des Wortes. Das Wort
»Paradies« kommt ursprünglich aus dem Altiranischen. Es stand
für einen eingehegten, idyllischen Baumgarten. In diesem konnten sich die Erwählten nach Herzenslust an süßen Früchten laben,
die in opulenter Fülle von den Bäumen hingen. Zudem wird in den
alten Schriften von Quellen berichtet, aus denen zu jeder Zeit frisches Wasser sprudelte, das man genüsslich trinken konnte, wann
immer es einen dürstete. Doch egal, ob es sich um die Paradiesgär-
ten der Juden, der Christen oder Muslime handelt, die in den heiligen Texten beschriebenen Angebote verlockender Früchte können
sich mit dem *Standardsortiment* eines Penny- oder Netto-Marktes
nicht messen. Gerade einmal zehn Obst- und Gemüsesorten werden im Koran genannt: Oliven, Datteln, Granatäpfel, Trauben, Bananen, Feigen, Gurken, Knoblauch, Linsen und Zwiebeln. Bei den
Juden und Christen ist die Auswahl noch bescheidener. Sie mutet
beinahe kärglich an.

Auch für die paradiesischen Quellen haben wir einen gleichwertigen Ersatz gefunden. Heute sprudelt frisches Wasser bei uns aus jeder Leitung. Es wird nicht nur zum Kochen und Trinken verwendet. Wir nutzen es auch zum Waschen und sprengen mit Trinkwasser den Rasen. Selbst für die Toiletten ist es nicht zu schade!

In früheren Zeiten wäre das undenkbar gewesen. Noch im 19. Jahrhundert waren »Gölte« und »Baust« im Schwabenland gängige Begriffe. Die Gölte war ein tragbares Gefäß. Es wurde mit Trinkwasser gefüllt. Sie wog dann stolze 25 Kilogramm. Der Baust ermöglichte es den Frauen, die Wassergölte ohne Schmerzen auf dem Kopf zu fixieren, um das kostbare Gut vom Brunnen nach Hause zu tragen. Gerade in Trockenzeiten wurde es streng rationiert. Dann musste eine volle Gölte der Familie für zwei Tage reichen. Die Begriffe »Gölte« und »Baust« sind heute aus unserem Wortschatz verschwunden, genauso wie die Erinnerung an diese beschwerlichen Zeiten.

Alltäglicher Luxus wird heute von vielen für selbstverständlich gehalten. Das Paradies ist in Teilen profan geworden. Was Jahrtausende ein verlockender Sehnsuchtsort war und als Narkotikum diente, um das entbehrungsreiche Leben erträglich zu machen, ist in unserer Zeit zu einer wenig hinterfragten Banalität geworden. So wundert man sich nicht, dass Dankbarkeit für dieses kaum zu fassende Glück die Ausnahme ist. Im Gegenteil: Einkaufen wird von den meisten Menschen als notwendiges Übel angesehen und ist nur zu oft mit Stress verbunden. Gemäß einer Umfrage gibt es fast nichts, was den Zeitgenossen so sehr auf die Nerven geht.

Vor diesem Hintergrund darf man die Frage stellen, warum die paradiesischen Zustände nicht zu paradiesischen Glücksgefühlen führen. Pfeifende, singende und lachende Menschen sind nicht nur in Deutschland ein ungewohnter Anblick. Selbst in Bella Italia hat sich die Stimmung mit wachsendem Wohlstand geändert. Waren die Italiener einst das Paradebeispiel öffentlich zelebrierter Sangeskunst, hat sich auch jenseits der Alpen der Frohsinn in den Schmollwinkel verzogen. In den reicheren Vierteln Mailands schmettert niemand mehr ein Lied. Dazu muss man in den armen Süden fahren.

Die Antwort, weshalb paradiesische Lebensumstände so wenig Wertschätzung erfahren, setzt sich aus mehreren Teilen zu zusammen. An erster Stelle steht der beklagenswerte Umstand, dass Wertschätzung und Dankbarkeit Charaktereigenschaften sind, die sich mehr und mehr aus der modernen Lebenswelt stehlen. An ihre Stelle tritt eine wenig reflektierte Anspruchshaltung. Des Weiteren wäre ein psychologischer Mechanismus zu nennen: Menschen gewöhnen sich an Umstände, im Guten wie im Schlechten. Es ist bekannt, dass viele Menschen, die sich schwer verletzen und anschließend gezwungen sind, ihr Leben im Rollstuhl zu verbringen, im Verlauf eines Jahres ein Zufriedenheitsniveau erreichen, das mit der Durchschnittsbevölkerung vergleichbar ist. Das gilt sogar für die genannten Patienten, die für Außenstehende ein albtraumartiges Schicksal erleiden. Die Krankheit ALS (Amyotrophe Lateral-Sklerose) führt zu vollständiger Lähmung. Der berühmteste Patient mit dieser Krankheit war der Astrophysiker Stephen Hawking. Im letzten Stadium dieser Krankheit müssen die Patienten beatmet werden. Zu keiner Bewegung mehr fähig versinken sie in ewiger Nacht. Sie erblinden, da sich die Augen in den Höhlen nicht mehr bewegen und deshalb vertrocknen. Es bleibt ein funktionsfähiges Gehirn in einem reglosen Körper. Verständlich, dass lange Zeit die Tendenz bestand, solche Menschen so schnell wie möglich »von ihrem Leid zu erlösen«. Gemäß den neuesten Untersuchungen des Psychologen Niels Birbaumer, der mittels raffinierter Gehirn-Computer-Schnittstellen mit diesen Patienten in Kontakt trat, könnte dieser Entschluss voreilig gewesen sein. Die Patienten, die ja noch hören können und Berührungen spüren, gaben an, zufrieden zu sein, vorausgesetzt, sie wurden sorgfältig gepflegt und lebten im Kreis ihrer Familie (Birbaumer 2015). Solcherart positive Nachrichten werden aber durch andere relativiert. So landen Glückspilze, die mehrere Millionen Euro im Lotto gewinnen, nach einem euphorischen Freudentaumel recht schnell wieder auf dem Boden der Tatsachen, und ihr Lebensgefühl unterscheidet sich nach überschaubarer Zeit nicht von ihrem früheren.

Dieser Gewöhnungseffekt, wissenschaftlich *Habituierung* genannt, hat auch für den Alltag Folgen: Selbst das paradiesische Angebot im Supermarkt wird nach einer gewissen Zeit als Selbstverständlichkeit betrachtet. Das führt dazu, dass nur noch die *Distanz zum Optimum* thematisiert wird. Das in der Menschheitsgeschichte unvergleichlich hohe Niveau wird dann trotzdem für defizitär gehalten. Dieser Mechanismus ist eine stete Quelle des Verdrusses. Aus dieser Falle kommt man nur heraus, wenn man in einer doppelten Weise historisch denkt. Man muss sich mit vergangenen Lebenswirklichkeiten auseinandersetzen und außerdem versuchen, Freude und Leid der Menschen vergangener Epochen für sich erfahr- und fühlbar zu machen, auch wenn das niemals zur Gänze gelingen mag. Aber natürlich gibt es auch Parallelen. Man darf unterstellen, dass Menschen früher genauso gelitten haben, wenn Kinder oder Eltern gestorben sind, oder verzweifelt waren, wenn sie jahrelang horrende Schmerzen erdulden mussten. Desgleichen ist es naheliegend anzunehmen, dass ein warmes Bett, Gesundheit und gutes Essen einem behaglichen Gefühl zuträglich waren.

Um im nächsten Schritt zu verdeutlichen, mit welcher fragwürdigen Selbstverständlichkeit wir heute einen auserwählten Zustand für normal halten, möchte ich diesen mit zwei Lebensrealitäten vergangener Zeiten kontrastieren: dem Horror der frühen Medizin im 19. Jahrhundert und der Pest im Mittelalter.

In bestimmten intellektuellen Kreisen gehört es geradezu zum guten Ton, die angeblich inhumane Apparatemedizin unserer Zeit zu geißeln. Möchte man die Fragwürdigkeit dieses Vorwurfs offenlegen, reicht eine kurze Zeitreise in die ersten Jahrzehnte des 19. Jahrhunderts. Wir reden also über eine Zeit, die gerade einmal 200 Jahre zurückliegt!

In dieser Zeit wurden Amputationen, etwa des Beins, ohne Narkose vorgenommen. Die Patienten mussten von mehreren Männern festgehalten werden und brüllten wie die Tiere auf der Schlachtbank, wenn der Chirurg mit scharfem Messer ins Fleisch schnitt, um dann den freigelegten Knochen mit einer Säge zu durchtrennen. In vergleichbarer Weise wurden kranke Augen aus den Höhlen geschnitten. Wer das Glück hatte, diese Brutalitäten zu überleben, starb anschließend mit großer Wahrscheinlichkeit im Krankenhaus. Infektionskrankheiten, deren Namen heute fast vergessen sind, machten die Hospitäler zu einem lebensgefährlichen Ort: Erysipel, Gangrän und Pyämien töteten die Patienten in Scharen. Eine eindrückliche Beschreibung der heute kaum mehr vorstellbaren Zustände stammt aus der Feder des französischen Komponisten Hector Berlioz, der ursprünglich auch Medizin studiert hatte. In seinen Lebenserinnerungen beschreibt er das Krankenhaus als eine menschliche Fleischkammer, gefüllt mit zerstreuten Glieder, fratzenhaften Köpfen und halboffenen Hirnschalen. Der empörende Gestank löste in ihm unfassbaren Ekel aus. Am meisten stießen ihn die Ratten in den Zimmern ab, die an blutigen Wirbelknochen nagten, und die Sperlingsschwärme, die sich hitzig um Lungenfetzen stritten, die auf dem Boden lagen (Fitzharris 2019, 47).

Noch grauenhafter waren die Zustände während der Pest. Hören wir zuerst einmal Lorenzo de Monacis zu. Im Jahr 1348 kommentierte der Chronist den schwarzen Tod, der in Venedig wütete, mit düsteren Worten (Schnurr 2020):

> »Keine Kunst vermochte etwas, kein Kraut nützte, keine Medizin richtete etwas aus.«
> »Die ganze Stadt war ein Grab.«

Doch 1348 war nur der Anfang. Die nächsten 300 Jahre wurde die Serenissima im Schnitt alle zehn Jahre von der Seuche heimgesucht. Gerade die schlimmen Ausbrüche von 1576 und 1630 haben sich tief ins kollektive Gedächtnis der Bevölkerung eingegraben. Die Folgen waren verheerend. Bei den großen Ausbrüchen starb *ein Drittel* der Bevölkerung! Auf das heutige Deutschland übertragen, wären hier bei einem vergleichbaren Ausbruch fast *30 Millionen Tote* zu beklagen. Jede Familie würde im allerengsten Kreis Verstorbene beweinen – Kinder, Geschwister, Eltern.

Die damalige Hilflosigkeit war allumfassend. Der Feind war grausam und hatte kein Gesicht. Fast 5000 Jahre wütete die Pest schon, und man hatte nicht die geringste Ahnung, wie sie verursacht wurde. Miasmen, üble Dünste, standen im Verdacht. Oder ein sittenloses Leben, das einem strafenden Gott missfiel. Doch egal, ob man Kräuter verbrannte oder dem Herrn versprach, in Zukunft gottgefälliger zu leben, der Schnitter schwang unbarmherzig die Sense.

Im Unterschied zu heute zeigten die Menschen allerdings Demut und Dankbarkeit, nachdem sich die Seuche für längere Zeit zurückgezogen hatte. Die Überlebenden spendeten viel Geld, um zwei eindrucksvolle Kirchen bauen zu lassen, die bis heute das Stadtbild von Venedig prägen: Il Redentore und Santa Maria della Salute. Die Bauzeit der architektonischen Meisterwerke dauerte Jahrzehnte, wobei Millionen von Eichenpfählen im schlammigen Grund verankert wurden, um die imposanten Bauwerke zu tragen. Dafür waren finanzielle Mittel notwendig, die in ihrer Höhe kaum mehr vorstellbar sind. Bis zum heutigen Tage gibt es Prozessionen, um der Pesttoten zu gedenken.

Um nun ein Gefühl für die Relationen zu bekommen, vergleichen wir die Pest in Venedig – in anderen europäischen Städten spielten sich vergleichbare Tragödien ab – mit der Covid-19-Pandemie in Deutschland.

An und mit Covid-19 sind bei uns bis zu diesem Moment etwa 175 000 Menschen gestorben. Gemessen an der Gesamtbevölkerung sind das über den Daumen gepeilt 0,2 Prozent. In Venedig waren es circa 33 Prozent. Auf einen Corona-Toten in Deutschland kamen also mehr als 160 venezianische Pestopfer. Die Sterblichkeit in der Serenissima war deshalb um etwa 16 000 Prozent höher!

Man könnte annehmen, dass wir vor diesem Hintergrund erleichtert durchatmen und uns freuen, Glück gehabt zu haben. Wir bestaunen einen unvergleichlichen Triumph der Wissenschaften. Den hat es in dieser Form noch nie gegeben. Aber es sei noch einmal betont: Dankbarkeit empfinden nur wenige. Niemand lanciert einen öffentlichen Aufruf, Forschern wie Uğur Şahin, seiner Frau Öslem Türeci oder der aktuellen Nobelpreisträgerin Katalin Karikó, die die potenten mRNA-Vakzine maßgeblich mitentwickelt haben, ein imposantes Denkmal zu bauen, das die Jahrhunderte überdauern wird. Stattdessen gab es ein wildes Schlachtengetümmel, in dem Impfgegner und Impfbefürworter, Wissenschaftler und Politiker unbarmherzig aufeinander einschlugen. Überall kochten die Emotionen hoch. Dabei vertiefte das an der Schmerzgrenze musizierende mediale Panikorchester das Gefühl einer existenziellen Krise, ohne Maßgebliches zu deren Lösung beizutragen. Die verwirrende Kakofonie machte es dem Normalbürger fast unmöglich, sich bezüglich der Pandemie eine fundierte Meinung zu bilden. Um Sachlichkeit bemühte Darstellungen hatten Seltenheitswert. So gehen Maßstäbe verloren. In einer vom Wohlstand verwöhnten Gesellschaft werden überschaubare, aber ungewohnte Einschränkungen der persönlichen Freiheit ins Katastrophale umgedeutet.

Dabei gibt es mindestens zwei Gründe, auch in unserer bewegten Zeit ein Gefühl der Dankbarkeit zu kultivieren. Der eine ist offensichtlich. Genauso, wie es Charaktereigenschaften gibt, die zwangsweise eine verdrießliche Stimmung zur Folge haben, man denke an Neid und Missgunst, bewirkt Dankbarkeit das Gegenteil. Neidische und missgünstige Menschen argwöhnen die ganze Zeit, vom Leben nicht gerecht behandelt zu werden. Warum die oder der und nicht ich? Dankbare dagegen fühlen sich beschenkt.

Weniger offensichtlich ist der Umstand, dass Dankbarkeit dazu führt, *nicht immer nach dem Optimum zu gieren*, sondern sich mit *dem Genügenden* zu bescheiden. Das hat überraschende Konsequenzen. Auf diese Weise gelingt es nämlich, vielen Komplexitätsfallen des Alltags den Stachel ziehen. Diese haben häufig ihren Ursprung in einer übersteigerten, zuweilen ins Extrem getriebenen Anspruchshaltung. Die Konsequenz hat der antike griechische Weisheitslehrer Epikur in unvergleichlicher Kürze formuliert: »Wem genug nicht reicht, dem ist nichts genug.«

Von der Freiheit, seine Freiheit zu beschneiden

Viele unserer alltäglichen Probleme haben mit einem Überangebot an Informationen zu tun, die wir zwar einfordern, an deren zielgerechten Verarbeitung wir aber scheitern. Die sympathischste Form dieser Überforderung ergibt sich etwa aus der »Kaffeehauskomplexität«. Wenn meine Oma früher nach dem Spaziergang im Restaurant Bergische Waffeln und einen Kaffee bestellte, lautete die knappe Frage der Kellnerin: »Tasse oder Kännchen?« Diese Zeiten sind vorbei.

Espresso, Cappuccino, Latte macchiato, Cortado, Chai Latte, Matcha Latte, Pumpkin Spice Latte, Hafer- Erbsen-, Soja- oder Mandelmilch? Koffeiniert, entkoffeiniert? Steht man heute am Tresen eines trendigen Cafés, hat man nach den Regeln der Kombinatorik einige Tausend Möglichkeiten, um sein Heißgetränk zu wählen. Dieser Luxus trägt jedoch nicht immer zur Stimmungsverbesserung bei. Vor allen Dingen, wenn die Wahlmöglichkeiten erst dann erwogen werden, wenn man an der Reihe ist. Hat man sich dann endlich entschieden, die Leute in der Schlange wippen schon nervös mit den Füßen, und ist dann gerade die Erbsenmilch aus, kann sogar eine schlechte Stimmung entstehen, wenn der Wahlprozess von vorne losgeht.

In diesem Zusammenhang ist zuerst einmal die Tatsache interessant, dass wir ein schizophrenes Verhältnis zur Vielfalt des Angebots haben. Die meisten Menschen behaupten steif und fest, eine große Auswahl zu schätzen! In diesem Sinne wären besagte Cafés, aber auch Mediamärkte, so groß wie Turnhallen, in denen Käufer zwischen 100 verschiedenen Espressomaschinen, ein paar Dutzend elektrischen Zahnbürsten oder Hunderten von Fernsehern wählen können, eine rationale Reaktion der Unternehmer auf ein ernst zu nehmendes Kundenbedürfnis. Experimentelle Untersuchungen der Verhaltensökonomik sprechen aber eine andere Sprache. Sie belegen, dass das Bewusste und das Unterbewusste bei vielen Menschen »mit verschiedener Zunge« reden. Betrachten wir ein Experiment: Kunden in einem Supermarkt durften an einem Probierstand unterschiedliche Marmeladen kosten. Einmal wurden lediglich sechs angeboten, das andere Mal 30. Bei welchem Angebot würden die Kunden die Produkte wirklich kaufen? Im Gegensatz zu den Verlautbarungen, ein größeres Angebot zu schätzen, kauften sie von diesem fast nichts! Bei der begrenzten Auswahl wurde aber kräftig zugeschlagen (Schwartz 2004, 28).

Es scheint so zu sein, dass unterbewusst eine Orientierung am »menschlichen Maß« existiert, die aber bewusst überformt wird. Die überbordende Fülle hat demnach ein Doppelgesicht. Während wir sie bewusst zu schätzen vorgeben, fühlen wir uns unterbewusst überfordert. Tatsächlich entwickelt das, was man im ersten Moment für eine wünschenswerte Freiheit der Wahl halten könnte, eine bedrückende Dynamik. Vor diesem Hintergrund muss man feststellen, dass der Philosoph Isaiah Berlin eine kluge Unterscheidung getroffen hat (Berlin 1995). Berlin unterschied zwischen der »Freiheit von« und der »Freiheit zu«. Ohne Zweifel ist es erstrebenswert, in einer Welt zu leben, die frei ist *von* willkürlicher Machtausübung oder Hunger. Es kann aber zum Gegenteil von Freiheit werden, wenn die Freiheit *zu* entscheiden zur Lähmung führt, am schönsten illustriert in der mittelalterlichen Geschichte von Buridans Esel.

Das hungrige Tier verhungerte zwischen *zwei* Heuhaufen. Immer wenn es sich dem einen näherte, übte der andere eine fatale Anziehungskraft aus, sodass er umdrehte, bis er oszillierend zwischen zwei Möglichkeiten entkräftet sein Leben aushauchte. Tod durch Aktivitätslähmung.

Von ähnlicher »Bauart« sind Komplexitätsfallen des Alltags. Nur sind sie nicht so übersichtlich wie zwei miteinander konkurrierende Heuhaufen. Da können auch Tausende Möglichkeiten locken, wobei vor der Wahl aber immer noch geprüft werden müsste, ob sie uns dem angestrebten Ziel näherbringen würden oder nicht, und neue Informationen laufend dazu führen, den gerade eingeschlagenen Weg zu hinterfragen und gegebenenfalls zu korrigieren. Das wird schnell zu einem aussichtslosen Unterfangen. Wir befinden uns in der Welt der Komplexitätsfallen zweiter Art.

Diesen zieht man den Stachel, indem man sich die Freiheit nimmt, seine Freiheit zu beschneiden. Das bedeutet, sich ganz bewusst von der Illusion zu verabschieden, in einem so unübersichtlichen Kontext das Optimum zu erreichen. Stattdessen nimmt man die Möglichkeit der Wahl dankbar zur Kenntnis und strebt ein gutes oder auch sehr gutes Ergebnis an. *Aber unter keinen Umständen das beste!*

Ein derartiger Einstellungswechsel bewirkt eine spürbare Veränderung in der Lebensqualität. Diese Einsicht ist vor allen Dingen der Arbeit des Wirtschaftsnobelpreisträgers Herbert Simon zu verdanken. Er hat die Genügsamen und die getriebenen Optimierer miteinander verglichen und ihnen auch einprägsame Namen gegeben. Die Genügsamen heißen »Satisficer«, die getriebenen Optimierer nennt er »Maximizer« (Simon 1956). Bei oberflächlicher Betrachtung scheinen die beiden Charaktere gar nicht so extrem verschieden zu sein. Würde man den Unterschied in Zahlen fassen, dann läge dieser bei etwa 20 Prozent. Der Maximizer verbeißt sich hartnäckig in die 100 Prozent, der Satisficer begnügt sich mit immer noch guten 80 Prozent. Warum hat diese marginal erscheinende Differenz so extreme Konsequenzen für das Wohlergehen? *Weil diese Differenz viele komplexe Entscheidungsprobleme von unlösbaren in lösbare Probleme verwandelt!* Und das gilt nicht nur für den Alltag, sondern sogar für komplexe Optimierungsprobleme in der Mathematik, die handhabbar werden, wenn man nicht nach absoluter Perfektion strebt (Traub/Woźniakowski 1994).

Man betrachte einmal das Problem der Geldanlage: Der Maximizer, der unter allen Umständen den Markt schlagen möchte, idealerweise als Bester, müsste sich mit allen Formen der Geldanlage auseinandersetzen, mit Aktien, Anleihen, Rohstoffen, Immobilien, Landbesitz und so weiter. Doch damit nicht genug. Mit Aktien kann man in den verschiedensten Formen spekulieren, dasselbe gilt für die anderen Anlageklassen. Wie muss man zwischen den Myriaden Möglichkeiten wählen, um das beste Ergebnis zu erhalten? Das Unterfangen ist aussichtslos, und der Maximizer verliert sich verzweifelt in einem Möglichkeitsraum, den niemand zu beherrschen weiß.

Der Satisficer geht das Problem entspannter an. Ihm reicht ein gutes Ergebnis. Die tröstende Botschaft: Je mehr man sich vom Maximum wegbewegt, desto schneller wachsen die Möglichkeiten, einer reduzierten Erwartung zu genügen. Deshalb ist ein Ergebnis, das 20 Prozent unter dem Optimum liegt, mit vertretbarem kognitivem Aufwand zu erreichen.

Jetzt folgt ein überraschendes Ergebnis: *Objektiv* kommen die Maximizer tatsächlich zu besseren Ergebnissen als die Satisficer! Weshalb sie in einer leistungsorientierten Gesellschaft geadelt werden und die erfolgreichsten Vertreter dieser Geistesgattung die Titelblätter der Zeitschriften zieren. Die Mühe scheint sich also doch zu lohnen! Leider zahlen sie für diesen Vorsprung einen hohen Preis. Sie sind nämlich mit ihrer Wahl *deutlich unzufriedener* als die Satisficer. Wie ist das zu erklären?

Die Antwort mag überraschend erscheinen. Auch Satisficer sind Maximizer, *aber sie agieren auf einer anderen Erkenntnisebene.* Sie nehmen das *Leben als Ganzes* in den Fokus. Ihnen ist klar, dass der Maximizer für sein graduell besseres Ergebnis negative Konsequenzen in Kauf nehmen muss. Er investiert viel Zeit und Mühe in seine Recherche, wobei er sich gleichzeitig aus unterschiedlichsten Gründen ärgert. Es sorgt für steten Verdruss, wenn das Ergebnis den eigenen Erwartungen nicht genügt.

Außerdem ist der ganze Entscheidungsprozess mit negativen Gefühlen aufgeladen. *Vor der Entscheidung* trübt vor allen Dingen die sogenannte *antizipierte Reue* die Stimmung: »Was wäre es für ein Ärger, wenn ich jetzt eine Entscheidung träfe und diese sich nicht als optimal herausstellen würde?!« Und auch rückblickend gibt es Grund zum Verzweifeln. Das nennt man in der Psychologie den *Omission Bias:* »Hätte ich mich doch nur anderes entschieden, dann würde es mir bessergehen!«

Es sei noch einmal betont, dass der Glaube, etwa eine optimale Anlageentscheidung zu treffen, Ausdruck einer Kompetenzillusion ist. Aktienmärkte lassen sich nicht vorhersehen, und prinzipiell überschreitet die schiere Fülle an Informationen, die berücksichtigt und gegeneinander abgewogen werden müssten, alle menschlichen Möglichkeiten.

Dem reflektierten Satificer sind diese Umstände bewusst. Deshalb betrachtet er sein Leben aus einer anderen Perspektive, nämlich von oben. Zeit und Mühe sind für ihn *Opportunitätskosten*. Anstatt sich mit Verbriefungen und Hebelpapieren herumzuschlagen, ließe sich die Zeit auch nutzen, mit Freunden oder der Familie zu kochen und eine gute Flasche Wein zu trinken. *Der Satisficer bemüht sich also, seine gesamte Lebenssituation zu optimieren*, wobei die Geldanlage ein notwendiger, aber nicht der zentrale Teil dieser Aufgabe ist.

Diese Sichtweise ist klug und findet ihren Niederschlag im Lebensgefühl. Im direkten Vergleich hat sich gezeigt, dass Maximizer ein hohes Risiko haben, depressiv zu werden. Wenn man seine Ideale so hoch ansetzt, dass man sie fast zwangsläufig verfehlt, wird das als permanentes Scheitern erlebt (Schwartz 2004, 95). Für Satificer besteht dieses Risiko in geringerem Maße.

Betrachtet man diese beiden verschiedenen Typen auf einer etwas abstrakteren Ebene, dann tendieren Maximizer dazu, das Leben zu *objektivieren*, während Satisficer es *subjektivieren*. Der Maximizer will das wirklich angesagte Auto, das optimale Liebesleben, den perfekten Partner, ein hohes gesellschaftliches Ansehen, den unvergleichlichen Urlaub, den optimalen Körperfettanteil, die totale Fitness. Der Satisficer schenkt Besitz, Gesundheit und Anerkennung auch Beachtung. Maximiert wird aber die Balance, die ein möglichst zufriedenes Leben gewährleisten soll.

Es ist also deutlich, dass sich der Maximizer durch die eigene Anspruchshaltung selbst in eine Komplexitätsfalle hineinmanövriert. Diese kann in der Konsequenz das eigene Lebensgefühl massiv beeinträchtigen. Verschlimmert wird die ohnehin schon prekäre Situation durch den Umstand, dass Maximizer dazu tendieren, sich mit anderen Menschen zu vergleichen. Diese Möglichkeit zum Vergleich ist natürlich gerade in den Bereichen verführerisch, wo unterstellt wird, dass Lebensqualität eine *objektiv messbare Komponente* hat. Das kann die Präsentation von Statussymbolen betreffen: Häuser, Autos, Küchen und Uhren, auch ausgefallene Urlaubsreisen zu »hidden places« stellt man gerne zur Schau. In vergleichbarer Weise kann es sich aber auch um »weichere Kriterien« handeln, wie Aussehen, Fitness oder »Glück«, da der Glaube besteht, dass sich auch diese objektivieren und damit vergleichbar machen lassen. Das funktioniert heute dadurch, dass die gesammelte Weltgemeinschaft im virtuellen Raum ihr Votum abgibt, wenn man sich dort »in die Vitrine« legt. Das »Daumen-hoch-Symbol« von Facebook war wahrscheinlich eine der folgenschwersten und auch fatalsten Innovationen der letzten Jahrzehnte. Das, was vor der Hand als empathische Geste missverstanden werden kann, war der Startschuss eines unbarmherzigen globalen Wettstreits um *objektivierte Aufmerksamkeit mehrheitlich subjektiver Attribute*. Der Kampf um Follower, Abonnenten, Herzchen oder eben »Daumen-hoch-Gesten« hat etwas Manisches bekommen. Vor allen Dingen hievt er die Möglichkeiten des Vergleichens auf eine ganz neue Ebene. Diese oft unscheinbaren Icons »qualifizieren« alle Teilnehmenden für das Starterfeld eines globalen Rennens um Ansehen und Aufmerksamkeit, in dem es eigentlich nur Verlierer gibt. Sieht man von den Betreibern der sozialen Medien selbst ab, die die Manie in klingende Münze verwandeln (um dann doch selbst wieder Opfer derselben Mechanik zu werden).

Man muss an dieser Stelle erwähnen, dass Lebenslehrer aller Länder und Epochen seit jeher eindringlich davor gewarnt haben, das persönliche Lebensglück davon abhängig zu machen, wie man *im Vergleich* mit anderen Menschen abschneidet. Egal, ob es sich um materielle Güter, Macht, Aussehen oder auch Ansehen handelt. Durch den Vergleich mit anderen findet man sein Glück nicht mehr in sich selbst.

Man wird abhängig, da man mit dem Erreichten nicht zufrieden ist, und es besteht die Gefahr, neidisch und missgünstig zu werden, in letzter Konsequenz auch niedergeschlagen, da es immer jemanden gibt, der begüterter, schöner, fitter, klüger oder erfolgreicher ist als man selbst.

Magische Spiegel – Tore zum Unglück

Man muss sich nun vor Augen führen, dass die *Mechanik des Vergleichens* sich durch das Internet ins Absurde gedreht hat. Die Gefahren für junge Menschen sind extrem, vor allen Dingen, wenn sie psychologisch als Maximizer agieren. Wir haben gesagt, dass das Netz sowohl ein globales Kaufhaus als auch eine Art Weltbibliothek ist. Computer und Smartphones fungieren darüber hinaus aber auch als *magische Spiegel!* Diese könnten der Fantasie der Brüder Grimm entsprungen sein.

»Spieglein, Spieglein an der Wand, wer ist die Schönste im ganzen Land?«, fragt die böse Königin im Märchen ihren Spiegel, der dann den Blick auf das betörend schöne Schneewittchen hinter den sieben Bergen bei den sieben Zwergen freigibt und antwortet: »Frau Königin, Ihr seid die Schönste hier, aber Schneewittchen ist *tausendmal* schöner als Ihr.«

Die Antwort des Spiegels entfacht ihren Zorn, und sie wird grün und gelb vor Neid. So weist die Erboste einen Häscher an, das schöne Schneewittchen zu fangen, dann zu töten und auszuweiden. Sie will sich an seiner Lunge und Leber laben. Obwohl dieses Märchen der Gebrüder Grimm grausige Facetten hat, ist es nicht schlimmer als die heutige Wirklichkeit. Da werden zwar keine Organe verspeist, die Wirkungen der magischen Spiegel sind aber oft genug folgenschwer. Da gibt es die Horden junger Mädchen, die sich in einem globalen Beauty-Contest zu Tode hungern. Wird heute das Smartphone – der zeitgenössische magische Spiegel – befragt, wer die Schönste sei, verengt sich die Antwort allerdings nicht auf *ein* Schneewittchen. *Tausende* junge Damen strahlen in ihren selbst inszenierten Wirklichkeiten auf dem Bildschirm um die Wette und degradieren die Fragenden in ihrer Eigenwahrnehmung zu mediokren Erscheinungen. Das hat häufig genug die Zerstörung des eigenen Selbstbilds zur Folge und kann in Verzweiflung und Schwermut enden (Diefenbach/Ulrich 2016). Konnte man noch vor 20 Jahren stolz darauf sein, die Schönste der Schule sein, Weinkönigin oder Funkenmariechen, wird man heute im internationalen Wettbewerb unbarmherzig auf die Plätze verwiesen. Die Jungs folgen den Mädchen übrigens mit kleiner Verzögerung auf dem Fuße. Der muskelbepackte Heldenkörper, im Kraftraum gestählt, mit Eiweißpräparaten, bisweilen auch Anabolika genährt und eingeölt, auf TikTok und Instagram gekonnt ins rechte Licht gerückt, ist für viele Heranwachsende das Maß der Dinge geworden (Röhricht 2023). Mit vergleichbaren Folgen: Während sich die hungernden Mädchen immer zu fett fühlen – wenn sie prüfend in den Spiegel schauen, sehen sie einen Ball, obwohl sie ein Strich sind –, meinen die jungen Männer, prinzipiell zu schmächtig zu sein, selbst wenn sie Arme haben wie andere Menschen Oberschenkel. Diese wundersamen Wahrnehmungsverzerrungen nennen sich *Körperdysmorphien*. Was sich im ersten Moment vielleicht skurril und harmlos anhört, kann für die Betroffenen einen extremen Leidensdruck bewirken, der nicht selten in die Depression führt. Manchmal bezahlen die jungen Menschen diesen Wahn auch mit ihrem Leben.

So haben wir im virtuellen Raum also eine Betrachtungsmaschinerie geschaffen, die weit über die Möglichkeiten des Grimm'schen Märchenspiegels hinausgeht.

In gewisser Weise erinnert sie an das *Panoptikum* des Utilitaristen Jeremy Bentham. Dieser ersann ein Gefängnis, das nur *einen einzigen* Wärter brauchte, um *alle* Gefangenen zu überwachen. Der Aufseher saß in der Mitte einer runden Haftanstalt. Die Zellen umschlossen ihn kreisförmig, und deren Türen waren nach innen gerichtet. So musste er sich auf seiner Plattform nur um seine eigene Achse drehen, um mit einem schnellen Blick durch die Gittertüren die Gefangen observieren zu können.

Dieses Panoptikum ist in den sozialen Medien aber multidimensional und funktioniert *in beide Richtungen!* Es gibt Millionen Aufseher und Millionen Gefangene. Wir betrachten nicht nur die anderen. Wir machen uns auch freiwillig zum Gegenstand der Betrachtung. Wir sind Exhibitionisten und Voyeure in einer Person. Und wenn wir mit der eigenen Platzierung im globalen Ranking nicht zufrieden sind, wird ein irrationaler Aktivismus entwickelt, der sich allerdings in ein rationales Gewand kleidet. Mit heiligem Ernst werden modische Trainingskonzepte studiert und rigide Diätpläne exerziert. Oft genug kulminiert der Wahn in engmaschiger Selbstüberwachung, der sogenannten *quantifizierten Selbstoptimierung* (Dormehl 2014, 7). Dann werden stündlich Dutzende von körperlichen Parametern abgegriffen: Puls- und Atemfrequenz, Blutdruck und Blutzucker, Anzahl der Schritte und der gestiegenen Stufen ...

Das ist dann die Suche nach dem »perfekten Selbst«. Überflüssig zu erwähnen, dass auch diese Daten ins Netz gestellt werden, um sich mit Gleichgesinnten zu messen und diese idealerweise zu »überholen«.

In solchen Fallen verheddern sich nicht nur junge Leute. Auch gestandene Personen des öffentlichen Lebens, Politiker, Intellektuelle und Wissenschaftler, die sich an ihrer eingebildeten oder tatsächlichen Bedeutung erfreuen, mitunter berauschen, beobachten minutiös, ob die virtuelle Selbstdarstellung den eigenen meist stetig wachsenden Ansprüchen genügt. Wie schon angedeutet machen sie sich auf diese Weise nicht nur abhängig, sondern oft genug auch unglücklich. In diesem Zusammenhang nährt sich das Unglück aus drei Quellen: Da ist zum einen die als defizitär empfundene Position im globalen Ranking. Noch schlimmer ist aber der Umstand, dass dieser unbefriedigende Zustand als Folge eigenen Versagens interpretiert wird. Der Interpretation des Versagens liegt die schon mehrfach angeführte Kompetenzillusion zugrunde: Der Glaube, jedes Problem mit rationalen Mitteln und Disziplin lösen zu können, hat etwas Pseudoreligiöses bekommen. Der bekannte Reggae-Musiker Jimmy Cliff sang: »You can get it, if you really want, but you must try, try and try, try and try, you'll succeed at last.«

Die Lyrics dieses Liedes könnte man als Hymne unserer Zeit auffassen. Was aber, wenn man unbedingt will, probiert und probiert und probiert, sich aber die Zähne an einem Problem ausbeißt, das sich mit dem beschränkten Werkzeugkasten der Rationalität nicht lösen lässt? Dann ist das Scheitern vorprogrammiert, und es wird notwendig, ein Lebensmodell zu hinterfragen, das mit einer gewissen Zwangsläufigkeit dazu führt, sich in Komplexitätsfallen zu verfangen.

Wer aber, wie Aristoteles empfiehlt, seine Freude aus einer dem eigenen Wesen angemessenen Aufgabe bezieht und ein genügendes, aber nicht überzogenes wirtschaftliches Einkommen erzielt, seine privaten Beziehungen pflegt, anstatt sich in Selbstoptimierung, konkurrenzbetonten Vergleichen oder der hedonistischen Tretmühle zu erschöpfen, handelt nicht nur im Sinne alter Weisheitslehrer, sondern auch gemäß den Erkenntnissen aktueller Glücksforschung. Deren profundeste Arbeit ist die *Harvard-Glücksstudie* (*Grant Study of Adult Development*). Das ist eine der seltenen Langzeitstudien. 814 Menschen wurden für dieses wissenschaftliche Mammutwerk fast ihr ganzes Leben lang in ausführlichen Interviews befragt (Vaillant 2012). Solche Studien sind extrem aufwendig und deshalb sehr kostspielig. Aber sie sind so etwas wie der Goldstandard der Glücksforschung. Zuerst einmal gab es Ergebnisse, die nicht überraschend waren: Für das Glück braucht es Glück. Wer schwer erkrankt, höllische Schmerzen erleidet oder engste Angehörige verliert, wird vom Leben gezeichnet. Es ist unter diesen Umständen schwer, ein zufriedenes Leben zu führen.

Interessant wird es bei denen, die das Glück hatten, nicht vom Pech getroffen zu werden. Diese teilten sich erkennbar in zwei Gruppen, wobei sich die Zufriedenen von den Unzufriedenen in einem zentralen Punkt unterschieden: Die Glücklichen stellten menschliche Beziehungen in den Mittelpunkt ihres Lebens. Die Unglücklichen, bisweilen auch Verzweifelten, vernachlässigten diese. Sie setzten andere Schwerpunkte und verfolgten andere Ziele, bevorzugt solche, die gesellschaftlich geadelt sind, da sie gemeinhin mit »Erfolg« assoziiert werden. Dazu gehörten die Klassiker Reichtum, Ansehen, Aussehen und Macht. Die Einsicht, dass man sich mit solchen Zielen auf den Holzweg begibt, ist nicht neu. Das kann man schon bei den antiken Philosophen nachlesen, genauso wie bei Laotse, Buddha oder Konfuzius. Neu ist, dass zentrale Einsichten der Weisheitslehrer mittlerweile auch empirisch belegt sind und so eine prüfbare Relevanz haben.

Die Trauben hängen also nicht im Himmel. In nicht unerheblichem Umfang sind wir in der Lage, zumindest dem Irrsinn des Alltags damit zu begegnen, dass wir uns nicht zum Sklaven eines überzogenen Anspruchsdenkens machen und in der Folge den Mut entwickeln, Lebensschwerpunkte anders zu setzen. Damit ist möglich, einigen Komplexitätsfallen beizukommen, wenn auch nicht allen. Bei den verbleibenden müssen dicke Bretter gebohrt werden. Das haben wir in diesem Buch ausführlich beschrieben. In diesem Zusammenhang gibt es keine andere Wahl, als in den öffentlichen Diskurs einzusteigen und im Sinne der Aufklärung zu debattieren, um die wuchernde Komplexität in ihre Schranken zu verweisen – soweit das in unserer Macht steht.

Bleiben die Komplexitätsfallen, die die Grenzen des Begreifbaren sprengen. Hier bleibt uns nur eine Möglichkeit: vorzusorgen. Ansonsten sollten wir dem Unberechenbaren mit Gelassenheit begegnen, so wie es die alten Stoiker schon immer taten. Mehr können wir nicht tun.

Die sonderbare Welt der Algorithmen

Exkurs

Bei der Lektüre des Buches habe ich ein intuitives Verständnis von Algorithmen vorausgesetzt. Im Folgenden schauen wir für Interessierte ein bisschen genauer hin, ohne das anspruchsvolle Feld der Algorithmik ausführlich zu behandeln (Moore/Mertens 2011). Stattdessen fokussieren wir uns auf ein besonders für Laien überraschendes Phänomen: In der Welt der Algorithmik, die man etwas leichtfertig mit der sklavenhaften Abarbeitung basaler Rechenschritte assoziieren könnte, sind wichtige Teile *unberechenbar*.

Moderne Lehrbücher, die sich um einen anschaulichen Einstieg in die Welt der Algorithmik bemühen, vergleichen einen Algorithmus gerne mit einem Kochrezept (Harel/Feldman 2010). Dieser Zugang hat Vor- und Nachteile. Entscheidend ist die Vorstellung, dass sich der kulinarische Erfolg mit Sicherheit einstellt, wenn die Vorgaben des Rezepts akribisch befolgt werden. Aber was heißt akribisch? Was muss man dezidiert erklären, und welches Wissen und welche Fertigkeiten werden als Selbstverständlichkeit vorausgesetzt? Tatsächlich unterstellt das Kochen nach Rezept ein nicht unerhebliches Vorverständnis. Ist dieses nicht vorhanden, kann das Resultat misslingen. Nehmen wir an, auf dem Küchenfeuer steht ein duftendes Coq au Vin. Die Hühnerteile simmern in einer wohlschmeckenden, aber noch zu wässrigen Soße. Gemäß dem Rezept soll man diese jetzt mit einer Mehlschwitze andicken. Das Ergebnis kann ernüchternd sein, wenn man nicht weiß, was eine Mehlschwitze ist, wie man diese herstellt und wie man sie in der Sauce unterrührt. Im schlimmsten Fall schwimmen große Klumpen staubigen Mehls in dem leckeren Gericht. Damit die Metapher des

Rezepts einen Algorithmus angemessen beschreibt, müssten die verschiedenen Schritte beim Kochen bis in das *allerkleinste Detail* beschrieben werden. Außerdem haben die Handlungsanforderungen *absolut eindeutig* zu sein.

Das würde ein dickes Buch füllen. Darüber hinaus müsste gewährleistet sein, dass die akribische Befolgung der Schritte *zwangsläufig* zum Erfolg führt, egal, für wie viele Personen man kocht. Wenn die Mengenverhältnisse der Anzahl der Gäste angepasst werden, sollte es keinen Unterschied machen, ob man für die Familie, den Fußballverein oder die gesamte Einwohnerschaft von Berlin kocht.

Die Veranschaulichung eines Algorithmus mittels eines Kochrezepts hat also Unschärfen, obwohl jeder eine konkrete Vorstellung vom Kochen hat.

Deshalb bietet sich ein anderer Zugang an, der zwar nicht so sinnlich ist, aber dafür das Wesen des Algorithmus besser fasst. Jedes Kind, das heute die Grundschule erfolgreich verlässt, kann zwei Zahlen schriftlich addieren. Das ist eine wunderbare Methode, die im Alltag hilfreich ist und *immer* zum Erfolg führt, wenn sie korrekt ausgeführt wird. Es ist entscheidend, dass man die Summanden *beliebig* groß wählen kann. Genug Zeit und Speicherplatz vorausgesetzt führt die in der Grundschule gelernte Additionsvorschrift *immer* zum exakten Ergebnis.

Damit haben wir bereits zwei wesentliche Eigenschaften eines Algorithmus eingefangen. Es gibt theoretisch *beliebig viele verschiedene Eingaben*, die genau spezifiziert sind. Wenn der Algorithmus auf diese korrekt angewendet wird, dann spuckt er *immer ein korrektes Ergebnis* aus. Man muss noch herausheben, dass sich Mathematiker und theoretische Informatiker nicht durch endliche Grenzen der Realität fesseln lassen. Sie nehmen die möglichen Berechnungen in einem idealen Raum vor, der zeitlich und räumlich unbeschränkt ist.

Im nächsten Schritt sind wir mit der Tatsache konfrontiert, dass es natürlich nicht nur den Additionsalgorithmus gibt. Es gibt potenziell unendlich viele. Vorausgesetzt, eine Zahl ist gegeben, dann lassen sich problemlos alle Primzahlen aufzählen, die kleiner sind als diese. Oder es gibt einen Algorithmus, der sukzessive die Nachkommastellen der Zahl Pi ausspuckt.

Verschiedenheit übt nun auf Mathematiker einen unbeschreiblichen Reiz aus: Könnte es sein, dass das, was uns im ersten Moment unterschiedlich erscheint, Ausdruck eines tieferliegenden einigenden Prinzips ist?

Man denke an das Universum der Dreiecke in der zweidimensionalen nicht gekrümmten Ebene. Ein Dreieck kann aussehen wie der Giebel eines Hauses, andere, extrem in die Länge gezogen, erinnern an Nadeln. Trotz allem addieren sich die Innenwinkel aller Dreiecke zu 180 Grad, egal, wie sie aussehen.

In vergleichbarer Weise machten sich in der ersten Hälfte des 20. Jahrhunderts viele Logiker an die Arbeit, die sozusagen aus der Vogelperspektive auf die unüberschaubar scheinende Welt der Algorithmen schauten, deren begriffliche Grenzen zu dieser Zeit aber noch unscharf waren. Sie fragten sich, ob es charakteristische Eigenschaften gebe, die allen Algorithmen gemeinsam sind. Oder ob fundamentale Grenzen des Wissens existierten, hinter die man nicht steigen könne.

Die Heroen des Geistes waren Mathematiker wie Emil Post, Alonzo Church oder Alan Turing. Wir werden uns hier nur mit Alan Turing beschäftigen, da dieser sich einen besonders anschaulichen Zugang zu der komplexen Materie erdachte. Turing, eine Ikone der Logik und der Metamathematik, wurde einer breiteren Bevölkerungsschicht durch den Kinofilm *The Imitation Game* bekannt. In diesem wird der Forscher vor allen Dingen als ein im Geheimen operierendes Genie dargestellt, der die sogenannte Enigma-Verschlüsselung der deutschen Wehrmacht knackte. Die Deutschen hatten damals eine ausnehmend raffinierte Chiffriermaschine ersonnen. Sie waren überzeugt, dass Nachrichten, die mit diesem Wunderwerk verschlüsselt wurden, vom Feind unter keinen Umständen mitgelesen werden konnten. Aber sie irrten sich. Alan Turing und seinem Team gelang es, den Code zu dechiffrieren. Das war eine

Meisterleistung, die kriegsentscheidend war. Gedankt haben es ihm die Engländer nicht. Turing war homosexuell. Das war damals strafbar. Er wurde nach dem Krieg chemisch kastriert. Der völlig verzweifelte und schließlich depressive Wissenschaftler nahm sich daraufhin das Leben, indem er einen in Zyankali getränkten Apfel aß (Hodges 1989, 526).

Wir werden dieses traurige Schicksal und auch Turings Rolle als revolutionärer Codebrecher nicht weiterverfolgen. Hier versuchen wir nur zu verstehen, wie Turing einen allgemeinen und nachvollziehbaren Begriff eines Algorithmus schuf. Dann werden wir überlegen, welche Folgen die von ihm gefundenen Ergebnisse für unsere Zeit haben.

Um dem Wesen eines Algorithmus auf die Spur zu kommen, versuchte Turing, ihn auf eine möglichst einfache Form zu reduzieren. Dazu ersann er einen imaginären »Papiercomputer«. Dieser besteht zuerst einmal aus einem *unendlich* langem Band, das in gleich große diskrete Felder aufgeteilt ist. Über diesem Band schwebt ein Lese- und Schreibkopf. Die Felder sind mit Symbolen beschrieben, die Teil eines *endlichen Alphabets* sind. Schon an dieser Stelle lohnt es sich, eine gedankliche Reduktion vorzunehmen. Es reicht, wenn das Alphabet aus *genau zwei Zeichen* besteht: einer Null und einer Eins. Diese Reduktion ist möglich, da man mit nur zwei Symbolen jedes Alphabet mit mehr Zeichen codieren kann. Denken wir zur Veranschaulichung an die uns geläufige Darstellung von Zahlen im »Zehnersystem«. Diese lassen sich problemlos auch im Binärsystem darstellen. Diese Abbildbarkeit würde auch für jedes andere Stellenwertsystem gelten, unabhängig davon, welche Basis man wählt (Ifrah 1992). Die Zahlensysteme sind gleich mächtig. Und auch unser gewöhnliches Alphabet lässt sich durch eine Folge von Nullen und Einsen darstellen, samt der gebräuchlichen Interpunktionszeichen (ASCII-Code).

Zurück zu den beiden Symbolen: Für die Eins können die Ziffer »1«, ein Strich, ein Kreuz oder ein Punkt stehen. Die konkrete Wahl ist unerheblich. Der Null entspricht einfach ein leeres Feld auf dem Band. Eine Kombination dieser beiden Zeichen nennt man eine

Kette. Diese hat immer eine *endliche* Länge. Am Anfang und am Ende einer Kette steht immer eine Eins. Links und rechts der Kette gibt es unendlich viele Leerfelder. Jetzt kommt der Kopf des Papiercomputers zum Einsatz, der sich immer *in einem bestimmten Zustand* befindet. Die Anzahl der Zustände ist wieder *endlich*. Der Kopf liest genau ein Feld aus. Er erkennt das dort geschriebene Symbol und reagiert dann in unterschiedlicher Weise: Er kann das Feld unverändert lassen. Oder er löscht das dort stehende Symbol und ersetzt es durch das andere. Dann geht der Kopf nach links oder rechts. Sein Zustand wechselt in einen anderen, oder er bleibt unverändert. Mit dem nächsten Kästchen verfährt er in vergleichbarer Weise. Von außen betrachtet sehen wir also ein kleines Maschinchen, das über dem Band einen merkwürdigen Tanz vollführt. Es kommt erst zur Ruhe, wenn die Berechnung abgeschlossen ist. Wer choreografiert diesen geheimnisvollen Tanz? Es existieren mehrere maßgebliche Einflussgrößen: Auf der einen Seite gibt es die Symbole der Kette, die die Maschine einliest. Darüber hinaus ist die sogenannte *Maschinentafel* maßgeblich. Das ist eine strikte Handlungsvorschrift im Inneren der Maschine. Diese schreibt vor, wie sich der Kopf verhält, wenn er in einem bestimmten Zustand ein bestimmtes Symbol einliest und in welchen Zustand er dann wechselt. Diese Dynamik lässt sich am besten formal beschreiben.

Eine Maschinentafel lässt sich durch eine Menge von *Quintupeln* beschreiben:

$$(z, s, s', b, z')$$

Ein Quintupel wird sukzessive von links nach rechts gelesen. Angenommen, die Maschine befindet sich im Zustand z. Im Arbeitsfeld liest sie nun das Symbol s ein. Im nächsten Schritt ersetzt der Kopf s durch s'. Der Wert der Variable b legt fest, ob die Maschine um einen Schritt nach links oder rechts geht. Bevor auf dem neuen Feld das Prozedere erneut beginnt, ändert sich der innere Zustand noch von z zu z'.

Genau genommen handelt es sich hier also um einen funktiona-

len Zusammenhang, der an einen Automaten erinnert. Die Einga-
begrößen sind z und s, während b, s' und z' die Ausgabegrößen darstellen:

$$(z, s) \rightarrow (s', b, z')$$

Es ist offensichtlich, dass es im Universum der *Turing-Maschine* (das
ist der Name dieses ideell-abstrakten Konzepts) keinen Zufall gibt.
Sie funktioniert vollständig deterministisch. Und sie wirkt in ihrer
Machart ziemlich primitiv.

Doch dieser Eindruck täuscht. Im Kern handelt es sich um eine
theoretische Fassung heutiger Computer. Auch wenn diese billionenmal schneller kalkulieren können als der käferartige Kopf, der
ruckelnd über das Band kriecht, die Menge der Funktionen, die
sich mit einem High-End-Computer oder dieser simpel anmutenden Papiermaschine berechnen lässt, ist identisch. Im Kern
liefert die Turing-Maschine sogar eine exakte Fassung des algorithmischen Verfahrens. Ein Algorithmus ist nämlich eine streng
systematische Vorgehensweise, eine endliche Folge von eindeutig
gefassten Elementaranweisungen, die den Lösungsweg eines Problems exakt und vollständig beschreibt (Ziegenbalg 1997, 23). Da die
Turing-Maschine einen Algorithmus exakt spezifiziert, liefert sie
im nächsten Schritt auch eine begriffliche Verschärfung des intuitiv
gegebenen *Berechenbarkeitsbegriffs*. Diese begriffliche Verschärfung
findet ihren Niederschlag in der sogenannten *Church-Turing-These*:
Alle in einem intuitiven Sinne effektiv berechenbaren Funktionen
sind Turing-berechenbar (Wehr 2002, 175). Was kann man sich unter Turing-Berechenbarkeit vorstellen?

Natürliche Zahlen können einfach durch Folgen von Einsen auf
dem Band dargestellt werden. Diese Folge n' wäre dann der sogenannte Repräsentant der Zahl n. Eine Folge natürlicher Zahlen
würde auf dem Band durch $n'_1 0 n'_2 0 ... 0 n'_k$ dargestellt.

Eine k-stellige Funktion f heißt genau Turing-berechenbar, wenn
es eine Turing-Maschine T mit der folgenden Eigenschaft gibt:
Wenn T im Anfangszustand z_0 den ersten Strich der gerade beschriebenen Kette liest und f für $(n_1, n_2, ..n_k)$ definiert ist, dann hält

die Maschine nach einer bestimmten Zeit an. Auf dem Band bewundern wir das Ergebnis, den Repräsentanten von f $(n_1, n_2, .. n_k)$. Links und rechts des Repräsentanten befinden sich unendlich viele Leerzeichen. Der Kopf der Maschine ruht über dem ersten Symbol des Repräsentanten.

Eine Funktion f ist also genau dann Turing-berechenbar, wenn es eine Turing-Maschine T gibt, die für jede Argumentfolge den Repräsentanten dieser Folge auf dem Band in endlich vielen Schritten in einen Repräsentanten der Funktionswertfolge umschreibt.

Denken wir noch einmal an das schriftliche Summieren zweier Zahlen. Die Summanden werden mit Einsen auf dem Band kodiert (Repräsentanten). Dann programmiert man eine Maschinentafel für die Addition, eine beliebte Übung für Informatikstudenten, und lässt diese spezielle Turing-Maschine auf die Zahlenkette los. Wenn die Berechnung beendet ist, ruht der Kopf, und das Ergebnis steht auf dem Band. Um nun den Bogen zu der erstaunlichen Einsicht zu schlagen, *dass es in diesem Universum vermeintlicher mathematischer Gewissheiten fundamentale Ungewissheiten gibt,* müssen wir auf die sogenannte *universelle Turing-Maschine* zu sprechen kommen. Wir haben gesehen, dass die Maschinentafel, eine endliche Menge von Quintupeln, die Turing-Maschine T vollständig beschreibt. Diese Menge von Quintupeln können wir nun wiederum in einer großen natürlichen Zahl kodieren.

Der Repräsentant dieser Zahl kann nun als Teil eines umfassenden Inputs auf das Band der universellen Turing-Maschine U geschrieben werden. Schreibt man nun neben diese Folge die *Argumente,* auf deren Grundlage T seine Rechnung vollzogen hätte, dann kommt U zu dem gleichen Ergebnis wie T. Die universelle Turing-Maschine ist damit so etwas wie ein perfekter Imitationskünstler. Sie kann jede nur denkbare Turing-Maschine nachahmen.

Ohne dieses Thema weiter zu vertiefen, sehen wir uns mit einem erstaunlichen Resultat konfrontiert! Jeder handelsübliche Computer ist vom Prinzip her eine universelle Turing-Maschine! Dazu muss man allerdings fordern, dass er genügend Speicherplatz besitzt und alle Zeit der Welt hat, um die notwendigen Berechnungen durchzuführen. Ist diese Forderung gegeben, kann prinzipiell jeder Computer jeden anderen Computer simulieren. Deshalb hat ein alter Atari-Rechner aus den 70er-Jahren des letzten Jahrhunderts im Prinzip dieselben Möglichkeiten, aber auch Grenzen wie die leistungsfähigsten Supercomputer unserer Tage.

Noch einmal in aller Deutlichkeit: Alle modernen programmierbaren Rechner sind materielle Konkretisierungen der von Turing erdachten Turing-Maschine, einer abstrakten mathematischen Konstruktion.

Doch jetzt scheint es einen Widerspruch zu geben: Diese ideellen Maschinen ticken wie Uhrwerke. Wie soll es in dieser Welt folgerichtigen mathematischen Funktionierens Raum für Ungewissheit geben? Dazu muss man *aus dem System heraustreten* und Fragen an das System stellen. Das meinte ich weiter oben mit der Einnahme der Vogelperspektive. Ein solcher Perspektivwechsel ist das Hoheitsgebiet der sogenannten *Metamathematik*. Die Metamathematik bewegt sich *nicht* auf der Ebene konkreter Berechnungen. Sie stellt zum Beispiel die Frage, ob alle Funktionen Turing-berechenbar seien. Und wenn das nicht der Fall wäre, würde man gerne wissen, wie groß und umfassend diese Klasse ist. Diese harmlos klingenden Fragen bergen eine ungeheure Sprengkraft! Wären etwa alle denkbaren Funktionen Turing-berechenbar (was nicht der Fall ist) und ließe sich das menschliche Gehirn durch eine solche mathematisch beschreiben, wäre die Frage nach dem freien Willen entschieden. Turings Modellsystem ist absolut deterministisch. Das mag ein harter Schlag sein. Aber dann könnten wir Menschen als »Simulationen« unserer selbst prinzipiell in einem Computer heimisch werden. Das immer noch hölzern-naiv anmutende *Metaversum* von Mark Zuckerberg wäre in dieser Lesart prinzipiell denkbar, und die gegenwärtigen Defizite wären allein der noch nicht ausgereiften Technologie unserer Zeit geschuldet. Mit wachsender technischer Expertise ließe sich das Metaversum den wirklichen Begebenheiten immer weiter anpassen, wobei zusätzlich noch die Möglichkeit bestünde, fantastische Welten zu kreieren, die die Grenzen unserer vertrauten Erkenntnisräume sprengen würden. Der Umkehrschluss wäre allerdings genauso gravierend. Wäre das menschliche Gehirn nicht Turing-berechenbar, zerfielen all die hochtrabenden Spekulationen von eingebildeten Visionären wie Mark Zuckerberg, Ray Kurzweil oder Yuval Noah Harari zu Staub, und wir würden uns auch in Zukunft in großen Teilen mit dem vertrauten wirklichen Leben bescheiden müssen. Die angekündigten künstlichen Paradiese blieben aus prinzipiellen Gründen limitierte Projektionen einer Welt, die sich in ihrer umfassenden Komplexität im Datenraum nicht einfangen ließe.

Die Frage, wie umfassend die Klasse Turing-berechenbarer Funktionen ist, birgt also Abgründe, die aber nicht das Thema dieses Buches sind.

Hier interessiert uns die Frage, in welcher Weise die theoretische Wissenschaft der Algorithmik unsere Welt nicht nur vereinfachen, sondern auch verkomplizieren kann. Die Antwort beinhaltet mehrere wichtige Aspekte. Wir werden hier besonders einen in den Fokus nehmen: Bei komplexen Programmen, also auf dem Computer implementierten Algorithmen, lässt sich prinzipiell nicht sicherstellen, dass sie fehlerfrei laufen. Genau genommen haben wir die Funktionsweise der Turing-Maschine in der obigen Darstellung nämlich an einer entscheidenden Stelle idealisiert. Wir sind unausgesprochen davon ausgegangen, dass die Maschine, nachdem sie die Daten auf dem Band eingelesen und umgewandelt hat, *nach einer bestimmten Zeit anhält, wobei dann das Ergebnis auf dem Band zu bewundern ist.* Diese Idealisierung entspricht leider nicht der Realität. Die Frage, ob eine Turing-Maschine oder eben ein komplexes Programm, das auf einem Computer läuft, wie gefordert für *alle Eingaben* in einer endlichen Zeit zu einem Ergebnis kommt, lässt sich nämlich nicht immer eindeutig beantworten. So gibt es Maschinen, die zu einem Ergebnis kommen, andere aber laufen unendlich lange weiter. Das ist unbefriedigend. Gibt es denn wenigstens ein algorithmisches Verfahren, mit dessen Hilfe sich *im Vorhinein* immer festlegen ließe, ob eine spezielle Turing-Maschine T bei gegebenem Input n anhalten wird oder nicht? Man hätte also gerne so etwas wie einen *Prognosealgorithmus* P, der die Maschine T und ihren

Input *supervisiert* und dann die gewünschte Antwort liefert. Turing bewies, dass es einen solchen leider nicht gibt. Hier ist eine Beweisskizze:

Wir unterstellen, es gäbe eine solche prophetische Maschine P. Sie soll stoppen, wenn T über dem Input n, das ist T(n), *nicht* zu einem Ende kommt.

Wir fordern, dass P *korrekt* arbeitet. P kommt also nie zu falschen Ergebnissen!

Wir sagten, dass Turing-Maschinen eine Präzisierung des intuitiven Berechenbarkeitsbegriffs sind. Die Prognosemaschine P soll nun auf *alle* von Turing-Maschinen durchführbaren Rechnungen, *also die Menge der berechenbaren Funktionen*, anwendbar sein. Die durch unterschiedliche Turing-Maschinen darstellbaren Berechnungen nennen wir T_1, T_2, ...

T_q sei die Bezeichnung für die q-te Rechenvorschrift. Diese Berechnung angewendet auf das spezielle Argument n wird als $T_q(n)$ dargestellt.

Es sei noch einmal betont, dass sich in unserer Liste *alle* Turing-Maschinen befinden. Außerdem ist die Erstellung einer solchen Liste selbst ein berechenbarer Prozess.

P soll nun in Abhängigkeit von den Variablen q und n entscheiden, ob die betreffende Turing-Maschine hält oder nicht. Die entsprechende Berechnung heiße P(q,n). Es gilt:

Wenn P(q,n) hält, läuft $T_q(n)$ ewig weiter.

Jetzt betrachten wir die n-te Turing-Maschine T_n. Damit erfährt die gerade gemachte Forderung eine Spezifizierung:

Wenn P(n,n) hält, läuft $T_n(n)$ ewig weiter.

Aufgepasst! *P hängt jetzt nur noch von der einen Variablen n ab.* Dieser Algorithmus muss sich laut Voraussetzung deshalb selbst als Turing-Maschine in unserer Liste finden lassen! Diese umfasst ja *alle denkbaren Berechnungen*, angewendet auf eine Variable n. Wir nehmen im nächsten Schritt an, dass P(n,n) in der Liste der speziellen Maschine $T_k(n)$ entspricht:

$$P(n,n) = T_k(n)$$

Jetzt setzen wir den *konkreten Wert k* in die Variable n ein:

$$P(k,k) = T_k(k)$$

Wir erhalten:

Wenn P(k,k) anhält, dann läuft $T_k(k)$ ewig weiter.

Wir sagten aber gerade, dass P(k,k) und $T_k(k)$ identisch sind. Wenn wir P(k,k) durch $T_k(k)$ substituieren, erhalten wir einen Widerspruch:

Wenn $T_k(k)$ anhält, läuft $T_k(k)$ ewig weiter.

Daraus folgt, dass die anfänglich gemachte Annahme falsch sein muss! Es kann keinen omnipotenten Prognosealgorithmus P geben, der die gewünschten Eigenschaften besitzt. Das hat für die Metamathematik zur Konsequenz, dass das sogenannte *Entscheidungsproblem* nicht lösbar ist. Es lässt sich nicht mit Sicherheit entscheiden, ob in einem formalen System hinreichender Größe eine mathematische Aussage ableitbar ist oder nicht. Diesen Punkt brauchen wir hier allerdings nicht zu vertiefen.

An dieser Stelle ist wichtiger, dass der sogenannten *Programmverifikation* prinzipielle Grenzen gesetzt sind. Diese Grenzen erfahren durch den sogenannten Satz von Rice noch eine weitere Verschärfung (Hoffmann 2011). In der Praxis folgt daraus, dass sich bei komplexen Programmen *nicht prinzipiell* garantieren lässt, dass sie die von den Entwicklern avisierten Ziele mit Sicherheit erreichen.

Die Entwickler wären natürlich gerne sicher, dass Programme immer genau das tun, was sie von diesen erwarten. Ein solcher Anspruch, *allumfassend* formuliert, ist wegen der Arbeit von Turing aber nicht einlösbar! *Man muss immer auf Überraschungen gefasst sein!* So wie sich nicht mit Sicherheit entscheiden lässt, ob ein Programm stoppt, lässt sich auch nicht garantieren, dass es in der Zukunft Dinge macht, die nicht vorgesehen waren. Komplexe Algorithmen, für Außenstehende der Inbegriff von Planbarkeit und Berechenbarkeit, beinhalten unter Umständen also ein gerüttelt Maß an Unvorhersehbarkeit. Das kann für unsere Welt Folgen haben, vor allen Dingen, wenn diese Algorithmen im Verborgenen arbeiten und weder deren genaue Funktionsweise noch ihre komplizierten Interdependenzen bekannt sind.

Nachwort

Das Schreiben eines jeden Buches ist ein Auswahlprozess. Bei diesem Buch fing das bereits mit der Begrifflichkeit des Komplexen an. Schon 1995 beklagte der Wissenschaftsjournalist John Horgan bitter, dass man im Dschungel der Begriffe völlig den Überblick verlöre (Horgan 1995). Bereits zu seiner Zeit gab es über 30 Definitionen für Komplexität! Bis heute sind es nicht weniger geworden. Ich habe mich nach langer Überlegung entschlossen, die algorithmische Informationstheorie und die Theorie der Berechenbarkeit in das Zentrum des Buches zu stellen, ohne diese Theorien explizit auszurollen, da sie sich nach meinem Dafürhalten am besten eignen, den unterschiedlichen Komplexitätsfallen »ein Gesicht zu geben«.

Mancher Leser mag sich nun wundern, dass wichtige Themen in diesem Buch nicht zur Sprache gekommen sind, etwa die Gefahren der Hochtechnologie oder die Brisanz der weltweiten Verbreitung von Kernwaffen. Der Grund ist dem Umstand geschuldet, dass es zu diesen Themen schon exzellente Bücher gibt. Ich denke etwa an *Ganz normale Katastrophen – Die unvermeidbaren Risiken der Großtechnik von Charles Perrow* (Perrow 1989). Auch bin ich nicht auf die *Risikogesellschaft* von Ulrich Beck eingegangen, da ich der Meinung bin, dass sich das Rad der Geschichte seit 1986 mit großer Geschwindigkeit weitergedreht hat, und mir die heutigen Gefahren der damals noch nicht existierenden Babelwelt wichtiger waren (Beck 1986).

Zum Schluss möchte ich mich natürlich noch bedanken, an allererster Stelle bei meiner Familie, die mir immer Ruhe, Stabilität und emotionale Geborgenheit gibt. Bedanken möchte ich mich auch bei Bernhard Pörksen, der den Anstoß gab, dieses Buch zu schreiben. Ganz wichtig sind mir aber auch meine Freunde, ausgemachte Spezialisten, die immer wieder Teile des Buchs gelesen haben und deren Rat ich sehr schätze: Ich danke Bettina Handel, Martin Bleif, Stephan Dörr, Philipp Louis, Niels Birbaumer, Thomas Lange und

Vandad Sohrabi. Ich danke auch meinem Lektor Wolfgang Hörner, dessen konstruktive und immer begründete Kritik ein wahrer Luxus ist. Und ich freue mich sehr, dass Anna Koitschev die Grafiken für dieses Buch erstellt hat. Meine Freunde und meine Familie lehren mich täglich, dass man im Kampf mit dem Komplexen zusammenhalten muss. Alleine ist man verloren.

Anmerkungen

1   Den Spezialisten wird nicht entgehen, dass sich hinter den Komplexitätsfallen erster und zweiter Art in diesem Buch zwei etablierte Theorien verbergen, die aus Platzgründen aber nicht in extenso ausgerollt werden. Stattdessen werden nur die für uns wesentlichen Aspekte ins Licht gestellt.

Den Komplexitätsfallen erster Art unterliegen vor allen Dingen die Chaostheorie sowie die algorithmische Informationstheorie. Die Komplexitätsfallen zweiter Art werden durch die Theorie der Berechenbarkeit verstehbar (NP-Vollständigkeit). Wer Interesse hat, in die Chaostheorie tiefer einzusteigen, dem sei das Buch von Heinz-Otto Peitgen, Hartmut Jürgens und Dietmar Saupe empfohlen (Peitgen u. a. 1994). Als Fundgrube für die Mathematik der Fraktale muss man den Wissenschaftsklassiker von Benoît Mandelbrot nennen (Mandelbrot 1987). Für die Theorie der Berechenbarkeit empfehlen sich vor allen Dingen die Bücher von David Harel (Harel 2002/2010), und furchtlose Leser können auch zu dem umfassenden Werk von Christopher Moore und Stephan Mertens greifen (Moore/Mertens 2011). Es sei allerdings betont, dass mehrere Phänomene, die in diesem Buch beschrieben werden, nur durch *Kopplungen* der angeführten Theorien verstehbar werden.

2   Der Historiker Niall Ferguson spricht in seinem Buch *Doom*, das sich mit Katastrophen aller Art beschäftigt, bei den besonders verheerenden von sogenannten *Drachenkönigen* (Ferguson 2021). Diese Megakatastrophen zeichnen sich allein durch den *Grad der Verwüstung aus*.

Das ist der wesentliche Unterschied zu Unglücken, die in diesem Buch als *Komplexitätsmonster* bezeichnet werden. Für diese sind die *speziellen Entstehungsbedingungen* kennzeichnend.

Komplexitätsmonster kommen durch das Wechselspiel natürlicher und künstlicher Komplexitätsfallen zustande. Sie sind eigentlich nicht zu analysieren, vor allen Dingen nicht im Moment ihres Entstehens. Was ihr Zerstörungspotenzial angeht, können Komplexitätsmonster durchaus Drachenkönige sein. Sie müssen es aber nicht.

3   *Wirklichkeit* wird in unserem Zusammenhang also, genau wie der Begriff nahelegt, durch *Wirkungen* definiert, wobei über deren spezielle Natur erst mal keinerlei Klarheit existieren muss. Unabhängig von der bekannten physikalischen Definition, Wirkungen als Produkte von *Energien und Zeiten* oder *Impulsen und Längen* aufzufassen, läge es nah, diese operational zu definieren. Dann existierte eine Wirkung, wenn *im Prinzip* Veränderungen auf ein Testobjekt feststellbar wären, würde man sie hinzufügen oder auch eliminieren. Da diese Prozesse wechselseitig funktionieren, sprechen wir von *Wechselwirkungen*.

4   In der klassischen Physik wird die Verwendung reeller Zahlen mit ihren meist
    unendlichen Dezimalentwicklungen wenig hinterfragt. Das ist ein Versäumnis,
    welches sich in der Chaostheorie offenbart, die zur klassischen Physik gehört.
    Dort sind reelle Zahlen für die Theorie konstitutiv (Ford 1989). Dies steht aber
    in direktem Widerspruch zur Quantenmechanik (Wehr 2002). So lassen sich
    im Rahmen dieser Theorie etwa Orte nicht beliebig genau festlegen, da Orts-
    bestimmungen in letzter Konsequenz durch die sogenannte Planck-Länge limi-
    tiert sind. Nach meinem Verständnis sind die in diesem Kontext auftauchenden
    Probleme ungelöst.

5   Die Anwendung eines Zufallsprozesses, etwa das Werfen einer Münze oder eines
    Würfels, muss *nicht zwangsläufig* zu einer Zufallsfolge führen. Es sind auch ge-
    ordnete Verteilungen denkbar. Nur sind diese, vor allen Dingen bei langen Wurf-
    sequenzen, im Vergleich zu Zufallsfolgen fast beliebig unwahrscheinlich. So
    wäre etwa die Wahrscheinlichkeit 50 000 mal mit einer Münze hintereinander
    Kopf zu werfen $P = 1/2^{50000}$. Das ist eine unfassbar kleine Wahrscheinlichkeit im
    Vergleich zu der, irgendeine Zufallsfolge zu werfen.

6   Mikroben sind Kleinstlebewesen wie Bakterien, Pilze oder Protozoen. In unse-
    rem Zusammenhang interessiert nur die Größe. Die Größe von Bakterien liegt
    im Schnitt bei einem Mikrometer. Das ist der millionste Teil eines Meters. Diese
    Größe nehmen wir also auch für das U-Boot an.

7   Es sei darauf hingewiesen, dass Berry seine mathematische Ableitung nicht am
    Beispiel des Sinai-Billards machte. Er betrachtete miteinander kollidierende
    Kugeln, die auf Störungen noch empfindlicher reagieren (Wehr 1992, 32).

8   Das Bild der kochenden Feijoada lässt sich natürlich nicht eins zu eins auf die
    Entstehung von Erdbeben übertragen. Das blubbernde Gericht ist viel zu dy-
    namisch im Vergleich mit den tellurischen Vorgängen, die sich im Inneren der
    Erde quasi in Zeitlupe abspielen. Auch ist eine platzende Blase nicht dasselbe
    wie ein Erdbeben. Es geht in diesem Bild nur darum zu zeigen, dass unter-
    schiedlichste Komponenten mit ganz verschiedenen Materialeigenschaften in
    dynamischer Bewegung in unvorhersehbarer Weise interagieren.

9   In der theoretischen Informatik gibt es einen vergleichbar paradox wirkenden
    Sachverhalt, der *Chaitins Gesetz* genannt wird. Wir erwähnten, dass die Komple-
    xität einer beliebigen Zahlenfolge der *Länge* des Algorithmus entspricht, welcher
    in der Lage ist, die Zahlenfolge zu generieren.
    Gregory Chaitin bewies nun, *dass fast alle Zahlenfolgen Zufallsfolgen sind!* Es gibt so
    gut wie nie kürzere Algorithmen, die diese Folgen ausdrucken. Man kann sie nur
    einfach kopieren. Der Tatsache, dass fast alle Zahlen Zufallsfolgen sind, steht
    aber ein irritierender Sachverhalt gegenüber: Ist eine beliebige Zahlenfolge ge-
    geben, ist es nur in Ausnahmefällen möglich, zu beweisen, dass sie zufällig ist
    (Chaitin 1975). Auch hier gibt es wie beim Braitenbergschen Gesetz eine Asym-
    metrie zwischen Synthese und Analyse.

10 Es muss betont werden, dass das angeführte Beispiel stark vereinfacht ist. Die
    Strategien großer Banken und Vermögensverwalter und die mathematischen

Modelle, in denen sich diese Strategien spiegeln, sind wesentlich komplizierter. So bemüht man sich etwa, das Depot gegen unvorhersehbare Kursschwankungen abzusichern. Es wird *gehedgt*, wie man sagt. Liegen große Wertpapierbestände im Depot, dann erwerben die Finanzspezialisten zusätzlich sogenannte Hebelpapiere. Eine Möglichkeit besteht darin, solche Papiere zu kaufen, deren Kurs stark steigt, wenn die eingelagerten Aktien einen Kursverlust erleiden. Somit werden Verluste begrenzt, da die Hebelpapiere eine Pufferfunktion haben. Das hört sich beruhigend an und suggeriert Planbarkeit. Das beschriebene Problem bleibt aber virulent, egal was man tut. Trotz des raffinierten Puffersystems haben wir es mit einer modellartigen Beschreibung der Wirklichkeit zu tun. Es bleibt die entscheidende Frage, ob sie angemessen ist oder nicht.

11 Der Gesamtenergiebedarf in Deutschland ist etwa um den Faktor fünf größer als die Energie, die durch Strom zur Verfügung gestellt wird. Das ist ein wichtiger Punkt, der in der Diskussion nicht immer berücksichtigt wird. Würde man die Energiewende konsequent betreiben, dann müssten auch die im Text angeführten Zahlen, also Energiemengen und Preise, mit fünf multipliziert werden.

12 Ich kritisiere, dass die deutsche Energiewende perspektivisch fast ausschließlich auf Wind und Sonne setzt und deshalb das Land störanfällig macht. In vergleichbarer Weise muss man eine Energieversorgung missbilligen, die, wie etwa in Frankreich, in großem Maße die Kernkraft favorisiert. Würden nämlich, wie 1431 geschehen, alle Flüsse zufrieren, ließen sich die Atommeiler nicht mehr kühlen.

13 Um die Argumentation verständlich zu machen, wagen wir ein Gedankenexperiment. Wir betrachten zuerst einen zehnflächigen Würfel, der die Ziffern von Null bis Neun trägt. Die Zahlen stehen für einen bestimmten Energiebetrag pro Tag, der durch Wind und Sonne ins Netz eingespeist wird. Einer Folge von Würfen entspricht also einer Serie von Tagen mit einer vom Zufall gesteuerten Einspeisung. Wir verabreden, dass mit dem Wurf einer Fünf die benötigte Energie in Deutschland für diesen Tag gedeckt ist. Des Weiteren gibt es eine Urne, die als Speicher fungiert. Die Urne wird gefüllt, wenn die gefallene Augenzahl größer ist als fünf (Überdeckung). Die Anzahl der Kugeln, die in den Speicher gelegt wird, ergibt sich aus der Differenz von fünf zu der größeren Zahl. Wird zum Beispiel eine Acht gewürfelt, dann werden dem Inhalt der Urne drei Kugeln hinzugefügt. Ist die Anzahl aber kleiner als fünf, muss die Differenz mit Kugeln aus der Urne aufgefüllt werden (Unterdeckung). Schlüsselfrage: Gibt es eine Anzahl von Kugeln in der Urne (Speichervolumen), die sicherstellt, dass es bei jeder denkbaren Dynamik (Folge der gefallenen Würfel) nie dazu kommt, dass sich die Urne vollständig leert? In dieser Form des Gedankenexperiments ist die Antwort klar: Es lassen sich immer Dynamiken denken, die die Urne in Abhängigkeit vom Füllgrad leeren, solange die Sättigungsgrenze über eins liegt. Es ist eine sehr interessante Frage, ob sich das ändert, wenn man das Gedankenexperiment den realen Bedingungen besser anpasst. Dazu müsste der Würfel in Abhängigkeit von den realen Zyklen, denen das Wetter unterliegt, »gezinkt« werden. So

würden im Sommer tendenziell höhere Zahlen fallen, im Winter niedrigere. Ich vermute, dass es Speicherstände gäbe, die es unwahrscheinlich machen, dass plötzlich keine Energie mehr vorhanden ist. Ich glaube aber auch, dass diese extrem hoch sein müssten, um in allen denkbaren Fällen auf der sicheren Seite zu sein.

14 Das Klima gehört in seinen extremen Ausformungen zu den natürlichen Komplexitätsfallen. Durch den Eintrag von Klimagasen, etwa CO_2, NO_x oder FCKW, gibt es allerdings einen menschlichen Einfluss auf das Klima, der in der Entwicklung zu berücksichtigen ist. Der auf diese Weise bedingte anthropogene Klimawandel ist dann im Rahmen der hier verwendeten Terminologie ein bemerkenswerter Sonderfall einer hybriden Komplexitätsfalle. Diese zeichnet sich eigentlich dadurch aus, dass eine natürliche Katastrophe mit einer vom Menschen geschaffenen sensiblen Infrastruktur interagiert. Beim Klimawandel verhält es sich jedoch andersherum: Die von Menschen produzierten Emissionen beeinflussen ein eigentlich chaotisches natürliches System, das Klima, das sich ändert, wobei die Änderungen wiederum auf die Lebensbedingungen der Menschen zurückwirken.

15 Ich rede in diesem Kontext darüber, wie wissenschaftliche Gesetze »klassischer Bauart« funktionieren. Es sei aber darauf hingewiesen, dass es Strömungen gibt, die diesen Ansatz für obsolet halten und glauben, in Zukunft nur noch mit statistischen Korrelationen auskommen zu können, und so eine ganz neue Wissenschaft erschaffen. Das Mittel der Wahl ist in diesem Zusammenhang der Computer, vor allen Dingen neuronale Netze. Trotzdem ist natürlich Bedingung, dass es Regelhaftigkeiten gibt, andernfalls ließen sich keine validen Korrelationen ermitteln (Wehr 2016).

Glossar

autoinflammatorische Systeme: Der Begriff *Autoinflammation* kommt aus der Medizin. Er bezeichnet eine überschießende Immunreaktion, die zu einer Entzündungsreaktion führt, anstatt diese zu bekämpfen. Diese selbstreferenzielle Dynamik führt die eigentliche Funktionsweise des Immunsystems ad absurdum. Eine vergleichbare »überschießende« Dynamik ist auch in Welt Zwei denkbar. Da ist zum einen die Tatsache, dass Algorithmen, auf Supercomputern implementiert, nach vorgegebenen Regeln große Summen Kapitals verschieben. Diese reagieren in einem globalen Kommunikationsraum nicht unabhängig voneinander, sondern beeinflussen sich gegenseitig. Des Weiteren bleiben diese Interdependenzen weder unbeobachtet noch unkommentiert. In einem weltumspannenden Nachrichtennetz, das in nicht unwesentlichen Teilen aus Echokammern besteht, kann es dann zu Herdeneffekten wie Panik oder Gier kommen, die wiederum mit Kauf- oder Verkaufsentscheidungen verbunden sind. Das sind Signale, die erneut von den Algorithmen gemäß ihren Vorgaben interpretiert werden. Eine solche Dynamik kann sich beruhigen. Es ist aber auch möglich, dass sie sich zu einer Resonanzkatastrophe aufschaukelt, sodass eine anfänglich kleine Ursache eine große Wirkung entfaltet.

Beobachtungsraumzeit (BRZ): Eine spezifische Beobachtungsraumzeit wird zuerst einmal durch die zur Verfügung stehenden Sinnesorgane definiert, mit denen etwa ein Organismus *bestimmte Teile* der Wirklichkeit wahrnimmt. Die Beobachtungsraumzeiten verschiedener Organismen werden aber nicht nur durch die Spezifität der Sinnesmodalitäten beschrieben, sondern auch durch deren prinzipiell vorhandene *Beobachtungsgrenzen*. Jede Sinnesmodalität funktioniert nur im Rahmen gewisser energetischer sowie räumlicher und zeitlicher Grenzen. Das hat zur Folge, dass immer nur vergleichsweise kleine Teilbereiche einer umfassenderen Wirklichkeit wahrnehmbar sind. Zur Beobachtungsraumzeit (BRZ) gehören des Weiteren noch limitierte Verarbeitungs- und Speicherkapazitäten. Die Limitierungen der BRZ führen dazu, dass irreduzible Systeme nach einer bestimmten Zeit indeterministisch erscheinen.

Bild: Ein Bild ist das Ergebnis einer Abbildung. Eine Abbildung ist, wie in der Mathematik üblich, eine Zuordnungsvorschrift, die einem Gegenstand der Betrachtung ein Bild zuordnet. Ein Bild erfasst den Gegenstand in *einigen Beziehungen*, in anderen aber nicht. Das bedeutet, dass ein Bild, sieht man vom Spezialfall der identischen Abbildung ab, prinzipiell unvollständig ist.

chaotische Kopplung: Wenn ein irreduzibles System mit einem reduziblen, also bis dahin prognostizierbaren System koppelt, dann wird das Gesamtsystem irreduzibel. Das bedeutet, dass Irreduzibilität viral ist.

endophysikalisches Beobachtungsproblem: Im Bereich der klassischen Physik war man vor der Entwicklung der Chaostheorie der Meinung, dass der Beobachter das beobachtete System nicht wesentlich beeinflusst. Deshalb konnte man sich beide als voneinander getrennt vorstellen. Im Rahmen der Chaostheorie ist dieser Standpunkt unter gewissen Bedingungen nicht mehr haltbar. Beobachter und beobachtetes System verschmelzen dann in einem umfassenden Wechselwirkungszusammenhang. Das führt unvermeidlich zu Selbstbezüglichkeiten. So müsste der Beobachter schon im Moment der Beobachtung seine Beobachtung beobachten, um seine Wirkung auf das System zu hinterfragen. Dann käme es zur Beobachtung der Beobachtung der Beobachtung. Das führt in der Konsequenz zu einem infiniten Regress. Ein vergleichbares Problem existiert auch in anderen Zusammenhängen. Im computerisierten globalen Wirtschaftssystem begegnet man »prognostizierenden Algorithmen«, die ihren eigenen Einfluss prognostizieren müssten. Ein gleichfalls aussichtsloses Unterfangen.

kausales Wuchern: Je *länger* die Entwicklung eines Systems beobachtet wird, desto mehr müssen in der Beschreibung der Dynamik auch kleine Einflussgrößen berücksichtigt werden. Wenn die Systeme nur wenig empfindlich auf Störungen reagieren, ist das bei normalen Beobachtungszeiträumen kein Problem. Bei irreduziblen Systemen, die ein exponentielles Fehlerwachstum haben, verhält sich das allerdings anders. Dort kann das System schon in überschaubaren Beobachtungszeiträumen mit wachsender Zeit von immer kleineren Einwirkungen gestört werden. Deshalb kommt jeder prinzipiell denkbare Beobachter, egal ob Mensch oder Maschine, nach einer bestimmten Zeit an seine Grenzen. Die Wirkungen, die quantifiziert werden müssten, sind so schwach, dass sie sich nicht mehr messen lassen (BRZ). Es kommt zu einer Asymmetrie: Die Beschränktheit des Beobachters ist der umfassenden Komplexität der Dynamik nicht mehr gewachsen.

kausalkompakt: Ein System wird kausalkompakt, wenn nach Ablauf einer spezifischen Zeit alle beobachtbaren Einflussgrößen für die Entwicklung des Systems von Bedeutung sind und deshalb in einer umfassenden Beschreibung nicht vernachlässigt werden dürfen. Dadurch entsteht zwangsläufig ein endophysikalisches Beobachtungsproblem. Der Beobachter, der auch immer ein Wirkender ist, müsste sich in der Interdependenz mit dem Gegenstand der Beschreibung selbst beschreiben. Das ist unmöglich. Das System wird unbeschreibbar, und herkömmliche Kausalitätsvorstellungen verlieren ihre Bedeutung. Es lassen sich keine einzelnen Ursachen mehr herauspräparieren, die für eine klassische Ursache-Wirkungs-Beschreibung verwendet werden könnten.

instantane Omnipräsenz: Instantan bedeutet ohne Zeitverzug. Da Informationsübertragung mittlerweile fast mit Lichtgeschwindigkeit funktioniert, geschieht diese gemessen an menschlichen Maßstäben augenblicklich. Gleichzeitig sind Informationen fast überall auf der Welt zu empfangen, sie sind omnipräsent. Dadurch ergibt sich eine in der Menschheitsgeschichte bisher einmalige Situation: Egal, wo sich Sender und Empfänger befinden, sie sind im Bruchteil einer Sekunde miteinander in Verbindung. Genauso sind globale Nachrichtenströme ohne Zeitverzögerung für alle präsent.

irreduzibel: In der algorithmischen Informationstheorie ist eine Folge von Symbolen irreduzibel, wenn es *keinen* Algorithmus gibt, der die Folge generieren kann und dabei *kürzer* ist als die Folge selbst. Auf die Physik übertragen bedeutet das, dass die Dynamik eines Systems ihre eigene kürzeste Beschreibung ist. Die Systemzeit kann dann nicht kürzer sein als die Realzeit. Vorhersagen sind deshalb nicht möglich.

Realzeit: Das ist die Zeitdauer, die bei der Beobachtung des realen Prozesses mit einer Uhr gemessen wird, also etwa die Zeit, die eine Kugel benötigt, um eine Rinne hinunterzurollen.

reduzibel: Eine Folge von Symbolen lässt sich mit einem Algorithmus generieren, der kürzer ist als die Folge selbst. Im Rahmen der Physik kann die Dynamik eines Systems mittels kompakter Gesetze beschrieben werden. Man denke an Galileis Fallgesetz.

selbstentzündlich: Siehe autoinflammatorisch.

Simulation: Implementierung eines mathematischen Modells auf dem Computer mit dem Ziel, Informationen über mögliche zeitliche Entwicklungen eines Systems zu erhalten, wenn man im Modell gezielt Parameter und Zustandsgrößen variiert.

Systemzeit: Die Systemzeit bezieht sich hier auf die Dauer einer Simulation, wenn es darum geht, die Dynamik eines Realsystems für einen bestimmten Zeitraum zu berechnen. Ist es zum Beispiel das Ziel, das Wetter mit einem Hochleistungscomputer für einen Tag zu berechnen, dann beträgt die Realzeit der Dynamik 24 Stunden, während die Systemzeit einige Minuten in Anspruch nimmt.

Teil/Objekt: Im universellen Wechselwirkungszusammenhang Sigma besitzen die Grenzen der Beobachtungsraumzeit (BRZ) eine objektkonstituierende Funktion, da sie ein Objekt beziehungsweise einen Teil aus dem Wechselwirkungszusammenhang »herausschneiden«.

virulente Irreduzibilität: Koppelt ein irreduzibles System mit einem reduziblen, überträgt sich die Unvorhersehbarkeit des irreduziblen auf das Gesamtsystem.

zeitkompakt: Information ist überall (fast) ohne messbare Verzögerung erhältlich. Die früher für das Überbringen der Nachricht notwendige Zeit entfällt.

zeitkritisch: Ein System heißt zeitkritisch, wenn mit wachsender Beobachtungszeit die Einflüsse, die die Dynamik des Systems maßgeblich beeinflussen können, immer kleiner werden, bis sie vom Beobachter ab einem spezifischen Zeitpunkt nicht mehr gemessen werden können. In diesem speziellen Moment T_{BRZ} wird das System für den Beobachter zwangsweise indeterministisch und kann nicht mehr vorhergesagt werden. Der extremste Fall liegt vor, wenn das System im Moment T_{ALL} im allumfassenden Sinn kausalkompakt wird. Das bedeutet, dass das gesamte Universum zum Bedingungsgeflecht wird. Der kritische Zeitpunkt und die sich anschließend ergebende Kausalkompaktheit sind individuelle Signaturen der beobachteten Systeme und bilden eine Hierarchie aus. Die speziellen Zeitpunkte sind etwa für das Planetensystem, das Wetter oder ein Gas – alles irreduzible Systeme – völlig verschieden.

Quellen

Abulafia, D.: *Das Mittelmeer – Eine Biografie*, S. Fischer Verlag, Frankfurt a. M. 2013.

Adams, D.: *Per Anhalter durch die Galaxis*, Heyne, München 2009.

Alley, R. B.: *The Two-Mile Time Machine*, Princeton University Press, Princeton 2002.

Altenbach, H.: *Kontinuumsmechanik: Einführung in die materialunabhängigen und materialabhängigen Gleichungen*, Springer-Verlag, Heidelberg/Berlin 2018.

Beck, U.: *Risikogesellschaft – Auf dem Weg in eine andere Moderne*, Suhrkamp, Frankfurt a. M. 1986.

Becker, A.: *Was ist real? Das ungelöste Problem der Quantenphysik*, Springer Verlag, Heidelberg 2021.

Behringer, W.: *Thurn und Taxis – Die Geschichte ihrer Post und ihrer Unternehmen*, Piper Verlag, München 1990.

Behringer, W.: *Kulturgeschichte des Klimas – Von der Eiszeit bis zur globalen Erwärmung*, dtv, München 2011.

Benn, G.: *Gedichte*, Reclam Verlag, Stuttgart 2000.

Berlin, I.: *Freiheit. Vier Versuche*, Fischer Verlag, Frankfurt a. M. 1995.

Berry, M. V.: »Regular and Irregular Motion«, in: AIP Conference Proceedings No. 46 *Topics in Nonlinear Dynamics*, 95/96, New York 1978.

Birbaumer, N.: *Dein Gehirn weiß mehr als Du denkst – Neueste Erkenntnisse aus der Hirnforschung*, Ullstein Taschenbuch, Berlin 2015.

Bond, R., Fariss, C., Jones, J., et al.: »A 61-million-person Experiment in social Influence and political Mobilization«, *Nature* 489, 295–298, 2012.

Borges, J. L.: *Die Bibliothek von Babel*, Philipp Reclam junior, Stuttgart 1974.

Braitenberg, V.: *Vehicles – Experiments in synthetic Psychology*, MIT Press, Cambridge 1984.

Breidert, W. (Hrsg.): *Die Erschütterung der vollkommenen Welt – Die Wirkung des Erdbebens von Lissabon im Spiegel europäischer Zeitgenossen*, Wissenschaftliche Buchgesellschaft, Darmstadt 1994.

Bunge, M.: *Kausalität, Geschichte und Probleme*, Mohr Siebeck Verlag, Tübingen 1987.

Butz, A., Krüger, A.: *Mensch-Maschine Interaktion*, de Gruyter Verlag, Berlin/Boston 2017.

Camenisch, C., Keller K. M., Salvisberg, M., et al.: *The 1430s: A cold Period of extraordinary internal climate Variability during the early Spörer Minimum with social and economic Impacts in Northwestern and Central Europe*, 12, 2107–2126, 2016.

Chaitin, G. J.: »Randomness and mathematical Proof«, *Scientific American* 232, 47–52, 1975.

de Padova, T.: *Alles wird Zahl – Wie sich die Mathematik in der Renaissance neu erfand*, Piper Verlag, München 2023.

Diefenbach, S., Ulrich, D.: *Digitale Depression – Wie neue Medien unser Glücksempfinden verändern*, mvg Verlag, München 2016.

Dormehl, L.: *The Formula – How Algorithms solve all our Problems … and create more*, WH Allen – Imprint of Ebury Publishing, London 2014.

Draaisma, D.: *Das Buch des Vergessens – Warum Träume so schnell verloren gehen und Erinnerungen sich ständig verändern*, Verlag Galiani Berlin, Berlin 2012.

Dschuang Dsi: *Das wahre Buch vom südlichen Blütenland*, Diedrichs Verlag, München 1996.

Eibl-Eibesfeldt, I.: *Die Biologie des menschlichen Verhaltens – Grundriß der Humanethologie*, Piper Verlag, München 1984.

Einstein, A.: »Über die von der molekularkinetischen Theorie der Wärme geforderte Bewegung von in ruhenden Flüssigkeiten suspendierten Teilchen«, *Annalen der Physik* 17, 549–560, 1905.

Einstein, A.: »Quanten-Mechanik und Wirklichkeit«, *Dialectica* 2, 320–324, 1948.

Eisenstein, E. I.: *Die Druckerpresse: Kulturrevolutionen im frühen modernen Europa*, Springer Verlag, Wien/New York 1997.

Ferguson, N.: *Doom – Die großen Katastrophen der Vergangenheit und einige Lehren für die Zukunft*, DVA, München 2021.

Fitzharris,L.: *Der Horror der frühen Medizin – Joseph Listers Kampf gegen Kurpfuscher, Quacksalber und Knochenklempner*, Suhrkamp Verlag, Berlin 2018.

Flyvbjerk, B.: *Megaprojects and Risk: An Anatomy of Ambition*, Cambridge University Press, Cambridge 2003.

Ford, J.: »What is chaos, that we should be mindful of it?«, in: P. C. M. Davis (Hrsg.): *The new Physics*, Cambridge University Press, 348 -372, Cambridge 1989.

Fraser, J. T.: *Die Zeit – vertraut und fremd*, Birkhäuser Verlag, Basel/Boston/Berlin 1988.

Gao, C., Ludlow, F., et al: »Volcanic climate Impacts can act as ultimate and proximate Causes of Chinese dynastic Collapse«, 11.11.2021, Nature Communications Earth & Environment, doi:10.1038/s43247-021-00284-7.

Gerste, R. D.: *Wie das Wetter Geschichte macht – Katastrophen und Klimawandel von der Antike bis heute*, Klett-Cotta, Stuttgart 2015.

Gigerenzer, G.: *Risiko – Wie man die richtigen Entscheidungen trifft*, Zeitverlag, Hamburg 2016.

Gleick, J.: *Die Information. Geschichte – Theorie – Flut*, Redline Verlag, München 2011.

Graßmann, H.: *Das Denken und seine Zukunft – Von der Eigenart des Menschen*, Hoffmann und Campe, Hamburg 2001.

Haken, H.: *Synergetik: Eine Einführung. Nichtgleichgewichtsphasenübergänge und Selbstorganisation in Physik, Chemie und Biologie*, Springer Verlag, Berlin/Heidelberg 1990.

Harel, D.: *Das Affenpuzzle – und weitere bad News aus der Computerwelt*, Springer-Verlag, Berlin/Heidelberg 2002.

Harel, D., Feldman, Y.: *Algorithmik – Die Kunst des Rechnens*, Springer Verlag, Berlin/Heidelberg 2010.

Harris, L.: *Inside America*, Random House, New York 1987.

Hedrich, R.: *Komplexe und fundamentale Strukturen – Grenzen des Reduktionismus*, BI-Wissenschaftsverlag, Mannheim-Wien-Zürich 1990.

Hellwig, M.: »Stellungnahme für den Finanzausschuss des Deutschen Bundestages zum Antrag der Fraktion der FDP »Basel III Finalisierung – Kreditversorgung Deutschlands erhalten« vom 10. März 2020«, https://www.bundestag.de/

resource/blob/703722/4a564c6d1f10788301237511854047ea/05-Hellwig-data.pdf, abgerufen am 16.10.2023, 2020.

Hodges, A.: *Alan Turing, Enigma*, Kammerer & Unverzagt, Berlin 1989.

Hoffmann, D. W.: *Grenzen der Mathematik – Eine Reise durch die Kerngebiete der mathematischen Logik*, Spektrum Akademischer Verlag, Heidelberg 2011.

Horgan, J.: »Komplexität in der Krise«, *Spektrum der Wissenschaft* 9, 58 – 64, 1995.

Hoyle, F.: *Die schwarze Wolke*, Ullstein Verlag, Berlin 1977.

Ifrah, G.: *Die Zahlen – Die Geschichte einer großen Erfindung*, Campus Verlag, New York/Frankfurt a. M. 1992.

Janich, P.: *Das Maß der Dinge – Protophysik von Raum, Zeit und Materie*, Suhrkamp Verlag, Frankfurt a. M. 1997.

Janzing, B.: »Grüner Wasserstoff bleibt zu teuer«, *taz*, 16.10.2023, https://taz.de/Gefahr-fuer-die-Energiewende/!5963523/, aufgerufen am 28.10.2023.

Kahneman, D.: *Schnelles Denken, langsames Denken*, Siedler Verlag, München 2012.

Kirkpatrick, D.: *Der Facebookeffekt – Hinter den Kulissen des Internetgiganten*, Hanser Verlag, München 2011.

Klix, F.: *Erwachendes Denken – Geistige Leistungen aus evolutionspsychologischer Sicht*, Spektrum Akademischer Verlag, Heidelberg/Berlin/Oxford 1993.

Küchler, C., Bewley, G. P., Bogenschütz, E.: »Universal Velocity Statistics in Decaying Turbulence«, Phys. Re. Lett. 131, 024001, 2023.

Lanier, J.: *Dawn of the New Everything – Encounters with Reality and Virtual Reality*, Henry Holt and Company, New York 2017.

Laplace, P. S.: *Darstellung des Weltsystems*, 2 Bde., Frankfurt a. M. 1797.

Laplace, P. S.: *Philosophischer Versuch über die Wahrscheinlichkeit*, hrsg. von R. v. Mises, Akademische Verlagsgesellschaft, Leipzig 1932.

Lem, S.: *Solaris*, Ullstein Taschenbuch, Berlin 2021.

Maeda, J.: *The Laws of Simplicity – Design, Technology, Business, Life*, MIT Press, Cambridge-Massachusetts/London 2006.

Mandelbrot, B. B.: *Die fraktale Geometrie der Natur*, Birkhäuser Verlag, Basel/Boston 1987.

Mandelbrot, B. B., Hudson R. L.: *Fraktale und Finanzen – Märkte zwischen Risiko, Rendite und Ruin*, Piper Verlag, München 2008.

Mani, L., Tzachor, A., Cole, P.: »Global catastrophic risk from lower magnitude volcanic eruptions«, *Nature Communications* 12, Article number: 4756, 2021.

Mannweiler, A.: »Die First Lady und die Aktien«, *FAZ-Online*, https://www.faz.net/aktuell/finanzen/finanzmarkt/promis-beeinflussen-kurse-die-first-lady-und-die-aktien-17666156.html, 2021, aufgerufen am 15.10.2023.

Maxmen, A., Tollefson, J.: »Üben für den Ernstfall«, *Spektrum*, 24.8.2020, https://www.spektrum.de/news/covid-19-pandemiesimulationen-konnten-uns-nicht-vorbereiten/1761094, aufgerufen am 9.10.2023.

Maxwell, J. C.: *Matter and Motion* (1877), reprinted: Society for Promoting Christian Knowledge, London 1920.

Mitchell, J. M.: »Digitale Fotomanipulation«, *Spektrum der Wissenschaft* 4, 82 – 87, 1994.

Moore, C., Mertens, S.: *The Nature of Computation*, Oxford University Press, Oxford 2011.

Morozov, E.: *Smarte neue Welt – Digitale Technik und die Freiheit des Menschen*, Karl Blessing Verlag, München 2013.

O'Neil, C.: *Angriff der Algorithmen – Wie sie Wahlen manipulieren, Berufschancen zerstören und unsere Gesundheit gefährden*, Hanser Verlag, München 2021.

Peitgen, H. O., Jürgens, H., Saupe, D.: *Chaos – Bausteine der Ordnung*, Klett-Cotta, Stuttgart 1994.

Perrow, C.: *Normale Katastrophen – Die unvermeidbaren Risiken der Großtechnik*, Campus Verlag, Frankfurt/New York 1989.

Pinker, S.: *Aufklärung jetzt – Für Vernunft, Wissenschaft, Humanismus und Fortschritt. Eine Verteidigung*, S. Fischer Verlag, Frankfurt a. M. 2018.

Planck, M.: *Wege zur Physikalischen Erkenntnis – Reden und Vorträge*, Bd. 1, Hirzel Verlag, Leipzig 1943.

Poincaré, H.: *Sur le problème de trois corps et les équations de la dynamique*, F. & G. Beijer, Stockholm, 1890.

Popper, K. R.: »Indeterminism in Quantum Physics and in Classical Physics«, Brit. J. Phil. Sc. Vol. 1, No. 2, 117–133, 1951.

Poundstone, W.: *Im Labyrinth des Denkens*, Rowohlt Verlag, Reinbek bei Hamburg 1992.

Renn, O.: *Das Risikoparadox – Warum wir uns vor dem Falschen fürchten*, Fischer Taschenbuch, Frankfurt a. M. 2014.

Röhricht, S.: »Sieht so das neue Schönheitsideal für Männer aus?«, *FAZ-Net*, 6.10.2023, https://www.faz.net/aktuell/stil/leib-seele/gefaehrlicher-fitness-trend-foerdert-tiktok-den-muskelwahn-19208242.html, aufgerufen am 17.10.2023.

Romeike, F., Spitzner, J.: *Von Szenarioanalyse bis Wargaming – Betriebswirtschaftliche Simulation im Praxisansatz*, Wiley-VCH-Verlag, Weinheim 2013.

Rosling, H.: *Factfulness: Wie wir lernen die Welt so zu sehen, wie sie wirklich ist*, Ullstein Taschenbuchverlag, Berlin 2019.

Rössler, O. E.: *Endophysik, die Welt des inneren Beobachters*, Merve Verlag, Berlin 1992.

Sacks, O.: *Eine Anthropologin auf dem Mars – Sieben paradoxe Geschichten*, Rowohlt Taschenbuch, Hamburg 1997.

Saurrug, H., Unterauer, M.: *Blackout: Das Notfallvorsorgebuch für Österreich*, Seyfert Verlag, Wien 2022.

Schirrmacher, F.: »Plötzlich sind wir alle Zuschauer«, *FAZ*, 90, 27, 19.4.2010.

Schnurr, E. M.: »Die ganze Stadt war ein Grab«, *Spiegel Online*, https://www.spiegel.de/geschichte/mittelalter-pest-in-venedig-die-ganze-stadt-war-ein-grab-a-00000000-0002-0001-0000-000170874360, 2020, aufgerufen am 7.10.2023.

Schulz von Thun, F.: *Miteinander reden 1: Störungen und Klärungen: Allgemeine Psychologie der Kommunikation*, Rowohlt Verlag, Hamburg 1981.

Schwartz, B.: *Anleitung zur Unzufriedenheit – Warum weniger glücklicher macht*, Econ-Verlag, Berlin 2004.

Seligman, M. E. P.: *Helplessness: On Depression, Development and Death*, W. H. Freeman, San Francisco 1975.

Sherden, W. A.: *The Fortune Sellers – The Business of Buying and Selling Predictions*, Wiley, New York 1998.

Sigl, M., Toohey, M., McConnell, J. R., Cole-Dai, J., Severi, M.: »Volcanic stratospheric sulfur Injections and aerosol optical Depth during the Holocene (past 11 500 years) from a bipolar Ice-core Array«, *Earth Syst. Sci. Data*, 14, 3167–3196, 2022.

Silver, N.: *Die Berechnung der Zukunft – Warum die meisten Prognosen falsch sind und manche trotzdem zutreffen*, Heyne Verlag, München 2013.

Simon, H.: »Rational Choice and the Structure of the Environment«, in: *Psychological Review* 63, 129–138, 1956.

Smil, V.: *Wie die Welt wirklich funktioniert – Die fossilen Grundlagen unserer Zivilisation und die Zukunft der Menschheit*, C. H. Beck, München 2023.

Sohrabi, V.: *Die Risikoethik der Banken – Große Banken, Systemische Risiken und globale Finanzkrisen als Herausforderungen einer modernen Ethik des Risikos*, Mohr Siebeck, Tübingen 2020.

Staib, J.: »Bitte noch gendern, ansonsten Freigabe«, *FAZ-Net*, 10.3.2023, https://www.faz.net/aktuell/politik/inland/anne-spiegel-wegen-sms-protokollen-zur-flutkatastrophe-unter-druck-17867332.html, aufgerufen am 15.10.2023.

Stewart, I.: *Spielt Gott Roulette? Chaos in der Mathematik*, Birkhäuser Verlag, Basel/Boston/Berlin 1990.

Stiglitz, J.: »The Anatomy of a Murder. Who killed Americas's Economy?«, in: *Critical Review*, Band 21, Ausgabe 2–3, 329–339, 2009.

Taleb, N. N.: *Der schwarze Schwan – Die Macht höchst unwahrscheinlicher Ereignisse*, Hanser Verlag, München 2008.

Taleb, N. N.: *Antifragilität – Eine Anleitung für eine Welt, die wir nicht verstehen*, Knaus Verlag, München 2013.

Traub, J. F., Woźniakowski, H.: »Wege aus der Unberechenbarkeit«, *Spektrum der Wissenschaft*, 64–69, April 1994.

Vaillant, G. E.: *Triumphs of Experience: The Men of the Harvard Grant Study*, Belknap Press of Harvard University Press, Cambridge/Massachusetts 2012.

Weatherall, J. O.: *The Physics of Wallstreet – A brief History of predicting the Unpredictable*, Houghton Mifflin Harcourt, Boston/New York 2013.

Wehr, M.: *Fundamentale Unschärfe in klassischen Systemen*, unveröffentlicht, 1985.

Wehr, M.: *Die Beziehung des Gödelschen Unvollständigkeitssatzes zum endophysikalischen Beobachtungsproblem*, Diplomarbeit, Universität Tübingen, 1992.

Wehr, M.: *Der Schmetterlingsdefekt – Turbulenzen in der Chaostheorie*, Klett-Cotta, Stuttgart 2002.

Wehr, M.: *Welche Farbe hat die Zeit? – Wie Kinder uns zum Denken bringen*, Eichborn Berlin, Berlin 2007.

Wehr, M.: »Die Komplexitätsfalle«, *FAZ* 269, 40, 2012.

Wehr, M.: »Der Turing-Tamagotchi-Effekt«, *FAZ* 123, 11, 2015.

Wehr, M.: »Das wusste unser Lehrer aber besser«, *FAZ* 33, 12, 2016.

Wehr, M.: »Jenseits der Hasstiraden – Plädoyer für eine neue Debattenkultur«, https://www.swr.de/swr2/wissen/jenseits-der-hasstiraden-plaedoyer-fuer-eine-neue-debattenkultur-swr2-wissen-aula-2020-07-26-100.html, aufgerufen am 1.10.2023.

Woodruff, J. D., Kanamaru, K., Kundu, S., Cook, T. L.: »Depositional Evidence for the Kamikaze Typhoons and Links to Changes in Typhoon Climatology«, *Geology* 43 (1), 91–94, 2015.

Zankl, H.: *Kampfhähne der Wissenschaft*, Wiley-VCG Verlag, Weinheim 2010.

Zelenka, M. D., et al.: »Causes of higher Climate Sensitivity in CMIP6 Models«, *Geophysical Research Letters* 47, Issue 1, e2019GL085782, 1/2020.

Ziegenbalg, J.: *Algorithmen*, Springer Verlag, Heidelberg/Berlin/Oxford 1997.

Zuboff, S.: *Das Zeitalter des Überwachungskapitalismus*, Campus Verlag, Frankfurt a. M. 2018.

Namensregister

Bildnachweis

3. Auflage 2025

Verlag Galiani Berlin
© 2024, Verlag Kiepenheuer & Witsch, Köln
Alle Rechte vorbehalten
Die Nutzung unserer Werke für Text- und Data-Mining
im Sinne von § 44b UrhG behalten wir uns explizit vor.
Covergestaltung Lisa Neuhalfen
Covermotiv © Michael Piepgras / Alamy Stock Foto
Lektorat Wolfgang Hörner
Gesetzt aus der Alegreya
Satz Buch-Werkstatt GmbH, Bad Aibling
Druck und Bindung GGP Media GmbH, Pößneck
ISBN 978-3-86971-262-8

Weitere Informationen zu unserem Programm
finden Sie unter www.galiani.de

Die philosophische Antwort auf die Herausforderung der Künstlichen Intelligenz

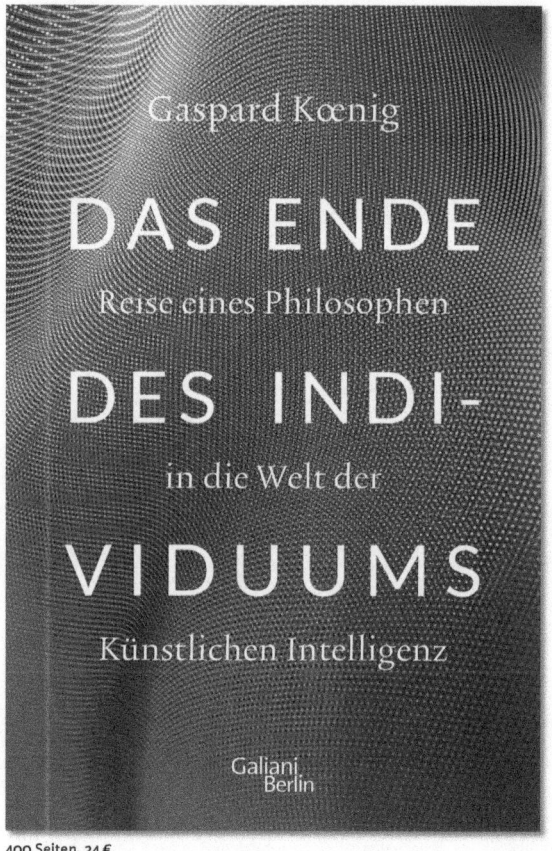

Gaspard Kœnig

DAS ENDE

Reise eines Philosophen

DES INDI-

in die Welt der

VIDUUMS

Künstlichen Intelligenz

Galiani
Berlin

400 Seiten, 24 €

»Hat eindeutig Potenzial zum dauerhaften Klassiker.«
Allgemeine Zeitung

»Wenn man dieses Buch liest, sieht man klarer.«
Süddeutsche Zeitung

www.galiani.de

Ein philosophischer
Parforce-Ritt

Gaspard Kœnig

MIT MONTAIGNE
AUF REISEN.
Abenteuer eines
Philosophen zu Pferde

Galiani
Berlin

560 Seiten, 32 €

Nach Italien, über die Schweiz und Deutschland – Michel de
Montaigne beschrieb seine Reise zu Pferde 1580/81 im berühmten
Reisetagebuch. 440 Jahre später reitet der französische Philosoph
Gaspard Kœnig auf seinen Spuren. Ein ganz eigener Reisebericht
über das Unterwegssein, die Freiheit der Langsamkeit und das
Europa von heute.

www.galiani.de Galiani Berlin

Noch nie war Sokrates so sympathisch

336 Seiten, 25 €

Es gibt diese Sätze, die jeder kennt. Kein Wunder, dass sie unser Weltbild bis heute beeinflussen. Nur: Kaum jemand weiß, woher sie stammen, wie sie ursprünglich gemeint waren – und was ihnen im Laufe der Zeit zugestoßen ist. Bruno Preisendörfer begibt sich auf eine erstaunliche und spannende Spurensuche.

»Ein fantastisches Reiseabenteuer durch die Ideengeschichte.«
Süddeutsche Zeitung

www.galiani.de

Ein kompromissloses Plädoyer für die
Freiheit der Literatur

Melanie Möller

Der*
ent_mündigte
Lese:r

Für die Freiheit der Literatur
Eine Streitschrift

Galiani
Berlin

240 Seiten, 24 €

Literatur muss frei sein, wild, darf böse sein und muss auch weh
tun können, sonst verliert sie ihren Reiz, sagt Melanie Möller.
Sie muss ein Freiraum bleiben für ungeschützte Gedanken und
scharfe Worte. Dafür liefert die Autorin einen wilden Ritt durch
mehrere Jahrhunderte Literaturgeschichte im Kampf für die
Freiheit des Worts.

www.galiani.de